회계학 연구방법

Research Methods in Accounting

Malcolm Smith 지음

김석웅 옮김

교육과학사

차 례

본서는 호주의 회계학자 Malcolm Smith의 *Research Methods in Accounting,* 4th ed.을 번역한 것이다. 역자가 2010년대 이후 회계학방법론에 관한 책을 집필하면서 자료를 수집하는 중에 본서를 입수하여 그 내용의 일부를 읽고 정리하면서 참고하였는데, 이제 본서의 내용 전부를 번역해서 소개하게 되었다.

우리나라에서 회계학의 연구방법에 관한 내용은 대부분이 양적 방법에 관한 것인 데 반하여, 본서는 양적 방법과 질적 방법을 모두 다루고 있다는 점에서 특징이 있고 소개할 가치가 있다고 생각된다. 역자는 그동안 회계학의 비판적 방법론과 회계학의 해석적 방법론을 통해 회계학의 질적 방법론을 소개하였는데, 현실적으로 우리나라의 회계학계는 여전히 실증적 방법론만을 사용하고 있기 때문에 질적 방법론을 본격적으로 이용하기에는 무리인 것 같다. 따라서 본서와 같은 양적 방법과 질적 방법을 모두 다룬 책을 살펴보는 것도 회계학의 다양한 방법론의 세계로 나아가는 하나의 방편이 될 것이다.

역자는 호주와 오랜 인연을 가지고 있다. 지난 1980년대 초에 우연히 서울 종로서적 양서코너에서 입수한 호주에서 발간된 회계이론서인 **재무회계이론: 본질과 발전** (Henderson · Peirson, 1983, *Financial Accounting Theory: its nature and development*, Longman)을 읽어본 후 저자들과 서신을 교환하면서 1987년에 번역서를 출간하였고 이를 계기로 호주 · 뉴질랜드 회계학회에도 가입하게 되었다. 그후, 본서의 개정판도 출간하게 되었고, 이 저자들이 은퇴직전에 자신들의 저서를 재정리해서 신판으로 출간한 *Financial Accounting Theoy*를 2005년에 번역, 출간하기도 하였다. 한편, Greg Whittred 와 Ian Zimmer교수의 **재무회계: 유인효과와 경제적 결과**(*Financial Accounting: incentive effects and economic consequences*)도 1993년에 번역, 출간하였으며, 또한 호주출신의 세계적인 회계학자인 Philip Brown 교수가 **자본시장회계론**(*Capital Markets-Based Research in Accounting: An Introduction*, Coopers & Lybrand Accounting Research Methodology Monograph No.1)에 관한 모노그래프를 준비중이라는 정보를 알게 된 후, 출간 즉시 입수하여 1997년에 번역서를 출간하게 되었는데, 이러한 한국과의 인연으로 Philip Brown교수는 2010년 여름에 부산에서 개최된 한국회계학회 하계국제학술대회에서 기조연설도 한 바 있다. 역자는 지난 1998년에 호주 멜번에 있는 Monash대학교에서 1년간 안식년을 보내면서, 다양한 호주회계학자를 만날 수 있었고, 호주회계학계의 다양한 모습을 엿볼 수 있었다.

호주는 미국에서 회계학공부를 한 Philip Brown교수를 비롯한 일단의 회계학교수들이 미국에서 주로 사용하는 실증적 방법론을 호주의 회계학계에 본격적으로 소개하기 시작하여, 호주의 많은 회계학자들이 실증적 방법론을 사용하고 있지만, W. F. Chua교수와 같은 또다른 회계학자들은 영국에서 박사학위를 취득한 후, 호주에 와서는 영국에서 주로 이용하는 질적 방법론인 비판적 방법론과 해석적 방법론을 소개하여 많은 회계학자들이 질적 방법론인 해석적 방법론과 비판적 방법론을 사용하고 있다. 따라서 호주의 회계학계는 양적인 실증적 방법론과 질적인 해석적 방법론, 비판적 방법론이 공존해서 적용되어 발전하고 있다. 이러한 호주 회계학계의 풍토에서 출간된 본서와 같은 양적 연구방법과 질적 연구방법을 모두 다루는 **회계학 연구방법**을 국내의 연구자들에게 번역, 소개하게 되었다. 독자들에게 도움이 되기를 바랄 뿐이다.

이 역서를 출간하면서도 여러 사람의 도움을 받았다. 특히 본문 중에 DNA의 이중나선 구조에 관한 글은 초등학교 친구인 박동은 교수(서울대 생명과학부)가 번역을 해 주었으며, 크리켓 운동경기에 관한 글은 김종백 교수(동의대 레저스포츠학과)가 번역을 해 주었다. 그리고 공경태 교수(동의대 회계학과)는 번역문장 전체를 읽고 문장을 일부 고쳐주었다. 세 교수에게 고마움을 전하고자 한다.

끝으로 번역서의 시장성이 제한되어 있음에도 불구하고 출간을 허락해 준 교육과학사의 한정주 사장님과 이주표 부장, 그리고 편집에 수고해 주신 이정호 편집실장과 관계자 여러분에게도 고마움을 전하고자 한다.

2018년 2월 중순,
신학기를 앞두고,
동의대 김석웅.

George Malcolm Smith

University of Manchester 경제학과 졸업
City University, London, Business School 경영학 석사(MBA)
City University, London, 박사(PhD)

Malcolm Smith교수는 영국의 The Anglia Ruskin대학교, De Montfort대학교와 호주의 Edith Cowan대학교, Murdoch대학교, South Austalia대학교에서 회계학교수를 역임하였다. 그는 South Australia대학교의 회계학교수, 연구부문 학장이었으며, 현재 이 대학교의 회계학 Adjunct교수로 있다.

지난 25년동안 Malcolm교수는 호주에서 왕성한 회계학연구자이었는데, 16권의 저서, 13개의 저서에 수록된 장 그리고 180여편의 논문을 학술지에 발표하였다.

Malcolm의 연구노력은 두 기지 주요한 분야에 초점을 두고 있는데, 각각에서 국제적 명성을 가지고 있다.

- 기업시사의 분석과 해석에 관한 재무 의사소통.
- 회계혁신의 확산과 이 분야에서 회계혁신의 실시에 관한 전략적 관리회계.

Malcolm은 교육과 연구지도로 많은 상을 수상하였으며, 20명이상의 박사과정 학생을 지도하였는데, 그들의 대부분은 영어가 제2의 언어이었다.

[저서]

1. *Research Methods in Accounting*, 4th ed., London: Sage. 2017.
2. *Advanced Strategic Management Accounting: Theory and Practice*, Melbourne: Cengage. Tucker, B.와 공저. 2013.
3. *Performance Measurement and Management: A Strategic Approach to Management Accounting*, London: Sage. 2005.
4. *Strategic Management Accounting: Texts and Cases*, Oxford: Oxford: Butterworth-Heinemann. 1997.
5. *New Tools for Management Accountants*, Melbourne: Longman. 1994; 정민근 옮김(1998), 경영혁신을 위한 관리회계의 신기법, 경문사. 외 다수.

[논문]

Jones, M.J. and Smith, M.(2014), "Traditional and Alternative Methods of Measuring the Understandability of Accounting Narratives", *Accounting, Auditing & Accountability Journal*, 27(1), 183-208.

Smith, M. and Taffler, R.J.(1995), "The Incremental Effect of Narrative Accounting Information in Corporate Annual Reports", *Journal of Business Finance and Accounting*, 22(8), 1195-1210. 외 다수.

제4판은 제3판까지 매우 성공적인 것으로 판명된 특징을 기초로 출간되었다. 본서의 목적은 회계학연구과제의 실시에서 이루어지는 실제의 선택에 초점을 둠으로써 연구과정에 관한 내부자의 견해를 제공하는 것이다. 우리는 그렇게 할 때, 적절한 시정조치를 취할 수 있도록 무엇이 잘못될 것인가에 관한 현실적 감각을 가지기 위해 계획과 준비의 중요성을 강조한다. 그러나 우리는 어떠한 한 명의 저자가 모든 연구방법에 전문가가 될 수 없다는 것을 인정해야 한다. 본인도 예외는 아니다. 내 자신의 출판물도 문헌자료의 이용과 실험방법에 관한 연구의 우세를 쉽게 드러낼 것이다. 그러나 실태조사방법과 현장연구방법을 이용하는 연구의 예가 별로 없다. 내가 이러한 방법 전부의 실시에서 전문기술을 주장하는 것은 현명치 않을 것이다. 그래서 본서는 필연적으로 다른 사람의 연구에 상당히 의존해야 한다. 동일한 이유로, 그리고 공간의 제약 때문에, 본서는 재무, 자본시장연구, 재무의 가장자리에 있는 주가관련회계연구 등의 현안을 다루지 않는다. 본서의 초판(2003), 제2판(2011), 제3판(2014)에 대한 독자의 반응은 대난히 고무직이었지만, 이들은 앞판의 일반적으로 인정된 약점을 시정하였으며, 특히 이론적 기초 및 질적 방법과 관련된 약점을 시정하였다. 본서에는 이러한 약점을 다루기 위해 새로운 절을 추가하였다.

이 분야에서 대부분의 다른 교제는 길고 너무 이론적이며, 특히 이용자에게 친화적이지 않다. 본서는 역사적, 철학적 고려사항을 별로 다루지 않고, 연구아이디어의 시작부터 연구결과의 발표까지 독자를 데려가는 실무적 접근방법을 의도적으로 채택하고 있다. 염두에 둔 독자층은 강사, 박사과정학생과 연구경력을 시작하거나 다시 시작하는 학자도 포함할 정도로 광범위하지만, 주안점은 확고하게 연구에 전념하는 학생에 있다. 예는 주로 회계에 기초하고 있으며, 자료의 대부분도 일반적인 기업의 지용분야에 관련될 것이다. 채태된 실제의 예는 대개 영국이나 호주에 입각하고 있으며, 이들은 내가 교육, 연구, 연구지도, 검토 등의 광범위한 경험을 한 나라들이다. 그러나 정상적으로 다른 환경에도 쉽게 적용되어야 한다는 것이 원칙이다.

연구에서 방법과 방법론을 조기에 구분하는 것은 중요하다. 왜냐하면 이 둘은 가끔 매우 혼란스럽거나 상호교환해서 이용되기 때문이다. 연구방법은 연구의 실시와 연관된 기술적인 현안과 관련이 있는데 반하여, 연구방법론은 연구방법의 선택과 연관된 철학과 관련이 있다. 제1장 이후에, 본서는 거의 전적으로 전자와 관련이 있다.

제2장은 연구아이디어와 연구아이디어의 개발을 도와줄 문서의 원천을 검토하고 있다. 연구결과를 개선하거나 새로운 이론을 통해 개선된 결과를 설명하거나 개선과정 그 자체를 설명하고자 하는 연구를 검토하고, 연구결과를 예시하기 위해 비회계환경의 많은 예가 이용된다. 이론체계와 연구모형은 독자가 자신의 연구 기초를 이루는 핵심변수와 관계를 상정하고, 존경할만한 연구제안을 수립하는 것을 촉진하도록 도와주기 위해 이용된다.

좋은 연구는 좋은 이론 위에 세워진다는 것을 기초로 이론은 제3장의 주안점이다. 제3장은 회계연구에 널리 적용되지만 다른 학문에서 도출된 이론의 원천을 다룬다. 이용가능한 공간에서, 그것이 포괄적이기를 바랄 수는 없지만, 미래발전을 위한 방향 뿐만 아니라 무엇이 이용가능한가에 관한 다양성의 징후를 보인다. 본장은 많이 확대되어 비경제이론에 대한 인식증가를 제공하며, 무엇보다도, 회계에서 비판이론과 근거이론(역주: 근거이론은 이론을 수립하는 연구방법에 속한다)의 중요성증가를 반영하고 있다. 회계연구의 바람직한 특징으로서 이론, 신뢰성, 타당성의 중요성에 관한 인식은 제5장에서 자료수집과 관리에 관한 논의를 유도한다. 그 뒤로 제6장에서 자료분석과 가설검정에 관한 논의가 뒤따른다. 본장은 여전히 본질적으로 양적이며, 이제 패널자료분석, 부분최소자승법, 구조방정식모형을 고려한다. 제7장은 질적 자료분석의 측면을 다루고 회계에서 혼합연구방법의 중요성을 반영하기 위해 확대되고 있다.

제4장은 회계연구 실시와 이후에 연구결과 발표의 기초를 이루는 점차적으로 중요한 윤리적 고려사항을 다룬다. 이것은 무엇이 비윤리적 행동을 구성하는가에 관해 많은 학자간에 여전히 분명한 혼란을 강조하며, 좋은 실무를 위한 필요한 지침을 구체화한다. 윤리적 연구실무의 중요성은 본장의 앞 부분에 반영되어 있다. 그래서 이것은 여전히 이 새로운 판에서 **자료수집**과 **자료분석**의 앞 부분에 있다.

제8장에서 제11장까지는 각각 회계연구의 핵심부분을 다루고 있다. 즉, 실험연구, 실태조사에 입각한 연구, 질적 연구와 문헌연구. 연구자들이 정통한 선택을 하고, 그들이 선호한 접근방법을 정당화할 수 있도록 대체적 방법의 상대적 장점을 예시하기 위해 많은 예가 이용되고 있다. 연구는 양적 방법이나 질적 방법에 기초할 수 있으며, 이 두 방법은 가장 적절한 방법이 선택되는 한, 동일하게 수용가능해야 한다. 본서의 독자 대부분은 연구중심의 높은 학위(석사나 박사)과정학생일 가능성이 있을 것이다. 그래서 제12장은 지도교수와 학위과정학생의 관계를 다루면서, 시작부터 검토 그 자체의 결과까지 지도과정에 대한 모든 당사자의 상호책임을 살펴본다.

발표는 연구과정의 자연스러운 목표의 결과이며, 제13장은 발표과정의 복잡성을 다룬다. 그렇게 하는 가운데, 그것은 우리가 역동적인 환경에서 연구하고 있다는 것을 인식한다; 일단 회계연구에서 수용된 것이 연구윤리에 대한 더 적절한 강조 때문에, 더 이상 수용가능하지 않다; 특정한 학술지나 기타에서 발표가능한 것도 시간의 경과와 특정한 학술지 편집위원의 교체로 변한다. 많은 학술지는 그들이 발표할 연구유형에서 가끔 새로운 방법이 전통적인 방법과 동일한 방식으로 좋은 연구를 구성한다는 것을 논증하는 것이 어렵다는 이유로 매우 보수적이다. 이 상황은 변하고 있지만, 모든 것이 또한 느리다! 그러나 발표의 질에 기초한 관련기금조달시스템과 학술지 및 대학교 순위에 대한 강조의 변화로 새로한 어려움이 발생한다. 많은 대학교의 인정가능한 학술지목록의 규정과 다른 곳에서의 발표금지는 잘 확립된 학술지의 위치를 영속화시키는데 반하여, 다른 학술지의 편집위원이 좋은 품질의 원고를 모으는 것을 매우 어렵게 한다. 혁신적인 새로운 학술지의 기회도 이러한 환경에서 심각하게 감소하고 있다.

이 직업에 대한 학술적 회계사(academic accountant)의 기여는 주장컨대 우리 학생의 잠재적 고용주에 대한 교육이 우리 직업의 중요한 일부로 보이더라도, 발표성과에 기초해서 기금을 제공하는 정부단체나 동료는 우리 직업의 중요한 일부로 잘 간주하지 않는다. 그래서 관련개인들이 심사학술지를 읽지 않거나, 학술회의에 참가하지 않을지라도, 실무잡지의 학술적 논문과 직업인에 대한 연수(workshop)는 무가치한 것으로 간주된다. 우리는 상담자가 보편화되기 전에 비편향적인 방식으로 변화를 실시하는 사람에게 우리의 메시지와 연구결과의 힘을 가지게 하기 위해 이용가능한 매체를 이용할 필요가 있다. 이 과정은 모든 당사자에게 상호유익해야 하지만, 만약 실무가가 단기변화나 단기이용이라고 느낀다면, 미래의 협동노력은 위협받을 것이다. 실재에서 벗어난다는 학자의 비난을 유도하면서, 그들과 우리의 문화를 생성하는 것이 이러한 태도이다. 이 맥락에서, 우리는 실증적 회계연구가 규범적 연구를 거의 대체한 기간에 연구와 실무 사이의 관련성 괴리의 확대를 목격하였다.

소통문제도 있다. 심사문헌 대부분의 내용의 적시성과 관련성은 그것이 다른 학자들의 소비를 위해서만 학자들에 의해 작성되었다는 것을 주장하는 것에 불과하다! 대부분의 실무가는 연구방법을 모르며, 심사문헌을 읽지도 않는다. 그래서 매우 중요한 결과와 권고도 가끔 그것이 중요한 영향을 가진다는 것을 확신할 수 있는 개인에게 도달하지 않는다. 많은 학술지는 실무가 청중에게 읽을 수 있는 연구를 제공한다는 긴급한 의도를 가지고 등장하였지만, 이들 조차도 상대적으로 짧은 기간동안 더 학술적이면서 가독성이 적게 되는 경향이 있었다. 본서는 회계실무가와 연구과제의 실시를 고려하는 사람에게 유용한 연구방법을 다루고자 한다. 회계 연구에 대한 온라인의 원천과 방법의 지속적인 중요성 증가가 본서에 추가로 반영되었으며, 학생은 자신의 연구를 진행함에 따라 많은 온라인블로그가 도움이 된다고 생각할 것이다.

공간제한은 이 얇은 분량이 상이한 연구방법의 상세한 적용이나 복잡한 양적 방법의 관련복잡성을 모두 취급하는 것을 바랄 수 없다는 것을 의미한다. 그러나 이것은 박사과정학생이 더욱 성찰적이 되도록 격려해야 하며, 자신에게 왜?의 질문을 하도록 격려해야 한다. 만약 본서의 이용으로 그렇지 않다면 발표되지 않았을 논문을 발표할 수 있게 한다면, 모든 것은 가치가 있을 것이다.

감사의 말

이 제4판은 많은 동료들, 특히 Cowan 대학교의 Zubaidah Ismail, South Australia 대학교의 Basil Tucker, 말레이시아 Teknologi MARA Malaysia 대학교의 Saiyidi Matroni 등의 도움이 없다면 완성될 수 없었을 것이다. 그러나 늘 그러하듯이, 모든 오류와 누락은 저자의 책임이다.

제1장 서론

제1절 검정가능한 설명으로서 이론
제2절 회계연구에 대한 비판적 접근방법

많은 저자(예를 들면, Brownell, 1995, p.2)는 회계연구자를 자신의 연구결과를 생성하기 위해 다른 사람의 연구를 먹이로 삼는 기생충(parasites)으로 서술하고 있다. 이 용어는 지나친 것이지만, 대부분의 경솔한 일반화처럼 이것은 진리의 조짐(germ) 이상을 가지고 있다. 즉, 회계연구자는 자신의 이론(그는 경제학, 재무학, 심리학, 사회학, 조직행동론 등을 주요한 원천으로 의지하고 있다)과 방법(이것은 자연과학과 사회과학으로부터 채택되고 있다)을 가지고 있지 않다. 그리고 그는 자신의 도구를 가지고 있지 않다(이의 많은 것은 조직행동론 문헌에서 채택되거나 조직행동론 문헌에 기원하고 있다). Malmi · Granlund(2009)는 회계연구자가 실재적인(real) 이론으로 인식한 이론은 일반적으로 다른 학문으로부터 채택된 이론이라고 주장하고 있다. (Brownell, 1995, p.140에서 인용한) Merchant는 조직행동주의자가 자신의 회계상대방보다 실태조사도구를 개발하는데 훨씬 더 좋다고 주장하고 있다.

본서의 전반적인 목적은 회계에서 응용연구의 실시를 촉진하는 것이며, 이것을 하기 위해 우리는 다른 학문의 연구에 의존하고 있다는 것을 인식해야 한다. 이 목적을 달성하기 위해 많은 종속적인 목적이 식별될 수 있을 것이며, 이 모두는 전반적인 목적에 기여할 것이다.

- 독자가 연구문제를 식별하고 정의하며 해결하기 위해 전략을 준비할 수 있도록 현대의 회계학 연구아이디어의 이해;
- 특정한 연구문제를 다루기 위해 가장 적절한 방법의 선택을 촉진하기 위한 대체적 연구방법의 인식;
- 기존연구를 검토하고 심사학술지에 발표되는 논문을 비판할 수 있는 능력;
- 회계연구의 실시에 대한 윤리적 제약의 인식.

회계연구는 문제를 인식하고 관계를 조사하며 지식체계를 구축하는 것과 관련이 있다. 우리는 상당한 정도까지, 그렇게 하기 위해 자연과학과 사회과학의 선행연구에 의존하기 때문에, 본서는 회계연구에 도움을 주는 다른 학문의 연구에 의존할 때 유사한 접근방법을 취할 것이다.

Bennett(1991)는 네 가지 기본적인 연구수준을 식별하고 있다.

- 서술 – 사례가 무엇이고 무엇이었는가와 관련된 자료의 수집 및 보고와 관련된 것. 이것은 개별변수의 평균, 표준편차 및 변수들의 상관관계를 포함할 것이다.
- 분류 – 여전히 서술적이지만, 보고과정을 쉽게 하고, 집단화와 분류화를 통해 유사점과 군집화를 강조한다[예를 들면, 가장 기본적인 통계패키지에서 친근한 교차분석기능(familiar cross-tabulation facility)를 통해].
- 설명 – 관찰된 관계를 설명하고, 어떤 적절한 이론에 기초한 인과성에 기인하여 관찰을 의미있게 하려는 시도.
- 예측 – 미지의 사건에 관해 검정가능한 예측을 할 수 있는 방식으로 관찰을 모형화하기 위해 선행단계의 이해와 설명을 초월하는 것.

우리는 대체적인 양적 방법을 논할 때 제6장에서 이 구조로 돌아가지만, 자연과학의 경우처럼, 건전한 기초이론의 배경이 없어도 회계행동에 관한 훌륭한 예측을 할 수 있기 때문에, 여기서는 설명과 예측사이의 조기 구분이 적절하다. 파산예측모형이 훌륭한 예를 제공한다. 많은 연구자(예를 들면, Altman, 1968; Taffler, 1983; Agarwal · Taffler, 2007)가 단기간에 파산할 그러한 기업인 지불이 불가능하게 된 기업을 식별할 때 매우 성공적인 것으로 판명된 모형을 개발하였다. 이러한 모형은 통계적으로 훌륭하지만, 이용되는 비율과 이들이 대표하는 변수에 의해서 이들 내용의 기초를 이루는 이론은 매우 허약하다. 즉, 본질적인 문제는 우리(예를 들면, Wilcox, 1971; Blum, 1974; Myers, 1977; Scott, 1981)가 가지고 있는 이러한 이론이 매우 좋은 예측모형을 생성하지 않는다는 것이다!

좋은 연구는 기존이론을 완전히 바꾸거나 일부 수정하는데 필요한 건전한 증거를 생성한다. 이러한 주장은 경합적인 아이디어간의 건강한 경쟁이 더 좋은 설명과 더 신뢰가능한 예측을 유도하도록 다시 더 좋은 증거에 입각해서 수정된 이론을 생성할 것이다. 두 개의 주요한 추론과정인 (이론에서 관찰로) 연역과 (관찰에서 이론으로) 귀납이 이론구성과 관찰검정에 중요하다. 귀납적 추론은 이론을 생성할 수 있는 특정한 관찰(자료)로 시작한다. 즉, 일반화가능한 양상이 추가관찰과 준수를 위해 반복된 검정으로부터 등장할 것이다. 자연과학, 예를 들면 천문학은 귀납적 추론의 많은 예를 제공하고 있다. 그리하여 Hawking(1998)은 회계연구의 발전에 시사점을 가진, 수정되거나 여전히 의심스러운 이론의 매력적인 예를 제공하고 있다. 그러나, 그는 귀납에 근거해서 이루어진 일반화는 단 하나의 반대 경우가 이들을 바꿀 수 있게 하기 때문에 확실한 것으로 간주될 수 없다고 주장한다.[1)]

- **빅뱅 대 안정상태.** 1940년대부터 1960년대중반까지, 우주의 기원에 관한 대체적인 설명을 할 때 두 개의 경합적인 이론이 유명하였다. '빅뱅'(Big Bang)이론은 유일

역주1) 이를 근거로 Karl Popper는 반증주의(Falsificationism)을 주장하였다. 보다 상세한 것은 김석웅 역(2005, pp.46-50)을 참조.

한 사건(a singular event)을 물질(특히 은하계)이 지속적으로 더욱 널리 확산되는 팽창우주를 초래하는 것으로 인식하였다. 한편, Bondi, Gold, Hoyle에 기인한 '안정상태'(Steady State)이론은 기존의 은하계 사이의 간격을 메꾸기 위해 물질이 지속적으로 생성되고 있다는 것을 주장하였다. 그들은 우주의 시작은 존재하지 않으며, 분명히 빈 공간으로부터 생성되는 물질로 영원히 팽창하고 있다고 주장하였다. 안정상태이론은 우주가 항상 그리고 우주가 보여지는 곳으로부터 항상 동일한 것을 보아야 한다고 시사하는 데서 검정가능한 가설을 특히 제공하였다. 그러나 1960년대초에 전자파(radio)의 실태조사는 원천이 과거보다 더 많았으며, 강력한(가까운) 원천보다 허약한(먼) 원천이 더 많이 있다는 것을 보여주었다. 나아가, 1965년에 극초단파의 전자파연구는 우주가 공통적인 밀도를 가지지 않다는 것을 보여 주었다. 그것은 과거에 밀도가 더 높았다. 이러한 관찰은 안정상태이론의 포기를 초래하면서 이 이론의 부당성을 제공하였다.

- **뉴턴의 물리학(만유인력)의 법칙.** 기존이론과 일치하지 않는 새로운 관찰이 발생할 때 새로운 이론이 등장한다. 일단 행성인 수성의 정확한 관찰이 기술로 인해서 가능하였다면, 관찰된 수성의 움직임과 Newton의 중력이론하에 예측된 움직임 사이에 작은 차이가 있다는 것이 분명하였다. Einstein의 일반상대성이론은 Newton의 이론과 배치되지 않은 방식으로 이 행성의 관찰된 움직임과 상응하였는데, 새로운 이론에 확증을 제공하였다.
- **빛의 파동설.** 우리는 빛이 '파동'이나 '입자'로 구성되었다는 것에 의해서 빛의 행동을 설명하고자 할 수 있다. 각 견해는 설득력있는 행동설명을 생성한다. 이 둘은 기존성질을 확인하는데 필요하다. 그러나 이들은 동시에 존재할 수 없는 양립할 수 없는 설명이다. 새로운 이론(평행우주와 연관된 이론)은 양립불가능성에 관한 완전한 이해에 필요하다.

한편, 연역적 추론은 그 적용으로부터 나오는 특정한 예측을 하기 위해 이론으로 시작하고 진행된다. 예측은 검증될 수 있거나 그렇지 않다면 이후의 관찰로부터 검증될 수 있다. 예를 들면, Healy(1985)의 유명한 논문에서 그는 경영자가 단기간의 상여금을 최적화하기 위해 어떻게 조작하였는가에 관한 관찰을 통해 실질적으로 검증될 수 있는 상여금가설을 전개하기 위해 대리이론을 이용하였다.

그러나 상호의존성이 항상 존재하기 때문에, 이러한 엄격한 추론과정구분이 항상 도움이 되는 것은 아니다. 즉, 연역은 관찰될 자료를 선택하기 위해 어떤 이론지식을 주장할 것이다(제3장과 제10장에서 개진된 근거이론에 관한 공통적인 비판). 연역은 검정을 위한 최초가설의 선택에 의존적일 것이다.

이러한 문제가 없을 때라도, 관찰행위 자체가 '이론의존적'이며, 관찰자의 동기와 선호에 의해 영향을 받기 때문에, '객관적 측정'의 과학적 입장은 자연과학과 사회과학에서 반복된 공격을 받고 있다. 예를 들면, Hopwood(1987)는 관리회계에서, Hines(1988)는 재무회계에서, 그리고 Parker(2012)는 회계가 보고하고 있는 '사실'을 회계가 생성하는 것을 도와준다고 주장한다. 더욱 급진적인 접근방법(예를 들면, Tinker · Neimark, 1987)은 회계가 실무를 체계적인 방식으로 왜곡한다고 주장한다. 이러한 관심은 새로운 접근방법의 개발을 도와주었다. 즉, 해석적 관점과 비판적 관점.

- **해석적 관점** – 해석적 관점에서, 인간행위는 외부영향이 결과이다. 이러한 행위는 의도와 성찰을 가지며, 참여자를 묶는 규칙구조내에서 발생한다. 연구자의 업무는 측정을 초월해서 그 상황의 이해를 전개하는 것이다. 이것을 효과적으로 하기 위해, 초연한 관찰보다는 적극적 참여가 필요할 것이다. '행위'가 맥락에서 발생할 때 애매하게 해석될 수도 있기 때문에, 이 관점은 그 과정의 이해를 기본적으로 강조한다. 회계맥락에서 Arrington · Francis(1989)가 이 접근방법의 예를 제공한 바 있다.[2)]
- **비판적 관점** – 비판적 접근방법은 지식의 소유 및 연관된 사회적, 경제적, 정치적 시사점에 초점을 둠으로써 해석적 접근방법의 범위를 더 확대한다. 경험적 접근방법은 연구과정이 가치의존적이며, 지식획득이 연구대상을 억압할 기회를 제공한다는 이

역주2) 해석적 관점을 적용한 회계학연구를 전반적으로 살펴본 것으로는 김석웅(2017), Hoque et al.(2017)을 참조.

유로 비판받고 있다. 회계맥락에서, Tinker(1980)가 이 접근방법의 예를 제공하고 있다.[3)]

〈도표1.1〉은 이러한 세 가지 주요한 접근방법과 연관된 연구가정, 과정, 결과의 차이를 요약하고 있다.

〈도표1.1〉 세 가지 주요한 접근방법과 연관된 연구가정, 과정, 결과의 차이요약

	실증적	해석적	비판적
1. 접근방법의 모형	물리과학에서 발견되는 고전적 조사	연구대상의 주관적 이해가 중요한 역사적, 문헌적, 실존적 연구.	연구대상의 통찰력과 판단에 초점을 두는 마르크스주의적 및 정치경제학적 연구.
2. 실재에 관한 가정	실재는 하나이고 실재가 과학적 방법인 경험적, 분석적 방법에 의해서만 이해될 수 있다.	실재를 이해하기 위한 복수의 방법을 필요로 하는 복수의 실재가 있다.	왜곡된 의사소통을 통해 문제가 되는 복수의 실재가 있다.
3. 자료의 기반은 무엇인가?	관찰을 위한 규정된 규칙.	의미는 자료의 기초이다. 의미는 논리와 사실에 선행한다.	의미는 언어와 사회적 행동에서 발견되며, 논리와 사실에 선행한다.
4. 관찰은 어떻게 실시되는가?	상황에 의해 수정되지 않고 완전히 독립적인 명확한 규칙을 통해.	연구자의 사회적, 언어적 인지적 기술을 통해.	관찰의 근거에 관한 비판적 자기성찰과 해석적 방법.
5. 무엇이 생성되는가?	맥락에 의해 영향을 받지 않고 첫 번째 장소에서 발견된 방식과 무관한 일반화가능한 법칙과 증거. 객관성은 관찰과 측정의 논리에 구체적으로 관련	발견의 과정에 의존하는 지식. 결과의 무결성은 결론과 자료분석의 생산에서 연구자의 사회적, 언어적, 인지적 기술의 품질에 달려있다.	해석적 체계에 해당하지만, 개인의 합리적 독립성을 구속하는 힘으로부터 해방, 이해, 자유를 도와주는 목적에 이바지하는 지식.

역주3) 비판적 관점을 적용한 회계학연구를 전반적으로 살펴본 것으로는 김석웅(2014), Roslender (2018)를 참조.

	실증적	해석적	비판적
	된 오류와 편향의 제거에 달려있다.		
6. 어떠한 이해 관계가 내재되어 있는가?	예측과 통제, 기술적으로 이용가능한 지식과 설명.	정상적인 언어와 행위의 수준에서 이해. 타자의 행위의 기초를 이루는 의미와 믿음을 발견하는 것.	다른 탐구형태의 기초를 이루는 사람들과 해석적 이해관계. 지식형성과 이용에서 인간의 존재, 실무적 및 공적인 관계를 급진적으로 개선하는 것.
7. 어떤 가치가 내재되어 있는가?	과학과 과학적 지식이 본질적으로 가치중립적이다.	과학과 과학적 지식은 이들이 표상하는 가치에 의해서 해석해야 한다.	과학과 지식은 가치 중립적이지 않다. 이들은 항상 이해관계를 표상한다.

자료원: 세 가지 다른 접근방법(Connole, 1993, p.37에서 인용).

Malsch · Salterio(2016, p.4)는 이와 유사하게, 현장조사에 대한 실증적 접근방법과 해석적 접근방법의 특징을 조명하는 Power · Gendron(2015)의 구조를 다음과 같이 수정하고 있다.

	실증적	해석적
연구목적	경험적 일반화	세계적 관심사의 경험적 조사
주안점	폭	깊이
분석적 강조	인과관계	인간행동의 복잡성
설명	예측	심층적 이해
관점	실재는 외생적이다	실재는 사회적으로 구성된다
객관성	연구자와 연구	주관적 해석과정
융통성	융통성이 객관성의 이름으로 제약받고 있다.	융통성은 연구의 특징으로 간주된다.
서술유형	간결	현실세계의 복잡성을 반영한다

Kuhn(1970)은 연구자들이 널리 인정되는 믿음, 가치, 가정, 기술의 단일체계내에서 문제해결에 관심이 있다고 주장한다. 이러한 공유된 체계, 세계관을 그는 패러다임(paradigm)이라고 하였으며, '패러다임전환'은 기존의 체계와 이론이 반대증거의 양에 더 이상 대처할 수 없는 혁명과 일치한다. Kuhn(1970, p.64)은 간단한 심리실험에 의해서 이러한 전환을 산뜻하게 예시하고 있다.

> 피험자가 카드 한 벌에서 카드를 보았다. 카드 한 벌에는 검은 하트와 빨간 스페이드를 포함해서 일상적이지 않은 카드가 일부 포함되었지만, 피험자는 이들의 존재를 미리 알고있지 않았다. 첫 실험에서 피험자는 '하트'와 '스페이드'만 보았다. 왜냐하면 그는 '빨간 하트'와 '검은 스페이드'만 존재한다고 믿었기 때문이다. 반복된 관찰로서만, 그는 이 카드들이 정상적인 카드 한 벌의 전형이 아니라는 것을 파악하였다. 그리고나서 그는 그가 기대하고 있었던 카드가 아닌 다른 카드를 인식할 수 있었다.

회계연구에서 동일한 것이 [Ball · Brown, 2014에서 보고한 바와 같이] Ball · Brown(1968)에 의해 도입된 아이디어와 그들이 비정상적 성과지표를 통해 주가와 회계이익 사이의 연관성을 보여줌으로써 기존의 패러다임을 문제시한 논문을 발표하게 하는데 겪었던 어려움과 연관된 패러다임전환일 것이다. 덜 급진적이지만 유사한 움직임은 Watts · Zimmerman(1978)과 회계환경에서 대리이론의 대중화와 연관이 있다.

불가피한 것은 우리가 사람을 다루고 있다는 것과 연구계에서 그것은 그 자신의 과제를 가지고, 세우고 보호할 명성을 가진 개인을 의미한다. 자연과학은 자신의 분야에서 새로운 발견의 영향을 기꺼이 수용하려고 하지 않는 타자에 의해서 개인과 그의 연구의 특성죽이기로 점철되어 있다.

Lynn · Jay(1987, p.258)가 집필한 *Yes Minister*텔레비젼 시리즈에서 Humphrey Appleby경은 환영받지 못하는 보고서를 불신하는데 필요한 과정의 네 단계를 보여주고 있다. 가상적인(fictitious) 행정부서와 학계 사이의 평행도 불편한데, 여기서는 환영받지 못하는 연구결과가 학계의 경쟁자로부터 발생하였을 것이다.

1. **결과의 수용을 거절하다.** 이것은 오해될 수 있으며, 더욱 폭넓고 상세한 연구가 필요하다는 것을 근거로 연구결과의 수용을 거절하라.
2. **증거를 불신하다.** 이것은 비확정적이고, 수치는 다른 해석의 여지가 있거나, 연구결과가 모순적이며, 중요한 질문을 대답하지 않은 채로 남겨둔다는 것을 근거로 증거를 불신하라.
3. **권고를 무시하다.** 이것은 새로운 것을 말하지 않고, 타당한 결론을 도출하기에 불충분한 정보를 제공하기 때문에 권고를 무시하라.
4. **연구자를 불신하다.** 연구자의 무결성, 능력, 채택한 방법을 문제시함으로써 연구자를 불신하라.

그리하여 우리는 연구자, 연구문제, 연구방법, 자료수집과 분석의 수단, 해석과 권고의 타당성 등을 의심하며, 이 모든 현안을 이제 살펴볼 것이다.

제1절 검정가능한 설명으로서 이론

일단의 다양한 관찰에 직면하여, 우리는 그 다양성에 의미를 생성하는 것을 도와주는 일단의 잠정적인 설명을 할 수 있다. 이러한 설명이 이론을 구성한다. 어떠한 상황에서도 관찰을 설명하는데 이용가능한 복수의 이론이 대개의 경우 있을 것이다. 추가자료의 체계적인 수집으로 우리는 기존이론 중에서 어떤 것이 사실을 가장 잘 설명하는가를 확립할 수 있도록 대체적인 이론들의 검정이 가능하다. '이론'에 관한 평범한 사람의 관점은 Michael Crichton의 잃어버린 세계(*The Lost World*)에 다음과 같이 냉소적으로 표현되어 있다. "이론은 사람이 말하고 있는 것을 모르고 있는 어떤 사람에 의해 주장되는 경험의 대체물에 불과하다."(1995, p.67).

자료수집 그 자체는 서술적 접근방법(예를 들면, 평균, 표준편차, 범위, 상관관계)만을 허용한다. 우리는 설명이론에 의지하지 않고는 유의미한 방식으로 원인에 귀속시킬 수 없다. 우리는 더 나은 다른 이론을 찾고 있다. 그래서 Popper(1959, p.104)가 주장한 것처럼, “진정한 이론검정은 이론을 반증(falsify)하거나 반박(refute)하려는 시도이다”. 우리는 확증(confirmation)보다는 비확증(disconfirmation)을 찾고 있다.

단기간에 이것은 성공하지 않을 것이다. 회계에서 우리는 효율적 시장가설(EMH)이 가지기 쉬운 빈번하고도 많은 변칙을 목격하고 있지만, 우리는 주가가 관련정보의 이용가능성에 반응하는 방식에 관해 널리 인정되는 다른 이론을 가지고 있지 않다.

Popper의 주장은 이론을 반박하려는 시도에 이론을 종속시키는데 강력한 경험적 방법론을 제공할 때 매우 매력적이다. 그러나 이 입장은 본질적으로 ‘관찰 과정’에 오류가 있을 수 있기 때문에 항상 이상적이지는 않다. 그리하여 Hawking(1998, p.59)은 **Heisenberg의 불확정성의 원리**를 다음과 같이 보고하고 있다.

> 만약 우리가 미래상태와 입자의 속도를 예측해야 한다면, 우리는 이의 현재상태와 현재속도에 관한 정확한 측정을 필요로 한다. Heisenberg는 입자에 빛을 비추고, 그 상태를 드러내기 위해 결과적인 빛의 산란을 관찰함으로써 1926년에 입자의 상태를 표시하였다. 그러나 입자의 상태를 정확하게 결정하기 위해서는 예측할 수 없는 방식으로 입자의 속도를 변경한 빛의 양을 이용할 필요가 있었다. 상태를 더 정확하게 측정하려고 할수록, 속도의 측정은 덜 정확하였다!

불확정성의 원리는 모든 환경에서 실시되는 연구에도 광범위한 시사점을 가지는데, 여기서는 측정과정에서 다른 모든 특징을 변경하지 않고 특정한 입자의 크기와 속도를 측정하는 것이 불가능하다. 우리는 민속지학적, 실험적, 실태조사나 현장연구의 참여자 행위가 측정과정의 결과에 영향을 주는 회계연구에서 유사한 상황을 가진다.

이론이 관찰에 적합한지의 여부를 판단하기 위한 세 가지 근본적인 기준이 존재한다.

1. **공분산**(co-variation) - 어떠한 인과관계가 없는 곳에서도 우리는 두 개의 변수가

함께 움직일 것으로 기대할 것이며, 그리하여 높은 수준의 상관관계가 두 변수 사이에 존재한다. 공분산이 없는 곳에서, 인과관계를 확립하는 것은 어려울 것이다.

2. **결과에 앞선 원인** - 만약 인과관계가 확립된다면, '원인사건'은 '결과사건'보다 앞에 발생해야 한다. 그러므로 사건의 순서가 설명방향을 확립하는 것을 도와줄 수 있다.
3. **설득력있는 경합가설의 부재** - 세 번째 규칙은 믿기 어려운 사건의 다른 설명을 제거하고자 한다. 이것은 미래연구자가 자료의 재분석으로부터 사건의 경합적인 설명을 개발할 수도 있기 때문에 현재에만 가능할 것이다.

예를 들면, 기업보고서에서 정보의 자발적 공시와 이후의 분석가를 고려하라(말하자면, 대기업의 공시에 관해 보고하고 성과를 검토하는 분석가의 수). 이 두 변수 사이에 관계가 있다. 즉, 이들은 같이 변한다(co-vary). 자발적 공시의 양과 보고하는 분석가의 수가 같이 움직인다. 그러나 어떤 것이 어떤 것을 야기하고 있는가? 경합가설들은 다음을 시사하고 있다.

a. 기업은 많은 투자분석의 주목을 받으면서, 자신의 의도와 명성을 신호전달하기 위해 시장에 자발적으로 많은 정보를 공급하고 있다.
b. 투자분석가는 특정한 기업에 자신의 주의를 집중하고 있으며, 더 많은 정보와 더 상세한 공시를 요구하고 있다.

기존의 경험적 증거는 설득력이 약하다. Lang · Lundholm(1996)은 (a)를 발견하지만, Walker · Tsalta(2001)은 (a)에 대해 허약한 증거이지만, (b)를 지지하기 위한 더 강력한 증거를 제공하고 있다. Kent · Ung(2003)은 어떠한 상관관계도 발견하지 않는 Walker · Tsalta의 입장에 대한 지지를 발견하고 있는데 반하여, Aljifri · Hussainey(2007)는 음의 상관관계를 관찰하고 있다. 확실히 인과의 본질과 방향을 분명히 하기 위해 더 많은 경험적 연구가 필요하다.

제2절 회계연구에 대한 비판적 접근방법

연구자는 자신의 연구결과와 다른 연구자의 연구결과에 대해 건전한 회의론을 나타내어야 한다. 그는 연구결과의 품질에 만족하기 위해 충분한 증거가 제공될 때까지 읽은 모든 것을 의심하면서 비판적 자세를 채택해야 한다. 좋은 연구와 나쁜 연구를 구별하고 논증, 방법론, 분석의 결함을 분명하게 식별하기 위해, 비판적 평가기술의 개발은 연구자에게 기본적인 요건이다.

연구실무의 정직하고 투명한 보고는 연구에 참가하는 사람의 윤리적 의무이다. 연구자는 자신이 한 모든 것, 자신이 그것을 한 이유, 그리고 자신이 그것을 어떻게 하였는가를 보고해야 한다. 만약 연구자가 절차의 어떤 단계에 관해 의심을 가진다면, 그는 가능한 시사점과 더불어 이러한 의심을 극복하기 위해 무엇을 하였는가를 언급해야 한다. 연구자가 진리를 말하지 않으려는 곳에서, 이것은 대개의 경우 그의 논문에서 분명하며, 가끔 나쁜 연구의 지표다.

학생은 발표논문을 비판하도록 처음 요구받을 때 자주 고민한다. 그는 저자의 명성을 가끔 두려워하거나 두 명의 익명심사자의 검토와 편집위원의 엄밀한 심사를 이미 겪은 논문에 관해 현명한 비판을 할 수 있는지의 여부를 의심한다. 위의 사실에도 불구하고, 일부 결함있는 논문이 발표되며, 이것이 항상 낮은 수준의 학술지에 있는 것은 아니다(세 개의 최고학술지(*Accounting, Organizations and Society, The Accounting Review, Journal of Accounting Research*에서 27개 논문의 설계와 분석에서 문제가 확인되고 있다)에서 상황(contigency)분석에 관한 28편 논문의 비판으로는 Hartmann · Moers, 1999를 참조). 이와 유사하게, Dowd(2004, p.510)는 무의미한 가정을 한 논문이 최고의 경제학문헌에 발표된 것을 언급하고 있다. 학생은 올바른 질문에 관한 적절한 지침으로, 결함과 누락을 발견할 수 있는 자신의 능력에 대한 신뢰를 신속하게 개발할 수 있다. 예를 들면, Abernethy et al.(1999)[4]은 호주 · 뉴질랜드의 회계학회지 *Accounting*

역주4) 이 논문은 관리회계에서 채택되고 있는 세 가지 연구방법(실험연구, 실태조사연구, 현장연구)의 장단점을 세 편의 논문을 통해 살펴보고 있다.

*and Finance*의 유명한 편집에서 세 편의 논문에 관해 자극적인 비판을 하고 있다.

우리는 대개의 경우 다음을 다루고자 할 것이다.

1. **이 논문이 왜 흥미로운가/중요한가?** 논문은 지식에 기여하는 새로운 통찰력을 제공해야 한다. 이러한 통찰력은 개선을 위한 권고나 추가적인 이론개발에 포함될 수 있도록 사소한 것이 아니어야 한다.
2. **결과가 중요한가?** 효과적으로 논문이 "그래서 그게 어떻다는 것인가?"(so what)의 검정을 통과하는가? 누구라도 이 연구의 결과에 흥미가 있을 것인가? 또는 그것이 미래실무에 시사점을 가질 것인가? 이 연구의 범위가 경쟁적인 기금제공 당국에 의해 잘 고려될 것인가? 이것은 '부정적인' 결과를 생성하는 논문에 중요한 시사점을 가진다. 즉, 이 논문은 연구문헌에 기초한 합리적인 가설을 검정하지만, 이의 자료는 어떠한 기대도 지지하지 못 한다. 이러한 결과는 다른 곳(가끔 다른 학문)의 결과가 회계에 유효하지 않다는 것을 보여주지만, 그것의 부정성(negativity)은 그것의 발표기회를 제한할 것이라는 점에서 여전히 기여한다.
3. **어떤 동기로 저자가 이 논문을 지금 작성하는가?** 논문은 현재의 관심사를 다룰 것이다. 한편, 이것은 더욱 역사적인 현안을 다루고 있을 것이며, '오래된' 자료를 이용하고 있을 것이다. 만약 우리가 후자를 가지고 있다면, 우리는 최근에 재생된 오래된 논문이나 발표가능한 것으로 간주되기 전에 여러 가지 다른 학술지에서 여러 번의 반복을 거치고 있는 논문을 다루고 있을 것이다.
4. **연구문제/질문은 무엇인가?** 우리는 논문의 앞부분에서 문제에 관한 명확한 서술을 찾고 있다. 그리하여 그 목적은 분명하다. 만약 우리가 논문의 방향이나 어떤 종류의 연구모형에 관한 분명한 아이디어도 없이 말하자면 논문의 11페이지분량에 도달한다면, 아마도 저자는 연구의 기본목적을 다시 다룰 필요가 있을 것이다.
5. **어떤 이론이나 이론체계가 연구의 배경인가?** 이론적 배경도 없이, 우리가 문제해결훈련이나 상담프로젝트를 가진다면, 그 어느 것도 학술지의 페이지를 우아하게 장식하지 않을 것이다. 다루고 있는 문제와 채택된 연구방법에 대한 이론적 정당화

가 있어야 한다. 이론은 연구과정에서 종종 첫번째로 오지 않을 것이다. 흥미로운 아이디어나 복잡한 관찰에 뒤이어 이론이 나올 것이다. 그러나 우리가 학술지논문의 기본(basics)을 가지기 전에 우리는 조사중인 관계에 대한 어떤 이론적 설명을 필요로 한다. 이 분야에서 관찰된 결함은 대개의 경우 네 가지 범주의 하나에 해당한다.

- 기초적인 이론이 존재하지 않거나 매우 빈약하다.
- 이론적 맥락이 그곳에 있지만, 대개의 경우 논문의 시작에서 하나의 방편으로 부가되고, 공동저자에 의해 가끔 작성되는 것 같다. 집필유형의 검토는 우리가 빈번하게 '이론'과 '연구의 실시'를 구분한다는 것을 시사한다.
- 이론적 논지가 설득적이지 않아서 논문에서 상당하게 채택되고 있지만 간과되고 있는 경합적인 이론들이 있다.
- 건전한 이론체계가 있지만, 이론과는 전체적으로 맞지 않는 연구결과가 있다. 이것이 그 당시에 저자들에게 알려지지 않았지만, 분명히 경합적인 이론이 더 적절할 것이다.

6. **연구가 의존하는 핵심적인 동기유발 문헌은 무엇인가?** 연구를 촉구하는 기념비적인 논문이 대개의 경우 적을 것이다. 만약 이들 중의 어느 것이라도 신뢰할 수 없다면, 그것은 그 논문이 입각하고 있는 기반의 상태를 의심할 것이다. 만약 논문의 하나가 여러 해 동안 발표되지 않은 학술회의나 미완성원고이라면, 그 논문이 심사학술지에서 왜 발표되지 않은가의 문제에 경고음이 울린다. 만약 핵심적인 유명한 논문이 간과되었다면, 또다시 연구결과의 무결성이 감소된다.
7. **어떠한 연구방법이 선택되고 있는가?** 선택된 방법에 대한 정당화와 분명한 선호가 있어야 한다. 이 방법은 이론 및 문헌과 일치해야 하며, 이상적으로 이 분야의 경험적인 선행연구가 유사한 방법을 채택해 왔을 것이다. 더욱 중요한 것은 연구문제가 완전히 개발되기 전이라도 처음 선택되어온 것보다는 진화해온 연구방법을 보

기를 원한다는 것이다. 실태조사 방법의 이용은 대안의 제거에 관한 설명없이 이것이 빈번하게 선택되어온 것 같기 때문에 이 방식에서 항상 문제시되어야 한다. 이상적으로 우리는 추상적 개념의 조작화와 측정을 통해 이론으로부터 추상적 개념의 등장을 추적할 수 있어야 한다. 그래서 모든 가설은 전적으로 이론 및 문헌과 일치한다.

8. **표본이 어떻게 선정되었는가?** 표본선정에 관해 상세한 사항은 저자가 채택한 절차에서 취약하다고 느끼기 때문에, 많은 논문에서 가끔 개략적이다. 때때로 (예를 들면, Young, 1996과 Van der Stede et al., 2005를 참조) 응답율이 누락되는 것처럼, 채택한 실제의 표본규모가 누락되고 있다. 두 누락은 나쁜 소식으로 간주되어야 한다. 편의표본(convenience sample)에 과도하게 의존하는 곳에서 과학적 방법은 채택되지 않았다(불행하게도, 회계연구에서는 너무 일반적이다). 분명한 것은 저자들이 이 점에서 혼란스럽게 하고, 상세한 것을 간과하고 표본선정이 실제로 실시된 것보다 더 체계적이라는 인상을 만들려고 하는 시도이다.
9. **다당성의 문제가 어떻게 다루어지고 있는가?** 연구방법의 선택은 타당성의 현안을 다루어야 한다. 실험방법이 채택된 곳에서 우리는 내적 타당성의 문제가 중요할 것으로 기대할 것이나. 현장연구가 포함된 곳에서 우리는 외적 타당성의 문제가 다루어질 것으로 기대할 것이다. 실태조사방법의 경우 우리는 주안점이 타당성문제보다는 이후의 통계분석의 엄격성과 검정도구의 신뢰성에 더 많이 있을 것으로 예상할 것이다.
10. **결과가 어떻게 분석되고 있는가?** 우리는 탐구되고 있는 관계와 일치하는 가장 단순한 결과분석을 보고자 한다. 우리는 불필요하게 복잡한 것을 보고 싶지 않다. 이것은 논문의 가독성을 떨어뜨리며, 연구결과와 그 유의성을 은폐하는 경향이 있다. 한편, 대부분의 회계학자는 비전문적인 통계인일 뿐이다. 만약 그들의 분석수준이 부적절하다면, 그들은 통계인을 공동저자로 할 것이다[심사자를 만족시키기 위해 회계논문에서 세 번째나 네 번째의 저자로 나타나는 공동저자(quant jocks)의 수로 증명된다]. 연구를 촉구하는 분석방법을 보고 싶지 않다. 연구방법

이 연구문제보다 앞서 나가서는 안되는 것과 동일한 방식으로, 분석방법도 앞서 나가지 않아야 한다. 예를 들면, 나는 학술회의에 발표되었지만, 학술지에 게재되지 않은 나 자신의 논문 하나(Smith, 1992)를 (회계문헌에서는 별로 이용되지 않은 기술인) 다차원척도(MDS)를 이용하는 것의 장점을 보여주고자 하였지만, 학술지 심사위원이 이 방법은 상대적으로 단순한 연구문제에 부적절하게 정교하다는 것을 즉시 관찰하였다. 다차원척도는 포기되었으며, 더 단순한 방법이 채택되었고, 수정된 논문이 결국 Smith(1996)으로 게재되었다.

11. **결론과 권고가 연구결과와 일치하는가**? 효과적으로, 이 논문은 수미일관한가? 제목은 적절한가? 논문초록과 서론은 논문의 말미에 우리가 발견하는 것을 기대하도록 우리를 유도하는가? 많은 논문에서 최종 절은 가장 허약하며, 실시된 연구의 폭(breadth)을 바르게 나타내지 않을 것이다. 우리는 설명, 한계, 미래연구과제를 기대한다.

이제 이 체계가 발표논문의 비판에 어떻게 적용될 수 있는가를 생각해 보자. 당연히 나는 이를 살펴보기 위해 내가 발표한 논문 중의 하나(Smith, et al., 2001)를 선택하였는데, 그 이유는 내부자의 관점에서 논문의 발전사에 관한 지식이 매우 교육적일 수 있기 때문이다. 독자가 먼저 논문을 읽을 수 있다면, 이후의 논의를 이용할 수 있을 것이며, 이 목적으로 본 논문을 부록2로 재수록하였다.

1. **흥미로운 새로운 통찰력:** 이 논문은 (1) 회계법인, (2) 감사실시방식, (3) 그 절차와 문화에 입각한 회계법인의 분류 사이에 흥미로운 연계를 상정한다. 이 논문은 또한 미국, 영국, 호주의 연구결과를 채택함으로써 세계적 관점을 부여하고자 한다. 그러나 자료나 참고문헌은 새로운 것이 아니며, 그것은 이 논문의 독창성을 떨어뜨린다.
2. **중요성:** 이 논문이 지식에 기여한다면 중요하다. 이것은 기업실무를 위한 시사점이나 이론 발전에 기여할 수도 있을 것이다. 만약 이 논문이 감사가 실시된 방식과 '감

사인' 사이의 관계를 나타낼 수 있다면, 이것은 역사적으로만 관련성이 있을지라도 기여한다. 이러한 관계가 1987/1988년 자료의 경우 나타나고 있다. 그러나 이 관계가 더 이상 유효하지 않다는 것을 시사하는 증거가 또한 제시되고 있다. 현재 관계의 부재는 이 논문이 현재의 감사실무에 어떠한 시사점도 가지지 않는다는 것을 시사한다. 의뢰기업간에 특정한 회계정책의 묵인(tolerance)경향과 회계법인의 관계에 대한 이유가 결코 명확하지 않다.

3. **동기:** 논문의 시점이 문제가 된다. 이것은 2001년에 발표되었지만, 주로 1987/1988년의 자료를 이용하였다. 현재의 실무와는 관련성이 별로 없는 역사적 논문으로 간주될 위험이 있다. 저자들은 이 논문의 주된 검정인 Kinney분류가 이 분야에서 광범위한 합병활동이 있기 전이며, 호주에서 8개의 대형회계법인이 존재하던 마지막 년도인 1988년에 8개의 대형회계법인(Big 8)과 관련있는 자료에 입각하고 있다. 논문 그 자체(말하자면, Houghton · Smith, 1991)와 인용한 참고문헌에서 자료가 주로 서호주 주정부에 파산예측모형을 생성하기 위해 이용되고 있으며 이 논문의 자료를 추가로 이용하는 것은 우연적이고 기회주의적이라는 주장이 있다

4. **문제진술:** 이 문제진술은 다음과 같이 매우 분명하게 진술되고 있다. 회계정책변화=f(회계법인). 여기서, 이 등식의 양변은 많은 기업수로 측정되고 다듬어진다.

• 회계정책변화: 임의적/강제적, 이익증가, 이익감소, 중립적.
• 회계법인: Kinney(1986)와 Moizer(1998)가 개발한 분류에 따라 개별이름과 집단별로.
• 많은 외생변수(특히, 기업규모, 재무성과, 산업)도 그 영향을 결정하기 위해 검토된다.

5. **이론체계:** 누락을 극복하기 위한 열정적인 노력에도 불구하고, 이 논문에 일부 문제점이 있다. 이 논문은 감사인들이 1988년에 감사를 위해 채택한 절차에서 그리고 감사인들 사이에 차이가 있다는 것을 보여주고 있다(말하자면, Sullivan, 1984; Cushing · Loebekke, 1986). 그러나 감사인간에 이러한 절차적 차이가 이익에 영

향을 주는 회계정책변화로 향한 묵인을 차별화하는 것으로 전환되는 이유는 분명하지 않으며, 하나의 논문(Dirsmith · Haskins, 1991)에서 발생하는 논의와 실무감사인의 미발표 일화에 주로 기인한다.

6. **동기유발문헌:** 상대적으로 위에서 언급한 논문들(말하자면, Sullivan · Kinney · Cushing · Loebekke와 Dirsmith · Haskins)은 이 논문을 동기유발하지 않는데 반하여, Terry Smith(1992)와 Peter Moizer(1998)은 영국의 경우에 기회를 제공하고 있다. 자료수집이 끝난 후에 발표된 Dirsmith · Haskins(1991)가 가장 중요한 논문이다. 그리하여 Kinney(1986)가 개념체계를 제공한 1988년에 자료뒤지기(data mining) 작업에서 흥미로운 연구결과가 발생하였다는 강한 의구심이 있지만, 이 발표는 적합한 이론을 기다려야 한다. 저자들의 자기인용도 드러나고 있지만, 다른 참고문헌은 별로 없다.

- Houghton · Smith(1991)는 동일한 자료로 구축한 파산예측모형과 관련이 있으며, 전반적인 재무성과의 척도를 제공하기 위해 여기서 채택되고 있다.
- Smith(1998a)는 회계정책변화에 대한 태도를 감사인과 연결하면서 현재의 영국의 연구결과를 보고하고 있다.
- Smith · Kestel(1999)은 시계열분석으로 현재의 연구를 갱신하고 있지만, 그 결과는 심사학술지에 게재하는데 분명히 충분하게 흥미롭지 못하다.
- Brown(1988)은 분할표(contingency table)로 통계검정을 실시하는 가장 적절한 수단에 관해 보고하고 있다.

7. **연구방법:** 문헌방법은 자료의 성격을 감안하면, 유일하게 현실적인 대안이기 때문에 문헌방법이 채택되고 있다. 말하자면, 더 이상 존재하지 않는 많은 기업을 다루며 역사적, 기록자료적인(documentary) 연구방법. 저자들이 서호주 공개기업의 모집단을 구성하는 자료에 접근하는 것이 이 논문의 상당한 강점이다. 자료수집은 세심하며, 개별연구자들 사이의 일치성과 일시적인 타당성을 위한 검토를 포함한다.

8. **표본선정:** 이 논문은 서호주에서 463개 상장기업 전부의 연례보고서를 평가하고 있다. 정규분포의 표본이라기 보다는 모집단을 이용하기 때문에, 채택할 수 있는 통계검정의 성격에 대한 제한이외의 표본추출현안은 없다.
9. **타당성문제:** 관찰에 대해 경합적인 이론설명을 고려하지 못함으로 인한 잠재적인 내적 타당성의 위협이 있다. 회계정책변화의 발생은 분명히 회계법인과 연관이 있지만, 관계의 인과방향 및 다른 감사인동기가 고려되었을 것이다. 저자들은 모든 감사인이 채택한 절차들이 이제 매우 유사한 자료수집기간이후로 조건이 상당히 실질적으로 변하였다는 점에서 연구의 다른 기간과 다른 자료에 연구결과의 적용가능성인 외적 타당성을 인정하고 있다.
10. **분석:** χ^2검정을 통해 '관찰된' 빈도와 '예상된' 빈도의 비교를 포함하여, 기본분석은 상대적으로 정교하지 않다. 전통적인 접근방법에 대한 변이(variation)가 분할표에 Kendall의 tau를 이용함으로서 증가되고 있는 검정력인 순서효과(order effect)를 고려하기 위해 도입되고 있다. (잠재적으로 이전의 형태에 대한 심사자의 관심에 대한 반응으로, 전문적인 통계논문을 가진 공저자가 검정문제를 다루기 위해 포함되었다). (Smith, 1998a에서 암시된) 영국자료에 대한 비교기본분석은 분명히 가능하지 않으며, 추가분석은 삼차원천으로 제한된다.
11. **결론:** 결과의 무결성에 영향을 줄 관련분야에서 다른 흥미로운 연구결과에 관한 논의가 있으며, 공식적인 결론이나 권고는 없다. 이 연구의 연구결과는 Big8의 합병활동과 연계되어 있는데, 과거성공과 상당한 유사성을 가지는 양상을 보여주고 있다. 이 논문은 이 부문에서 미래합병활동은 Moizer(1998)가 생성한 기업의 군집(clustering)과 Kinney분류의 조직문화측면에 의해 영향을 받을 것이다. 그리하여 만약 우리가 말하자면 Arther Andersen에 대한 잠재적 고발인을 보고 있었다면, 이 분석은 Ernst and Young이 잠재적으로 가장 성공적인 대안을 제공할 것이라는 것을 시사한다.

이러한 비판은 이 특별한 논문의 전개에서 채택한 준최적 접근방법을 엿보면서 드러나고 있다. 자료가 지불불능기업의 감시와 서호주 정부를 위해 파산예측모형을 생성한다는 구체적인 목적으로 수집되었다(말하자면, Houghton · Smith, 1991). 흥미로운 감사인의 연구결과가 동시에 생성되었지만, 관찰된 관계를 정당화하기 위한 실질적인 이론에 따른 연구논문은 없었다. 연구를 동기유발할 새로운 이론(예를 들면, Dirsmith · Haskins, 1991)의 등장으로써만, 게재가능한 논문으로 향한 추가 발전이 가능할 것이다.

분명히 연구가 학술지에서 읽는 정화된 형태에도 불구하고, 항상 간단하고 체계적이고 선명한 것은 아니다. 연구과정은 혼란스럽고 흥분스러울 수 있으며, 계획에 따라 정확하게 진행되는 경우는 매우 드물다. 불행하게도, 이 인상은 게재 논문이 대개의 경우 좋은 결과 즉, 긍정적인 연구결과와 협력적인 참여자 등을 가지고 있기 때문에 우리가 읽은 것에 의해 좀처럼 생성되지 않는다. 좀 더 현실적인 사건형태의 경우, 이와 같은 저서, 학술회의발표, 연구연수(research workshop) 등에 의존해야 한다.

우리는 다른 사람의 연구에 대한 비판적 및 회의적 접근방법으로 무장되어, 이제 우리 자신의 유능한 연구를 수행하기 위해 필요한 기술의 개발을 시작할 수 있으며, 결국에는 연구결과의 게재로 될 일련의 순서를 시작할 수 있다.

더 읽을거리[5)]

*김석웅(2014), 회계학의 비판적 방법론, 교육과학사.

*______(2017), 회계학의 해석적 방법론, 교육과학사.

Abernethy, M.A., Chua, W.F., Luckett, P.F. and Selto, F.H.(1999), "Research in Managerial Accounting: Learning from Others' Experience", *Accounting and Finance*, 39(1), 1-28.

역주5) 더 읽을거리에서 *표를 한 것은 역자가 독자의 편의를 위해서 임의로 추가한 것이다.

Aljifri, K. and Hussainey, K.(2007), "The Determinants of Forward-looking Information in Annual Reports of UAE Companies", *Managerial Auditing Journal*, 21(5), 476-496.

Ball, R. and Brown, P.(1968), "An Empirical Evaluation of Accounting Income Numbers", *Journal of Accounting Research*, 6(2), 159-178.

____________________(2014), "Ball and Brown(1968): A Retrospective", *The Accounting Review*, 89(1), 1-26.

Brownell, P.(1995), *Research Methods in Management Accounting*, Coopers & Lybrand Accounting Research Methodology Monograph No.2, Melbourne: Coopers & Lybrand.

Dowd, K.(2004), "Qualitative Dimensions in Finance and Risk Management Research", in C. Humphrey and B. Lee(eds), *The Real Life Guide to Accounting Research*, London: Elsevier, 509-524.

*Henderson, S., Peirson, G. and K. Harris(2004), *Financial Accounting Theory*, Sydney: Pearson Education Australia; 김석웅 역(2005), 재무회계이론, 대명.

*Hoque, Z., Parker, L.D., Covaleski, M.A. and K. Haynes(2017), eds., *The Routledge Companion to Qualitative Accounting Research Methods*, London: Routledge.

Kent, P. and Ung, K.(2003), "Voluntary Disclosure of Forward-looking Earnings Information in Australia", *Australian Journal of Management*, 28(3), 273-285.

Malmi, T. and Granlund, M.(2009), "In Search of Management Accounting Theory", *European Accounting Review*, 18(3), 597-620.

Malsch, B. and Salterio, S.E.(2016), "Doing Good Field Research: Assessing the Quality of Audit Field Research", *Auditing: A Journal of Practice and Theory*, 35(1), 1-22.

Parker, L.D.(2012), "Qualitative Management Accounting Research: Assessing Deliverables and Relevance", *Critical Perspectives on Accounting*, 23(1), 54-70.

Power, M. and Gendron, Y.(2015), "Qualitative Research in Auditing: A Methodological Roadmap", *Auditing: A Journal of Practice and Theory*, 34(2), 147-165.

*Roslender, R.(2018), ed., *The Routledge Companion to Critical Accounting*, London: Routledge.

Smith, M., Fiedler, B., Brown, B. and Kestel, J.(2001), "Structure versus Judgement in the Audit Process: A Test of Kinney's Classification", *Managerial Auditing Journal*, 16(1), 40-49.

Smith, T.(1992), *Accounting for Growth: Stripping the Camouflage from Company Accounts*, London: Random House.

Van der Stede, W., Young, S.M. and Chen, C.X.(2005), "Assessing the Quality of Evidence in Empirical Management Accounting Research: The Case of Survey Studies", *Accounting, Organizations and Society*, 30(5), 655-684.

Wilmott, H.(2008), "Listening, Interpreting, Commending: A Commentary on the Future of Interpretive Accounting Research", *Critical Perspectives on Accounting*, 19(6), 920-925.

Young, M.(1996), "Survey Research in Management Accounting: A Critical Assessment", in A.J. Richardson(ed.), *Research Methods in Accounting: Issues and Debates*, Vancouver: The Canadian General Accountants Research Foundation, 55-68.

제2장 연구아이디어의 개발

제1절 연구순서
제2절 연구주제의 등장
제3절 연구제안
제4절 개념체계
제5절 DNA의 구조: 새로운 이론의 개발
제6절 Bradman 문제: 새로운 전략의 개발
제7절 경도 문제: 해결책의 실행
제8절 가계도의 탐색: 질적 문헌연구
제9절 성배: 현장실험
제10절 전략적 관리회계

우리는 제1장에서 연구가 계획대로 정확하게 진행되지 않기 때문에, 연구과정이 대개의 경우 간단하지도 체계적이지도 선명하지도 않다는 것을 인식하였다. 그러나 이것 때문에 이상적인 세계에서 우리가 연구를 어떻게 실시할 것인가를 우선 철저하게 구체화하는 계획을 단념해서는 안된다.

제1절 연구순서

〈도표2.1〉은 원래의 아이디어로부터 결과적인 발표까지 대부분의 회계연구형태에서 진행하기로 기대할 일련의 단계로서 Howard · Sharp(1983)가 서술한 전형적인 연구순서를 구체화하고 있다.

본서의 이후의 장들은 이러한 단계를 각각 다루며, 우리가 예상할 제약조건을 상세히 나타내고 있다.

〈도표2.1〉 연구순서

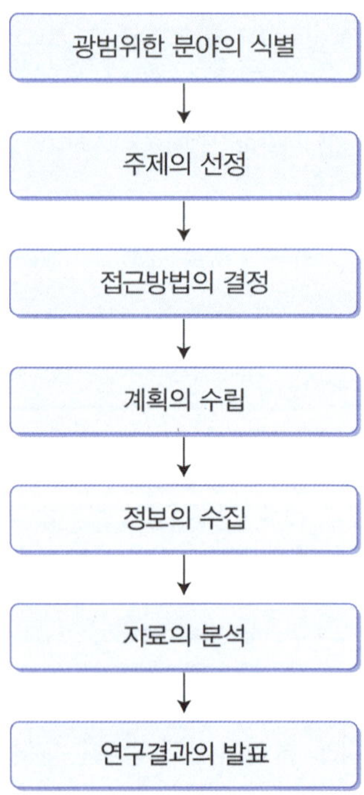

1. **광범위한 분야를 식별한다:** 회계일반으로부터 재무회계, 관리회계, 감사, 회계교육, 회계정보시스템 등과 관련된 흐름까지 초점을 좁혀라.

2. **주제를 선정한다:** 지도교수의 연구지도능력을 이용할 수 있지만, 이후의 발전에 비추어 수정될 수 있는 초점, 좀더 엄격한 초점을 제공할 세부분야를 구체화하라.
3. **접근방법을 결정한다:** 채택할 접근방법에 관한 초기 생각은 이용가능한 자원을 중심으로 이루어지며, 특히 필요한 자료원천에 대한 접근을 중심으로 이루어질 것이다.
4. **계획을 수립한다:** 연구가 확장된 기간동안 어떻게 진행될 것인가가 분명하도록 처음부터 이정표와 목표를 확립해야 한다. 이것은 특히 6년이나 7년동안 연구에 전념하고 있는 비상임 연구자에게 중요하다. 특히 이것이 박사학위과정에서 지도교수와 박사과정학생 사이의 관계에 관한 것이라면, '간트차트'[1]나 이와 유사한 것이 관련당사자들의 상호기대와 연구프로그램의 범위를 분명히 하는데 매우 도움이 된다. 시작시점은 신속한 진행을 하기 위한 인지된 필요성 때문에 가끔 불안을 야기할 수 있다. 노력이 불필요하거나 치명적인 결함인 것으로 나중에 나타나는 실태조사나 실험을 수행하면서 노력이 낭비되지 않다는 것을 확신하기 위해 확대된 독서기간이 얼마나 중요한가를 아무리 강조해도 지나치지 않는다.
5. **정보를 수집한다:** 자료수집은 우리가 무엇을 그리고 어떤 목적으로 알고자 하는가를 정확하게 인식할 때만 안전하게 진행될 수 있다. 계획단계는 우리가 자료를 수집하고자 하는 기간을 강조해야 한다. 계획단계에서는 대개의 경우 대부분의 장기간 연구를 배제하는데, 부분적으로는 자료를 수집하는데 너무 긴 시간이 소요되기 때문이며, 또한 확대된 장소접근과 연관된 취약성의 증가 때문이다. 우리는 상업적 데이타베이스에 접근하고자 할 것이다. 만약 이것이 본질적인 요건이면, 즉시 허락을 받아야 한다.
6. **자료를 분석한다:** 자료분석방법과 소프트웨어 요건은 연구과정의 초기에 분명해야 한다.

역주1) 간트차트(Gantt chart)는 프로젝트 일정관리를 위한 bar형태의 도구로서, 각 업무별로 일정의 시작과 끝을 그래프로 표시하여 전체일정을 한 눈에 볼 수 있으며, 각 업무 사이의 관계를 보여줄 수도 있다.

7. **연구결과를 발표한다:** 예비결과는 대학의 연수(workshop), 세미나, 그리고나서 전문가회의에서 발표될 것이다. 이들은 심사문헌에 발표하기 위한 선행요건(precursor)이며, 박사학위논문을 완성하기 전에 발생할 것이다. 전문가문헌에 발표함으로써 중요한 결과가 관심있는 실무가의 주목을 받을 것이다.

위의 연구순서는 House(1970)가 고안한 전통적인 실증적 접근방법의 요소를 제공하도록 쉽게 요약될 수 있으며, 〈도표2.2〉에 예시되어 있다. 또다시 이 접근방법은 특정한 조건의 존재를 가정한다.

- 연역적 가설의 구체화: 자료를 수집하거나 현장조사를 고려하기 전에 문헌과 이론을 기초로 해서 수립한다;
- 연역적 기준의 구체화: 가설의 수용가능성을 측정하기 위해, 가장 일반적으로 표준통계검정의 형태로 실시한다;
- 조사할 변수의 격리와 통제: 어떤 변수를 독립(설명)변수로 하고 어떤 변수를 종속변수로 처리할 것인지, 그리고 어떤 것을 상수로 간주하고, 대응시키고, 무시할 것인지를 결정한다;
- 측정방법과 변수의 검증: 어떤 변수를 직접 측정할 수 있는지와 어떤 형태의 대용변수(proxy variables)나 측정도구의 이용를 필요로 할 변수를 구체화한다.

그러나, 우리는 모든 상황에서 연구에 반드시 적용되는 단 하나의 방법은 없다는 것을 인정해야 한다. 그리하여, 실증적 전통이 회계문헌에서 가장 두드러진 것으로 남아 있지만, 비실증적 접근방법이 점차적으로 수용가능하게 되고 있다(그렇더라도, 미국 최고학술지 중의 일부는 여전히 비실증적 접근방법에 대한 그들의 태도에서 요지부동이다. 무엇보다도 Baker · Bettner(1997), Lee(2004, p.69), Parker(2012) 등은 최고학술지의

〈도표2.2〉 실증적 접근방법

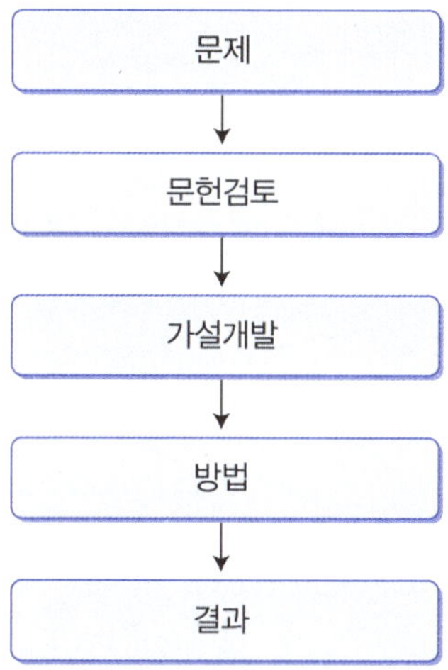

대부분에 해석적 · 비판적 연구가 없다는 것을 지적하고 있다). 그러나 관리지향적인 변화조사(예를 들면, 회계혁신의 실행)는 특히 과학적 접근방법에 적합하지 않을 것이다. 경영자 자신의 동기와 과제를 포함해서 사람들이 포함되고 복수의 변수가 연구자의 통제를 벗어나는 곳에서는 과학적 접근방법의 타당성에 의문의 여지가 있다. Checkland(1981, p.316)는 "과학적 접근방법을 현실세계, 본질적으로 사회문제에 적용하려는 시도는 경영과학의 제한적인 성공에 책임이 있다"는 점을 지적하고 있다.

그리하여, 우리는 원래의 '연구순서'체계내에 머무를 수 있지만, 실증적 접근방법을 초월해서 확대할 수도 있다. 〈도표2.3〉은 그 가능성의 범위를 예시하고 있다. 우리는 도표에서 꼭대기로부터 밑바닥으로 이동함에 따라, 전통적인 실증적 접근방법(문헌연구와 실험연구)으로부터 현장연구를 거쳐서 특히 민속지학적(ethnographic) 연구와 연관이 있는 사례에 입각한 접근방법 쪽으로 이동한다. 이 이동은 통제불능변수 수의 증가와 일치하며, 검정가능한 가설수립의 불가능성 증가와 일치하고, '인간'요소의 증가와 일치한다.

〈도표2.3〉 대체적 연구방법

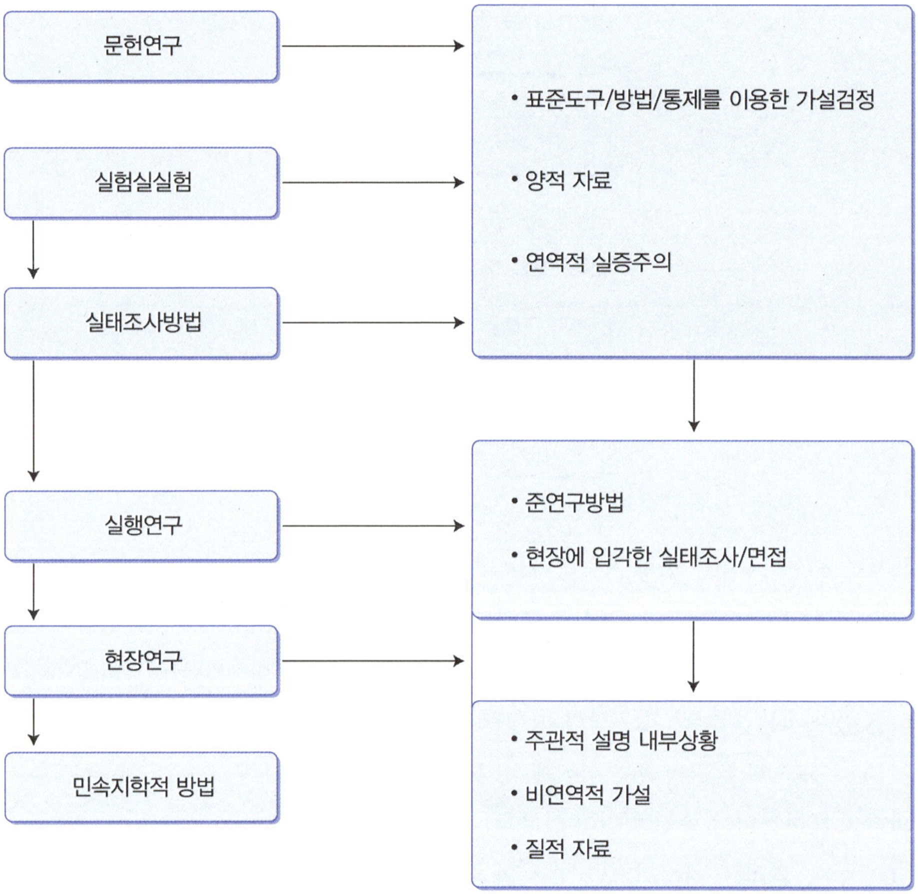

제2절 연구주제의 등장

우리는 연구자와 지도교수에게 흥미로운 연구주제를 선택함으로써 시작해야 하는데, 여기서 이 프로젝트는 박사학위자격요건에 이바지한다. 연구주제는 시작부터 연구자에

게서 열정을 생성해야 한다. 그렇지 않다면, 그는 일시적이지만 동기가 약해져야 하는 연장된 연구기간의 과정을 지속할 가능성이 없다. 연구주제의 원천은 어디라도 될 수 있지만, 대부분은 일반적으로 다음과 같다.

- 잠재적으로 더욱 광범위한 시사점을 가지는 현장의 문제;
- 텔레비전이나 웹검색기간, 신문에 발견된 문제나 적용;
- 다른 연구자들에 의해 탐구되고 있는 방향을 나타내고 있는 학술회의발표;
- 그 내용이 최소한 발표 2년전인 미완성논문과 완성논문;
- 미검정된 이론의 영원한 원천인 특히 경영관련분야의 교재;
- 지식의 현황과 잠재적 연구과제를 드러내기 위한 특별한 분야에서 문헌의 분석, 종합검토논문. *The Journal of Accounting Literature*는 특히 이 점에서 유용한 원천이다(예를 들면, Jones · Shoemaker, 1994; Bauman, 1996; Dunk · Nouri, 1998; Gramling · Stone, 2001; Searcy · Mentzer, 2003; Cole · Jones, 2005; Henri, 2007; Khlif · Chalmers, 2015). *Accounting, Organizations and Society*도 유효하다(예를 들면, Libby · Luft, 1993; Langfield-Smith, 1997; Hartmann · Moers, 1999; Ahrens · Chapman, 2006; Gerdin · Greve, 2008). 저평가된 학술지 *Journal of Accounting, Accountability and Performance*(예를 들면, McGowan et al., 2000; Liou · Smith, 2007; Smith · Chang, 2009)도 유용한 원천을 제공한다.
- 종합검토monograph(예를 들면, Ashton · Ashton, 1995, 정보처리; Brownell, 1995, 관리회계; Smith · Gurd, 2000, 행동과학현안; Trotman, 1996, 감사) 등도 도움이 되며, Foster(1986)의 좋은 책도 2판이후에는 갱신되지 않았지만, 도움이 된다.
- 우리의 지식과 연구기회의 괴리, 기존연구의 결함을 드러내는 심사 학술지논문, 특히 마지막 절. 이것은 직 · 간접적으로 현재의 저자가 추구하지 않고 있는 주제분야에서 미래연구과제를 수립할 것이다.

그러므로 아이디어는 원래 사고(thought)의 '불똥'에서 좀체로 등장하지 않을 것이다. 더 가능성이 있는 것은 자신의 아이디어를 폐기하였거나 그 전체가치를 보지 못한 창시자와 더불어 사고개발은 다른 곳에서 등장할 것이라는 점이다. 그것은 성공적인 혁신이 발명가로부터 멀리 있는 것과 동일한 방식으로 부가가치개념에 맞을 것이다. 이것은 회계환경에서 적용기회를 제공하는 방식으로 상이한 학문으로부터 두 개의 개념을 관련시키는 형태일 것이다. 여기서 '성공'은 존경할만한 학술지에 연구결과를 발표하는 것이다. 우리는 그렇게 하기 위해 필연적으로 타자의 연구위에 세우고 있을 것이다.

상기의 각 접근방법에서 공통적인 요소는 읽기(reading)이다. 따라서 분야를 알고 기회를 탐색하기 위해 박사과정학생에게 주어지는 "읽기, 읽기 그리고 또 읽기"에 관한 공통적인 충고. 박사과정학생이 주제를 스스로 개발하였다면 그는 훨씬 더 많이 주제와 관련될 것이다. 그러나 많은 학생은 아이디어생성을 매우 어려운 과정이라고 생각한다. 그리하여 지도교수가 연구아이디어의 원천인 것이 특별하지 않다. 왜냐하면 적극적이고 노련한 연구자는 대개의 경우 스스로 탐색할 수 있는 것보다 훨씬 더 많은 아이디어를 가지기 때문이다. Gill · Johnson(1997, 2002, 2010)이 말한 바와 같이, 주제선정은 만약 박사과정학생의 손에 완전히 남겨졌다면, 위험할 수 있다. 즉, 선정된 주제는 너무 작거나 너무 크거나, 또는 너무 단순하거나 일정한 기간내에 달성하기 어려운 것(특히 장기간 연구의 경우)으로 판명될 것이다. 학생이 선정한 주제와 연관이 있는 소유권/관여와 지도교수가 지도한 선호에 관해 기대된 실천가능성/적시성 간에 상반관계가 있을 필요가 있다. 일반적으로 박사과정학생은 회계변화의 과정과 재무결과에 대한 결과적인 영향을 감시하기 위해 회계변화의 실시를 포함한 연구를 고려할 것이다. 이러한 모형은 접근문제를 별도로 하더라도, 자료수집과 몰입이 대개의 경우 표준적인 연구기간내에 허용된 기간을 초월한 확대기간동안 필요할 것이다.

일단, 아이디어의 징후가 다가오고 있다면, 그것이 실제로 연구를 구성하는지의 여부를 보기 위해 실행되어야 한다. 예를 들면, 그것이 상담프로젝트보다 더 중요하다고 우리가 확신하는가? 그것은 더 광범위한 시사점을 가지지 않는 사소한 문제보다 더 중요한가? 그것은 다른 사람이 전에 실시하였거나 상이한 산업이나 상이한 국가에서 실시한 것의 반복보다 더 중요한가? 만약 우리가 이 점에서 만족한다면, 여러 가지 다른 질문이 등장한다.

- 이 프로젝트가 상당한 시간대(예를 들면, 박사학위과정기간)에서 할 수 있는가?
- 프로젝트가 새롭고(new), 흥미롭고(interesting), 반복가능하고(replicable), 방어가능하다(defendable)는 점에서 (대개의 경우, *The Accounting Review*의 편집위원장으로서 임기 동안에 Rashad Abdel-Khalik에 기인한) NIRD용어에 적합할 것인가? 당연히 이 용어는 반복가능성이 현장연구상황에서 보증하기에는 불가능할 것이기 때문에 실증적 전망에 적합하다.
- 필요한 자료를 쉽게 이용할 수 있는가? 만약 장소방문이 요구된다면, 접근이 충분한 기간 동안 충분한 깊이로 이용할 수 있는가? 이 마지막 시나리오는 실무적으로 큰 관심사이고 통제하기가 어렵다. Young · Selto(1993)와 Lapsley(2004, p.184)는 경영자가 그 마음을 변경하였고 사람에 대한 접근을 면접으로 인해서 제한하였기 때문에 그 깊이가 심각하게 단축된 연구에 관해 각각 보고하고 있다. 설상가상으로, 자료수집기간에 기업소유권 변경의 경우가 많이 있어서 추가 장소접근이 영구히 거부되었다. 확대된 기간동안 작은 기업표본에 관한 철저한 검토도 고위험 프로젝트를 구성한다. 왜냐하면 대상기업이 언제라도 협력을 철회할 수 있기 때문이다.

일단 일반적인 주제분야가 결정되었다면, 그것은 유익한 방향과 잠재적으로 흥미로운 관계를 식별하고 막다른 골목을 제거하기 위해 공식적인 방법(예를 들면, 브레인스토밍, 속성열거하기 등)에 의해 개선될 것이다. 이 단계에서 도표의 보조 특히 백판(white board)이 아이디어, 변수, 관계, 과정을 나타내는데 큰 도움이 된다.

제3절 연구제안

심사문헌의 기본요건에 주목함으로서 연구자는 개략적인 연구제안을 할 수 있을 것인데, 이 연구제안은 읽는 동안에 계속해서 수정되며 그럼에도 불구하고 예측할 수 없는 환경 때문에 연구 자체의 실시시간에 더 수정되어야 한다. 전형적인 연구제안은 다음의 요소를 포함할 것이다.

- **제목** – 연구자가 하려고 하는 것.
- **초록** – 문제, 목적, 예상결과.
- **현안** – 현안이 흥미롭고 중요한 이유.
- **목적** – 이 연구가 문제와 관련되는 방식.
- **문헌** – 주제와 관련된 발표물의 검토
- **방법** – 과정의 방식과 이유.
- **효익** – 이 연구를 가치있게 하는 예상된 결과.

특히 프로젝트를 지원하기 위해 외부기금을 추구하고 있다면, 주제를 분명히 하기 위해 실행(working)**제목**이 중요하다. 그러나 최종제목이 원래의 제목인 경우는 드물며 변경할 기회가 많이 있다.

초록은 이 단계에서 중요한 출발점이다. 왜냐하면 만사가 계획대로 진행되어야 한다면, 이것으로 연구자는 연구의 결과가 무엇일가를 심사숙고할 수 있기 때문이다. 초록은 처음에는 거창할 수 있지만, 연구과정에서 문제와 제약조건이 등장함에 따라 수정(아마도 급격한 수정)이 필요할 것이다.

논문의 기여와 논문이 체계적인 방식으로 중요한 **현안**을 다루고자 하는 방식은 그 성공에 기본적이다. 내부적 일관성과 전반적인 일치성은 **목적**과 의도한 접근방법이 적절하다는 것을 보장해야 한다.

개략적인 **문헌**검토는 불완전할 것이지만, 이것은 그럼에도 불구하고 핵심적인 동기유발문헌과 이론을 식별해야 한다. 연구과정학생은 문헌검토가 항상 이동가능한 축제이며, 연구결과의 최종발표에 즉시 더해지게 될 어떤 것이라는 점을 인식해야 한다. 논문과 박사학위논문의 주요한 결함 중의 하나는 이들이 가장 최근의 관련문헌을 빈번하게 간과한다는 것이다. 사람이 논문을 제출하려고 할 때는 심장이 멈추는 순간일 수 있으며, 학술지의 가장 최근의 현안이 그 자신의 것과 매우 유사한 연구프로젝트의 결과를 보고하는 것 같다! 최소한 이 새로운 논문은 인용되어야 한다. 미숙련 연구자의 공통적인 불평은 이용가능한 "문헌이 없다"는 것이다. 만약 이것이 사실이라면, 그것은 프로젝트의 주제가 너무 사소해서 고려할 수 없을 것이라는 것을 의미할 것이다. 그러나 가능성이 더 많은 것은 문헌검토를 더 반복해야 하고 상이한 주제어를 검색해야 한다는 것이다. 어떤 주제에 관해 최근문헌이 없다는 것은 문제를 암시할 것이다. 예를 들면, '의사결정발견법'(heuristics)에 관한 논문은 1970년대 후반과 1980년대 초반에 일반적이었으며, '집단의사결정'에 관한 논문은 1980년대 중반에 일반적이었지만, 이러한 연구분야에서 발전은 느렸으며, 발표는 상대적으로 드물다. 왜냐하면 이 연구의 배경을 이루는 심리학이론들이 새로운 접근방법을 촉진하기에 충분히 발전하지 않았기 때문이다. 우리는 유사한 방식으로 1970년대 초반이후에 규범적 회계연구의 소멸을 목격하였는데, 이것은 실증적 회계이론에 입각한 연구에 의해 점차적으로 대체되고 있었다. 분명히 새로운 프로젝트 예를 들면, '전자상거래' 유형의 주제에 관한 연구에 관해서, 학생들은 전자상거래가 단지 사업을 하는 새로운 방식이라는 것과 그들의 검토는 이전의 사업혁신의 실행을 다루어야 한다는 것을 인식해야 한다. Rogers(1995, 2003)의 혁신확산이론은 그러한 프로젝트를 이론화하는데 좋은 출발점을 정상적으로 제공할 것이다.

방법과 **이론**에 관한 논의는 선호한 선택이 가장 적절하다는 것을 나타내기 위해서 이용가능한 대체안을 다루어야 한다. 제안은 또한 연구의 **효익** 특히 지식에 대한 기여와 기업실무에 대한 잠재적 시사점을 반영해야 한다.

연구제안은 윤리승인을 위해 모든 적용이 중요한 특성을 정상적으로 포함할 것이며, 그러므로 연구의 가치, 채택한 방법의 무결성, 인간참여자의 관여의 정도를 나타내어야 한다. 학생은 연구제안에 필요한 길이와 상세함에 관해서 가끔 불확실하며, 길이에 관해 학술기관이 부여한 제한이 있을 것이다. 그러나 주안점은 본질적 요소이다. 연구의 목적이 무엇인가와 이론과 문헌이 그것을 추구하고 있다는 것이 분명해야 한다. 더 긴 제안이 허용되는 곳에서 학생도 제안을 최종논문의 제1, 2, 3장의 초안을 많이 축소한 것을 제공한 것으로 간주할 것이다.

제4절 개념체계

최초계획과정의 중요한 부분은 연구프로젝트의 개념표현의 개발이다. 이것은 인과관계의 표시 뿐만 아니라 설명변수와 매개변수, 중요한 관계(및 이론을 지지할 필요성)을 분명히 하는 것을 도와줄 수 있다.

제1장에서 식별한 귀납적 접근방법과 연역적 접근방법은 연구의 실시에 대한 객관적인 대안을 제공하고 인간 상호작용의 기회를 허용하지 않는다. 즉, 귀납적 접근방법은 (천문학과 같이 가장 일반적으로 자연과학의 경우처럼) 새로운 이론이 신선한 관찰에 기초해서 개발되는 곳이고, 연역적 접근방법은 이론이 경험적 관찰의 검정에 기초를 제공하는 곳이다(그리고 실증적 회계이론의 가장 일반적인 형태이다). 연역적 접근방법은 이론적 모형의 경험적 검정을 포함하여 고도로 구조화된 환경에 적합하며, 그 신뢰성은 계량적 방법과 통계적 방법의 보전에 달려있다. 그러나 탐구된 인과관계는 내부논리에 의존하며, 현재의 인간관계를 고려하지 않는다. 회계환경에서 귀납적 접근방법의 적용은 〈도표2.4〉에 예시되는 Kolb의 경험학습순환과정(Kolb et al., 1979, p.38)이 제공한 것과 같이 전통적인 모형의 변형을 필요로 한다. 귀납적 접근방법에 대한 인간관계와 내부과정의 중요성에 대한 인식으로 연구결과가 질적이고 반복가능하지 않더라도 연구결과를 왜곡하지 않고 인간의 주관성의 존재를 허용하게 된다. 인간관계가 회계행동의 이해에 중심적인 곳에서, 이 접근방법은 주관적인 환경을 이용한다.

〈도표2.4〉 Kolb의 학습순환과정

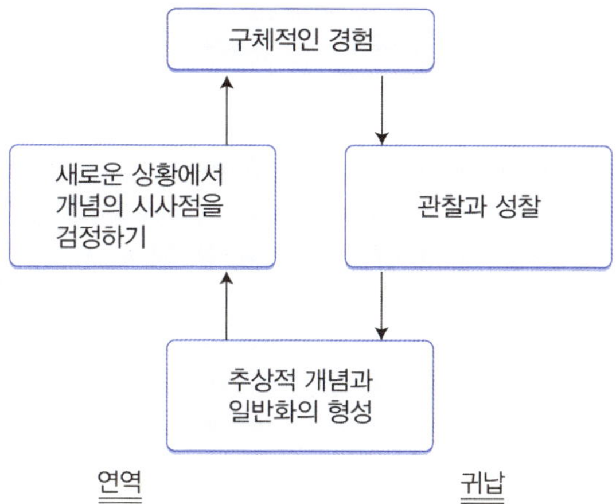

두 모형이 회계연구에 기회를 제공하지만, 연역적 접근방법은 주장컨대 더 많이 신뢰할 수 있는 측정과 통제를 촉진하기 때문에, 과학적 방법의 실시에 더 큰 가능성을 제공한다. (제3장과 제10장에서 더 상세하게 논의되는) 근거이론이 회계연구에서 귀납적 방법의 잠재력을 예시하고 있다.

그러므로 우리는 Popper(1959)가 정의한 과학이론의 특징과 일치하는 연역적 과정의 모형(〈도표2.5〉를 참조)을 개발할 수 있다.

〈도표2.5〉 연역적 과정

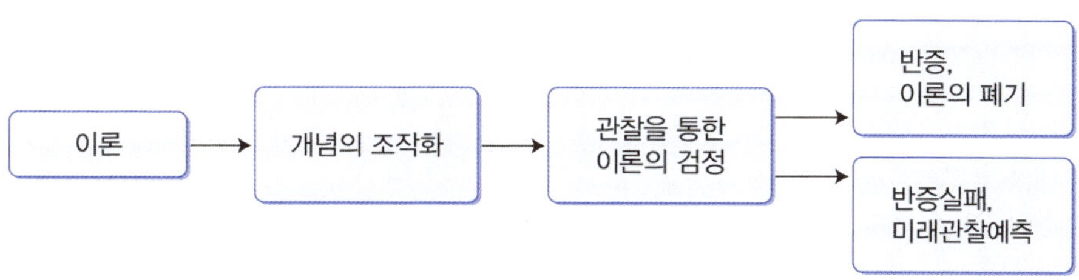

• 이론은 경험적 검정을 할 수 있다;

• 과학자(및 연구자)는 이론을 반증하는데 엄격한 시도를 해야 한다;
• 과학은 여전히 반박되어야 할 이론의 핵심을 남겨두면서, 반증된 명제가 남아 있기 때문에 발전한다.

기본적인 개념적 도해(〈도표2.6〉을 참조)가 실증적 환경에서 인과관계의 검토에 강력한 도구를 제공한다. 핵심적인 관심변수와 기타 잠재적으로 영향력있는 요소를 확립함으로써, 우리는 문제의 폭에 관해 더 좋은 인상을 형성할 수 있다.

〈도표2.6〉 **개념적 도해**

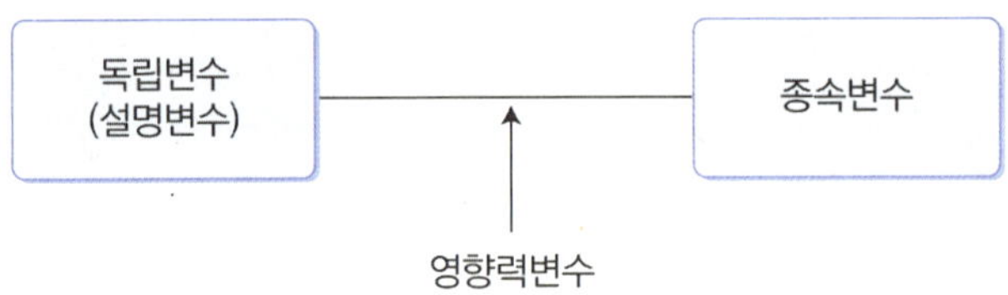

변수의 식별 및 측정과 연관된 설계문제는 기본도해가 〈도표2.7〉에 따라 수정될 필요가 있다는 것을 의미할 것이다.

〈도표2.7〉 **측정문제**

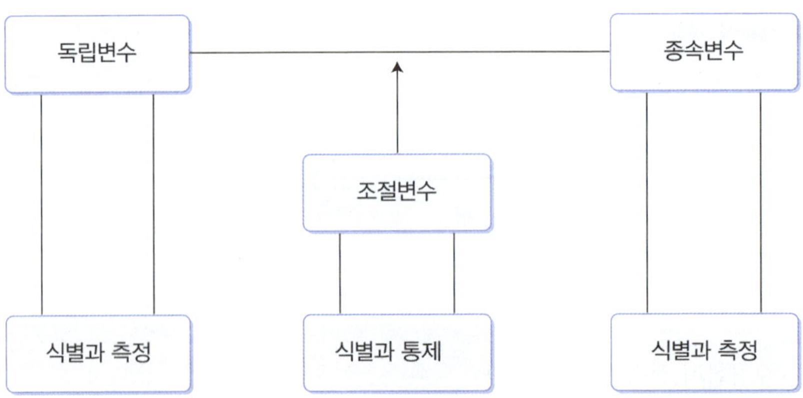

분명한 것은 〈도표2.6〉의 간단한 개념적 도해가 그 유용성에서 즉시 벗어날 예비적 도표로 간주해야 한다는 것이다. 우선, 도움이 되지만 그것은 자료수집방법과 추가로 가설개발을 할 수 있도록 이제 수정되어야 한다. 제3장은 이론, 문헌, 가설, 방법 사이의 중요한 연결의 개발에서 이러한 현안에 초점을 두고 있다.

제1장에서 우리는 자연과학과 사회과학의 연구자에 대하여 회계학이 신세를 지고 있다는 것을 인정하였다. 이제 실무에서 연구순서를 예시하기 위해, 연구아이디어의 등장, 연구문제의 개발, 검정을 위한 잠재적 해결책의 발표(airing) 등에 대한 통찰력에 복잡한 상황에 관한 매우 가독성있는 설명을 제공하는 일반문헌으로 돌아가는 것이 도움이 된다. 비회계환경으로부터 잘 기록된 이야기의 특별한 측면을 검토함으로써 실제문제를 해결하는데 최초연구의 상이한 범위를 고려하는 것이 유익하다. 그리하여, 우리는 'DNA의 구조'라는 화학환경에서 새로운 이론의 개발; 'Bradman 문제'에서 위험스러운 현안을 다루기 위한 대안적 전략의 개발과 검정; '경도 문제'에서 '해답'이 잘 알려져 있는 문제에 분명히 극복할 수 없는 실행현안의 해결; '가계도의 탐색'에 의해 예시된 바와 같이 질적 문헌연구와 연관된 문제 등을 탐색한다.

제5절 DNA의 구조: 새로운 이론의 개발

DNA의 구조를 밝힌 공로로 노벨 생리의학상을 수상한 James D. Watson이 1968년 그의 발견 과정 이면에 있는 이야기들을 자전적으로 기술한 책인 이중나선(나중에 *Life Story*로 영화화 되었음)은 비록 전통적인 접근방식을 사용하고 있지는 않지만 과학연구에서 새로운 발견이 이루어지는 과정을 잘 묘사하고 있다. Watson은 노벨상 수상을 목표로 여러 과학자가 치열하게 경쟁하는 환경에서 다른 과학자가 수행한 실험결과들을 체계적으로 분석하여 새로운 이론과 이를 검증할 수 있는 개념적 모형을 수립하였다(1951-52년에 Cambridge대학교에서 수행된 이 연구의 결과로 Watson은 같은 대학 동료인 Francis Crick과 London의 King's College에서 연구하던 Maurice Wilkins와 공동으로 1962년에 노벨 생리의학상을 수상하였다).

Lawrence Bragg경은 자신이 재직하던 Cavendish연구소의 연구자들에 의해 달성된 이 성과에 대해 Watson의 책 서문에 연구자의 윤리와 관련하여 다음과 같이 기술하였다:

> Watson은 동료 과학자가 수 년간의 힘든 연구를 통해 DNA 구조 해결을 위한 자료를 수집해 왔으며, 이들 자료는 머지 않아 이루어질 최종 성공 때까지 비공개로 유지되고 있음을 알고 있었다. 그는 이들 비공개 자료를 본 적이 있으며, 이들 자료를 새로운 관점에서 해석하기만 하면 곧 바로 최종적인 문제해결에 이를 수 있다고 믿었다. 하지만, 이 단계에서 동료 과학자에게 공동연구를 제안한다면, 동료 과학자는 Watson이 자기들의 연구성과에 편승하는 것으로 여길 수 있었다. 그는 독자적으로 연구를 진행해야 했을까?(Braggs, in Watson, 1968: vii)

Cavendish연구소에서 Watson과 Crick이 뒤늦게나마 공동연구라고 하기는 어렵지만 Wilkins와 Rosalind Franklin과 상호 교류한 것은 잘 알려진 사실이다. 그들이 새로운 DNA 구조의 이론적 모형개발에 성공할 때까지의 조사과정과 성공으로 이끈 요인은 다른 모든 분야의 연구에도 적용될 수 있다. 본질적으로, 그들은 현재까지 자기들이 알고 있는 모든 증거와 부합하는 모형을 개발하였으며, 다른 연구자의 실험에서 얻어진 경험적 결과로부터 그들의 이론적 모형의 확증여부를 기다렸다:

- 미국의 생화학자인 Linus Pauling이 수행한 (단백질을 구성하는) 폴리펩타이드 사슬의 나선구조 형성에 관한 연구에 의하면 DNA (deoxyribose 핵산)도 나선구조를 가질 것으로 예측되었다. 하지만 X-선 결정학 자료가 없는 상태에서 Pauling이 시도한 초기 모형 개발시도는 구조화학적으로 검증가능한 모형개발에 실패하였다. Wilkins의 초기 X-선 결정학회절 자료들도 DNA가 나선구조일 가능성을 제시하였으나, 그 나선구조가 DNA 몇 가닥(한 가닥, 두 가닥, 혹은 세 가닥)으로 이루어진 것

인지를 구별할 수 없었다. Crick과 Watson은 대부분의 생물학적 물질들이 쌍으로 이루어져 있다는 경험적 추측에 근거하여 DNA는 두 가닥으로 이루어진 이중나선 구조일 것으로 생각하였다.

- Ernst Chargaff는 DNA를 구성하고 있는 염기의 구성비율에 대해 매우 중요한 사실 -아데닌(A)과 타이민(T)이 1:1이고 구아닌(G)과 시토신(C)도 1:1로 존재함- 을 발견하였다. 이 발견은 A-T, G-C간의 평면적 수소결합 염기쌍이 Crick과 Watson의 DNA 이중나선 구조의 내부에 마치 나선형 계단의 발판처럼 위치할 수 있는 이론적 근거를 제시한다.
- (Crick 및 Watson과 같은 사무실을 사용하던) 구조화학자 동료가 일반 교과서에 나와 있는 A-T, G-C 염기의 구조식이 잘못 표시되어 있으니, 교과서에 나와 있는 것과는 다른 형태인 'keto' 형태의 염기구조를 DNA 구조모형에 적용해 볼 것을 조언하였다. 이 조언이 없었다면 교과서에 있는 내용을 의심없이 그대로 사용하였을 것이고 DNA 구조 모형은 결코 완성될 수 없었을 것이다. 이 조언으로 DNA 사슬 한 가닥이 퓨린과 피리미딘 염기(이는 자기복제를 가능하게 하는 유전물질 구조의 기본이 됨)를 모두 가질 수 있으며, 두 가닥의 DNA 사슬의 축이 위 아래가 서로 반대 방향으로 마주보게 배열되어야 함을 알게 되었다.

위 사실들을 종합하여 Crick과 Watson은 두 가닥의 DNA 사슬이 위 아래가 서로 반대되는 방향으로 마주보며 오른쪽으로 서로 꼬이는 나선형 구조를 형성하며, 이 구조의 내부가 각 DNA 사슬에 있는 상보적인 염기들 (A-T쌍과 G-C쌍)의 수소결합에 의해 안정화되는 모형을 완성하였다. 이 구조모형은 구조화학적으로도 가능한 구조이며, 이 모형은 나중에 동료 과학자인 Franklin이 제시한 DNA의 당-인산 뼈대가 DNA 이중나선의 외부에 위치하고 염기쌍들이 내부를 형성하고 있음을 보여주는 X-선 회절연구 증거에 의해 확인되었다.

위에서 살펴 본 DNA 구조모형의 수립과정은 연구자가 항상 동료 연구자는 어떤 연구를 하고 있는지 주의깊게 관찰하고, 이미 검증을 거쳐 공개된 연구결과에 대해서도 잘못

된 점은 없는지 의문을 갖는 것이 새로운 이론의 개발에 매우 중요함을 보여준다.[2)]

제6절 Bradman 문제: 새로운 전략의 개발

1930년대에 크리켓 국가대항전은 시합진행방식을 변경할 정도로 위협적인 타자로서 월등한 재능(batsmanship)을 지닌 한 명의 개인에 의해 지배되었다. Donald Bradman[3)]은 매우 빠른 시간에 많은 득점을 함으로서 거의 혼자서 시합을 주도하는 것처럼 보였다. 한때 매우 치열하게 경합된 Ashes경기시리즈는 호주가 해마다 계속해서 승리한 일방적인 사건으로 위협적이었다. 1930년 영국 대 호주의 국가대항전에서 Bradman은 혼자서 매 회당 평균 139.14점으로 974점의 득점을 기록하였으며, 각각 334, 254, 232점의 점수를 기록하였다. 1932년/33년 시리즈의 개막일에 그는 모든 국가대항전에서 평균 112.29점을 기록하였으며, 24번의 회(innings)에서만 200점 이상을 득점한 회는 6번이었다.

Bradman은 하나의 현상이었다. 어떤 사람은 '기형'이라고 말하기도 하였으며, 그의 지배를 단축하는 것이 연임하는 영국감독에게 초미의 과제로 되었다. Bradman 문제는 Laurence Le Quesne의 저서 The Bodyline 논쟁(1983)에서 상세히 잘 설명되었으며, 성공적인 해결책을 제공할 많은 대안을 연구하면서 흥미로운 연구문제를 제시하고 있다.

1. 시합조건의 변경

크리켓은 때때로 예측할 수 없는 되튀김(bounce)이 있지만, 단단하고 빠른 위켓

역주2) DNA의 이중나선 구조의 발견이 가지는 시사점에 관해서는 김환규(2018)을 참조.

역주3) Donald Bradman(1908-2001)은 20세기에 전세계에서 가장 위대한 호주의 국가대표 크리켓 타자이었다.

(wicket)[4]에서 시합한다. 만약 공이 여전히 쓸만하고 상태가 좋았을 때인 처음 몇 번의 투구(overs)[5]에서 투수가 타자를 아웃시키지 않았다면, 투수는 200점을 기록하는 시점에서 공을 교체하기 전까지 투구를 많이 하였을 것이다. 일단 게임이 시작되면서 뜨거운 태양이 젖은 경기장(pitch)[6]를 말렸기 때문에 시합을 할 수 없게 되었다면, 위켓은 자연의 힘에 노출되었다; Bradman은 그 당시의 선수들처럼, 상태가 좋지 않은 위켓에서 다득점을 할 수 없었기 때문에, 이러한 어려운 상황의 위켓은 이 문제에 해결책을 제공하였다. 그러나, 다른 팀의 주장들은 정상적인 기준으로 Bradman의 비범한 재능을 무디게 하기 위한 이러한 상황에 거의 의존할 수 없었다.

2. 시합규칙의 변경

국가간시합은 1930년대에 시간제한이 없었으며, 승패가 갈릴 때까지 시합하였다. 시합중간에서 종료선언은 드물었고 느린 시합이 매우 일반적이었다. 나아가 위켓과 위켓 사이의 라인선상에서 공을 던짐으로서 타자가 막대기들(stumps) 앞에서 맞아 아웃(out)되는 LBW(leg before wicket)의 규칙[7]은 타자를 그 방식으로 아웃하게 하는 것을 어렵게 만들었다. 아웃되지 않고 타자가 계속 살아남는 것은 투수에게는 힘든 일이었으며, Bradman의 균형성, 신뢰성이나 속도를 가진 타자는 없었지만, 수많은 다른 타자(특히 호주의 경우는 Ponsford 그리고 영국의 경우는 Hammond)는 정규적으로 200점과

역주4) 야구에 비유하자면, 일종의 스트라이크 존이다. 여기에는 3개의 막대기(stump)를 균일한 간격으로 땅에 박아 공이 막대기 사이로 빠져 나가지 못하게 하며, 막대기 위의 홈에 2개의 가로막대기인 (bails)를 가지런히 얹는다. 투수가 이곳을 향해 공을 던지고 타자는 이를 저지하기 위해 공을 쳐 낸다.

역주5) 크리켓 시합에서 심판이 투수교체를 명할 때까지의 일련의 투구. 투수가 한 번에 던질 수 있는 투구의 수가 제한되는데, 일반적으로 6개의 정상적인 공을 의미한다. 6개의 볼이 하나의 over가 되면 투수가 바뀌고 투구하는 위켓의 위치도 바뀐다.

역주6) 투수와 타자 사이의 공간을 pitch라고 한다. 타원형의 잔디경기장(field) 중앙에 직사각형의 pitch를 만드는데, 피치는 잔디를 짧게 깍아내고 다져 크리즈(crease)라는 선으로 위치를 표시한다.

역주7) 타자의 손을 제외한 신체의 일부가 투수의 공이 위켓을 향해 가는 것을 방해한다면 타자가 out될 수 있는 경기규칙. 공이 타자의 방망이에 먼저 맞고 몸에 맞을 경우는 해당하지 않는다.

300점을 달성하였다.

정해진 시합시간을 4일이나 5일로 축소하는 것은 느린 시합을 완화하여 빠른 플레이를 촉진시켰으며, 크리스(crease)[8]를 차지하려는 재능이 적은 타자들을 둔화시켰지만, Bradman에게 영향을 주지 않았을 것이다. 1930년에 Leeds에서 열린 영국대표팀과의 시합에서 Bradman이 하루에 309점을 득점한 것은 하나의 증거라고 할 수 있을 것이다. 그러나 시간제한이 없는 시합은 2차 세계대전시작 전에는 위법이었다. 이와 유사하게 LBW의 규칙이 변경되어 타자는 위켓 앞에서 보호대를 맞추어서 타자가 아웃되거나, 타자로부터 가장 멀리 있는 막대기의 외부에서 급격히 꺾어지는 커브볼을 던져 타자가 아웃될 수 있었다.

3. 투구의 변경

표면상 타자의 off-side[9] 타격(shots)을 그만 두게 하고 또한 길이가 짧은 투구를 통해 강타하는 것을 제한하기 위해, 투수는 타자에 가장 가까운 막대기(leg stump)의 밖에 공을 던짐으로서 타자를 제한하고자 하였다(예를 들면, 1900년대초에 Hirst와 Foster). 그러므로 정확한 투수는 위켓문지기(포수)와 square leg[10] 사이의 원호(arc)에서 타자들을 빗나간 단타로 유지함으로써 득점율을 떨어뜨릴 수 있었다. 그 결과, 전체 경기는 달팽이의 속도로 느려졌다. 공격적인 타자의 지배를 억제하기 위해 오늘날에도 여전히 이 전략이 이용된다. 그러나 Bradman은 너무나 훌륭해서 그러한 속임수에 떨어져지 않았으며, 공의 라인 밖인 타자의 왼쪽 뒤편에 있는 지역으로 이동하기 위해 그의 민첩함, 신속한 반사운동과 발빠른 움직임을 이용하였다. 그래서 타자의 오른쪽(off-side) 지역을 통해 공을 칠 여지를 자신에게 주었다. 이러한 전략은 투수에게 세 개의 막대기 모두

역주8) pitch를 표시하는 흰선을 의미한다.

역주9) 오른쪽 타자의 오른쪽 뒤편 지역을 off side라 하고, 왼쪽 뒤편 지역을 on side 또는 leg side라고 한다.

역주10) 경기장내에서 타자의 왼쪽지역 중에서 타자와 각도가 90도에 해당하는 위치를 square leg라고 한다.

의 노출을 수반하였기 때문에, 재능이 적은 타자를 취약하게 만들었을 것이다. 그러나 Bradman은 과도한 위험없이도 수완을 발휘할 수 있었다.

4. 야수배치의 변경

정통적인 수비팀은 투수의 계획된 공격방향에 따라 야수들을 위켓의 두 사이드상에 적절하게 배치할 것이다. 이러한 야수들의 배치는 경기장에 많은 공백을 의미하며, 재능이 모자란 투수의 경우 공격팀에게 많은 득점기회를 의미한다. 확실히, 선호되는 전략은 엄격하게 제한된 공간에 모든 야수를 배치하고 투수가 투구의 방향과 길이를 이용하여 타자들을 공략하는 것이 최선의 전략이라는 것은 분명히 선호되는 전략이다. 정교한 투수가 기용된 겨우, 방향이 전환된 타구에 대비하여 leg사이드 쪽에 야수들을 빽빽하게 배치시키는 전략(1956년 Laker팀이 사용한 파괴적인 전략)은 좋은 전략이라 할 수 있다. 그러나 오늘날 Bradman과 같은 천부적인 재능을 지닌 타자에게는 야수들이 비어있는 offside 쪽을 관통하는 독창적인 타구나 예상치못한 타구들이 발생할 수 있다.

5. 'bodyline'공격의 도입[11)]

상기의 3과 4의 결합이 득점기회를 제한하는데 부분적인 해결책을 제공하지만, 조급함이 궁극적인 패배를 초래할 것이다. Bradman의 경우, 그것은 해당되지 않을 것이다. 그러나, 3과 4는 결합해서 잠재적으로 성공적인 해결책에 기초를 제공하고 있다. 즉, 'leg이론'[12)]이 투구라인을 지적할 것이지만, 타자에게 야외에서 공을 던질 기회를 주도록 유도하기 위해 투구의 높이를 통제할 필요도 있다. 여기서 1932년에 영국의 주장인 Douglas Jardine이 제안하였고 그 당시 가장 빠르고 정확한 투수인 Harold Larwood가 하려하게 실행한 Jardin-Larwood명제가 있다.

역주11) bodyline은 크리켓시합에서 타자에게 부딪칠 정도로 접근시키는 속구를 의미한다.
역주12) 위켓에 가까운 왼쪽에 많은 선수가 있으며, bodyline투구를 선호하는 투구 전략을 의미한다.

극도로 빠른 투구는 Bradman일지라도 위험없이 일관성있게 라인 밖으로 이동할 시간을 주지 않는다. 타자의 가슴이나 목을 향한 높은 비율의 짧은 투구거리 공(short pitched ball)의 도입으로 위험이 없는 득점이 극도로 어렵게 되었다. 타자는 위켓에 가까운 왼쪽지역(leg trap wing)에서 수비수가 공을 잡을 수 있도록 방어적으로 받아넘길 가능성이 있다. 만약 타자가 야수 안쪽에서 공을 빗나가게(hook)함으로써 공격하고자 한다면, 위켓의 뒤와 타자의 오른쪽 멀리 있는 많은 수비수가 희생하게 된다. 위켓포수와 중앙위켓 사이의 지역에 있는 거의 모든 선수, 타자에 가까운 5명, 경기장 경계선에 가까운 3명을 강조하는 것은 거의 모든 옵션을 포함한다. 득점은 위험한 옵션과 나쁜 공에 국한된다.

이 공격형태는 영국의 경우 4-1시리즈 승리로 되었다는 점에서 '성공적'이었으며, Bradman이 평균 56.57점, 합계 396점, 그 시리즈에서는 100점만을 득점하였다는 점에서 'Bradman 문제'에 대한 적절한 해결책을 제시하였다. 그는 테니스같은 공격을 하기 위해 라인의 밖에서 움직이면서 여전히 기사도같은 모습으로 경기를 하고자 하였다. 그 결과는 훌륭하였으며, 그는 팀의 규정에 의해 너무 일찍 끝난 열광적인 특별선수이었다.

그러나 bodyline해결책으로 인한 타자의 신체부상위험은 높았으며, 이의 도입은 경기정신에 반하고 비신사적인 것으로 간주되었다. Jardine과 Larwood는 다시는 호주를 대상으로 한 시합에 출전하지 않았다. 이후에 1934년도 시합시리즈는 우호적으로 그리고 공의 되튀기가 무제한인 영국 투구와 더불어 울타리쌓기(fence building)훈련이었다. Bradman은 다시 거침이 없었으며, 평균 94.75점으로 합계 758점을 득점하였다. leg이론 해결책의 성공으로 게임규칙에 변화가 발생하였는데, 위켓 뒤편의 왼쪽지역에 있을 수 있는 수비수의 수에 제한이 가해졌으며, 투수마다 던질 수 있는 짧은 투구거리 공의 수도 제한이 가해졌다.

보다 일반적인 연구 시사점은 합법적, 도덕적, 윤리적 또는 직업적 환경이 있을 것이며, 이러한 환경이 연구의 행위나 연구결과로 나오는 권고사항의 실시를 방해한다는 것이다.

제7절 경도 문제: 해결책의 실행

바다에서 경도의 측정은 그리니치(본초)자오선 또는 다른 유사한 기준점의 시간과 현 위치의 시간에 관한 정확한 측정을 필요로 한다. 시차로 지리적 거리의 계산이 가능하다. 지구의 24시간 자전은 360도의 회전을 구성하기 때문에, 한 시간의 시차는 15도의 경도를 구성하는데, 1도의 경도는 적도상에서 68마일과 동일하다. 지역시간의 측정은 특히 낮시간 동안에는 문제가 아니지만, 기준점에서의 상응하는 시간에 관한 정확한 시간지식이 없는 경우에는 상당한 문제가 존재한다.

경도를 측정할 수 없는 경우의 결과는 심각하여 Dava Sobel의 저서, 경도 이야기(1995)에서 상세하게 설명되어 있다. 난파선과 실종선박은 일반적이었으며, 그 위치를 유지하기 위해 '무역항로'상에서 일반적인 경도선상을 선박이 추적할 필요성에 의해 해적행위가 촉진되었다. 1660년대의 진자시계는 Christiaan Huygens의 연구 때문에 바다에서 시계로 경도를 측정할 가능성을 보여주기 위해 이용되었지만, 이것은 좋은 날씨의 경우에만 도움이 되었다. 그래서 (Sobel, 1995, p.52에서 인용된) Issac Newton경은 1714년에 인정하지 않을 수 없었다.

> 하나의 방법은 시계에 의해 시간을 정확하게 지키는 것이다. 그러나 배의 움직임, 더위와 추위, 습도와 건조의 변동, 상이한 위도에서 중력의 차이 등의 이유로, 그러한 시계는 만들어지지 않았다.

Newton은 다른 해결책의 고려를 필요로 하면서 기계적인 것보다는 분명히 천문학적 또는 최소한 과학적인 해결책을 명심하고 있었다.

1. 기존방법

해결책은 '추측항법'(dead reckoning)과 '나침반 방법'(compass method)에 주로 국한되었다. 추측항법은 바람의 속도와 조류의 영향을 계산하는 것과 관련해서 배의 속도로 이루어진 추정치를 필요로 하였다. 이의 성공은 좋은 선박조종술, 믿을 수 있는 지도, 행운에 달렸다. 나침반 방법은 자기장 북쪽과 북극성이 보여주는 '진짜' 북쪽 사이의 비교와 관련이 있었다. 시간을 측정할 필요없이 상대적 위치로 경도의 추정이 가능하였다. 그러나 나침반 바늘은 연이은 항해상에서 동일한 나침반에 많은 변동이 있어서 믿을 수 없는 것으로 유명하였다. 지구상의 자기장의 변동과 결부된 나침반으로 나침반 읽기가 횡단하고 있는 특정한 바다에 매우 의존하게 되었다.

2. 일식 · 월식의 자료

식의 자료는 잠재적으로 유용한 것으로 생각되었다. 일식과 월식이 다른 위치에서 관찰될 것으로 기대될 때가 알려졌다면, 기회를 제공하였지만, 그러한 경우는 너무 희박해서 현실적인 항해도움을 제공할 수 없었다. Galileo는 목성의 위성의 식들이 매우 일반적이고 예측가능하여, 이들을 특정한 육지의 위치에서 경도를 구체화하는 정확한 수단으로 하였다는 것을 확립하였다. 그러나, 선상의 이동은 밤하늘이 밝았을 때라도 이것을 불가능한 항해전략으로 만들었다.

3. 월거방법

월거방법(lunar distances methods)은 낮에 달과 태양 그리고 밤에 달과 별 사이의 거리를 측정하는 것이다. 이러한 방법은 달 뒤로 특별한 별의 사라짐을 예측할 수 있도록, 개별적인 별의 위치와 달의 궤도에 관한 상세한 자료를 필요로 하였다. 달 궤도의 복잡성은 상이한 위치에서 필요한 측정예측의 발전을 방해하였으며, 1725년에 비로소 별의 위치에 관한 Flamsteed의 사후 달력이 발표되었다. 그렇더라도, 이용가능한 표는 여전히 경도를 계산하는데 4시간이 소요되었다는 것을 의미하였다(이후에 Maskelyne의 1766년 달력에 의해 30분으로 감소하였다).

그러므로 월거방법은 경도를 정확하게 계산하는 이론적으로 가능한 수단인 것으로 보였으며, 낮에 달과 태양, 밤에 달과 별 사이의 거리와 고도를 측정하기 위해 1731년에 사분의(quadrant, 옛 천체 고도측정기)(나중에 육분의, sextant)의 발명에 의해 더욱 실천가능하게 되었다. 이것으로 배와 고정된 육상지점 사이의 시차 추정이 가능하였다. 그렇더라도, 실제의 측정은 다양한 이유로 가끔 불가능한 것으로 판명되었다.

- 때때로 안개나 먹구름으로 인한 일기조건;
- 달이 매달 6일가량 태양에 너무 근접하여 시야에서 사라졌다;
- 달이 매달 13일가량 태양으로부터 지구의 반대편에 있다.

John Harrison은 이 문제에 대한 더욱 직접적인 해결책을 채택하였는데, Newton의 입장을 문제시하고 매일 수분의 1초까지 정확한 것으로 보여진 시계를 만들고자 하였다. 그는 마찰의 문제를 제거함으로써, 윤활이나 청소가 필요하지 않는 시계를 개발하였다. 두 금속물질의 부식방지용 재료조각의 이용과 결부된 이것은 온도변화와 부식의 문제를 극복하였다. 혁신적인 균형메카니즘의 선택은 시계가 가장 혹독한 일기조건에 의해서도 사실상 영향을 받지 않는다는 것도 의미하였다.

Harrison이 1776년에 사망할 때까지, 그의 시계복제품은 여전히 희소하였으며, (200파운드 이상) 고가이었는데 반하여, 좋은 육분의와 일단의 월력은 단지 20파운드로 구입할 수 있었다. 이러한 상당한 가격차이는 대량생산된 Arnold/Earnshaw의 포켓용 정밀시계(chronometers)의 판매를 통해 1800년대 초에 가격 하락으로 더욱 적당한 시계를 이용할 수 있을 때까지 월거계산방법이 현저하게 남아 있었다는 것을 의미하였다.

시간스케쥴과 자원비용은 연구프로젝트의 실시와 그 연구결과의 실행에 기본적인 요소로 남아 있다.

이러한 세 가지 예의 범위는 매우 상이하며, 각각 새로운 이론의 개발, 적용가능한 해결책의 개발, 적용가능한 해결책의 실행 등과 관련이 있다. 우리가 생각한 바와 같이, 연구과정은 어느 경우에도 단순하지도, 체계적이지도, 선명하지도 않다. 전체적으로 공통적인 것은 '이론'과 '타당성'이 수행한 중추적인 역할이다. 즉, 좋은 이론은 좋은 연구결과를 생성하며, 우리는 이러한 연구결과의 신뢰성과 타당성을 외부의 준거(reference)를 통해 평가할 수 있다. 제3장은 이론을 좀 더 상세히 검토하며, 회계연구의 바람직한 특징으로서 신뢰성과 타당성의 고려를 확대한다.

제8절 가계도의 탐색: 질적 문헌연구

우리 모두에게 이용가능한 문헌조사 분야의 하나는 믿을 수 있는 가계도(family tree)을 확립하기 위해 필요한 계보학적 연구이다. 탐색요소들은 문헌연구 특히 질적 회계연구에서 발생할 수 있는 가장 문제성있는 현안의 예를 제공할 것이다. 누락자료, 오류, 고의적인 혼란, 불일치, 애매성, 대체적인 설명 등. 자료원천의 혼합방법(triangulation)은 의심스러운 관계, 이 경우에는 가계관계를 정당화할 때 문제가 지속하는 곳에서 필요할 것이다.

최초의 일차원천은 문서증거의 형태로 대개의 경우 쉽게 이용할 수 있을 것이다. 즉, 탄생, 결혼, 사망 증명서. 원본을 이용할 수 없는 곳에서는 복사본을 정부기관으로부터 즉, 영국에서 HM여권사무소[13]의 일반등록사무소에서 구할 수 있다(www.gro.gov.uk). 이들의 중추적인 성질에도 불구하고, 이러한 기본증명서의 내용은 우리의 과거를 오도하였을 것이다. 등록과 증명만이 1837년에 영국에서 강제적으로 되었다. 그리하여 사망증명서상에 '근친자'(가장 가까운 친척)가 보고한 사망나이는 특히 소수민족들이 부모

역주13) HM Passport Office는 영국 여권을 발급하는 유일한 기관이며 일반 등록 사무소를 통해 시민 등록 서비스를 담당한다.

동의없이 결혼하려고 한 결혼증명서상에 보고된 나이처럼 믿을 수 없을 것이다. 그러나 증명서상의 달력날짜는 주소, 부모이름, 직업 등에 관해서 추가자료를 제공하면서 미래 연구에 중요하고 믿을 수 있을 것이다. 1837년전에 우리는 세례, 결혼, 매장의 교회기록에 의존해야 한다. 접근가능한 이러한 기록들은 지방의 전사(transcription)에 의존하기 때문에, 불완전할 것이다. 결혼날짜는 믿을 수 있지만, 세례와 매장의 날짜가 탄생과 사망의 날짜와 반드시 정확하게 일치하지는 않을 것이다. 즉, 몇 주의 차이가 있는 것이 일반적이었다. 많은 가족은 같은 시간에 여러 자녀를 세례받게 하기로 선택하였는데, 이는 일부의 경우에 탄생과 세례 사이에 몇 년간의 차이를 의미한다. 말일성도교회는 영국의 교회기록을 가장 포괄적으로 다루고 있다.

이차자료원천은 1500년대까지 관계를 추적할 수 있는 효율적인 검색엔진으로 많은 조직에서 이용할 수 있다. 이들 중에서 가장 싼 것은 말일성도교회의 가족검색시설을 통해 무료로 이용할 수 있다(www.lds.org). 주장컨대 좀 더 정교한 것으로 다른 사이트는 신청을 통해 이용할 수 있는데, Ancestry, My Heritage, The Genealogist 등이 있으며, 이로 인해서 신문자료와 가장 중요한 것은 인구전수조사(census)기록에 접근할 수 있을 것이다. 영국의 1841년과 1911년 사이의 인구전수조사기록은 1921년부터 전수조사기록이 결과가 있으며, 2021년에 이용할 수 있는데, 오늘날 이 자료에 접근할 수 있다. 이 전수조사가 역사적 정보의 중요한 이차원천을 제공하지만, 이것은 또한 문헌원천자료의 잠재적으로 오도적인 성질의 예를 제공한다.

- 전사오류 – 우리는 또한 면접자료로부터 예상한 바와 같이, 1911년 이전부터 전수조사자료는 구술반응을 전사하면서 주택의 현관계단에 서있는 제3자에 의해 수집되었는데, 이는 많은 거주자가 글을 읽거나 쓸 수 없었기 때문이다. 이름이 빈번하게 오기되었으며, 별명이 정당한 이름으로 가끔 기록되었다.
- 누락오류 – 개인이 전수조사기록에서 누락되었을 것이다. 특히 전수조사를 하는 밤에 다른 곳에 있었던 아이와 그곳에서도 누락된 아이.
- 정확성오류 – 특히 대가족의 경우 응답자가 자녀의 나이를 확신하지 않기 때문에 결

혼의 나이를 혼란스럽게 하기 위해 아마도 고의로 또는 우연히.

그러므로 특히 날짜와 나이가 몇 년동안 오류상태로 있기 때문에 날짜와 나이에 관한 전수조사자료는 조심해서 다루어야 한다. 연속적인 전수조사선언 기간에 동일한 가족에 대한 반복된 검토로 설명을 할 수 있을 것이다. 상대적으로 특이한 이름을 검색할 때, 일차원천과 이차원천은 일반적으로 당신을 쉽고 믿을 수 있게 여러 세대를 거쳐 과거로 돌아가게 할 것이다. 더욱 일반적인 이름(예를 들면, Smith)으로, 문제가 발생할 것이다. 그러나 이들이 극복될 수 없는 것은 아니다. 이들은 몇 세대동안 가족이름의 지속과 할머니의 성을 이름으로 일반적으로 반영하는 것에 의해 제공된 단서를 이용하는 상이한 가족 요소(strand)에 관한 광범위한 검색을 필요로 할 뿐이다. 형제가 그들의 자녀들에게 동일한 이름을 부여하는 곳(놀랍게도 1800년대에는 일반적이었다)에서 주요한 문제가 발생한다. 전수조사를 통한 모든 가족에 관한 조심스러운 추적은 우리가 정말로 올바른 장소에 있다는 것을 확신하기 위해 일차원천(특히 탄생증명서)으로부터 문서증거로 지지받을 필요가 있을 것이다.

우리가 불충분한 증거에 입각한 결론을 도출하지 않는다는 것을 확신하는 데서 Kahneman · Tversky(1972)를 따르고 우리의 가설에 반대되는 증거를 무시하지 않는다는 것을 확신함으로써 Nisbett · Ross((1980)을 따르면서, 우리는 엄격한 접근방법을 취한다는 것을 본질적인 것으로 하면서 오류가 이러한 연구에서 발생할 수 있는 많은 방식은 질적 문헌조사의 방식을 대표한다.

제9절 성배: 현장실험

현장연구는 외적 타당성에 대한 주안점을 가지고 현실세계 강조로 제10장에서 언급되지만, 실험연구(제8장을 참조)는 믿을 수 있는 인과관계를 확립하기 위해 내적 타당성을 강조하는 연구설계에 주안점을 둔다. 우리가 현장조건하에서 실시되는 실험에서 내적 타당성을 극대화하고자 하는 곳에서 이 둘의 결합은 최소한 도전적일 것이며, 사실상 회계연구에서는 알려지지 않고 있다. 포함된 변수의 대부분을 측정할 수 없고, 그 일부를 관찰할 수 없는 포함된 변수의 수가 실험을 매우 어렵게 한다. 조건들은 장기간의 연구에서 확대된다. 악명높은 Hawthorne연구(Mayo, 1933)는 경영환경의 현장에서 실시된 실험의 주요한 예로 남아 있다. 제8장은 이 연구의 문제와 결함을 상세히 설명하고 있으며, 현장조건이 실험프로젝트에서 성공을 탐색할 때 정복하기가 매우 어려운 이유를 분명하게 지적하고 있다. 따라서 성배의 서술! 그러므로 당연히, 이 점에서 직면하게 될 문제를 더 예시하는 경우를 제외하고는 나 자신의 노력은 특히 성공적이지 않았다.

산업적 상황에서 나의 연구노력은 참여의 결과로 참여자에 대한 바람직하지 않은 효과의 가능성에 의해 위축되었다. 실험은 두 개 연구팀의 정보처리유형이 병목현상을 다룰 수 있는 그들의 능력에 어떻게 영향을 주었는가를 검토하기 위해 설계되었다(Smith · Tucker, 2013, p.134에서 보고). 그러나 노동조합의 간섭은 실험이 진행되는 것을 방해하였다. 조합대표는 상이한 정보의 제공이 일부 조합원에게 그들의 상여금과 미래고용안전에 대해 잠재적으로 영향을 주면서 그들을 불리하게 할 것이라고 주장하였다.

교육은 성과결과가 측정하기 어렵거나 비일관적인 조건에서 오랫동안 지속해온 현장실험에 유익한 근거인 것으로 판명되었다. 결과가 단기간에 분명한 곳에서는 윤리적 고려가 실험의 실시에 영향을 줄 것이다(제4장에서 보고된 Tuskegee연구와는 대조적이다). 다수의 회계집단에 대해 상이한 교수방법으로 실험하는 나 자신의 노력은 하나의 특별한 방법이 다른 방법보다 월등하게 우수하다는 것이 분명하게 되었을 때인 실험기간이 끝나기 전에 포기되었다. 실험을 계속하는 것은 일부 학생집단이 불리하게 될 것이기 때문에 비윤리적이었을 것이다.

기회의 평등을 추구하는 정치적 목적은 능력에 입각한 선택적인 학급편성(streaming)을 결정하기 위해 '11세이상'검토의 폐지로 그리고 그것으로 공립중학교의 폐지로 1970년대에 영국에서 교육실험의 배후에 있었다. 그 결과로 모든 새로운 공립고등학교는 본실적으로 '종합적'으로 되었다. 개선된 성과에 의해서 실험의 결과와 모든 인지된 인과성은 많은 관련변수로 장기간 실시된 실험을 대표하는 것처럼 측정하기가 계속해서 어려웠다.

영국의 원로 학자들은 1980년대 중반에 고등교육 기술학교와 대학에서 경영학과목을 가르치는 사람에게 경영학교육 '실험'의 강요를 회상할 것이다. 국가자격증과 학위수준(OND/HND)에서 교수된 교과목들은 단일과목인 것을 중지하고 복합과목(multidiscipline)으로 되었다. 이 논리는 '경영학'은 복합과목이기 때문에 경영학이 가르치는 방식도 복합적이어야 한다는 것을 시사하였다. 따라서, 통계학, 회계학, 계산학과 같은 단일과목은 사라져서 '계량방법'이라는 단위로 통합되었는데 반하여, 경제학, 사회학, 심리학 등은 "조직이해"나 유사한 이름의 단위로 통합되었다. 하강측면은 제3기관의 학자들이 단일과목의 전문가이었는데, 그렇게 남으려는 유인을 가지고, 경력관점에서 더욱 좁게 전문화하려는 유인을 가지고 있다는 것이었다. 팀교수법은 문제가 있었는데, 학자들의 파트너 교과목에 관한 지식이 제한적이거나 없었고, 학습목적은 좁았고, 지식의 깊이가 얕았기 때문이었다. 따라서 학생들은 적게 배웠으며, 하락하는 학생성과의 증거는 측정하거나 나타내기가 어려웠다. 그리하여 실험은 개별교과목의 상태로 되돌아오기까지 5년동안 지속하였다.

제10절 전략적 관리회계

회계환경내에서 우리는 실제 기업문제의 식별, 정의, 해결책을 관찰할 수 있는데, 여기서 해결책은 연구문제의 조심스러운 구체화, 가설의 개발, 다른 실행전략 등을 필요로 한다. 그리하여 시조가 되는 텔레비전 시리즈인 유명한 "분쟁해결사"와 최근의 '실제' 텔레비전의 급증을 예상한 John Harvey-Jones(1992; Harvey-Jones · Massey, 1990)는 실제 기업상황에서 실무현안의 조사에 대한 그의 접근방법을 상세히 설명하였다. 그의 실무가 실행연구에서 인정된 '좋은 실무'와 거의 일치하지 않지만, 그의 활동은 그가 적극적으로 다른 개인과 현장에서 협력하고 있다는 점에서 실행연구형태에 상응한 것으로 간주되었을 것이다. Harvey-Jones는 두 번째 시리즈(분쟁해결사 2)에서 적용하기 위해 첫 번째 시리즈동안 체계적인 모형을 개발한 것 같다. 이 모형에서 중심적인 것은 현장의 경험적 관찰과 기발표된 재무제표의 분석에 입각한 기본적인 연구문제의 구체화이다. 흥미롭게도, 이 연구문제명세는 관련조직의 최고경영자의 그것과 거의 일치하지 않는다. 다른 조직의 성과에 대한 추가관찰과 모방으로 원하는 결과를 낳을 다른 접근방법과 가설개발이 가능하다. 권고의 보고는 특히 수용가능한 해결책에 대한 조직문화의 중요성이 과소평가되거나 간과된 초기의 에피소드에서 참여조직의 고위경영진과의 갈등을 가끔 초래한다. 〈도표2.8〉에 그려진 분석단계는 기업해결책을 위한 더욱 일반화된 체계를 생성하며 〈도표2.9〉에서는 개선기회를 생성한다.

〈도표2.8〉 **문제해결에 대한 Harvey-Jones의 접근방법**

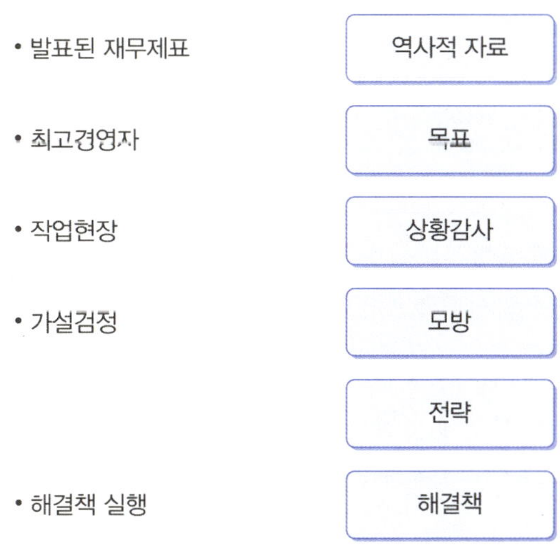

〈도표2.9〉 **일반화된 과정-개선순서**

목적	가치사슬의 각 단계에서 목표/척도와 일치하는 기업목적
상황 감사	금융/경쟁/마케팅/환경 영향분석
모방	상대적 장점과 신뢰가능성의 분야를 결정하기 위한 경쟁기업성과의 유사한 분석
전략 대안	최적 공격적/방어적 전략을 수립/실시
성과 평가	재무척도/비재무척도로 감시
회계시스템 시사점	관련된 내부관리를 생성하기 위한 변경된 정보원천/척도/보고실무

이 접근방법은 최근의 유사한 상담지향적인 수많은 사실적인 오락(factual entertainment) 사업(ventures)에 기반을 제공하고 있다. 그리하여 Gerry Robinson은 *I'll Show them Who's Boss*(2000)과 *Robinson*(2004)의 프로에서 가족기업관계의 단점을 검토하고 있다. 여기서 그는 여섯 가지 분야의 각각에서 경영 장점의 중요성을 강조하고 있다. 즉, 지도력, 전략수립, 참모관계, 일시해고의 실시, 핵심현안에 대한 주안점, 소통. 다른 기업 분석과 해결의 사례는 예를 들면, *Trouble at the Top*(2004), *The Ferocious Mr Fix it*(2006), *Alex Polizzi: The Fixer*(2012) 등에서 BBC에 의해 탐구되었다. 우리가 여기서 이론에는 상대적으로 거의 신세지고 있지 않는, 체계적이고 거의 전략적인 접근방법을 가지고 있다는 것은 이러한 모든 사업에서 분명하다. 인정된 실증적 연구순서는 단일사례의 고려에 거의 국한되지 않는, 훨씬 더 광범위한 예비단계가 시도된다는 것을 제외하고는 큰 유사점을 제공한다. 여기서 연구순서의 개별요소 구체화는 검정가능한 가

설을 수립할 수 있을 정도로 충분한 이론과 문헌에 초점을 가지고, 제3장에서 이들의 상세한 논의에 기초를 제공한다.

더 읽을거리

*김환규(2018), "DNA이중나선 구조의 발견은 왜 지금도 위대한가?", **교수신문**, 2월5일, 7면.

Ahrens, T. and Chapman, C.(2006), "Doing Qualitative Field Research In Management Accounting: Positioning Data to Contribute to Theory", *Accounting, Organizations and Society*, 31(8), 819-841.

Foster, G.(1986), *Financial Statement Analysis*, 2nd ed., Englewood Cliffs, NJ: Prentice Hall; 이정호 · 정혜영 · 주진규 · 김정본 공역(1993), **재무제표분석**, 무역경영사.

Gill, J. and Johnson, P.(2010), *Research Methods for Managers*, 4th edn. London: Sage.

Kahneman, D. and Tversky, A.(1972), "Availability: A Heuristic for Judging Frequency and Probability", *Cognitive Psychology*, 5(2), 677-695.

Khlif, H. and Chalmers, K.(2015), "A Review of Meta-Analytic Research In Accounting", *Journal of Accounting Literature*, 35, 1-27.

Lapsley, I.(2004), "Making Sense of Interactions in an Investigation of Organizational Practices and Processes", in C. Humphrey and B. Lee(eds), *The Real Life Guide to Accounting Research*, London: Elsevier, 175-190.

Lee, T.A.(2004), "Accounting and Auditing Research in the United States", in C. Humphrey and B. Lee(eds), *The Real Life Guide to Accounting Research*, London: Elsevier, 57-62.

Mayo, E.(1933), *The Human Problems of an Industrial Civilisation*, New York: MacMillan.

Nisbett, R. and Ross, L.(1980), *Human Inference: Strategies and Shortcomings of Social Judgement*, Englewood Cliffs, NJ: Prentice Hall.

Parker, L.D.(2012), "Qualitative Management Accounting Research: Assessing Deliverables and Relevance", *Critical Perspectives on Accounting*, 23(1), 54-70.

Quesne, Laurence Le(1983), *The Bodyline Controversy*, London: Martin Secker & Warburg.

Rogers, E.M.(2003), *The Diffusion of Innovations*, 5th edn. New York: Free Press.

Ryan, R., Scapens, R.W. and Theobald, M.(2002), *Research Method and Methodology in Finance and Accounting*, 2nd edn. London: Thomson; 구치모 · 최종서 · 박기정 옮김(2005), **회계학과 재무론의 연구방법론**, 제2판, 신영사.

Smith, M. and Tucker, B.(2013), *Advanced Strategic Management Accounting: Theory and Practice*, Melbourne: Cengage.

Trotman, K.T.(1996), *Research Methods for Judgement and Decision-Making Studies in Auditing*, Coopers & Lybrand Accounting Research Methodology Monograph No.3, Melbourne: Coopers and Lybrand.

Watson, J.D.(1968), *The Double Helix*, New York: Penguin Books. 최돈찬 옮김(2006), **이중나선**, 궁리.

제3장

이론 · 문헌 · 가설

우리는 달성하고자 하는 회계연구의 특성 중의 세 가지로 이론, 신뢰성, 타당성을 확립하였다. 본장에서는 이 목록을 좋은 이론, 신뢰성, 구성타당성, 내적 타당성, 외적 타당성의 다섯 가지로 확대한다. 우리는 또한 본질적인 상반관계 때문에, 이러한 특징의 일부를 동시에 가질 수 있을 뿐이라는 점도 인식한다. 즉, 선택과 타협이 필요하다. 본장에서 우리가 특정한 연구문제에 대해 가장 적절한 접근방법을 식별할 때 대체적인 방법을 선택할 위치에 있도록 제5장에서 좋은 연구의 이러한 측면을 계속 탐구한다.

제1절 이론의 원천

여기서는 특히 일부 개념의 경계가 애매하고 정의가 상호의존적인 경우에 용어와의 잠재적 혼란을 극복하기 위해 일부 정의로 시작한다.

- **이론**은 가설이나 한 개 이상의 가설의 기초를 이루는 포괄적인 개념의 연결망이다. 제1장에서 이론을 다양한 관찰을 정당화하기 위한 '일단의 잠정적인 설명'으로 서술하였다. 어떤 관계가 존재할 것으로 기대하기 위해 정당화를 가지는 이론을 필요로 한다. 어떠한 이론도 가지지 않는 곳에서 우리의 가설은 즉시 반박될 수 있다.
- **가설**은 두 개 이상의 개념이나 변수 간의 상정된 관계인 인과관계일 수도 있다. 가설은 검정가능해야 하지만, 이것이 만약 많은 추상적 개념을 구성하고 있다면, 직접적으로 그렇지 않을 수도 있다.
- **개념**은 관찰가능하거나 측정가능하지 않는 추상적인 아이디어인데, 이것은 먼저 측정가능한 지표를 제공하기 위해 어떤 방식으로 조작화되어야 한다. 이것은 개념에 대한 적절한 대체물인 변수를 식별하거나 새로운 개념척도를 제공하는 구성개념을 개발함으로써 달성될 것이다.
- **구성개념**은 다항목 질문의 형태로 항상 생성되는 간접적인 개념척도이다. 구성개념(constructs)에 대한 일단의 타당하고 신뢰가능한 반응의 합계는 개념척도를 제공한다.
- **변수**는 상이한 가치를 가질 수 있는 관찰가능한 항목이다. 이러한 가치는 직접적으로 또는 이것이 만족스럽게 실시될 수 없다면, 대용(대체)변수의 이용을 통해 간접적으로 측정될 수 있다. 변수는 대개의 경우 독립(말하자면, 설명)변수, 종속(말하자면, 독립변수에 의해 설명되는)변수, 조절(말하자면, 조건부영향을 가지는)변수 또는 매개(말하자면, 통제될 필요가 있는 잠재적으로 가상적인 영향을 가지는) 변수이다.
- **신뢰성**은 연구도구가 달성하는 결과는 유사한 상황에서 유사해야 한다는 점에서 연

구도구의 일치성을 확립한다. 그리하여 동일한 도구를 이용하는 동일한 실태조사(survey)피험자(참여자)는 동일한 조건하에서 동일한 결과를 생성해야 한다.

- **타당성**은 우리의 연구가 실시하기로 계획한 것을 달성하는 정도를 측정한다. 우리는 구성 타당성, 내적 타당성, 외적 타당성을 대개 구별할 것이며, 이들은 본장의 후반부와 이후의 장에서 다루어질 것이다.

이러한 용어들은 회계문헌에서 특별한 예로 예시될 수 있으며, 추가로 많은 예가 이후의 장에서도 발생할 것이다. 회계연구에서 대부분의 이론 원천은 회계문헌에서 오는 것이 아니라, 경제학(및 재무학), 행동과학, 사회학의 문헌에서 온다. 그리하여 Smith · Taffler(2000)는 기업이 높은 달성자이고 산업최고의 실무를 채택하고 있다는 것을 시장에 '신호'하는 방식으로 행동할 것이라는 기대에서, 기업공시의 본질을 검토하기 위해 신호전달이론을 이용한다. 그들은 이것을 이후의 검정을 위해 기업서사(narrative)의 긍정적인 내용은 기업의 재무성과와 직접 연관이 있을 것이라는 공식적인 가설을 설정하기 위한 기초로 이용한 바 있다. 유인-신호전달문헌은 원래 Spence(1973)가 개발하였으며, 이후 많은 회계연구와 재무연구에서 채택되었다.

Brownell(1982)은 경영에서 바람직한 지도력 속성의 하나로서 예산참여라는 **개념**을 만들었다. 그는 이 개념을 직접 측정할 수 없어서, 그것을 조작화하기 위해 Milani(1975)의 **구성개념**(construct)을 이용한다. 이 복수항목도구는 예산편성에서 영향, 몰입(involvement), 참여에 영향을 주지만, 예산참여의 만족스러운 지표로 생각된다.

대리관계를 검토하는 문헌의 대부분(예를 들면, Watts · Zimmerman, 1978)은 검토하는 변수 중의 하나로 '정치적 영향'을 이용하고 있지만, 이 **변수**를 직접 관찰하고 측정하는 어려움 때문에 (자산이나 종업원으로 측정된) 기업규모가 대용변수로 가끔 이용된다. 많은 회계연구에서 관찰불능인 '잠재'변수가 두드러지는 경우 구조방정식모형(structural equation modelling, SEM)과 부분최소자승(partial least squares, PLS) 접근방법이 특히 이 맥락에서 적절하다.

채택된 연구도구의 공식적인 **신뢰성**은 회계문헌에서 좀체로 다루어지지 않는다. 즉,

실태조사에 입각한 연구만이 자료수집의 수단에서 신뢰정도를 상세히 나타내기 위해 Cronbach alpha와 같은 척도를 이용한다. 타당성 문제는 한편으로는 신뢰성과 **구성타당성** 사이 그리고 다른 한편으로는 **내적 타당성**과 **외적 타당성** 사이의 상반관계에서 가장 잘 고려된다. 그리하여 위에서 언급한 예에서, Brownell은 잘 인정된 Milani도구를 이용하기로 선택하였다. 신뢰성은 이 도구가 일관성있게 높은 Cronbach alpha를 생성하기 때문에 의심의 여지가 없다. 그러나, 구성타당성은 Brownell이 예산편성에서 '참여'를 측정하고자 하기 때문에 의심의 여지가 있지만, 선택한 도구도 '영향'과 '몰입'을 측정하고 있다. 그러므로 이용되고 있는 구성개념은 정확하게 요구되거나 특정되고 있는 것을 측정하고 있지 않을 것이다. 〈도표3.1〉은 구성타당성을 달성하려고 할 때 직면하는 문제를 예시하고 있다.

〈도표3.1〉 **구성타당성의 탐색**

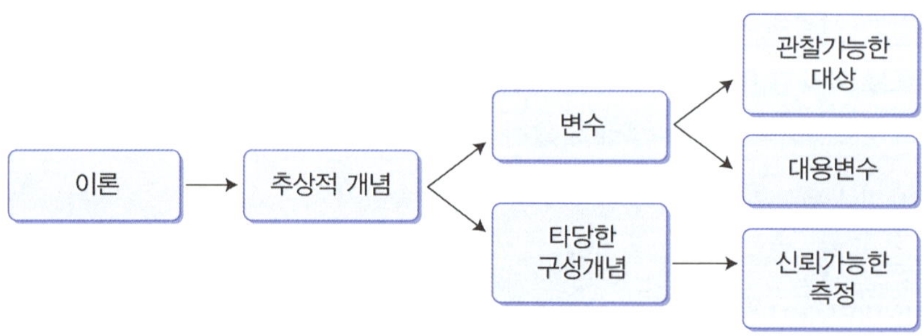

우리는 잘못 정의된 개념들간에 일련의 관계를 확립하고 있는 이론으로 시작한다. 이들은 설명하기가 어려우며 직접 측정하기가 불가능할 것이다. 먼저 개념의 대용변수로서 작용할 관찰가능한 변수를 탐색한다. 예를 들면, '부재주의'(absenteeism)는 '팀정신'이나 '사기'(morale)라는 개념의 대용으로 경영학문헌에서 가끔 이용된다. 그러나 이들을 부적절한 대용변수로 생각한다면, 이 개념을 만족스럽게 측정하는 구성개념을 확인함으로써 다른 변수를 탐색할 필요가 있을 것이다. 이상적으로, 확립된 구성개념은 우리가 원하는 것을 정확하게 측정하기 위해 이미 존재하고 있을 것이다. 이것이 신뢰성과 구성타당성이라는 두 세계 중에서 최상이다. 우리는 자주 딜레마에 직면한다. (구성타당성을 위협하는) 목표를 잘 맞추지 않는 확립된 구성개념을 이용하거나, (신뢰성을 위협하는) 목표를 맞추는 일단의 수정질문을 고안함으로써 새롭거나 적응된 도구를 개발한다. 전자의 상반관계는 우리가 후자를 더 많이 보기를 원한다고 주장하더라도, 회계문헌에서 만날 가능성이 가장 많다.

우리가 **내적 타당성**을 가진다면, 인과관계를 구체화할 수 있기 때문에 자신있게 경합가설을 제거할 수 있다. 우리는 다른 모든 영향력있는 변수를 통제하고 있기 때문에 무엇이 무엇을 초래하고 있는가를 알고 있다. 이 시나리오는 엄격한 통제하에 실시되고 아마도 비현실적 가정에 기초한 실험실조건하에서 실험에 정확하게 맞다. 연구결과는 무엇이든간에 **외적 타당성**을 가지지 않을 것이다. 이것은 실험실에만 적용되기 때문에, '현실세계'로 일반화할 수 없다. 이것은 또다른 기본적인 상반관계이며, 우리가 외적 타당성(및 실재론)을 증가시키기 위해 (우리가 그 관계에서 가지는 신뢰를 완화하여) 내적 타당성의 손실을 타협해야 한다.

구성타당성과 내적 타당성은 좋은 이론에 전적으로 의존한다. 이론에 의해 지지되고, 측정수단에 현실적으로 연결되는 적절한 개념으로 연구설계를 확립하는 것. 회계연구자가 이용할 수 있는 이론의 원천을 먼저 모색하고나서 이것을 더 상세하게 살펴보는 것이 도움이 된다.

회계이론의 토대를 이루는 기본적인 구분은 (당위의) 규범적 이론과 (존재의) 실증적 이론의 구분이다. 재무회계에서 개척적인 연구의 대부분(예를 들면, Littleton, 1933; Paton · Littleton, 1940)은 특히 이익결정목적으로 무엇이 최적의 회계실무이어야 하는가를 확립하기 위한 현행 실무의 구체화이다. 이러한 연구는 예를 들면, 경영자와 투자자가 그들의 의사결정에서 새로운 회계정보의 제공에 대해 실제로 어떻게 반응할 것인가에 관한 경험적 검정이나 실증적 이론의 발전에 기회를 제공하지 않았다. Ryan et al.(2002, p.68)은 실증적 운동에서 나오는 세 가지 다른 연구흐름을 식별하고 있다.

• 대리이론을 통해 재무회계 그리고 생산경제학을 통해 관리회계에 적용된 미시경제

이론;

- 특히 감사의 판단측면에 사회학, 인지심리학, 의사결정이론 등의 요소를 적용함으로써 개발된 행동과학회계연구;
- 상황적합(contingency)이론과 시스템이론의 형태로 적용된 조직이론.

회계정보를 주식시장반응에 연결하는 중요한 Ball · Brown(1968) 논문은 규범적 회계연구의 사망을 효과적으로 신호전달하였으며, 회계연구 본질의 변화를 유발하였다. Ryan et al.(2002, p.35)은 이 점에서 Abdel-Khalik · Ajinkya(1979) 논문의 중요성도 언급하고 있는데, 무엇보다도 특정한 환경에서는 다른 방법이 더 적합하다고 항의하는 Tomkins · Groves(1983)의 반대에도 불구하고, 이것은 회계연구에 과학적 접근방법의 바람직함을 촉진하였다. 이러한 변화는 실무가와 회계연구자의 구분에 기여하였는데, 이것은 더욱 확대되는 괴리를 반영하는 것 같다(예를 들면, Jayazeri · Cuthbert, 2004). Parker(2012, p.57)는 관리회계변화를 검토하면서, 상황적합이론, 구조화이론, 행위자연결망이론, Foucault의 이론, Habermas의 이론, 노동과정이론, 신제도이론 등을 포함해서 질적 연구자들이 채택한 이론적 관점의 다양성을 식별하고 있다. Scapens · · Roberts(1993), Hoque(2006), Lukka(2007), Stringer(2007)[1] 등은 대체적 이론에 관한 상세한 논의에 권위있는 원천을 제공하고 있다.

우리는 회계환경에 적용될 수 있는 검정가능한 이론의 원천으로 경제학, 재무학, 사회학, 심리학, 조직행동론 등의 발전을 특히 살펴본다. 여기서 다루는 범위가 반드시 포괄적이지는 않지만 다른 학문의 잠재적 원천을 예시하고 있다.

역주1) 그는 상황적합이론, 제도이론, 대리이론, Anthony의 경영통제, 거래비용이론, Giddens의 구조화이론, Goold · Campbell의 통제유형, 사이버네틱스시스템, Hofstede의 문화이론, 행위자연결망이론, 노동과정이론 등 11개의 이론을 열거하고 있다.

1. 경제학

초기연구자들(예를 들면, Canning, 1929; Edwards, 1938)은 이익결정에 대한 다른 접근방법을 개발하기 위해 연역적 방법으로 경제분석을 이용하였는데, 이들의 이론화는 이익결정에 개념체계를 제공하기 위해 Bedford(1965)의 규범적 연구결과와 이후에 결합되었다. 신고전파 기업이론은 여전히 초기에 기본적인 가정으로 경제체계를 확립하였다. 즉, 무료로 이용할 수 있는 정보를 가지고, 확실성조건하에서 일하며, 합리적으로 이익극대화하는 개인에 의한 의사결정. 이러한 기본적인 가정은 예를 들어 적절한 가정(예를 들면, 선형프로그래밍 해법, 원가/조업도/이익분석, 할인현금흐름 등과 연관된 가정)하에서 이익극대화하는 결과를 초래할 규범적인 의사결정 실무모형의 개발을 유도하면서 광범위한 효과를 가졌다. 그러나, 신고전파이론은 그 핵심가정의 완화와 일반이론에 중요한 수정을 하지 않고는 실제적인 개인행동에 관한 지침을 제공하는데 도움이 되지 않는다.

- Friedman(1953)은 실증적 경제학의 관점을 확립하였다. 즉, 이론의 목적은 우리가 검증가능한 예측을 할 수 있게 하는 것이다. 그렇게 하는 데서 그는 이론이 비현실적인 가정을 할지라도, 검증가능한 예측이 나오는 한, 그것은 중요하지 않다고 주장한다.[2] 이러한 주장은 Watts · Zimmerman(1986)에 의해 대표되는 실증적 회계접근방법에 추진력을 제공하였다.
- 이해관계자이론(Stakeholder theory)은 광범위한 청구권을 주장하기 위해 Friedman (1970), Argenti(1993), Dunlap(1996) 등이 발전시킨 주주이론의 실패에 대한 반응으로 등장하였다. Donaldson · Preston(1995)은 다른 집단은 권력이 없더라도 가치를 부가한다는 것을 근거로 규범적인 이해관계자이익(interest)을 주장하고 있다. 즉, 그들은 인간의 품위가 상업적 성공과 균형을 이루어야 한다고 주장한다. 회계문헌에서 이해관계자개념의 채택은 Gray et al.(1988, 1997), Owens et al.(2000),

역주2) Freedman은 이론의 예측역할을 강조하는 것을 도구주의(instrumentalism)라고 하였다.

Saravanamuthu(2013) 등이 예시하고 있다.

- Simon(1959)은 '제한합리성'(bounded rationality)을 개발하였는데, 이것은 Cyert · March(1963)에 의해 더 발전된 바와 같이, '극대화하는' 행동보다는 '만족하는' 행동의 등장을 가능하게 하였다.
- Nelson · Winter(1982, p.482)는 기업의 인정된 '노하우'를 지지하는 묵시적 지식으로서 회계방법을 포함해서 기업업무의 일상성(the routine nature)을 확인함으로써 **제도이론**을 개념화하고 있다. Williamson(1985)은 거래비용경제학(예를 들면, Williamson, 1975)과 제한합리성(예를 들면, Simon, 1976)에 대한 강조로 초기의 이론개발에 기여하였다. 회계 적용에는 Burns · Scapens(2000), Johannson · Baldvinsdottir(2003), Soin et al.(2002), Scapens · Jayazeri(2003), Major · Hopper(2007) 등이 있다.[3)]
- Demski · Feltham(1976)은 정보경제학이론을 탐구하였다.[4)]
- 대리이론(agency theory)은 효용극대화의 신고전파경제학에 근거하며(예를 들면, Watts · Zimmerman, 1978, 1990), 그들은 본인/대리인 관계, 거래비용경제학, 실증적 모형 등을 논의하기 위해, 경영자와 주주, 경영자와 종업원 사이의 '계약관계'(nexus of contracts)라는 것을 형성하면서 확립된 체계를 제공하고 있다. Subramaniam(2006, p.65)은 이러한 세 가지 연구분야와 이들의 각 가정 사이에 명확한 구분을 하고 있다. 문헌에서 Baiman(1982,1990)은 관리회계에서 대리이론적용을 검토하고 있고, Watts · Zimmerman(1986)은 재무회계에서 대리이론적용을 검토하고 있으며, Covaleski et al.(2003)은 예산편성문헌에 특정한 적용을 검토하고 있다.
- Williamson(1979)은 특별한 방식으로 활동이 조직되는 이유와 선택이 이루어지는 방법을 설명하기 위해 경제조직의 이론을 개발하였는데 의사결정과정에 대한 회계연구의 시사점을 가진다(예를 들면, Spicer · Ballew, 1983).

역주3) 제도이론에 관해서는 김석웅(2017)의 제10장(제도이론)을 참조.

역주4) 정보경제학을 적용한 회계학 저서로는 Demski(1972, 1980, 1997), Christensen · Demski(2003), Christensen · Feltham(2003, 2005) 등이 있다. 우리 나라의 회계학계에서 정보경제학을 소개한 최초의 책은 노병탁 · 김태환(1984)이다.

- 합리적 선택이론은 효용극대화와 일치하는 행동과 연관된 경제이론이다. 합리적 선택이론은 신고전파경제학, 기대효용이론, 합리적 행위자이론 등을 포함한다. 이의 이용에 관한 예는 Ansari · Euske(1987), Carruthers · Espeland(1991), Ansari · Bell(1991), Covaleski et al.(1993), Jones · Dugdale(1994), Rahaman · Lawrence (2001) 등에 나타난다.

이러한 각 발전은 특히 의사결정과정, 의사결정의 동기, 회계정보가 이용되는 방법 등에 의해서 회계연구에 광범위한 영향을 주었다. 이들은 1970년대에 재무회계에 대한 의사결정유용성 접근방법의 등장과 일치하였는데, 이 학문의 기초를 이루는 지식체계인 회계개념체계를 추구하면서 경험적 발전을 촉진하였다.

2. 재무학

우리가 재무학을 경제학의 뷰과학뮤으로 인식하더라도, 이 분야의 발전은 회계연구에 급진적인 영향을 주어서, 이들은 별도로 고려할만한 가치가 있다. 재무이론의 발전은 재무관리, 기업정책, 투자자행동 등의 연구에 특히 시사점을 가진다.

- Markowitz(1952)는 포트폴리오위험에 관한 연구로 Sharpe(1964)와 자본자산가격결정모형(CAPM)을 유도하였다. 이것은 회계정보의 제공에 주식시장반응을 연결하는 Ball · Brown(1968)의 개척적인 연구에 기초를 형성하였다.
- Modigliani · Miller(1958)는 자본구조와 연관된 위험에 관한 이론을 개발하였다.
- Fama(1970)는 주식가격정보의 처리와 연관된 시장효율성의 개념을 개발하였다.
- Black · Scholes(1973)는 불확실한 조건하에서 의사결정을 취급하기 위한 수단으로서 옵션가격결정모형을 공식화하였다.
- Jensen · Meckling(1976)은 회계정책의 선택과 이후에 관리회계와 연결된 연구흐름을 시작한 부채/자본 상반관계와 연관된 대리비용논지를 처음으로 설명하였다

(Baiman, 1982를 참조).

- Ross(1977)는 Spence(1973)를 뒤따라서, 재무학에서 유인/신호전달이론을 시작하였으며, 재무보고에서 자발적 공시와 관련된 연구흐름을 생성하였다.
- Scott(1981)은 Myers(1977)와 재무경제학의 전통을 뒤따라서, 현금흐름에 기초한 기업파산이론을 개발하였는데, 파산예측에 관한 일부 초기연구(예를 들면, Beaver, 1966; Altman, 1968; Taffler, 1983)의 기초가 되었다.

3. 심리학

- Locke(1968)는 목표설정(goal-settng)이론을 개발하기 위해 Aristotle의 '최종적 인과관계'(final causality)[5)]에 의지하였는데, 개인의 활동은 목표의 본질과 범위에 의해 조건지워지는 복잡한 목표/성과관계를 주장하였다. Chong · Johnson(2007)과 Lehmann et al.(2009)이 회계연구에서 이의 적용의 예를 제시하고 있다.
- Bem(1972)은 사건후에 행동선택을 합리화하기 위한 태도가 이용된다고 주장하기 위해 **자기지각이론**(self-perception theory)[6)]을 개발하였다. 이러한 결과는 면접에

역주5) Newton적인 세계관에 뿌리를 둔 정통 실증주의 입장은 설명은 항상 先조건과 後영향의 기계적인 관계(mechanical relationship)를 나타내야 한다는 것이다. 즉, 설명은 원인을 나타내야 하며, 인과관계는 기계적이어야 한다. 이러한 관점에서 볼 때 인과관계의 다원주의는 "설명"의 의미에 대해 혼동을 하고 있거나 아니면 과학 그 자체에 위협을 가하고 있는 것이다. 해석학적 사회과학 철학자, 구성주의자, 그리고 탈근대론자들은 일원론적인 인과관계에 대해 반대하고, "이해(understanding)"을 중시해왔다. 일원론적인 인과관계가 Newton적인 세계관에 기반을 두고 있다면, 다원주의적 인과관계는 Aristotle적인 세계관에 기반을 두고 있다. 아리스토텔레스주의자들은 인과관계(causality)를 네 가지로 구분한다. (1) 효과적 인과관계(efficient causality)는 先원인과 後결과 사이의 기계적인 관계를 의미한다. (2) 물질적 인과관계(material causality)는 특정한 구성을 함으로써 어떤 개체나 과정이 이루어지는 것을 말한다. (3) 형식적 인과관계(formal causality)는 객체나 과정의 구조가 그것을 형성하는 방식을 말한다. (4) 최종적 인과관계(final causality)는 체제의 목적이 그 발전과정에 영향을 주는 방식을 말한다. 그러나 실증주의자들과 탈실증주의자들 모두 이 최종적 인과관계를 거부한다. http://www.happycampus.com/doc/10987298

역주6) 심리학자 D.J. Bem이 주장한 이론으로 타인 뿐만 아니라 자신의 행동을 보고 이전에는 파악하지 못했던 자신의 태도를 이해하게 되는 것을 의미한다. 예를 들면, 누구에게나 인사를 잘하는 사람을 보면 매너가 좋고 친절한 사람이라고 추측하고, 아무데나 침을 뱉거나 담배공초를 버리는 사람을 보

입각한 회계연구에서 통찰력편향(hindsight bias)의 사건에서 분명하다.

- Kahneman · Tversky(1972)는 불확실성 조건하의 의사결정이 의사결정발견법 및 의사결정과정과 관련된 회계연구의 흐름(예를 들면, Joyce · Biddle, 1981; Smith, 1993)을 유도한 이론인 적절한 행동이론의 개발을 필요로 한다는 것을 인식하였다.[7)]

4. 사회학

- Bandura(1977)는 **사회학습이론**(social learning theory)을 개발하였는데, 이것은 개인의 지각이 교사, 동료, 매체 등에 의한 영향을 받기 위해 우리가 관찰과 직접 경험을 통해 학습한다는 것을 주장한다. Hamilton · Troiler(1986)는 사회학습이론이 사회화와 개인적인 과거경험의 영향을 통해 개인의 의사결정과정에 어떻게 영향을 줄 수 있는가를 보여주고 있다. 이것은 회계고정관념(stereotypes)의 개발과 유지 및 회계취업(recruitment)에 관한 연구에 영향을 주었다(예를 들면, Friedman · Lyne, 2001; Smith · Briggs, 1999).
- Freeman(1984)은 조직내에서 이해관계 당사자와 경영자가 다양한 집단의 이해관계를 다루기 위해 채택하는 방법의 모형화를 식별하기 위해 **이해관계자이론**(stakeholder theory)을 개발하였다. 회계연구내에서 Kelly · Alam(2008), Magness(2008), Van der Laan et al.(2008)은 다양한 연구측면의 예를 제공하고 있다. 즉, 재무회계, 관리회계, 기업사회보고 등.
- **정당성이론**(legitimacy theory)은 '이기적 계몽'에 관한 Thomas Hobbes의 17세기 논문과 Plato의 '사회계약'에서 도출된다. 이것은 실체들이 수용가능한 사회구조와 일치하는 바람직한 방법으로 행동할 것이라는 인식과 연관이 있다. 최근에 Rawls(1971)

면 사회성이 부족한 사람이라고 생각하는 것이다. http://blog.naver.com/wind0631/150128007236

역수7) 심리학을 적용한 관리회계연구에 관해서는 다음을 참조. Luft, J. and Shields, M.D.(2010), *Psychology Models of Management Accounting,* Hanover, MA: Now Publications, Inc.; 도상호 · 윤종철 공역(2016), 관리회계 연구와 심리학모형의 활용, 청람.

는 사회의 구성원에 의해 추구된 상호 유리한 합의에 관해 회계 및 다른 곳에서 적용하기 위해 이 이론을 보편화하였다. O'Donovan(2002), Campbell(2003), Chen et al.(2008), Rapkin · Braaten, 2009) 등은 정당성이론을 적용한 흥미로운 예를 제공하고 있다. Deegan(2006, p.161)은 회계연구 특히 사회환경회계에서 정당성이론의 이용증가를 관찰하고 있지만, 정당성이론에 대한 경험적 지지는 보편적이지 않다고 언급하고 있다(p.177). Patten(1992)과 Deegan et al.(2002)은 자신들의 정당성을 높이기 위해 공시를 하는 조직의 예를 제공하고 있다. 그러나 이러한 공시가 정당성인식을 변경하는데 성공적인지의 여부를 검토하는 연구는 아직 없다.

- Berry et al.(1985)은 국가석탄위원회에서 조직과정의 복잡성을 탐구하기 위해 사회학이론[8)]과 갈등이론[9)]에 입각한 사례연구접근방법을 채택하고 있다. Campbell(1965)은 희소한 자연자원에 대한 경쟁에 대해 **실재론적(realistic) 갈등이론**[10)]이 어떻게 영향을 줄 수 있는가를 일찍 보여주었다. Tajfel · Turner(1985)는 지위, 명예와 같은 희소한 사회자원을 포괄하기 위해 수정된 **갈등이론**을 추가한 **사회정체성이론**[11)]

역주8) 여기서의 사회학이론은 상징적 상호작용론을 의미한다. 상징적 상호작용론에 관해서는 김석웅(2017)의 제6장(상징적 상호작용론)을 참조.

역주9) 갈등이론(conflict theory)은 기능주의에 대립되는 중요한 사회학이론 중의 하나이다. 갈등이론은 인간이 소유하고자 하는 대상물은 제한되어 있고, 소유욕은 무한하여, 그 욕구를 충족하기 위하여 사회를 개인간 및 집단간 세력다툼, 이해의 상충, 지배자와 피지배자간의 갈등, 사회의 불안정과 변동을 끊임없이 경쟁을 하며 갈등을 연속한다고 본다. 마르크스주의와 신마르크스주의는 구조기능주의에 대한 도전과 비판적 관점에서 갈등이론의 큰 줄기를 이루고 있으며, Marx, Weber, Zimmel, Darendorf, Mills, Coser, Collins 등에 의해 발전하였다(정태환 외 역, 11장 갈등이론의 출현참조).

역주10) 실재론적 갈등이론은 실재론적 집단갈등이론(realistic group conflict theory)이라고도 하는데, Campbell이 공식적으로 명명하고 주장하였지만, 20세기 중반이후로 다른 학자들에 의해서 더욱 발전하고 있다. 이 이론은 집단간 갈등에 관한 사회심리학적 모형이다. 이 이론은 집단간 적대감이 한정된 자원에 대한 경쟁과 상충하는 목표의 결과로 어떻게 발생할 수 있는가를 설명하며, 집단간 적대감을 수반하는 외부집단(outgroup)에 대한 편견과 차별화의 감정도 설명한다. 집단은 화폐, 정치권력, 사회적 지위 등과 같은 희소한 자원에 대해 경쟁상태에 있다고 간주한다(Wikipedia를 참조).

역주11) 사회정체성(social identity)이론은 사회적 집단에 소속되었다는 지각에 기반한 자기개념의 일부이다. 사회정체성이론은 1970년대와 1980년대에 헨리 타즈펠과 존 터너가 개발한 이론으로, 이 이론에서는 집단간 행동을 설명하기 위해 사회정체성의 개념을 도입한다. 사회정체성이론은 지각된 집단간 지위의 차이, 그런 차이의 지각된 정당성과 안정성, 한 집단에서 다른 집단으을 개발하였다. Homans(1961)와 Blau(1964)는 그렇게 계속하는 것을 정당화하기 위해 모든 관계의 참여자에 의해 확립된 주관적인 원가-편익 분석에 대한 기초로서 **사회적 교환이론**[12)]을 촉진한다. Tucker et al.(2016)는 사람간의 관계가 회계발표에서 공저자관계의 협력을 어떻게 촉진하는가를 설명하기 위해 사회교환이론을 이용한다.

- MacIntosh(1994)는 Marx와 Engels에 의해 고안되고, 정치경제의 전통에 기초하고 있는 노동과정 패러다임을 상세히 설명하고 있다. 이 견해는 경영자를 관리회계정보와 통제시스템의 이용자 겸 희생자의 위치에 배치하고 있으며, **급진적 구조주의** 전통에 회계연구의 흐름을 제공하고 았다(예를 들면, Tinker, 1980).[13)]
- Callon(1986)과 Latour(1986)는 사회연결망내에서 인간(및 비인간)행위자의 상호의존성을 강조하기 위해 **행위자연결망이론**(actor-network theory)을 개발하였다. 행위자는 사회가 인간노력의 범위에 따라 발전할 수 있도록 연결망을 생산하기 위해 모든 관련된 영향요소와 연결된다. 페니실린의 개발과 상업화에 포함된 '행위자'에 관한 Henry Harris경의 1998년의 인용은 이 개념의 산뜻한 예시를 제공한다. 즉,

---

로 옮겨갈 수 있는 지각된 능력을 근거로 집단의 행동을 예측하는 이론이라고 서술할 수 있다.

사회정체성이론에 의하면, 사회적 활동은 개인간 행동과 집단간 행동 사이의 연속체 상에서 변화한다. 완전한 개인간 행동은 개인의 특성과 두 사람 이상의 사이에서 존재하는 개인간 관계에 의해서만 결정되는 행동이고, 완전한 집단간 행동은 둘 이상의 사람들에 의해 적용되는 사회적 범주 소속에 의해서만 결정되는 행동이다.

사회정체성이론의 지지자들은 순수하게 개인간 행동이나 순수하게 집단간 행동은 실제 사회적 상황에서 발견하기 힘들며, 행동은 이 둘이 혼합된 형태로 나타난다고 주장했다. 사회정체성이론은 연속선의 어느 쪽 극단이 개인의 행동에 더 영향을 미칠지를 예측하는 사회구조적인 요인들과 그 행동의 가능한 형태들에 초점을 맞추었다. http://kjyyhk.blog.me/22073868809

역주12) 사회적 교환이론은 이해관계자간의 중재된 교환의 과정으로 사회적 변화나 사회적 안정성을 설명하는 사회 심리학적 혹은 사회학적 관점을 이야기한다. 사회적 교환 이론은 모든 인간 관계는 주관적인 가격-이점 분석과 대안책의 비교 이용함으로 형성된다는 가정에서 시작한다. 이론은 경제학, 심리학, 사회학에 뿌리를 두고 있다. 사회적 교환이론은 합리적인 선택 이론과 구조주의에서 발견되어지는 다수의 추정의 특징이 되고 있다. 인간 본능에 대해 사회적 교환이론이 가정하고 있는 추정은 다음과 같다. 인간은 보상을 추구하고 처벌을 회피한다. 인간은 합리적인 존재이다. 인간이 가격과 보상을 평가하기 위해서 사용하고 있는 기준은 시간에 따라서 그리고 인간마다 변화되어진다. http://blog.naver.com/lucifer2461/153563081

역주13) 급진적 구조주의에 관해서는 김석웅(2014)의 제5장(Marx주의의 비판적 방법론)을 참조.

Fleming이 없다면, Chain이나 Florey가 없고, Florey가 없다면, Heatley가 없고, Heatley가 없다면, 페니실린도 없다. Fleming은 그 존재를 확인하였지만, 그것을 분리할 수 없었다. Florey와 Chain이 그렇게 하였지만, Heatley의 기술적 마술이 없었다면 그렇게 하지 않았을 것이다. Alcouffe et al.(2008)은 관리회계환경에서 예를 제공하고 있으며, Gummerson(2007)은 사례연구에 입각한 연구의 예이다.[14)]

5. 조직행동론

Robbins(1995)는 조직행동에서 개인, 집단, 조직시스템과 각각 연관된 세 가지 수준의 연구관심을 관찰하고, 각각에 대한 이론체계를 개발하고 있다. 개인수준에서 모형은 심리학의 영향을 많이 받는데 반하여, 집단과 조직수준에서 모형은 사회학과 사회심리학의 영향을 더 많이 받는다. 이 모두가 회계연구의 발전에 많은 영향을 주었다.

개인의 주안점은 예를 들면, 전기적인 특징과의 관계와 더불어, 학습, 동기부여, 개성, 인지, 훈련, 지도력, 직무만족, 의사결정, 성과평가, 태도, 행동 등의 영향으로부터 지식에 대한 기여를 살펴보고 있다. 이 분야에서 생성된 다수 이론의 선택은 그 잠재적인 회계적용을 예시하고 있다.

- Kelley(1972)는 우리가 일정한 행동에 귀인하는 의미에 의존하면서 사람들을 어떻게 다르게 지각하는가를 설명하기 위해 **귀인이론**(attribution theory)[15)]을 개발하

역주14) 행위자연결망이론에 관해서는 김석웅(2017)의 제8장을 참조. 사회(학)이론을 적용한 회계학 연구에 관해서는 김석웅(2017)의 제2부 해석적 방법론의 이론을 참조.

역주15) 귀인(attribution)이란 어떤 일이 발생하게 된 이유, 어떤 사람이 무엇인가를 하거나 말하게 된 이유, 혹은 우리 자신이 어떤 방식으로 행동하거나 말하게 된 이유, 혹은 우리 자신이 어떤 방식으로 행동하거나 말하게 된 이유에 대해 행하는 추론을 말한다. 귀인 이론의 요지는 사람들이 관찰하는 언어적, 외적 행위로부터 태도나 의도 같은 행동의 근저에 있는 특징들을 추론한다는 것이다. 어떠한 행위에 대해 명백한 이유를 찾았을 때에 사람들은 그 행위를 그 이유에 자신 있게 귀인시킨다. 따라서 귀인 이론의 관심사는 귀인이 왜 발생하나, 어떠한 사람이 어떤 것을 왜 말하게 되나, 그리고 어떠한 사람이 그 같은 행동을 특별히 왜 발생하게 되는 가에 대한 추론과 관련이 있다.

였다. 이것은 경영자에 의한 종업원성과의 평가에 기초한 관리회계연구와 관련성을 가질 것이다.(예를 들면, Mia, 1989).

- Festinger(1957)는 태도와 행동의 관계 및 개인과 조직에 대한 그곳에서의 갈등의 잠재적 영향을 설명하기 위해 **인지부조화이론**(cognitive dissonance theory)[16)]을 개발하였다. 이 이론은 모순적인 정보나 전달된 메시지가 이용자에게 낯선 경우를 포함한 회계연구와 관련이 있다(예를 들면, Smith · Taffler, 1995; Smith, 1998b).
- 초기의 동기유발이론가들(예를 들면, Maslow, 1954; Herzberg, 1966; McClelland, 1967)은 성과를 유발하는 다양한 내생적 및 외생적 보상을 식별하였다. 최근에 인지심리학에 지나치게 의존하는 **기대이론**(expectancy theory)[17)](Vroom, 1964; Lawler,

---

귀인이론은 어떠한 반응의 원인에 대한 추론을 태도변화의 가장 직접적인 선행요인으로 여긴다. 추론은 관찰된 행위를 야기시킨 태도나 인성과 같은 내적인 무엇인가가 있다는 것이거나 아니면 생명을 위협하는 것과 같은 외적인 무엇인가가 있다는 것일 수도 있다. 전자와 같은 유형의 추론을 기질적 귀인(dispositional attribution), 후자를 상황적 귀인(situational attribution)이라 한다. 귀인이론적 입장의 태도 변용 이론들의 기본 가정은 곧 어떤 사상이나 행동의 원인에 대한 귀인이 태도 변용의 중요한 결정요인이 된다는 것인데, 이때 그러한 귀인은 커뮤니케이터의 행동에 대한 것일 수도 있으며, 또는 수용자 자신의 행동에 대한 것일 수도 있다고 한다.

귀인이론은 1965년 Bem의 자기지각이론에서 꽃피게 되며, 인지부조화이론과 자기지각이론은 서로 다른 입장을 표명하고 있지만, 1970년대 태도연구에 있어 두 이론은 쌍벽을 이루었다. 즉, 내적인지체계의 일관성을 내세우는 인지부조화이론과 외적 일관성을 내세우는 자기지각이론이 태도연구에서 주류를 형성하였는데, 1970년대 후반에 들어서면서 자기지각이론이 더욱 각관을 받게 된다. 이 같은 추세는 인간의 행동동기를 사회적 외적 일관성유지성향으로 보는 경향이 우세하였기 때문이다. 그후 Bem의 자기지각이론은 인간의 행동동기를 사회적 지각성으로 일관성유지성향으로 보려는 사회지각이론으로 발전하고, 다시 Kelley등에 의해 발전된 귀화이론으로 체계화되었다.

이와 같은 귀인이론은 하나의 일반적인 사회심리학적 이론이지만, 그것은 태도변용의 원리를 설명하는데도 적용될 수 있기 때문에, 태도변용에 관한 연구 분야에서도 크게 각광을 받게 되었다. http://www.reportworld.co.kr/doc/206857

역주16) 자신의 생각과 행동이 일치하지 않을 때, 또는 자기가 기존에 가지고 있던 생각과 다른 모순이 생길 때 이것을 불편하게 여겨 이런 모순과 차이를 감소시키려고 하는 것을 인지부조하이론이라고 한다. 쉽게 말하자면 일종의 자기합리화한다는 것이다. http://blog.naver.com/talk2jeon/100189972657

역주17) 기대이론은 Vroom이 주장한 동기유발이론이다. 이 이론은 자기가 기울이고 있는 노력이 높은 평가를 받을 것이 확실하다고 생각될 때, 그리고 그렇게 인정을 받고 나면 급여인상이라든지, 상여금, 승진 등으로 이어질 것이라고 믿고 있을 때, 그래서 결국 자기 자신의 개인적 목표를 만

1973)이 동기유발에 관해 가장 널리 인정된 설명으로 되었는데, 행동이 매력적인 보상을 달성할 가능성에 달려있을 것이라고 주장하였다. 이 이론은 종업원이 자신들의 행위가 내생적 및 외생적 만족을 제공할 것이라는 기대로 노력을 할 것이라고 주장하기 위해 Ronen · Livingstone(1974)이 회계문헌에서 이용하였다. 이것은 이후에 예산의 동기유발효과와 연결된 주요한 행동변수를 탐구하기 위해 이용되었고(예를 들면, Ferris, 1977; Rockness, 1977), 최근에 회계선택에 관해서 이용되었다(예를 들면, Watts · McNair, 2008; Clor-Proell, 2009).

- Giddens(1984, 1991)는 개인이 규제와 행동기대를 생성하기 위해 구조와 상호작용하는 사회적 과정을 서술하는 **구조화이론**을 개발하였는데, 이것은 인간행위가 인간행위에 의해 수정될 수 있는 구조인 선재하는 사회구조의 맥락안에서 발생한다는 것을 주장하고 있다. Scapens · Roberts(1993)은 구조화과정에서 세 가지 층(layers)을 식별하였다. 즉, (공유의미를 창조하는) 유의미화, (권력구조를 생성하는) 지배, (도덕적으로 수용가능한 행동을 제공하는) 정당화. 그리하여, 만약 회계변화가 동시에 유의미화하고, 지배하고, 정당화한다면, 이것은 보편화될 것이며, 그렇지 않다면, 저항에 직면할 것이다. Collier(2001)는 영국의 경찰서에서 위임된 예산편성 시스템을 검토하기 위해 구조화이론을 이용하였으며, 최초의 저항이후에 변화가능성의 수용을 나타내었다. 회계문헌에서 구조화이론의 적용에 관한 최근의 예에는 Coad · Glyptis(2004, Conrad(2014), Roberts(2014), Englund · Gerdin(2014) 등이 있다. De Sanctis · Poole(1994)는 기술이 집단의사결정지원시스템에 이용되는 **적응적 구조화이론**[18]을 제안하고 있다. Macintosh · Scapens(1990)와 Jack · Kholief(2007)은 회계

족시킬 수 있게 된다고 생각될 때 비로서 최선을 다해 열심히 해보자는 동기유발이 된다는 것이다. 따라서, 노력을 하면 좋은 결과가 나오는 것일까?, 좋은 성과에 맞게 맞는 보상을 받을 수 있을까? 받은 대가가 내 개인적인 목표에 맞는 것일까의 세 가지를 고찰하게 된다. 기대이론에 의하면 종업원들을 최대한 동기유발을 하고자 한다면, 각 개인의 개인적 목표가 무엇인지를 정확히 파악해서 노력-성과, 성과-보상, 보상-개인적 목표 사이의 관계를 확실하게 인식시켜 주어야 한다는 것이다. 대부분의 종업원이 왜 최선을 다해 일을 하지 않는지를 가장 잘 설명해 주는 이론이 기대이론이고, 실제적인 유용성이 높다는 점에서 자주 언급되는 이론이다.
http://elfland1004.blog.me/60000722273

역주18) 적응적 구조화이론(adaptive structuration theory)은 Anthony Giddens의 이론에 기반하고 있

환경내에서 예를 제공하고 있다.[19)]

- Griffith et al.(2015)은 관찰된 감사인행동에 대한 다른 원인을 제안하기 위해 **제도이론**을 채택하는 데서 DiMaggio · Powell(1983)을 따르고 있다.[20)]
- Rogers(1995)는 경영혁신의 수용과 실행을 위한 공식과정을 확립하기 위해 **확산이론**[21)](diffusion theory)을 이용하였다. 그는 네 가지 다른 변화단계를 가정하였다. 즉, **발견**(혁신의 식별), **번역**(변화의 장점인식), **보급**(실행을 확보하기 위해 동료에게 아이디어를 매각), **변화**(우리가 그 효과를 혁신하고 감시하는 곳). Askarany · Smith(2008)는 관리회계혁신을 검토하기 위해 확산이론을 이용하고 있다. Tucker · Lowe(2014) 그리고 Tucker · Parker(2014)는 실무가가 회계연구프로젝트의 결과로 인한 잠재적 혁신에 어떻게 반응 하는가를 검토하기 위해 확산이론을 이용하고 있다.

다. 이 이론은 구성원들의 상호작용속에서 규칙과 자원들의 사용을 통해 사회적 시스템의 생산과 재생산으로서 공식화된다. De Sanctis와 Poole은 Giddens의 이론을 그룹들 및 조직들과 정보기술과의 상호작용을 연구하는데 적용하고, 이를 적응적 구조화이론이라고 하였다. 적응적 구조화이론은 기술사용에 있어 기술저 관점을 비판하고 사회적 측면을 강조한다. 자신들의 업무를 위해 정보기술을 사용하는 그룹들이나 조직들은 기술의 역할과 유용성, 기술이 그들의 활동에 어떻게 활용될 수 있는지에 대한 인식을 역동적으로 창출한다. 이러한 인식들은 그룹들간에 매우 광범위하게 다양할 수 있다. 이러한 인식들은 기술이 사용되는 방법에 영향을 미치고, 기술이 앞으로 그룹성과에 미칠 영향을 조정해 준다.
http://www.fsc.yorku.ca/york/istheory/wiki/index.php/Adaptive_structuration_theory.

역주19) 구조화이론을 적용한 회계학연구에 관해서는 김석웅(2017)의 제9장을 참조.

역주20) 신제도학파경제학을 제외한 구제도학파경제학과 신제도학파사회학의 제도이론을 적용한 회계학연구에 관해서는 김석웅(2017)의 제10장과 김정민(2015)을 참조.

역주21) 혁신확산이론은 Rogers(1995)가 개발한 이론으로 잠재적인 수용자 모집단이 혁신을 어떻게 수용하는지를 설명하는 커뮤니케이션의 핵심이론이다. 여기서는 사회구성원이 새로운 것으로 인식하는 아이디어, 관행 또는 사물로 정의되는 혁신의 확산속도와 채택시점의 차이를 가져오는 원인 등을 파악하는데 초점을 맞추어왔다. 모든 수용자는 동일하지 않고 혁신가, 초기채택자, 초기대다수, 후기 대다수, 후기지연자 등으로 분류된다. 수용자의 수준에서 볼 때 혁신수용이 다섯 가시 난계로 구성되는 과정(지식, 설득, 결정, 이행, 확증)이라고 주장하고 있다. 그리고 다섯 가지 혁신의 특징(상대적인 장점, 호환성, 복잡성, 시험가능성, 관찰가능성)이 수용자의 혁신채택 의사결정을 형성한다고 가정할 수 있다. http://blog.naver.com/lucifer246/220938385296

제1장에서 우리는 회계연구에 대한 실증적, 해석적, 비판적 접근방법을 구별하였다. 앞 장들의 내용 대부분은 실증적 과정에 몰두하였기 때문에, 여기서는 다른 두 접근방법으로 돌아가는 것이 적절한데, 이는 특히 관련된 문헌의 대부분이 본질적으로 문서적, 역사적, 문헌적이며, 빈번하게 경험적 기반이 없기 때문이다.

Roslender(2006, p.247)는 비판이론의 발전에 관한 확고한 개요을 제공하고 있으며, Berry et al.(1985)의 논문을 회계사회학에서 기념비적인 연구로 언급하고 있는데, 이는 경영통제시스템에서 변화에 관한 비판적 관점을 발전시켰다. 그는 회계문헌에서 영향력이 있는 세 가지 마르크스주의 관점을 식별하였다. 즉, 노동과정이론(예를 들면, Hopper et al., 1987), 정치경제(예를 들면, Tinker, 1980, 1985), 비판이론(예를 들면, Laughlin, 1987).

Power et al.(2003)은 비판이론을 적용한 회계연구 10년을 살펴보고 있는데, 이들은 잠재적으로 손상시키는 회계실무결과를 식별하기 위한 Habermas 개념의 이용(예를 들면, Broadbent et al., 1991), 복지, 정의, 해방을 촉진할 필요성(예를 들면, Dillard, 1991), 사회철학에 대한 기여의 확대(예를 들면, Arrington · Puxty, 1991), 여성주의 관점에서 논쟁의 격려(예를 들면, Broadbent, 1998) 등을 포함하고 있다.

Baker · Bettner(1997)는 이러한 경험주의가 부재하게 되어 미국의 최고회계학술지로부터 비판적 · 해석적 연구가 없게 되었다고 주장하고 있다. Jönsson · Macintosh(1997)은 Tinker(1980), Ezzamel · Willmott(1992)와 같은 학자들이 채택하고, 특히 그들의 결론이 어떠한 종류의 현장조사에 대한 필요도 없이 주로 미리 결정되는 '비판적-Marx주의적' 입장의 적절성을 문제시하였다. 다른 극단에서 병원부문에서 실시된 '해석적' 연구(예를 들면, Preston et al., 1992, 1997; Chua · Degeling, 1993)는 매우 경험적이고 광범위한 현장조사과제에 의존적이다. Malsch · Salterio(2016)는 미국, 영국, 호주에서 전통적인 실증적 학술지들(특히, *Contemporary Accounting Research*, *The Accounting Review*, *European Accounting Review*, *Accounting and Finance*)이 해석적 현장연구를 수용하는데 느렸는데 반하여, (*Accounting, Organizations and Society*와 같은) 전통적인 '해석적' 학술지는 실증적 논문을 수용하는데 느렸다. 그들은 실무의 서술에 불과한 현장연구가 주장컨대 가치가 있다고 하지만, 이들의 기여부족 때문에 선도적인 학술지에서 사실상 게재불가능할 것이라고 적고 있다.

Power et al.(2003)은 회계가 경제적 실재를 표상한다는 견해를 비판하고 있다. 그들은 회계가 그 실재의 조작에 연루되어 있다는 것을 주장하는 데서 Hopwood(1987)와 Hines(1988)를 뒤따르고 있다. Arrington · Puxty(1991)는 '적은 회계'와 많은 '회계책임'(less accounting, but more accountability)의 필요성을 주장한다.

Laughlin(1999)은 비판적 연구의 흥미로운 요약을 제시하고 있지만, 회계의 왜곡성에 관한 상이한 관점을 채택하면서, 비판적/해석적 연구의 협소한 많은 분야의 개발을 식별하는 것이 가능하다.

특히,

- **비판적-Marx주의적:** 예를 들면, Tinker(1980); Tinker et al.(1991), Bryer(1999).
- **비판적-급진적:** 예를 들면, Cooper · Sherer(1984), Armstrong(1987), Tinker · Neimark(1987), 이들은 회계가 자본의 이익을 표상함으로써 실재를 왜곡한다고 주장하는 신마르크스적 관점을 채택하고 있다.
- **비판적-여성주의적:** 예를 들면, Hammond · Oakes(1992), Oakes · Hammond(1995), Hines(1992). 이들은 회계논리의 성(gender) 개념에 입각해서 비판하고 있다.
- **해석적:** 예를 들면, Arrington · Francis(1989), Lehman(1999).
- **비판적-해석적:** 예를 들면, Laughlin(1987), Power · Laughlin(1996), Willmott (2008).
- **여성주의적-해석적:** 예를 들면, Broadbent(1998), Gallhofer(1998).
- **급진적:** 예를 들면, Sikka(2001), Sikka · Willmott(1997).
- **급진적-여성주의적:** 예를 들면, Hammond(1997), Dwyer · Roberts(2004).

이러한 명칭은 항상 위험이 가득하며, 관련학자의 분노를 야기할 가능성이 있다. 이것이 행한 것은 발표기회의 제한성에도 불구하고 비판적 패러다임에서 실시되고 있는 연구의 폭을 나타내는 것이다. 참으로, 본절에서 참고되는 거의 모든 연구는 세 가지 학술지[22], 즉, *Accounting, Organizations and Society, Critical Perspectives on Accounting, Accounting, Auditing and Accountability Journal*에 발표되고 있다.

집단의 주안점은 집단의 역학과 과정, 의사소통, 행동과 태도변화, 규범, 역할, 지위, 권력, 갈등 등의 영향에 관한 지식에 대한 기여를 살펴보는 것이다.

- Argyris(1952)와 Becker · Green(1962)은 예산과정에 대한 집단역학의 영향을 탐구하기 위해 상황적합이론(contingency theory)을 이용한다.
- Barrow(1977)는 특정한 지도력 유형과 상황조건의 결합으로서 성공적인 지도력과 이후의 집단행동을 설명하기 위해 지도력의 상황적합이론을 개발하였다.
- Vroom · Yetton(1973)은 업무구조의 중요성을 강조하면서도 의사결정에서 지도력 행동을 참여와 관련시키기 위해, 보편적인 상황변형(contingency variant)인 **지도자-참여**모형을 개발하였다. 이 이론은 예산편성과 같은 분야에서 회계연구에 분명한 시사점을 가지고 있다.

조직시스템의 주안점은 인간자원정책과 업무설계에 대한 조직문화와 변화, 구조, 계층, 갈등, 권력구조 등의 관계와 더불어 이들의 영향에 관한 지식에 대한 기여를 살펴본다.

- 조직이론가(예를 들면, Burns · Stalker, 1961; Woodward, 1965)는 환경변수와 조직변수 사이의 관계를 탐구한다. 회계연구자는 이러한 변수의 범위를 확대하여, 환경(예를 들면, 기술, 불확실성), 조직(예를 들면, 조직, 직무복잡성, 분권화, 감독유형, 직무관련긴장), 회계변수(예를 들면, 성과평가, 예산참여) 사이의 관계를 포함한다. 목적은 어떤 한정된 상황과 연관되어 있는 회계시스템의 구체적인 측면을 식별하고 적절한 대응을 나타내야 하는 상황적합이론을 생성하는 것이다(Otley, 1980, p.414). 이러한 연구는 회계실무와 환경요소와 조직요소 사이의 관계를 확립

역주22) 이외에 *Qualitative Research in Accounting and Management*에서도 질적 연구(비판적 연구나 해석적 연구)가 발표되고 있다.

하였으며, 인식된 지식체계를 생산하였는데(Otley, 1984를 참조), 이것은 주장컨대 관리회계와 가장 잘 일치한다. 상황적합이론은 경영통제시스템이 맥락적 상황을 반영하기 위해 어떻게 설계될 수 있는가에 관해 많은 경영통제시스템문헌의 근간을 이루고 있다. Chenhall · Chapman(2006, p.35)은 (a) 맥락과의 적합도(fit), (b) '선택적합도' 연구에서 맥락과의 연결, (c) '상호작용'적합도를 통해 성과에 대한 경영통제시스템이 어떻게 영향을 주는가 등을 확립할 때 상황적합이론의 역할을 강조하고 있다(예를 들면, Gerdin · Greve, 2004). Simons(1987)와 Davila(2000)는 '선택' 연구가 '적합도'의 새로운 측면을 어떻게 실행할 수 있는가를 보여주고 있다. 이 분야의 다른 핵심적인 문헌은 다음의 연구들에 의해 제공되고 있다. 즉, Otley(1980), Chapman(1997), Chenhall · Langfield-Smith(1998), Chenhall(2003), Ittner et al.(2003), Bisbe et al.(2007). Luft · Shields(2003)와 Hartmann · Moers(1999)는 이 분야에서 발표된 많은 연구에 관해 비판적인데, 전자는 선형관계의 묵시적 가정에 관해서 그리고 후자는 상황적합체계의 실시에서 기술적 불일치성에 관해서 비판적이다. Chenhall(2005)은 더 많은 맥락요소가 경영통제시스템에 어떻게 영향을 주는가를 검토하는 새로운 방법을 제공해야 하는 부분최소자승법(PLS)과 구조방정식모형(SEM)의 개선을 통해 이 분야에서 발전의 기회를 엿본다.

- 다른 조직이론가들(예를 들면, Thompson, 1969; Perrow, 1970, 1972; Ouchi, 1977)은 종속행동과 통제구조의 역할에 관한 논의를 촉진하는 시스템이론에 다른 체계를 제공하고 있다. 이것은 회계정보시스템의 왜곡에 몰두한 예산통제에 관한 회계연구의 발전을 가능하게 하였다(예를 들면, Birnberg et al., 1983). **인간관계이론**은 동기, 만족, 참여, 지도력의 결과와 관계에 대한 영향과 관련이 있으며, 심리학에 기초한 예산연구를 위한 기초를 형성한다. 예를 들면, Hopwood(1974), Brownell(1981), Hirst(1983), Shields · Shields(1998), Covaleski et al.(2003).

제2절 근거이론

근거이론은 질적 연구에서 그 중요성이 증가하기 때문에 여기에 포함된다(그리고 제10장에서도 별도로 고려된다).[23] 근거이론에서 이론은 자료수집전에 개발되고 부여되기 보다는 경험적 자료로부터 개발된다. Sandelowski(1986)가 관찰한 바와 같이, 표본추출의 수준은 결과에 의해 결정될 것이기 때문에, 사전에 결정된 표본크기는 근거이론에 부적절하다. 일단 결과가 반복적으로 나타나기 시작하고 어떠한 새로운 것도 배울 것이 없다면, 추가표본추출의 종료를 정당화하면서 '주제의 포화'(saturation of themes)(Glaser · Strauss, 1967)가 분명해 진다.

Glaser · Strauss(1967)는 근거이론의 실시에서 세 가지 다른 단계를 관찰하고 있다.

- 개념적 구체화 - 이로 인해서 관련이론이 자료로부터 등장할 수 있다.
- 이론적 민감성 - 이것은 자료내에서 연결의 등장을 촉진하기 위한 도구를 제공한다(비교, 질문, 코딩, 메모작성, 이론적 표본추출, 문헌검토, 분류).
- 코딩 - 자료와 이론의 연결을 제공하기 위해.

이들은 이 모든 단계가 수행된다는 주장에서 매우 엄격하고 보호적이다.

> 핵심적 단계는 이론을 생성하는 과정이다. 이론생성의 기반, 그 진실한 산물은 이론적 메모의 작성이다. 만약 분석가가 코딩으로부터 분류나 작성으로 직접 나아감으로써 이 단계를 건너 뛴다면 그는 근거이론을 하고 있지 않다(Glaser, 1978, p.83).

엄격하게 순서적인 과정을 관찰할 때 이러한 거의 종교적인 열정은 '전사적 품질관리' 조사에서 Deming(1986)이 채택한 것을 생각나게 하며, 유사한 연구자의 좌절을 생성

역주23) 근거이론은 독자적인 이론이라기 보다는 이론을 개발하기 위한 연구방법이다. 근거이론에 관해 보다 상세한 것은 김석웅(2017)의 제14장(근거이론)을 참조.

할 가능성이 있다.

Ferreira · Merchant(1992)는 근거이론 접근방법에서 등장하는 놀라운 결과의 유명한 회계의 예를 보고하고 있다.

근거이론의 주요한 두 주역[24]간의 방법의 결별은 Strauss · Corbin(1990)과 Glaser(1992)에서 분명한 두 개의 경합하는 방법론변형 개발의 전조가 되었다. 틈새는 주안점에서 질적/양적 분리이며, 학생은 자신이 채택하고 있는 (두 가지) 근거이론 접근방법의 어느 것에 주의할 필요가 있다. Lye et al.(2006, p.152)은 두 접근방법에서 주요한 차이를 강조하고는 과정이 상이하지만, 이 기법들의 목적은 여전히 동일하다는 것을 적고 있다. 비판적으로 Strauss · Corbin(1990)은 연구문제의 최초공식화를 주장하지만, Glaser(1992)는 사전에 정의한 문제를 갖지 않고 연구분야에 들어갈 것을 주장한다. Strauss · Corbin(1990)이 지지한 단계별 접근방법이 주장컨대 초보연구자가 수행하기에 더 쉽다.

회계문헌에서는 Gibbins et al.(1990)이 Glaser · Strauss(1967)와 Glaser(1978)을 따르고 있으며, Lightbody(2000)과 Goddard(2004)는 Strauss · Corbin(1990, 1998)을 따르고 있다. Parker(2001, 2002)와 Lye et al.(2005)은 각각 Glaser/Strauss 접근방법의 혼합을 이용하는 것 같다.

다른 연구방법은 개인, 집단, 조직에 주안점을 두는 경우에 이러한 상이한 이론적 접근방법과 일치한다. 그리하여 (행동적 및 심리적 기대에 기초한) 실험방법은 개인행동을 측정하기 위해 빈번하게 이용될 것이며, 실태조사방법은 자기보고(self-reported)태도와 선호를 드러내기 위해 이용될 수 있으며, 사례연구는 조직변화를 탐구하기 위해 이용될 수 있을 것이다. 그러나, 조직행동연구분야의 일관성있는 요소는 상대적으로 적은 종속변수에 대한 주안점이다. 즉, 생산성, 부재주의, 직무이직(job turn), 직무만족 등이 그 밖의 거의 모든 것의 배제보다 우세하다. 무엇보다도 Staw(1984)는 직무스트레스, 혁신, 개인의 반대와 같은 새로운 종속변수에 집중해서 몰입할 것을 주장하였다. Briers · Hirst(1990, p.374)는 자신들의 검토논문에서 상황적합이론의 회계학문헌이 네 개의 주

역주24) 이들은 Glaser와 Strauss이다.

요한 종속변수(역기능적 행동, 직무성과, 예산성과, 단위성과)를 연구대상으로 하였다는 점에서 매우 유사한 노선을 따른다는 것을 보여주었다. 회계연구자로서 우리가 관련학문의 이론적 발전에 얼마나 종속적인가를 이들이 드러내고 있다.

다른 학문으로부터 도용하거나 차용하더라도 선택할 잠재적 이론은 많이 있다. 나의 박사과정학생의 대부분과 내가 검토하는 박사학위논문의 대부분은 상황적합이론, 대리이론, **시장력이론**(market-forces theory)(예를 들면, Porter, 1980, 1985)의 옵션들을 추구하면서 안전한 옵션을 택하는 것을 선호한다. 공통사건을 설명할 다른 이론을 탐구하려는 시도가 드물며, 다른 이론을 검정하려는 시도도 거의 없다. 이 점에서 박사과정학생은 회계학문헌을 비추어본다. 왜냐하면 하나의 현상에 대해 복수의 이론을 다루거나, 다른 이론의 적용가능성을 검정하는 논문을 발견하는 것은 드물기 때문이다. Ittner et al.(2003)은 이러한 드문 예를 제공하고 있다.

그러나 '실질적인'(real) 회계이론은 없는가? Malmi · Granlund(2009)는 회계의 이론을 회계연구자가 실질적인 이론으로 인식하지 않는다고 주장한다. 회계연구자는 다른 학문으로부터 도출된 이론의 적절성을 수용할 준비가 잘 되어 있을 것이다. 아마도 이것은 그 자체의 이론이 없는 회계라는 학문의 열등감(complex)일 것이다. 또는 아마도 이것은 규범적 회계이론과 회계담당자 특히 재무회계담당자가 그 자신의 이론을 가졌던 시기 소멸의 부작용일 것이다! Inanga · Schneider(2005)에 의하면, 하나의 결과는 회계연구가 회계실무나 회계이론의 발전에 제공할 것을 거의 가지고 있지 않다는 것이다. 아마도 연구결과가 대개의 경우 본질적으로 매우 일반적이어서 실무가에게 아무런 소용이 없기 때문일 것이다. Ittner · Larcker(2002)와 Luft · Shields(2003)는 회계연구가 실무가에게 유용한 것으로 판명된다면, 회계선택과 성과의 연결을 다루어야 한다고 주장한다.

Malmi · Granlund(2009)는 반드시 규범적일 필요는 없지만, 실무에 유용한 새로운 이론을 요청하고 있다. 그들은 연구자가 상이한 종속변수(예를 들면, 사회평등, 환경지속가능성)에 초점을 두거나, 만약 그들이 성과에 입각한 종속변수로 있기를 원한다면, 그들은 구체적으로 관리회계지향적인 주제(예를 들면, 조직유인체계)에 초점을 두어야 한다고 주장한다.

Luft · Shields(2003)는 채택되고 있는 이론과 방법을 살펴보면서, 관리회계연구의 원인과 결과에 관한 문헌을 검토하고 있다. 그들은 이론이란 거의 항상 경제학, 조직이론, 상황적합이론, 사회학, 심리학 등에서 도출된다고 주장한다. 그들은 관리회계현안을 다루는 데서 본인/대리인이론, 정보경제학, 목표설정이론에 대한 특정한 선호를 설명하고 있다. Malmi · Granlund(2009)는 이것을 관리회계담당자가 그 자신의 (규범적) 이론을 적용할 기회를 가진다는 점에서 상실한 기회로 간주한다. 그리하여 그들은 활동기준원가계산, 균형점수표, 전사적 품질관리, 가치기반경영 등을 각각 간접비를 배분하고, 통제시스템을 설계하고, 품질비용을 감소시키고, 효과적인 의사결정을 위한 규범적 이론으로 간주한다. 그들은 만약 각 이론이 적용할 특정한 환경을 식별하기 위해 정제될 수 있다면, '이론'이 설명과 예측을 하기 위해 발전을 위한 잠재력을 가진다는 점을 강조한다. 이것은 활동기준원가계산을 위한 문헌(예를 들면, Jones · Dugdale, 2002)과 균형점수표(예를 들면, Kaplan · Norton, 1992와 2004)에서 관찰되는 변화하는 목적을 다루는데 필요한 도전적인 과제이다.

물론 어떠한 단일이론도 관찰된 실무를 적절하게 설명 못할 수도 있다. 그리하여 Cohen et al.(2008)은 복수이론접근방법이 일부 상황에서 필요할 것이라고 주장한다. 하나의 예로서 그들은 대리이론, 제도이론, 자원의존이론[25]의 결합이 감사과정에 대한 기업지배구조의 영향을 설명하기 위해 필요하다는 것을 일관성있게 드러내는 일련의 연구를 언급하고 있다. Malsch · Salterio(2016)는 더 나아가서 감사에서 해석적 연구의 학제성은 이론개발이 사회학, 심리학, 철학, 정치학 등으로부터 도출한 이론의 채택을 필요로 한다는 것을 의미한다고 주장하고 있다.

역주25) 자원종속이론(Resource Dependence Theory)이라고도 하는 자원의존이론은 Pfeffer · Salancik (1978)이 주장한 이론으로, 조직과 환경과의 합리적 측면에 초점을 맞추기 보다는 환경에 대한 비합리적, 정치적, 권력적 측면을 주된 관심사로 연구하는 관점으로, 조직이 환경에 적응한다는 관점에서 탈피하여, 환경을 변화시켜 환경의 통제를 극복하고자 하는 조직의 주체적 노력을 강조하는 접근법이다. 따라서 자원의존이론에서는 조직의 성공이란 그들의 권력을 최대화하는 것을 의미하고, 자신에게 유리한 권력형성을 위해 자신의 조직구조 및 행위양상을 어떻게 변화시키는지를 연구한다. 최창현(1995)도 참조.

제3절 문헌검색

문헌검색을 실시할 때 답할 필요가 있는 두 가지 기본문제가 있다: 우리는 어디서 출발하는가? 그리고 우리는 무엇을 찾고 있는가? 가계도(family tree)의 발전과 유사하게, 우리는 과거로부터 관련있고, 흥미로우며, 아마도 중요한 연구를 자리매김할 수 있기를 원하지만, 우리는 이것이 어디에 있는가를 모른다! 우리는 계보학으로 우리 자신의 기술과 개성에 통찰력을 제공할 유명한 조상을 자리매김하고자 한다. 두 경우에, 우리는 알려진 것으로부터 미지의 것으로 거꾸로 연구할 필요가 있다. 조상을 자리매김하기 위해, 우리는 친척과의 연결을 확립하는 출생, 결혼, 사망의 기록을 검토한다. 즉, 중요한 과거 연구를 식별하기 위해 현재의 참고문헌을 통해 파고들 필요가 있는 문헌의 방향을 정하기 위해, 최초의 문헌검색은 아마도 광범위하고 더욱 정제된 연구문제인 어떤 주제분야로 시작할 것이다. 이것은 영향력이 있을 가능성이 있는 학술지의 유형과 이 분야에서 발표한 주요한 학자 일부의 정체성을 시사할 것이다. 이것은 더욱 철저한 검색을 위한 좋은 출발점을 제공한다. 그리하여 예를 들면, 만약 우리의 연구문제가 기업의 서사공시의 본질 및 영향과 관련이 있었다면, Adelberg, Courtis, Jones, Smith · Taffler 등의 연구에 우리의 원래 주안점이 있을 가능성이 있을 것이며, *Accounting and Business Research*, *Accounting, Auditing and Accountability Journal* 등이 목표로 할 분명한 학술지일 것이다.

중요한 학자의 연구(최소한 그의 관련논문)를 살펴봄으로써, 이러한 논문의 참고문헌항은 이 분야에서 다른 중요한 학자와 모든 사람이 인용하는 그의 기념비적인 연구를 신속하게 드러낼 것이다. 후자는 연구주제에 기본문헌을 제공하기 때문에 반드시 읽어야 하며, 대부분의 주제의 경우, 겨우 두 세 가지 정도의 주요한 논문이 있을 것이다.

일단 과거, 말하자면 20년동안 중요한 참고문헌이 확립되었다면, 우리는 인용지수의 이용을 통해 현재문헌의 방향에서 빨리 나아갈 수 있다. 즉, 이들은 동일한 원천을 참고한 다른 논문을 식별할 것이다. 이 논문들의 전부가 우리의 검색과 관련있지는 않을 것이다. 가끔 논문의 제목만, 때로는 초록(abstract)이 추가 고려로부터 이들을 제거하기에 충분할 것이다. 서론을 읽음으로써 모든 최종의문이 취급될 것이다. 그것이 관련있는 것처럼 보일 때만, 우리는 전체논문을 복사하여 읽을 것이다.

이 과정은 우리가 문헌검색에서 잠재적으로 혼란스러운 괴리를 피하도록 도와줄 것이다. 이것은 우리가 주제와 관련있는 다른 분야(예를 들면, 심리학)에서 발표된 논문을 자리매김한다면, 특히 중요하다. 유명한 학술지의 현재(및 인쇄중인) 호와 정기총회의 발표논문을 참고하여 데이타베이스의 검색을 보완함으로써, 이것은 검색의 포괄성에 관한 일부 확신을 제공할 것이다. 온라인의 원천은 이 과정을 과거보다 더 쉽게 하였다. 그리하여 우리는 학술지문헌(예를 들면, ABI Inform, EBSCO, Science Direct, Google Scholar, Emerald 등을 통해), 신문기사(예를 들면, Lexis Nexis을 통해), 학술총회 발표논문(학술총회 발표논문의 색인을 통해)의 경우에 제3의 문헌검색을 실시할 수 있다. 그러나, 도서관의 상호대차를 통하거나, 도서관의 연속간행물보관을 통해 인쇄본 학술지논문에 계속해서 접근하면서, 부분적으로 자료의 괴리 때문에 그리고 부분적으로 온라인 자료가 초기(예를 들면, 1980년대 이전)의 논문을 포함하지 않기 때문에, 우리가 필요로 하는 모든 것을 찾을 수 있는 보증된 쉬운 방법은 여전히 없다.

이 점에서, 우리가 찾고 있는 것을 스스로 상기하는 것은 가치가 있다. 그래서 우리는 많은 시간을 소비하지 않는다. 주요한 문제가 다음처럼 고려될 것이다.

- **이미 무엇이 실시되었는가?** 우리는 바퀴를 재발명하려고 하지 않으며, 최초의 기여를 하지 않는 연구를 실시하지도 않는다.
- **무엇이 실시되지 않았는가?** 주제가 심사숙고하기에 진부하거나 너무 사소하다는 이유 때문이 아니라, 주제가 다소 흥미롭지만, 상대적으로 무시되고 있기 때문이다.
- **무엇이 매우 잘 실시되지 않았는가?** 아마도 이론적으로나 방법론적인 결함 때문에, 확실히 연구결과가 모순적인 것 같기 때문이다. 이것은 판단하기에 어려울 것이지만, 우리는 직관에 반하는 연구결과에 기여한 연구와 연관된 상이한 환경(예를 들면, 이론, 산업, 국가, 방법 등)을 식별하기를 원할 것이다.

Knopf(2006)는 정치적인 정책관점에서 문헌검토의 목적을 요약하고 있다. 그의 주장을 회계학문헌에 적응시키기 위해서는 것은 다루어야 할 7가지 주요한 관심사가 강조된다.

1. 선행연구가 검토한/검토안한 문제;
2. 기존연구의 결론;
3. 문헌에서 합의와 모순의 분야;
4. 적용된 이론과 방법;
5. 연구결과의 신뢰성과 연관된 해석의 타당성;
6. 문헌의 전반적인 품질(말하자면, 그것이 어디에서 발표되었는가?, 그것은 일관성있는 지식 체계로 인식되는 것에 기여하는가?);
7. 추가연구에 기회를 제공할 문헌에서 괴리가 어디에 있는가?

*Journal of Accounting Literature*에 발표된 기념비적인 논문들(예를 들면, Han, 2013; Stuart et al., 2013)이 이러한 구조의 적용 예를 제공한다. 그리하여 우리가 알고 있는 것의 증거(말하자면, 우리 지식의 현재 경계)가 중요하지만, 우리가 아직 모르고 있는 것도 중요하다. 왜냐하면 이것은 미래연구에 기여하기 때문이다. 경험적 연구결과의 본질은 불일치하거나 모순적인 연구결과 때문에 우리가 확신하지 않는 것도 보여줄 것이다.

관련된 선행연구에 채택된 이론체계의 지시는 이 분야에서 미래 연구에 지침을 제공할 것이며, 우리 자신의 연구에 시사점을 가질 것이다. 경험적 문헌은 영향력이 있고 따라서 우리의 초기 개념모형에서 나타날 선도적인 후보자일 가능성이 있는 그러한 변수를 식별하기 위해 연관성을 측정하였을 것이지만, 이론은 우리가 정당화할 수 없는 관계를 지적할 것이다.

문헌검색의 결과를 작성할 때, 그것이 **아닌** 것을 상기하는 것이 중요하다. 즉, 그것은 당신이 읽은 모든 선행연구의 요약이 아니다. 그것은 당신이 읽은 **관련있는** 논문의 요약도 아니다! 그것은 논리적으로 질서정연하고, 비판적이며, 해당주제와 직접 관련**되어야**

한다; 고려중인 연구에 대한 각 논문의 시사점을 다루어야 한다. 참으로 박사과정학생이 자신의 문헌검토(literature review)의 작성을 편집하고 있을 때, 나는 그에게 다시 되돌아가서 연구하도록 촉구한다. 박사과정학생이 읽은 참고문헌을 삭제하지 않을 수 없다는 것과 결과적으로 지루하고, 두서없는 검토가 이루어졌다는 것을 감안하면, 무자비한 접근방법이 채택될 필요가 있다! 그 자신의 가설로 되돌아가서 연구함으로써, 그는 이러한 가설의 수립에 대해 직 · 간접적으로 영향을 주는 모든 문헌을 식별할 수 있어야 한다. 검토에서 다른 문헌의 존재는 최소한 의심스러우며, 정당화될 필요가 있다. Easterby-Smith et al.(2008)은 문헌검토를 연구주제의 재정의와 중요한 연구을 위한 근거의 개발에 기본적인 정당한 연구활동으로 간주한다. Lee · Lings(2008)는 문헌검토가 과거의 것에 관한 서술 이상으로, 비판적이고 성찰적이어야 한다는 점에서 가치를 부가하는 것으로 간주해야 한다고 강조한다. 문헌검토에 관한 더욱 상세한 측면은 (문헌검색에 관한) 제11장과 (논문작성에 관한) 제12장에서 고려되고 있다.

우리는 제2장에서 변수정의와 측정현안을 고려하기 시작하였지만, 우리의 개념체계에 다른 아마도 더 적절한 형태를 고려하기 위해 〈도표2.6〉으로 되돌아가는 것이 이 단계에서 시의적절하다.

제4절 관계의 모형화

우리의 기본적인 관계는 다른 변수집단에 의해 영향을 주기 쉬운 관계가 있는 흥미로운 두 변수 사이의 연관성(association)이다. 이 단계에서 우리는 하나의 '연관성'만을 가진다; 우리는 어떤 기본적인 이론없이 인과방향을 가정할 수 없다. 우리는 종속변수와 독립변수가 경합가설이 제거될 수 있을 때까지 그들의 역할에서 아마도 반대로 될 수 있는 곳인 상호인과성으로 잠재적으로 시작한다. 자발적 공시의 수준과 〈도표3.2〉에 묘사된 것에 관해 제1장에 서술된 시나리오가 이 상황에 맞다.

〈도표3.2〉 자발적 공시와 상호인과관계

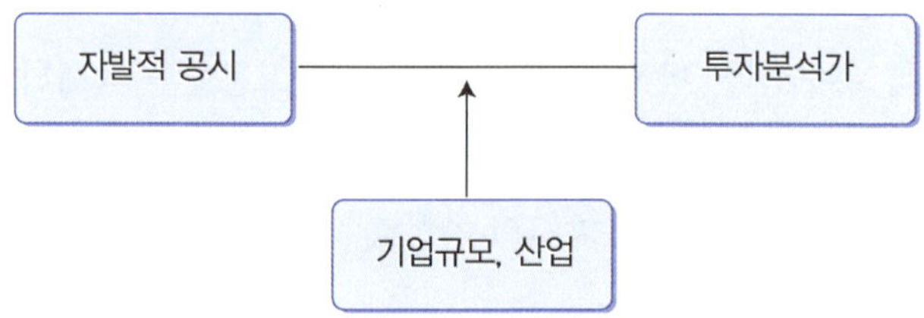

기업에 의한 자발적 공시의 수준과 그 기업을 추적하고 있는(분석하고, 보고하고, 권고를 하는) 투자분석가의 수 사이에 어떤 관계가 있다. 경합적 설명에 의해 지지받는 것으로 어느 방향으로든지 인과관계가 가능하다.

- 기업은 자발적으로 정보를 추가로 공시하기로 선택함으로써 초기채택과 혁신 및 실무를 '신호전달'하고 있다.
- 기업은 분석가와 기업의 상호이익에 반응하며, 분석가로부터 많은 정보의 요구에 따른다.

두 설명이 정확할 가능성은 없으며(그러나 쉽다), 우리는 이 관계에 대한 적절한 인과방향을 확립하기 위해 이론의 비확증(disconfirmation)을 기다린다. 공분산이 증거이지만, 이 사건들의 하나는 다른 사건보다 먼저 발생할 가능성이 높다. 미국에서 Lang · Lundholm(1996)의 증거는 공시품질의 증가가 있은 후에 높은 수준의 분석가가 뒤따른다는 것을 시사한다. 그러나 Walker · Tsalta(2001)는 영국자료로 분석가예측활동의 증가 이후에 페이지 길이의 증가에 관해 모순적인 연구결과를 보고하고 있는데 이는 논란의 여지가 있다는 것을 시사한다. 이후의 연구결과(예를 들면, Lang et al., 2003)는 초기의 Lang · Lundholm(1996)의 연구를 지지하는 것 같다. Luft · Shields(2014)는 인과관계를 확립하고자 할 때 다른 설명을 개발하기 위한 전략을 검토한다.

모형에서 '영향력있는' 변수의 본질은 또다른 고려요소다. 이것의 정확한 역할에 관한 엄격한 정의는 도움이 될 것이다. 왜냐하면 그것이 우리가 이의 통제를 어떻게 관리하고, 이후의 발견을 통계분석에 어떻게 이용하는가를 결정할 것이기 때문이다. 영향력있는 변수가 매개(intervening)하고 있다고 생각될 수 있는 곳에서 우리는 〈도표3.3〉과 같은 모형을 가진다.

〈도표3.3〉 매개변수와 인과관계

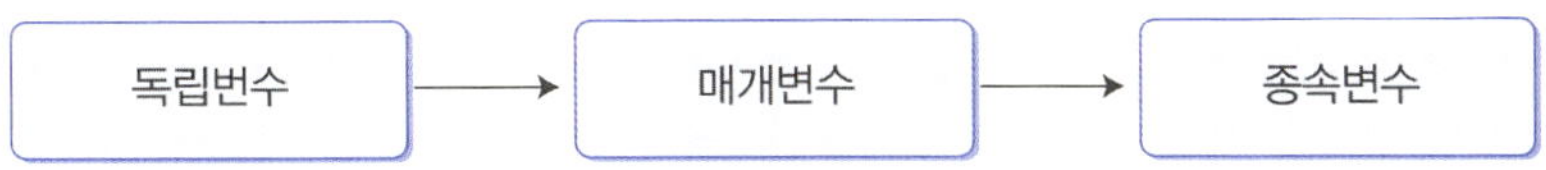

원래의 독립변수와 종속변수 간에 직접적인 관계는 더 이상 없다. 그 대신에, 매개변수가 효과적으로 하나(왼쪽)의 관계에서 종속변수이고 두 번째(오른쪽) 관계에서 독립변수이다. 〈도표3.4〉는 특정한 회계혁신의 도입이 비재무성과척도의 채택과 감시에 영향을 준다는 점에서 이 관계의 예를 예시하고 있다. 전반적인 재무성과의 개선을 초래하는 것은 원래의 혁신 그 자체라기 보다는 이러한 새로운 주안점이다. 이러한 모형의 통계분석에 대한 시사점은 우리가 부분적인 회귀접근방법을 채택해야 한다는 것이다.

〈도표3.4〉 매개변수로서 비재무주안점

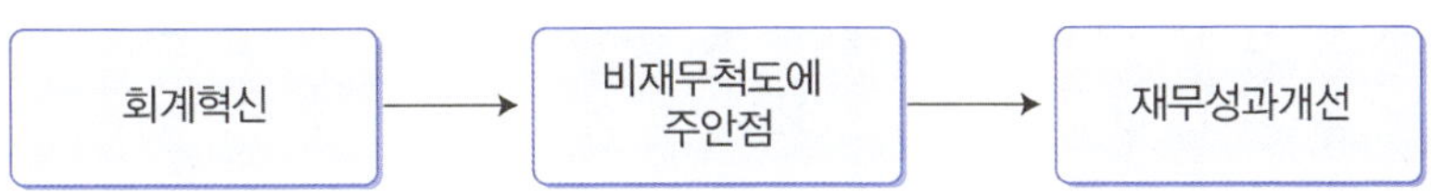

이와는 달리, 영향력있는 변수는 종속변수와 독립변수 사이의 관계가 〈도표3.5〉의 방식으로 다른 변수가 가진 가치에 조건적이라는 점에서 '조절'(moderating)효과를 가질 것이다.

〈도표3.5〉 조절된 인과관계

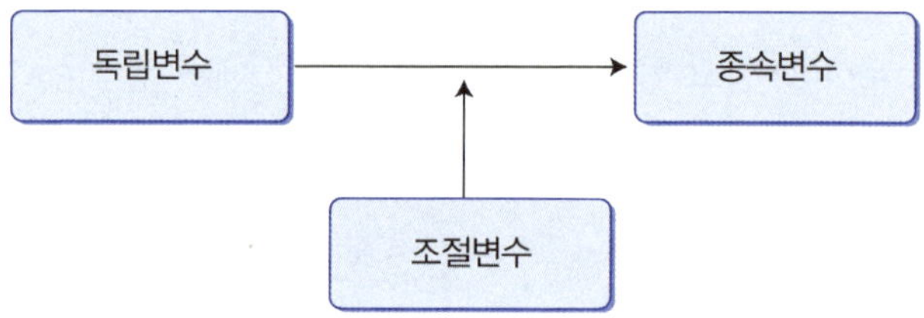

위에서 서술한 상황의 경우, 회계혁신의 영향은 〈도표3.6〉의 조절변수에 조건적일 것이다.

〈도표3.6〉 성과를 조절하는 규모, 산업, 문화

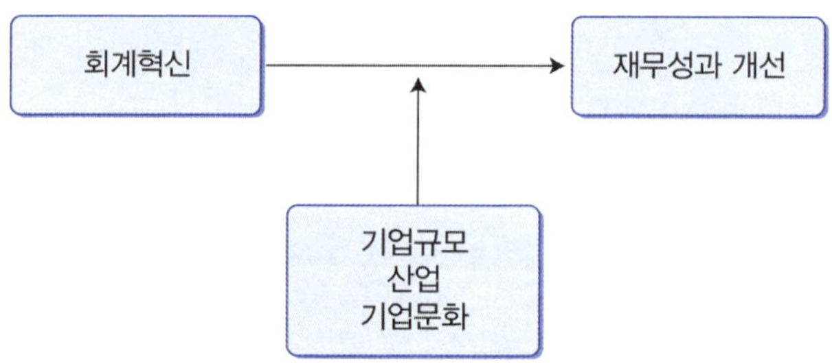

그리하여, 이 관계의 장점은 기업의 규모에 달려있을 것이며, 따라서 예를 들면, 그 연관성은 어떤 수준보다 더 큰 기업에 조건적이다. 측정오류를 줄이기 위해 이분변수(말하자면, 대기업/소기업)가 사용되고 있는 곳에서, 조절회귀분석이 가장 적절한 분석형태이며(이 기법의 상세한 설명과 비판에 관해서는 Hartmann · Moers, 1999를 참조), 상황적합모형연구내에서 공통적으로 이용된다(예를 들면, Mia, 1989; Dunk, 1993).

영향력있는 변수들은 압도적인 영향을 줌으로써 각각에 대해 영향을 주기 때문에 관심있는 관계에 불필요할 것이다. 그리하여 이들을 외생변수라고 하며, 〈도표3.7〉과 같다.

〈도표3.7〉 외생변수의 영향

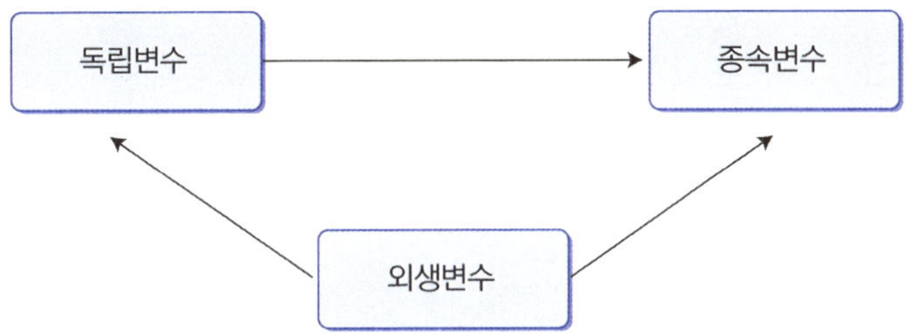

예를 들면, 경제조건은 이 관계의 본질을 규정할 것이다. 회계혁신수준과 재무성과개선수준은 경기순환의 상승국면에 연결될 것이다. 관심있는 변수들 사이의 관계를 검토하기 위해, 우리는 부분적인 상관관계를 검토하거나, 〈도표3.8〉에서 시사하는 것처럼, 우리의 자료수집을 하나의 특정한 경제조건수준으로 한정함으로써 경기순환의 효과를 통제해야 한다. 당연히, 그렇게 할 때 우리의 연구결과는 외적 타당성을 위협할 것이다. 왜냐하면 그 관계는 표본자료가 추구되는 특정한 경제조건에만 유효할 것이기 때문이다.

〈도표3.8〉 외생변수로서 경제조건

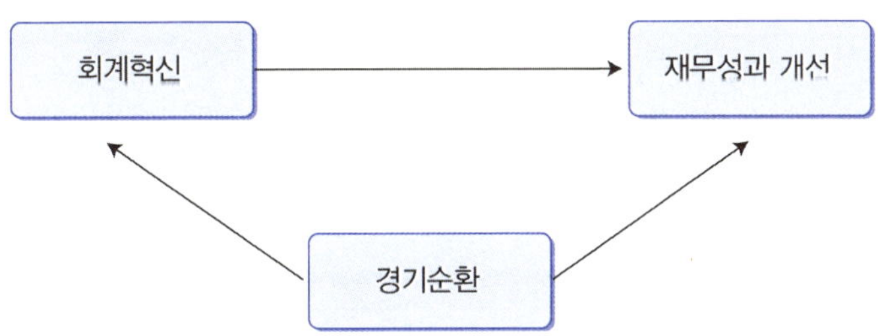

이러한 표본모형은 동시효과를 검토할 필요가 있는 복수의 설명변수의 생성에 의해 더 복잡하게 될 것이다. 예를 들면, 〈도표3.9〉에서 예시한 것처럼, 기업파산의 설명(예를 들면, Taffler, 1983)은 기업에 고유한 다른 특성에 의해 조절된 효과를 가진 최소한 4개의 재무변수(수익성, 재무위험, 유동성, 운전자본)에 대한 의존성과 정상적으로 연

관이 있을 것이다. 그렇더라도, 파산의 '시기'를 설명하기 위해서는 추가모형이 필요할 것이다.

여기서 규정한 모형처럼 간단한 모형으로 우리가 연구하는 '최종'모형은 희소하다. 참으로, 나의 경험에서, 박사과정학생들은 '모든 것에 관한 이론'(theory-of-everything)을 모방하기 시작하는 매우 복잡한 모형을 개발하는 것을 좋아한다. 이러한 모형은 대개의 경우 이용가능한 시간과 표본크기로 그들 마음대로 검정할 수 있는 자신의 능력을 초월한다! 분명히 이 모형의 수정을 지도하거나 이 체계의 한 부분에 대한 주안점을 충고하기 위해 지도교수의 조치가 필요하다. 이 모든 경우에, 우리가 수행할 수 있는 분석의 정확성은 관심있는 변수를 어떻게 측정하는가에 의해 규정될 것이다. 측정과 검정의 문제들은 자료수집과 분석 절차의 일부로서 제5장, 제6장, 제7장에서 상세히 논의된다.

〈도표3.9〉 복수의 독립변수

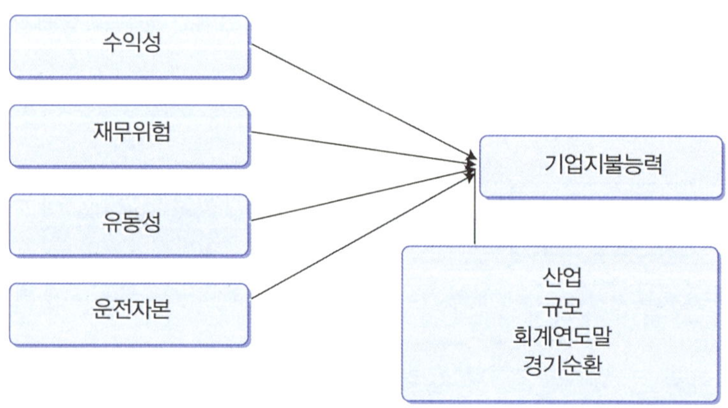

제5절 가설개발

가설은 검정할 수 있어야 한다. 그 내용은 직접 관찰할 수 없을지라도 어떤 방식으로 측정할 수 있어야 한다. 이러한 목적으로, 측정의 **비율**척도(승수적), **등간**척도(연속적) 등이 보다 많은 분석적 대안을 가능하게 하기 때문에 선호되지만, (말하자면 순위를 포함하는) 서열척도와 (특히 이분법적, 긍정/부정의) 명목척도가 회계문헌에 공통적이며, 그 분석을 위해 방법이 존재한다. 일단 이론과 일관성이 있는 연구문제가 공식화되고 연구설계가 구체화되면, 우리는 한 개 이상의 검정용 가설을 개발할 필요가 있다. 이론과 기존문헌은 우리가 가정하는 것이 기존증거에 입각해서 특히 용이할 수 있도록 가설의 정립을 추진해야 한다. 이것은 우리가 기존에 알고 있는 것(기존의 경험적 연구결과)으로부터 모르고 있는 것(우리가 조사하고 있는 것)으로 모험하고 있기 때문에 항상 일종의 도약이다. 모든 관련문헌을 이해하고 있을지라도, 가설로의 이동은 여전히 크고 취약하게 보이기 때문에 이러한 도약에 관해 불안하게 느끼기 쉽다. 학자는 이러한 도약에 관해 특히 민감한 곳에서, 검정가능한 기대의 형성으로 공식적인 가설보다는 예상되는 것에 관한 명제를 확립하고자 한다.

가설은 정상적으로 내립가설이나 귀무가설의 형태로 서술될 것이지만, 심노자가 어떤 형태를 선호하는가는 학술지에 달려있을 것이다. 귀무가설(Ho)은 관심있는 변수간에 어떠한 관계도 없다고 가정한다. 우리는 통계적으로 귀무가설이 합당한 가정이 아니라는 것을 시사하는 충분한 증거를 모으려고 한다. 만약 우리가 인과관계의 방향을 시사하는 선행증거를 가지고 있지 않다면, 우리는 현실적인 대립가설을 가지는 것이 아니라 귀무가설양식을 채택해야 한다.

대립가설(H_1)은 직접(또는 인과)관계의 존재를 가정하며, 우리가 수집한 증거는 연구결과가 어떠한 유의적인 관계(귀무상태)와도 불일치하지 않다는 것을 보여주어야 한다. 가설 및 관련된 유의성검정의 예는 양적 측면을 다루고 있지만 제5장에서 상세하게 다룰 것이다.

가설검정을 실시할 때, 우리는 두 가지 오류의 가능성에 직면한다.

유형1의 오류 – 참된 귀무가설의 기각.
유형2의 오류 – 거짓인 귀무가설의 채택.

형사사건에서, 무죄인의 유죄판결은 유형1의 오류에 해당할 것이지만, 죄인을 석방하는 것은 유형2의 오류에 해당할 것이다. 파산예측환경에서, 파산기업을 건전한 기업으로 분류를 틀리게 하는 것은 유형1의 오류에 해당할 것이지만, 건전한 기업을 파산기업으로 분류하는 것은 유형2의 오류에 해당할 것이다. 유형1의 오류 확률을 감소시키는 것이 일반적으로 더 중요하다. 유형2의 오류 수준을 줄이는 것은 대개의 경우 더 많은 유형1의 오류를 발생시키는 부작용을 야기시킬 것이다. 그리하여 파산예측환경에서, 유형1의 오류는 사실상 알 수 없지만, 유형2의 오류는 많다. 유형1의 오류의 현재수준을 유지하면서도 유형2의 오류 수준을 줄이는 것은 회계연구자에게 하나의 도전으로 남아 있다.

만약 가설이 지지되지 않는다면, 우리는 연구결과에 대한 다른 설명의 가능성을 고려해야 한다. 우리는 또한 불일치가 발생한 우리 자신의 연구결과, 문제에 관해 회의적이어야 하며, 더 많은 자료를 수집할 준비가 되어 있어야 하거나 연구를 반복해야 한다.

제6절 타당성문제

이러한 문제는 제8장, 제9장, 제10장, 제11장에서 검토되는 각 방법에 관해서 상세하게 다루지만, 전반적인 문제의 초기인상은 자료수집에 관한 논의를 하기 전에 도움이 될 것이다. 신뢰성과 구성타당성의 상반관계는 위에서 언급하였다. 즉, 외적/내적 타당성의 상반관계는 더 말할 필요가 있다. 내적 타당성의 위협은 연구동안에 잘못 갈 수 있다는 것에 국한된다. 가장 기본적인 오류는 모형의 개발과 연관된 오류이다. 즉, 기능적 관계에 관해 잘못 규정하는 것과 중요한 설명변수나 영향력있는 변수를 누락하는 것. 그러나 우리는 표본에서 잠재적인 편향을 피하기 위해 많은 수고를 해야 한다. 측정도구의 오류나 변경은 **도구화**의 문제를 극복하기 위해 한 개의 도구만을 사용할 것을 규정할 것이지만, 조작이나 순서문제의 본질은 이것을 어렵게 할 것이다. 이와 유사하게, 참여자의 모집과 이들의 집단으로의 할당에서 **선택**문제는 비대표적일 수 있다. 시간의 경과로 특정한 문제가 탈락(**소멸**), 피로, 열정감소(**성숙**), 비교가능성불가자료(**역사**), 반복척도가 이용되고 있는 곳에서 연속검정의 효과(**검정**) 등을 통해 한 번 이상으로 수집되는 연구 또는 장기간의 연구로 될 것이다. 이러한 문제는 단기간에, 한 번의 방문으로 연구를 실시하는 것을 시사하지만, 이것은 연구중인 연구문제의 요건과 모순될 것이며, 보다 복잡한 치유책을 필요로 할 것이다. 연구대상자의 무작위선택은 회계연구에서는 거의 알려져 있지 않기 때문에, 우리는 잠재적으로 영향력있는 인구통계(예를 들면, 나이, 성, 경험)의 측정을 수행하지만, 이 과정의 다음 단계에서 무작위성을 도입할 필요가 있다. 외적 타당성은 연구결과가 다른 장소(기업과 나라)와 다른 기간의 사람에게도 시사점을 가질 것을 요구한다. 불행하게도 가장 높은 수준의 내적 타당성은 인위적인 조건과 연관성이 있다(연구결과가 시간, 사례, 참여자, 연구장소의 위치). 보다 큰 외적 타당성을 도입하기 위해 여기서 가정을 완화하는 것은 불가피하게 내적 타당성을 위협할 것이며, 이것은 회계연구자에게 하나의 도전으로 남을 것이다.

우리는 변수정의와 통제방법을 해결한 곳에서, 여전히 채택할 가장 적절한 연구방법에 관해 정통한 선택을 해야 한다. 이들은 다섯 가지 광범위한 범주에 해당한다.

- 과학적 추론/모형수립;
- 문헌자료와 이차원천을 이용한 역사적 연구;
- 이 분야에서 광범위한 탐구를 필요로 하는 사례연구;
- 결과의 풍부성과 통제가 부족하지만, 가끔 대규모 표본추출을 포함하는 실태조사;
- 현장이나 더 일반적으로 실험실유형의 조건에서 실험.

(내적 및 외적) 타당성문제는 이 선택에 중심적이며, 이들은 다음 장의 각각에서 대체적 방법에 관해서 고려된다. 일부 상반관계형태는 대개의 경우 한편으로는 통제와 구조 사이에, 다른 한편으로는 현실세계의 적용에서 예상된다. 특정한 변수의 영향(내적 타당성)이 고도로 구조화되고 엄격하게 통제되는 조건하에서 더 명확하게 될 것이지만, 실험실 조건의 인위성은 일반화의 기회(및 외적 타당성)를 감소시킬 것이다. 실험조건은 현실세계에서 직면하는 상황보다 덜 복잡한 상황과 적은 변수와 정보내용의 이용을 필요로 한다. 많은 실험은 달리 실시하기가 불가능할 것이다. 그리하여 회계연구에서 진실한 실험은 (Bloomfield · O'Hara, 1999가 근접하지만) 희귀하다. 거의 모든 사례에서 실험적 회계연구를 준실험적으로 간주하는 것이 더 적절할 것이다. 단순한 상황이 실제의 의사결정환경의 현실적인 예측자가 되기 위해서 충분한 실재요소를 여전히 포함하는지에 관계없이 핵심적인 문제는 남아있다.

더 읽을거리

*김석웅(2014), 회계학의 비판적 방법론, 교육과학사.

*______(2017), 회계학의 해석적 방법론, 교육과학사.

*김정민(2015), 회계제도 변화의 이해, 계명대학교출판부.

*노병탁 · 김태환(1984), 정보경제학: 의사결정과 회계정보, 박영사.

*최창현(1995), 조직사회학, 학문사.

Askarany, D. and Smith, M.(2008), "The Diffusion of Management Accounting Innovation: A Longitudinal Study of PACIA", *Managerial Auditing Journal*, 23(9), 900-916.

Ball, R. and Brown, P.(1968), "An Empirical Evaluation of Accounting Income Numbers", *Journal of Accounting Research*, 6, 159-178.

Berry, A.J., Capps, T., Cooper, D., Ferguson, P., Hopper, T. and Lowe, E.A.(1985), "Management

Control in an Area of the NCB: Rationales of Accounting in a Public Enterprise", *Accounting, Organizations and Society*, 10(1), 3-28.

Callon, M.(1986), "The Sociology of an Actor-Network: The Case of the Electric Vehicle", in M. Callon, J. Law and A. Rip(eds), *Mapping the Dynamics of Science and Technology*, London: MacMillan, 19-34.

Campbell, D.(2003), "Intra- and Intersectoral Effect in Environmental Disclosures: Evidence for Legitimacy Theory?", *Business Strategy and the Enviroment*", 12(6), 357-371.

*Christensen, J. A. and Demski, J. S.(2003), *Accounting Theory: An information content perspective,* Boston: McGraw-Hill.

*_______________and Feltham, G.A.(2003), *Economics of accounting*, Vol.I: *Information in markets*, Boston, MA: Kluwer Academic Publishers.

*______________________________(2005), *Economics of accounting*, Vol.II; *Performance evaluation*, Boston, MA: Kluwer Academic Publishers.

*Demski, J.S.(1972, 1980), *Information Analysis*, 2nd ed., Reading, MA: Addison-Wesley; 정준수 · 정명환 공역(1987), 정보분석, 경음사.

*__________(1997), *Managerial Uses of Accounting Information*, Norwell, MA: Kluwer Academic Publishers.

Foster, G.(1986), *Financial Statement Analysis*, 2nd edn., Englewood Cliffs, NJ: Prentice Hall; 이정호 · 정혜영 · 주진규 · 김정본 공역(1993), 재무제표분석, 무역경영사.

Gummerson, E.(2007), "Case Study Research and Network Theory: Birds of a Feather", *Qualitative Research in Organizations and Management*, 2(3), 226-248.

Han, J.(2013), "A Literature Synthesis of Experimental Studies on Management Earnings Guidance", *Journal of Accounting Literature*, 31(1), 31-48.

Inanga, E. L. and Schneider, W. B.(2005), "The Failure of Accounting Research to Improve Accounting Practice: A Problem of Theory and Lack of Communication", *Critical Perspectives on Accounting*, 16(3), 227-248.

Ittner, C.D. and Larcker, D.F.(2002), "Empirical Management Accounting Research: Are We Just Describing Management Consulting Practice?", *European Accounting Review*, 11(4), 787-794.

Jack, L. and Kholief, A.(2007), "Introducing Strong Structuration Theory for Informing

Qualitative Case Studies in Organization, Management and Accounting Research", *Qualitative Research in Organizations and Management*, 2(3), 208-225.

Jones, M.J. and Shoemaker, P.A.(1994), "Accounting Narratives: A Review of Empirical Studies of Content and Readability", *Journal of Accounting Literature*, 13, 142-184.

Jones, T.C. and Dugdale, D.A.(2002), "The ABC Bandwagon and the Juggernaut of Modernity", *Accounting, Organizations and Society*, 27(1/2), 121-163.

Joyce, E.J. and Biddle, G.C.(1981), "Anchoring and Adjustment in Probabilistic Inference in Auditing", *Journal of Accounting Research*, 19(1), 120-145.

Kahneman, D. and Tversky, A.(1972), "Subjective Probability: A Judgement of Representativeness", *Cognitive Psychology*, 3(3), 430-454.

Knopf, J.W.(2006), "Doing a Literature Review", *Political Science and Politics*, 39(1), 127-132.

Lee, N. and Lings, J.(2008), *Doing Business Research: A Guide to Theory and Practice*, London: Sage.

Luft, J. and Shields, M.D.(2003), "Mapping Management Accounting: Graphics and Guidelines for Theory-Consistent Empirical Research", *Accounting, Organizations and Society*, 28(2/3), 169-249.

*______________________(2010), *Psychology Models of Management Accounting*, Hanover, MA: Now Publications, Inc.; 도상호 · 윤종철 공역(2016), **관리회계 연구와 심리학모형의 활용**, 청람.

Macintosh, N.B. and Scapens, R.W.(1990), "Structuration Theory in Management Accounting", *Accounting, Organizations and Society*, 15(5), 455-477.

Malmi, T. and Granlund, M.(2009), "In Search of Management Accounting Theory", *European Accounting Review*, 18(3), 597-620.

Merkl-Davies, D.M. and Brennan, N.M.(2007), "Discretionary Disclosure Strategies in Corporate Narratives: Incremental Information or Impression Management", *Journal of Accounting Literature*, 26, 116-194.

O'Donovan, G.(2002), "Environmental Disclosures in the Annual Report: Extending the Applicability and Predictive Power of Legitimacy Theory", *Accounting Auditing and Accountability Journal*, 15(3), 344-371.

Otley, D.T.(1980), "The Contingency Theory of Management Accounting: Achievement and

Prognosis", *Accounting, Organizations and Society*, 5(4), 423-428.

*Pfeffer, J. and Salancik, G.R.(1978), *The External Control of Organizations: A Resource Dependence Perspective*, New York: Harper & Low.

Rogers, E.M.(1995), *Diffusion of Innovation*, New York: Free Press.

Ryan, R., Scapens, R.W. and Theobald, M.(2002), *Research Method and Methodology in Finance and Accounting*, 2nd edn., London: Thomson; 구치모 · 최종서 · 박기정 옮김(2005), 회계학과 재무론의 연구방법론, 제2판, 신영사.

Smith, M. and Taffler, R.J.(1995), "The Incremental Effect of Narrative Accounting Information in Corporate Annual Reports", *Journal of Business Finance and Accounting*, 22(8), 1195-1210.

________________(2000), "The Chairman's Statement: A Content Analysis of Discretionary Narrative Disclosures", *Accounting, Auditing and Accountability Journal*, 13(5), 624-646.

Stuart, I., Shin, Y.C., Cram, D.P. and Karan, V.(2013), "Review of Choice-based Matched and Other Stratified Studies in Auditing Research", *Journal of Accounting Literature*, 32(1), 88-113.

*Turner, J.(1997), *The Structure of Sociological Theory*, 6th ed., Thomson Publishing, Inc.; 정태환 · 한상근 · 정일준 · 김윤태 · 송영민 공역(2001), 현대 사회학이론, 나남출판.

Tucker, B.P. and Lowe, A.(2014), "Practitioners are from Mars. Academics are from Venus? An Investigation of the Research-Practice Gap in Management Accounting", *Accounting, Auditing and Accountability Journal*, 27(3), 394-425.

________ and Parker, L.D.(2014), "In Our Ivory Towers? The Research-Practice Gap in Management Accounting", *Accounting and Business Research*, 44(2), 104-143.

________________ and Merchant, K.A.(2016), "With a Little Help From Our Friends:An Empirical Investigation of Co-authoring in Accounting Research" *The British Accounting Review*, 48(2), 185-205.

Willmott, H.(2008), "Listening, Interpreting, Commending: A Commentary on the Future of Interpretive Accounting Research", *Critical Perspectives on Accounting*, 19(6), 920-925.

제4장

회계연구윤리

의학연구의 이름으로 제2차세계대전 기간중에 행해진 일부 잔학행위로 인해서 의료분야로부터 나른 모든 연구분야까지 유포된 일반적으로 인정된 연구윤리강령의 개발이 촉구되었다. 불행하게도, 이러한 강령을 경영획으로 이진하는 것을 연구자는 사신의 활동을 불필요하게 제약하는 강요로 간주하고 있다. 이러한 태도는 윤리지침의 기본목적에 관한 무지와 그것이 모든 당사자에게 전달할 수 있는 혜택에 관한 무지를 보여준다. 오도된 연구자에 의해 가장 잘 증명된 오용이 의료분야에 남아 있다. 그리하여 Dooley (1995, p.24)는 미국에서 Tuskegee[1)] 매독 연구에 관해 보고하고 있는데, 여기서 연구자는 높은 발병율을 가진 격리된 흑인공동체에 관해 1970년대까지 약 40년간의 장기간 연구를 실시하였다. 페니실린을 통해 효과적인 치료를 널리 이용할 수 있었지만, 연구자는 피험자를 적극적으로 치료받지 못하게 하였고, 치료받지 못한 질병으로 초래된 사망

역주1) 미국 Alabama주 동부에 있던 인디언종족.

의 공시를 회피하고자 하였는데, 이는 자신의 연구결과에 대한 잠재적 왜곡 때문이었다.

이것은 극단적인 경우이지만, 연구자가 참여자를 위하지 않는 방식으로 행동할 잠재성이 모든 분야에 존재하며, 특히 참여자가 그 연구와 연관된 사건에 대해 통제하지 않는 곳에서 존재한다. 예를 들면, 회계교육측면에서, 두 집단의 학생이 상대적인 기법우월성을 평가하기 위해 매우 상이한 방법을 이용하여 똑같이 배우는 현장실험을 고안하는 것이 가능할 것이다. 그러나 만약 이 실험이 연장된 기간(말하자면, 10주)동안 실시되었고, 2주후에 하나의 방법이 다른 방법보다 매우 우월하다는 것이 분명하게 되었다면, 우리는 한 집단의 학생이 분명히 불이익을 받고 있을 때 윤리적 근거로 그 실험을 계속할 수 있을 것인가? 그러므로 참여자가 자신의 미래복지를 위태롭게 하는 방식으로 이용될 수 있는 경영시나리오에 자연스러운 주안점이 있을 것이다. 그러나 윤리적 고려사항은 실제로는 이것보다 훨씬 더 광범위하며, 정직, 신뢰, 복종 등의 문제와 관련이 있다.

호주의 국립보건의료연구위원회(National Health and Medical Research Council, NHMRC)는 세 가지 기본원칙으로 연구윤리의 범위를 규정하고 있다. 즉, "연구참여자의 복지와 권리의 보호; 인류나 연구자의 공동체를 위한 연구를 촉진하는 것, 인간을 포함한 모든 연구와 관련있는 윤리적 고려사항에 국가적 판단기준을 제공하는 것"(NHMRC, 2000; p.3).

제1절 윤리문제

Agnew · Pyke(1994, p.273)가 영향을 준 다음의 윤리문제(ethics quiz)는 회계연구에서 윤리현안을 둘러싼 일부 혼란과 오해를 살펴보는 것을 목적으로 한다. 당신은 다음의 각 시나리오에서 중요한 인물이 윤리적으로 행동하였는지의 여부를 결정해야 한다.

1. A 교수는 종업원과 면접을 실시할 때 Delta기업의 최고경영자의 협력을 모색하였

다. 최고경영자는 종업원으로부터 개별적인 허락을 추가로 받을 필요가 없다는 조건으로 동의하였다. 즉, 최고경영자는 허락을 하였고, 종업원은 자신의 업무의 일부로서 참가할 것이다. A 교수는 이 기준으로 계속하는데 동의하고 있다.

2. B 박사과정학생은 홍콩에서 회계관리자와 면접을 실시하고 있다. 면접을 끝낼 때 피면접자의 서명을 받아야 한다는 요건은 체면을 깍을 것이기 때문에, 참여자에게 모욕이라고 그녀는 주장한다. 그녀의 지도교수인 C 박사는 윤리지침을 문화적 차이 때문에 이 경우에 준수할 필요가 없다는 점에 동의하고 있다.
3. D 부교수는 승진을 신청하고 있으며, 그녀의 실적을 강화하기 위해, 그녀의 교육, 연구, 지도의 품질에 관해 그녀의 통제하에 있는 졸업생으로부터 증언을 모색하였다.
4. E 교수는 많은 석사과정학생과 박사과정학생을 지도하고 있다. 모임은 특히 연구를 시작하기 전에 토론을 수반한다(대개의 경우 5시간을 초과하지 않는다), 일부 토론은 연구결과의 분석과 한 두 개의 석사논문초안의 검토에 관한 것이다. E 교수는 연구논문의 공동발표를 주장하고 있으며, 여기서 그는 변함없이 첫 번째 저자이다.
5. 부교수 F는 자존심과 성(gender)이 회계의사결정에 주는 영향에 관한 자신의 연구에서 속임수를 이용하였다. 모든 피험자들은 참가하기 전에, 속임수요소를 감안하여 가능한 한 많이 실험의 목적과 요건 및 그들의 철회권에 관한 정보를 받았다. 최초의 회계업무를 따라 가면서, 성역할의 평가가 실시되었다. 모든 여성 피험자는 실제성과에 관계없이, 그들이 남성성향을 보여주었다는 것을 들었다. 모든 남성 피험자는 여성성향을 드러내었다는 것을 들었다. 그리고나서 자존심의 척도와 두 번째 회계업무가 관리되었다. 완료후에, 피험자는 연구결과에 관한 상세한 보고서를 약속받았으며, 그들의 도움에 감사받았다. 두 달후, 피험자는 이 보고서를 받았는데, 속임수를 완전히 서술하고 있었다.
6. G 박사는 동일한 조직의 많은 다른 부서에서 성과와 경영통제시스템 사이의 관계를 검토하는 현장연구를 실시하고 있다. 부서간에는 다른 부서보다 나은 성과를 보이고자 하는 호의적인 경쟁이 있다. G 박사는 성과나 예산정보를 공시하는 것이 아니라, 조직구조와 경영유형의 차이에 관해 말하고자 한다.

7. 회계연구소장은 가장 일관성있게 성공적인 기금수혜자 중의 한 명이 심각하게 비윤리적인 방식으로 처신하고 있다는 것을 알고 있다. 윤리기준의 위반에 관한 반복된 경고에도 불구하고, 동료의 행동은 지속하고 있다. 소장은 추가조치를 취하지 않기로 결정하였다.
8. H 박사의 전산회계 교과과정의 요건은 확대된 복수선택실험에 참가하는 것이다. 이후의 성과를 개선할 것으로 생각해서 오류를 범하는 학생의 손가락에 미세한 전자충격이 가해지도록 관리된다. 실험의 성질에 관해 배운 후에, 한 명의 학생이 실험참가를 거부하고자 하였지만, 참가가 교과과정의 필수라고 주장하는 H 박사에 의해 그의 주장이 거부되었다.
9. J 교수는 회계학부과정에 등록하기에 적합한지의 여부를 결정하기 위해 고등학교 1학년 학생의 성취, 동기, 창조성, 개성, 수치능력 등을 검사하는 일단의 연구자를 지도하고 있다. 일부 학교의 교장은 이름별로 각 학교학생의 검사점수를 요청하였다. 연구자는 참가학교의 계속적인 호의를 유지할 목적으로 그 정보를 제공하였다.
10. K 박사는 회계정보공시의 수준을 변경하는 것에 대한 투자분석가의 반응을 검토하는 대규모 연구의 결과를 발표하였다. 그녀는 이후에 증권거래소로부터 자료를 재분석하고 그녀의 결과를 확증할 수 있도록 자료에 접근하기 위한 요청을 받았다. K 박사는 컴퓨터고장으로 일부 자료가 손실되었다는 이유로 이 요청을 거절하였다.

이러한 실무의 각각은 인간참여자와의 인정가능한 관계를 어떻게라도 준수하지 못하였기 때문에 회계연구의 전형적인 윤리적 지침을 위반한 것 같다.

1. '고지에 의한 동의'(informed consent)의 원칙은 윤리연구의 실시에 기본적이다. Delta기업의 종업원은 지속적인 고용을 위협받지 않고는 자신의 참가에서 철회할 기회를 가지지 못할 것이다. A 교수는 이를 근거로 연구프로젝트를 계속 추구해서는 안된다.
2. 서구의 지침을 다른 문화에 이식하는 것은 불가피하게 어려움을 초래할 것이다. 자

료수집이 다른 나라에서 연구학위로 역외에서 실시되고 있는 곳에서, 대학교의 윤리지침은 그 실시가 실무적인 어려움을 초래할지라도 준수되어야 한다.

3. (지도교수와 피지도학생 간의 긴밀한 관계의 일부로서 이 경우에) 그들의 특별한 환경 때문에 부당한 영향에 취약한 사람으로부터 증명서가 요청되어서는 안된다.
4. 발표공적(publication credit)은 관련당사자의 기여를 반영해야 한다. E 교수가 발표논문의 최종원고에 상당한 기여를 하지 않았다면, 공동저자가 되어서는 안된다. 논문이 석사학위 논문에 기초하는 곳에서, 이 논문의 학위논문저자가 정상적으로 첫 번째 저자인 것으로 예상될 것이다.
5. F 교수가 어떤 윤리적 현안에 민감하였지만, 속임수로 인해 발생하는 개별참여자에게 잠재적 손상을 일으키는 결과를 적발하거나 제거하려는 시도가 없었다. 이 속임수의 결과적인 공시로부터 발생하는 모든 분노는 분명히 평가되거나 감시되지 않았다.
6. G 박사는 연구하는 동안에 조직의 상이한 부서로부터 얻은 정보의 기밀성을 보호할 의무를 위반하였다.
7. 연구소장은 회계전문직을 위한 윤리기준과 실무에 관한 적절한 위원회가 이러한 비윤리적인 활동에 주목하게 하는 의무에 실패하였다.
8. 조사자는 언제라도 연구로부터 철수하거나 참가를 거절하는 개인의 자유를 존중해야 한다. 조사자는 이 경우에 학생에게 교과과정 요건을 완수하기 위해 다른 활동의 선택을 제공해야 했었다. 이 연구는 또한 육체적 불안으로부터 피험자를 보호하는 것과 연관된 요건을 위반하고 있을 것이다.
9. 이 보고형태는 제공된 정보에 대한 제한표시가 없기 때문에 비윤리적이다. 공급된 정보의 잠재적 오용을 검토하려는 시도가 분명히 없다.
10. 일단 연구결과가 발표되면, 참여자의 기밀성이 유지되고 보호되는 한, 다른 유능한 전문가로부터 자료를 보류해서는 안된다. 연구자는 이 성질의 검증이 수행될 수 있도록 자료를 안전하게 보존해야 한다.

위의 시나리오들이 가설적이지만, 이들은 연구자에게 우려를 초래하고 실무에서 발생하는 많은 상황 특히 이들이 연구노력의 결과를 희생하거나 윤리적 원칙과 타협한다는 것을 의미하는 선택에 직면하는 경우와 유사하다.

제2절 고지에 의한 동의

의학연구모형에 입각한 엄격한 지침이 적용되고, 자발적인 참가의 강령과 응답자의 서면동의로 확대하면서 경영학연구에서 준수가 감시된다. 그리하여 인간참여자를 포함하는 모든 연구는 대학윤리위원회의 승인을 요구할 것이다. 이것은 면접, 설문지, 초점집단, 관찰 등에 의한 자료수집을 포함한 연구를 포괄할 것이다. 실무가와의 비공식적인 전문가 대화는 정상적으로 윤리승인을 요구하지 않지만, 그러한 대화를 연구자가 자료수집의 방법으로 체계적으로 채택하였다면, 그렇게 할 것이다. 인간참여자가 없을지라도, 의료기록에 접근하는 것을 유도하는 문헌연구, 공개적으로 이용할 수 없고 어떤 민감한 정보(예를 들면, 이름별로 사람을 확인하는 것)를 포함하는 다른 원천 등은 여전히 윤리승인을 필요로 할 것이다. 연구를 수행하기 위해 다른 조직의 동의가 필요한 경우에, 고객의 사적 정보가 필요하다. 이것은 연구목적으로 적절한 것으로서 학생에게 접근하기 위해 이들의 참가로 어떠한 위해도 발생하지 않을지라도, 예를 들면, 학장이나 학부장의 서면허가로 확대될 것이다. 고지에 의한 동의(informed consent)와 익명성은 이 과정에서 중요하다.

이러한 상황의 일부는 극단적으로 문제가 될 수 있다. 연구를 실시하기 위해 어떤 장소에 접근하는 것이 점차적으로 어려울 수 있다. 기업은 가끔 연구를 실시하도록 허락하기 전에 '기업을 위해 그것에 무엇인가'가 있다는 것을 확신받을 필요가 있다. 연구자는 그러한 장점을 나타낼 필요가 있지만, 그는 발생할 수 있는 다른 참여자들에 대한 잠재적 단점도 알아야 한다. 나의 경험에서 많은 예가 예시적이다.

- 기업은 연구학위의 일부로 모방실습(benchmarking exercise)을 하기 위해 연구학생을 채용한다. 그 학생은 채용기업과의 관계를 드러내지 않고 그의 현재실무를 결정하기 위해 경쟁기업을 실태조사하도록 요청받는다. 이 상황은 특히 기준기업(base firm)이 은밀하게 수집된 정보의 이용에서 비도덕적인 경우에 '산업스파이행위'로 쉽게 표상될 수 있는 상황이다.
- 기업은 면접이 '그 업무의 일부'로 된다는 견해로 직원면접의 실시에 허락을 한다. 사장은 허락을 하고 직원은 그의 소원에 응할 것이다. 참여자의 고지에 의한 동의를 적절하게 추구하는 연구자는 (어쩔 수 없더라도 참가해야 한다고 생각하는) 마지못한 피험자와 자신의 권위가 의문시되는 것에 익숙치 않는 (그리고 이후에 추가협력을 거부하는) 사장의 분노에 직면할 것이다.
- 기업은 새로운 사업과정의 실시와 관련된 연구에 기꺼이 참가하지만, 그 참가는 더욱 광범위한 규모축소과제의 일환이다. 그 결과, 연구에 포함된 피험자의 일부는 이후에 그들이 연구의 일부로 한 반응 때문에, 간접적으로 자신의 업무를 상실할 것이다.
- 첫 번째 장소에 접근을 허락받기 위해, Hammersley · Atkinson(1983)과 Lapsley(2004)는 연구자에 의해 만들어진 최초 인상의 중요성과 이것이 연구과제의 성공적인 완성에 주는 영향을 강조한다. 이러한 인상은 포괄적인 접근을 확보하거나 접근을 제한하거나 완전하게 거부하게 할 것이다. 그것은 의복, 성, 나이, 매력, 인종, 말투, 지각된 전문기술수준 등과 같은 이러한 현안에 관한 인상관리가 이 과제의 실시를 촉진할 것이라는 점을 시사한다. 그러므로 호의적인 인상의 창조는 그 과정의 성공에 기여하지만, 윤리적 고려사항에는 어떤 비용을 치르게 하는가? 이러한 연구결과는 우리가 '수용가능한' 연구자에게 제공하기 위한 접근을 확보하기 위해서, 젊은 여성감사인에게 기회를 제한한 Grey(1996)가 관찰한 감사의뢰기업요구와 유사한 방식으로 소수자의 이용과 수용가능한 고정관념을 변경하는 데 시사점을 가진다.

특정한 연구방법의 실시를 상세히 살펴본 앞의 여러 장은 특별한 윤리관심사를 강조하고 있다. 완전한 정직과 관련되는 것과 예를 들어 전반적인 진실의 공시는 많은 우려를 생성한다.

- 실험방법의 이용이 연구결과의 무결성을 보존하기 위해 완전하게 정직한 공시를 피하는 경우를 식별하고 있다. Smith · Taffler(1996)는 독특한 결정을 유발하기 위해 상당한 반복이 있는 곳이라도 개개의 기업을 평가하고 있다는 것을 참여자에게 말하면서, 판단결정에서 과업요건을 설정할 때 주장컨대 해롭지 않은 비진실성의 이용을 보고하고 있다. Trotman(1996)은 연구자가 참여자에게 연구목적을 분명하게 해야 한다고 강조하는데, 이것은 연구의 내적 타당성에 영향을 주기 때문이다. 그러나 Gibbins(1992)는 만약 연구대상자가 연구자에 의해 속임을 당하였다면, 이것은 대상자가 참가하라는 미래요청을 수령하는 방식을 변경할 것이라고 경고하였다. 속임수에 의해서 윤리지침의 엄격한 '법조문'을 곡해하지 않고는 일부 연구 특히 실험연구가 고려될 수 없다.
- 현장연구에 포함되는 것은 비밀연구의 가능성을 제공한다. 연구자가 연구에 포함되는 곳에서 다른 참여자가 그들의 역할과 목적을 모르는 경우, 정직과 신뢰는 위태롭게 되어야 한다. 그러나 이 방식으로 윤리적 지침을 확대 해석하지 않는다면, 잠재적으로 중요한 연구결과가 등장할지의 여부는 의심스럽다.
- 윤리적 요건의 부과와 이후에 윤리위원회와 박사과정학생 사이의 상호작용은 특히 이것이 선택된 연구방법의 실시에서 방해로 해석되는 곳에서 전통적인 지도교수/박사과정학생의 관계를 긴장시킬 것이다. 박사과정학생이 (기업정보를 제공하기 위한 문헌조사와 이러한 기업내에서 개인으로부터 의견을 구하기 위한 실태조사의) 혼합방법을 이용하기를 원하는 자료수집의 경우에 하나의 특별한 현안이 가끔 발생한다. 그들은 이러한 정보들을 대응시키고자 하며, 이것은 실태조사의 응답자가 자발적으로 그 조직의 이름을 공시한다면 문제가 되지 않는다. 그러나 만약 그들이 대응을 할 수 없다고 하지 않는다면, 정보가 상실될 것이다. 이러한 환경하에서 박사과정학생은 이 대응을 촉진할 것이지만, 공시의 익명성 원칙을 위반할 (예를 들면, 불연속적으로 수치를 적은 실태조사문서를 이용함으로써) 비윤리적 실무를 채택하고자 할 것이다. 나는 영역별 비교를 허용하기 위해 다른 색깔의 종이(예를 들면, 제조의 경우에는 흰색, 소매업의 경우에는 크림색)를 가진 연구도구의 이용을 지지할 것이다. 이

것은 합계로 남는다. 실태조사의 반응이 이름이 적힌 개인과 잠재적으로 대응될 수 있도록 익명성이 위협을 받는다며, 이것은 심각한 윤리위반을 대표한다.

제3절 윤리지침

기업연구에서 윤리적 현안은 연구의 실시와 관련된 것으로부터 연구이후의 발표과정까지 확대된다. 이러한 현안의 일부는 호주의 대학교에서 취해지고 있는 것과 비교해 볼 때, 많은 대학교(특히 영국의 대학교들이 좋은 예이다)에서 거의 절망적으로 다루어지지 않고 있다. 전통적으로 지도교수의 포괄적인 역할과의 분명한 갈등은 특히 윤리위원회가 불필요하게 방해하고 있다고 인식되는 곳에서 이 문제를 악화시킬 것이다.

그러나 분명히 수용가능한 미국 실무의 일부(예를 들면, 공저자에 관한 것, Coppage · Baxendale, 2001을 참조)는 호주에서는 학술적으로 잘못된 관행으로 추정될 것이다. 특히, 어떤 논문의 공저자는 다음과 같은 조건 전부를 포함하면서 그 구성에서 모든 저자의 실질적인 참가를 포함할 것이다.

- 자료의 개념과 설계 또는 분석과 해석;
- 논문의 초안을 작성하거나 중요한 지적 내용을 위해 논문을 비판적으로 수정하는 것;
- 발표될 원고의 최종승인.

분명히 연구의 기금조달이나 지도가 학생의 연구에 자신의 이름을 첨가하기 위한 것으로만 근거하지 않는다.

연구제안의 윤리에 관한 고려는 최소한 다음과 같은 현안을 정상적으로 다룰 것이다.

- 참여조직으로부터 적절한 서면허가;

- 연구자를 포함해서 연구참여자에게 물리적 또는 정신적인 개인적 손해;
- 연구동기에 관해 참여자에게 알리기;
- 참여자에게 결과의 피드백을 제공하기;
- (설문지의 반환이 허락을 의미하는 것으로 간주되는 우편실태조사의 경우가 아닌) 참가하는 개인으로부터 허락을 얻기;
- 경영상황에서 강압을 피하기;
- 참여자에게 기밀성과 익명성을 보장하고 전달하기;
- 언제라도 참여자에게 철수권리를 부여하기;
- 대개의 경우 7년까지의 기간동안 연구자료의 안전한 저장을 보장하기.

우리가 살펴보는 바와 같이, 이러한 모든 조건을 절대적으로 만족시키고, 여전히 연구접근방법의 무결성을 보증하는 것이 항상 가능하지는 않다. Hartmann(2000)은 연구자가 그들의 대학교 조사단체로부터 윤리적 승인을 확보할 때 가장 큰 어려움을 초래하는 세 가지 현안을 강조하고 있다.

- 특히 연구결과가 조직의 경영에 이용할 수 있게 만들어질 것이지만, 참여자 자신에게는 제한적으로만 이용할 수 있는 상황에서 연구결과가 어떻게 이용될 것인가에 관한 분명한 견해.
- 특히 실행연구과제에서 동의의 현안. 참가의 환경은 조직과 연구자에게 이례적인 의사소통의 연루, 정직, 공개성의 수준을 요구한다. Hartmann은 연구자에 의한 기밀성 보증은 장기적으로 무의미할 것이라는 점을 관찰한 바 있다. 이러한 연구는 일반적이며, 현재의 지침은 그것이 발생할 수 없다거나, 일상적인 동의절차가 무의미하다는 것을 의미한다(Hartmann, 2000, p.6).
- 국가 및 조직의 문화와 연관된 현안의 중요성이 개인과 집단의 행동을 복잡하게 하며, 연구결과를 부당하게 하는 방식으로 그들의 행동을 제약한다. 어떤 유연성은 문화적 차이에 대처하기 위해 수입되어야 한다. 예를 들면, 면접 이후에 개인면접 참가

> 자의 서면동의의 요건은 동남아시아에서 '체면손상'과 연관된 심각한 문제를 야기한다. 종종, 엄격한 지침은 완화되어야 한다. 왜냐하면 공식적인 서명이 관련된 사람에게 모욕적인 것으로 가끔 간주되며, 너무 지나친 부담으로 간주된다!

우리는 학자로서 우리의 학생과 실무가 청중에게 현재연구의 결과와 이의 실무에 대한 시사점을 알려 주어야 할 전문가의무를 가지고 있다. 다른 방법에 관한 비판적 논평을 제공함으로써 학생은 연구과정전체를 문제시할 수 있는 위치에 배치되어야 한다. 예를 들면, 자료를 수집하기 보다는 실험의 한계를 노출한다는 분명한 의도로 교실에서 실시한 준실험은 전반적으로 냉소주의의 수준을 증가시키지만, 정확하게 무엇이 잘못될 수 있는가를 명확히 하면서 대단히 보상적일 수 있다. 이와 유사하게, 과거발표가 근거하고 있는 실태조사의 도구를 검토하는 것은 무의미한 결과가 마음에 들더라고 더 이해할 수 있기 위해 이 특별한 연구과정의 불확실성과 애매성을 노출시키는 것을 도와준다.

연구실무의 정직하고 투명한 보고는 회계연구에 참가하는 사람의 윤리적 의무이다. 연구자는 자신이 한 모든 것, 자신이 그 행동과정을 선택한 이유, 그 절차가 실시된 방법 등을 보고해야 한다. 연구의 모든 단계에서 분명한 모든 의심은 연구에 대한 서술된 한계에서 결함을 극복하기 위해 취해진 조치와 그 시사점에 따라 강조되어야 한다. 연구자가 자신의 보고에서 진실에 인색한 것으로 보이는 곳에서 이것은 자신의 논문에서 정상적으로 분명하며 빈약한 연구를 표시한다.

Hartmann · Moers(1999)는 다른 연구자에게 연구자료의 이용가능성에 관해 윤리적 관심사인 연구결과를 보고하고 있다. 특정한 저자로부터 자료의 이용가능성을 알리는 발표논문에도 불구하고, 재분석하기 위해 그러한 자료를 획득하려는 그들의 노력은 위축되었다. 그들의 요청은 "컴퓨터고장으로 자료가 상실되었다"로부터 "새로운 대학으로 이동중에 자료가 상실되었다"까지 변명으로 무시되었다. 이러한 반응은 최소한 7년동안 연구자료의 안전보관을 보증할 윤리적 책임과 일치하지 않는다.

더 읽을거리

Agnew, N.M. and Pike, S.W.(1994), *The Science Game: An Introduction to Research in the Social Sciences*, 6th edn, Englewood Cliffs, NJ: Prentice Hall.

Coppage, R.E. and Baxendale, S.(2001), "A Synergistic Approach to an Accounting Educator's Primary Responsibilities", *Accounting Education: An International Journal*, 10(3), 239-246.

Dooley, D.(1995), *Social Research Methods*, 3rd edn, Englewood Cliffs, NJ: Prentice Hall.

Gibbins, M.(1992), "Deception: A Tricky issue for Behavioral Research In Accounting and Auditing", *Auditing: A Journal of Theory and Practice*, 11(2), 113-126.

Grey, M.(1996), "On Being a Professional in a 'Big Six' Firm", *Accounting, Organizations and Society*, 23(5/6), 569-587.

Hammersley, M. and Atkinson, P.(1983), *Ethnography: Principles in Practice*, London: Tavistock.

Hartmann, F.G.H. and Moers, F.(1999), "Testing Contingency Hypotheses In Budgetary Research: An Evaluation of the Use of Moderated Regression Analysis", *Accounting, Organizations and Society*, 24(4), 291-315.

Hartmann, L.(2000), "Ethics in Business Research: Some Issues", University of South Australian Working Paper Series, Adelaide.

Lapsley, I.(2004), "Making Sense of Interactions in an Investigation of Organizational Practices and Processes", in C. Humphrey and B. Lee(eds), *The Real Life Guide to Accounting Research*, London: Elsevier, 175-190.

Smith, M. and Taffler, R.J.(1996), "Improving the Communication of Accounting Information through Cartoon Graphics", *Accounting, Auditing and Accountability Journal*, 9(2), 70-87.

Trotman, K.T.(1996), *Research Methods for Judgement and Decision-Making Studies in Auditing*, Coopers & Lybrand Accounting Research Methodology Monograph No.3, Melbourne: Coopers & Lybrand.

제5장 자료수집

본장은 제8장(실험연구), 제9장(실태조사) 제10장(질적 연구) 제11장(문헌연구)에서 서술한 방법으로 이용하기 위한 양적 및 질적 자료의 수집 및 분석과 관련이 있다. 본장의 강조점은 변명의 여지없이 양적 방법에 있다. 나는 박사과정학생들이 주로 수치적 방법을 확신하지 않거나, 수치에 겁을 먹고 불평하기 때문에 (주장컨대 더욱 어려운) 질적 방법을 채택하는 매우 많은 박사과정학생을 보고 있다! 여기서 주요한 목적 중의 하나는 특정한 통계방법이 가장 적절한 환경을 나타냄으로써 다른 양적 방법을 둘러싼 혼란의 수준을 낮추는 것이다.

제6장과 제7장에서 자료분석, 기술통계 및 적절한 곳에서 유의성검정의 문제로 나아가기 전에 먼저 제5장인 여기서 표본선정과 측정문제를 살펴본다. 우리가 살펴보는 바와 같이. 분석과 검정단계에서 발생할 수 있는 많은 문제는 앞에서 표본선정과 측정문제에 주목을 거의 하지 않았기 때문에 발생한다.

제1절 연구방법의 선택

모든 상황에서 '최상'으로 간주될 수 있는 단 하나의 연구방법은 없다. 연구방법의 선택은 연구문제, 자료접근, 정확하게 우리가 무엇을 하고자 하는가에 달려있을 것이다. 만약 우리가 대용량의 (시계열이나 횡단면) 양적 자료에 접근한다면, 우리는 "얼마나 많은"(how much)의 질문에 답할 기회를 가진다. 즉, 한 변수의 변화가 다른 변수의 특정한 변화를 얼마나 많이 생성할 것인가를 평가하기 위해 관계를 모형화할 수 있으며, 회귀유형의 분석방법을 이용할 수 있다. 이러한 연구는 신뢰가능한 이차자료원천을 이용하는 문헌연구에 이상적으로 적합하다.

만약 우리가 개인이 특별한 상황에서 '무엇'을 할 것인가? 그들이 무슨 결정을 할 것인가? 그들이 무슨 정보를 이용할 것인가? 등을 알기를 원한다면, 이것은 실험연구에 이상적인 상황이다. 우리는 그 상황의 한계와 피할 수 없는 단순화를 인식해야 하지만, 인과관계를 규정하기 위해 변수를 통제한다.

만약 우리가 다른 수단에 의해 쉽게 발견되지 않는 사실정보일지라도, 의견, 선호, 믿음 등을 모색하면서, "당신은 어떻게 생각하는가"의 질문에 답하기를 원한다면, 실태조사(survey)방법이 적절하다. 실태조사나 면접이 더욱 신뢰가능한 반응을 낳을 가능성이 높은지의 여부는 제기되는 질문의 성질에 달려있을 것이다.

이러한 접근방법의 각각에서 우리는 보편적 진리의 존재를 추정하기 위해 관찰된 평균과 편차를 이용하여 표본에서 모집단까지 일반화하기 위해 노력하고 있다. 우리가 할 수 없는 것은 그 관계가 유효할 때와 유효하지 않을 때를 추론하기 위해 경험적 일반화를 하는 것이다. 이것은 우리가 현장연구와 사례연구에서 할 수 있는 것이다. 좀체로 대표적이지 않을 표본을 이용함으로써, 우리는 그 상황에 관한 풍부한 분석을 하기 위해 다른 방법에 의해 무시된 이상현상(anomalies)과 극단치(outliers)를 이용할 수 있다. 이러한 분석은 실무적인 시사점을 가질 가능성이 있으며, 복수매체을 통해 의사소통을 촉진하기 위해 충분히 흥미로울 가능성이 있다.

사례연구는 특히 다음과 같은 경우에 유용하다.

- 고려중인 시나리오가 복잡한 경우: 많은 변수가 있고, 많은 변수를 계량화할 수 없으며, 변수간의 상호관계는 불확실하여 공식적인 모형화가 쉽지 않다;
- 기회는 실제 실무를 검토하기 위해 발생하며, 사건에 반응하여 실무에서 변화한다;
- 사건과 맥락의 상호작용은 잠재적으로 독특한 상황을 제공하면서 과정과 결과에 중요하다.

이후의 장은 결과적인 자료의 타당성에 관한 확신을 제공하지만, 더욱 정통한 선택이 이루어질 수 있게 하기 위해, 상기의 연구방법(문헌연구, 실험연구, 실태조사, 현장연구)의 각각에 관한 상세한 논의를 제공할 것이다.

사례연구장점의 중요한 요소는 누가 어떻게 면접을 받는가에 관한 통제의 요소이다. 우리는 제9장에서 실태조사응답자에 관한 의심이 어떻게 있을 것인가를 살펴볼 것이다.

- 우리는 누가 그 설문지를 실제로 완성하였는지를 모른다.
- 실제의 응답자는 참여하는데 유능하지 않을 것이다.
- (응답율을 높이기 위해) 자료수집을 위해 책임을 후원단체에 위임하는 경우, 그들은 정상적으로 연구도구의 배포와 수집에 책임이 있을 것이다. 그러나 우리는 표본을 어떻게 추출하였는가에 관한 지식을 가지고 있지 않으며, 확실히 대표성이나 무작위성을 확신할 수 없다.

연구자는 사례연구상황에서 전체로서 연구과정에 적합도를 최적화하기 위해 면접할 사람을 선택할 것이다. 그리하여 Barrett et al.(2005)는 모든 참여자에게 공통적인 포괄적인 면접계획이 전체적으로 부적절하였을 것이라는 점을 감안하여, 연구자가 면접목표를 어떻게 선택하였는가와 그가 제기할 어떤 질문을 어떻게 결정하였는가에 관해 보고하고 있다.

제2절 표본선정

무작위적 표본선정은 대개의 경우 바람직한 것으로 간주되지만, 이것은 대표적이거나 '유용한' 표본을 생성하지 않을 것이다. 그리하여 무작위적 기업표본추출은 특정한 산업의 대표를 우리에게 주지 않을 것이다(파산예측연구에서, 그것은 우리에게 실제로 파산한 사례를 거의 주지 않을 가능성이 높다). 체계적 표본추출 접근방법은 실무에서 가끔 선호되지만(예를 들어, 말하자면 표본체계에서 20번째의 항목을 선택하는 것), 위에서 암시된 문제를 여전히 해결하지 않을 것이다. 그러므로 이렇게 낮은 수준에서 무작위나 체계적으로 특정한 집단으로부터 획득한 지정된 표본추출이 실무에서 선호될 것이다. 가끔 큰 위해를 초래하지는 않지만, 우리는 어느 정도까지 통계기법의 명시적인 가정을 대개의 경우 위반하고 있다. 우리가 앞에서 인식한 바와 같이, 표본을 추출하도록 알려야 하지만, 어떤 경우에도 우리가 달성하는 대부분의 표본은 (실험조건의 경우) 자발적이고, (현장연구의 경우) 편리하여, 이들은 좀체로 무작위적이지 않다.

가장 적절한 표본크기의 결정은 주로 원가/효익의 문제이다. 우리는 시간과 돈에 의해서 우리가 수집할 수 있는 가장 큰 표본크기를 원한다. 연구를 수행하는 모든 측면에서 표본의 크기가 클수록 비용도 더 많다. 가장 예외적인 상황의 경우를 제외하고는 연구결과의 대표성과 이의 통계적 유의성은 일반적으로 표본크기가 증가할수록 증가한다. 최소한, 우리는 연구문제에 관해 필요한 검정을 우리가 실시할 수 있을 정도로 충분히 큰 표분크기를 가져야 하며, 우리는 처음부터 이러한 최소한의 요건를 알고 있어야 한다. 질적 연구에서 우리는 추가사례가 새로운 정보를 제공하지 않을 정도로 도출한 표본에 만족할 것이기 때문에, 이러한 제한은 적용되지 않을 것이다.

큰 표본으로 정교한 모수검정(parametric testing)을 이용할 수 있을 것이지만(제6장을 참조), 이러한 검정의 많은 것들은 자료들이 어떤 규정된 분포형태를 준수해야 한다는 것을 요구할 것이다. 만약 그것이 준수하지 않는다면, 많은 극단적인 관찰의 존재 때문에, 자료 '다듬기'(windsoring)라는 자료변형의 형태로 조작이 필요할 것이다(예를 들면, Taffler, 1983; McLeay · Omar, 2000). 이러한 극단치는 자료에서 삭제하거나 극단치의 값을 가장 근접한 비극단치의 값으로 변경하는 것을 포함하는 다듬기에 의해서 제거될 수 있다. 이것은 완전한 제거가 작은 자료에 영향을 주거나 사례대응과정을 뒤집을 때 특히 유용한 절차이다.

표본선정의 현안은 우리의 이후 연구방법과 가장 적절한 가설검정형태의 선택에 기본적이다. 유의성의 모수검정은 정규분포 모집단으로부터 추출한 독립적인 무작위표본의 가정을 필요로 한다. 이러한 조건은 실무에서는 거의 충족되지 않으며, 좀 엄격하게 말하자면, 우리는 비모수대안들을 선택하고 있어야 한다. 이와 유사하게 제8장의 실험방법은 무작위선택과 실험처리에 피험자의 배정을 필요로 한다. 우리가 이러한 무작위선택기준을 달성할 수 없는 경우에는 '진실한' 실험을 가지지 않을 것이다.

제3절 측정문제

Kidder · Judd(1986)는 자료분석에 가장 적절한 방법의 시사점을 가지고 있는 네 가지 유형의 측정척도(명목척도, 서열척도, 등간척도, 비율척도)를 구별하고 있다. 예를 들면, 회귀분석과 같은 기법은 수지로 정렬된 자료에 의존하며, 수준보다는 범주(예를 들면, 제조, 소매, 금융서비스)를 전달하는 서열변수에 부적합하다. 분산분석(ANOVA)이 이러한 상황에서 선호된다. Likert척도는 엄격한 서열변수이지만, 이들은 상대적으로 큰 범주의 수(말하자면, 대개의 경우 실제로는 5나 7)와 평균화의 발생 때문에, 분석목적으로 대개의 경우 등간변수로 간주된다.

- **명목:** 상호배타적이고 전부를 망라한 범주는 어떠한 서열적 메시지도 전달하지 않는다(예를 들면, 여성/남성, 제조/소매/기타). 이들은 (0, 1)이외의 변수로 취급될 경우에, 일반최소자승법(OLS)분석은 이들을 서열변수로 취급할 것이기 때문에, 회귀분

석에서 이들을 독립변수로 이용하는데 주의해야 한다. 이 자료로 이용하는 통계적 유의성의 가장 일반적인 검정은 χ^2검정이다. π(phi)와 Cramer의 V는 가장 적절한 연관성척도이다.

- **서열:** 배열될 수 있는 상호배타적인 범주(예를 들면, 대/중/소). 순위서열방법(예를 들면, Spearman의 rho)이 이 자료에 가장 적절한 연관성척도이며, 통계적 유의성 척도는 비모수 방법에 국한된다(예를 들면, Mann-Whitney U 검정). 모수방법(예를 들면, t검정, F검정)의 이용이 서열자료에 이론적으로 부정확하지만, 일부 연구자들은 결과의 차이가 미미하다는 이유로 이 기법들을 여전히 이용할 것이다. 전반적으로 명목변수와 서열변수를 가끔 비모수(non-metric) 변수라고 한다.
- **등간:** 특정한 등간(interval)이 동일한 의미를 가지지만 비율관계가 존재하지 않는 상호배타적으로 배열된 범주(말하자면, 2.0의 점수는 1.0점수크기의 두 배가 아니다). 그리하여 온도 30도는 15도의 두 배만큼 덥지 않다. Z점수 4.0은 Z점수 1.0의 네 배 더 좋지 않다. 적률상관계수(Pearson의 r)는 연관성을 측정하기 위해 여기서 이용될 수 있으며, 모수검정이 채택된다.
- **비율:** 특정한 등간이 동일한 의미를 가지고, 다수도 동일한 의미를 가지는 계속적인 자료(예를 들면, 나이, 키, 무게, 화폐). 또다시 Pearson의 r이 적절한 연관성척도이며, 모수유의성검정을 이용할 수 있다. 등간척도와 비율척도는 함께 가끔 모수변수라고도 한다.

회계환경에서 많은 자료항목(특히 화폐에 입각한 변수)는 비율척도이다. 그러나 자료가 매우 강력한(powerful) 행동과학분야와 조직분야에서는 이러한 상황이 거의 없다. 이것은 상이한 측정수준으로부터 변수의 혼합이 최적 분석기법의 이용을 불가능하게 하는 회계연구에서 문제를 야기한다. 그 해결은 비율변수들이 다른 변수와 경합할 수 있도록 비율변수의 비례축소(scaling down)이고 비모수적 분석방법의 채택이다(예를 들면, 자산자료는 상황적합연구에서 업무복잡성수준과 같이 행동과학자료와 더욱 경합가능하게 하기 위해 고/저, 고/저/중으로 척도를 재조정한다. 우리는 측정력과 정보내용의 손실을 인식해야 하는데, 이들은 연관된 검정제한에 따라 재척도(re-scaling)결정을 수반한다. 그들이 비율척도이더라도, 재무변수(특히 회계비율과 주식수익율)는 좀체로 정규분포되지 않을 것인데, 이것은 이들이 여하튼 모수방법의 이용을 위한 가정을 위반할 것이라는 것을 의미한다. 이러한 상황에서, 우리는 (두 개의 표본상황의 경우) Mann-Whiteny U검정과 (복수표본상황의 경우) Kruskal-Wallis검정과 같은 비모수 대안으로 돌릴 필요가 있다. 이 두 검정은 본장의 후반부에서 논의된다.

서열수준척도내에서, 다른 비율척도가 회계문헌에 가끔 채택된다.

- **선형척도(때로는 도표척도라고도 한다):** 예를 들면, 강한 찬성/강한 반대와 이들이 구술적으로 표시되지 않는 한, 이러한 극단 사이의 지점. 그러나 응답자들은 계속적인 척도상에 극단을 선택하려고 하지 않을 것이다(말하자면, 1-7의 척도는 2-6의 범위에 한정된 반응을 피험자가 생성하도록 유도할 것이다).
- **항목척도(때로는 범주척도라고도 한다):** 상기와 같지만, 특정한 배열범주를 지정하기 위한 표시를 가지고 있다. 말하자면, 강한 찬성, 찬성, 중립, 반대, 강한 반대. 중립이라는 단어는 실무에서 가끔 동의도 반대도 하지 않는다는 구절로 대체되기도 한다.
- **비교척도:** 척도들은 비교기준을 제공한다는 목적으로 특정한 성과수준에 의해 이루어지는 판단을 요구한다.
- **다중항목척도**(이 중에서 Likert척도가 가장 공통적으로 채택되는 척도이다): Likert 척도상의 수치점수는 동일한 구성개념을 측정하는 항목들이 가산되는 것을 허용한다. 그렇게 할 때, 그것은 다중공선성의 발생 뿐만 아니라 개별항목과 하위집단의 영향에 관한 조사를 촉진한다.
- **의미론적 차이척도:** Osgood et al.(1957)은 상이한 항목들의 의미에 관한 개인의 인식을 측정하기 위해 의미론적 차이를 개발하였다. 일단의 7점척도로 응답자는 좋은/나쁜, 소극적/적극적, 긍정적/부정적 등의 극단치 사이에서 개념을 평가할 수 있다. 이 방법은 회계 용어의 이해를 측정하기 위한 회계환경(특히 Houghton, 1987, 1988)

에서 채택되고 있다.

측정현안은 최적분석기법의 이용가능성에 기본적이다. 우리가 다음 절에서 살펴보는 바와 같이, 비율척도변수의 부재는 비모수통계방법의 이용을 필요로 한다. 변수의 비정규성(non-normality)은 일반최소자승회귀가정을 위반할 것이며, 측정오류의 발생은 우리가 선호하는 모형구축방법의 채택을 방해할 것이다.

측정현안은 많은 회계연구분야에 중심적이며, 특히 **이익조정**의 측정현안이 그러하다. 많은 기업들은 이익증가나 감소효과를 가지는 회계정책선택을 한다. 즉, Hepworth(1953)와 Gordon(1964)은 이것을 이익유연화행동으로 관찰한 첫 번째 학자이었는데, 이는 투자자들이 이익변동가능성을 미래이익과 배당금에 잠재적으로 영향을 주는 기업위험의 지표로 간주하였기 때문이다(Burgstahler · Eames, 2003). Griffiths(1986)는 도입되고 있는 이익증가회계정책변화의 수에 입각해서 기업의 순위를 정하였는데 반하여, Smith et al.(2001)은 부록2에서 이러한 실무에 대한 감사인의 묵인을 검토하였다. 그러나 이러한 연구는 변화를 공시하는 기업에 의존하여, 자료가 포괄적이지 않거나 그것이 그 변화의 계량적 영향에 관한 정확한 지표를 제공하지 않을 것이다. 그러나 이익조정은 회계정책변화에 국한되지 않는다. 즉, Smith(2005)의 사례연구가 관찰한 방법으로 수익이 조기에 인식되고, 비용인식은 이연되며, 배달계획은 변경될 수 있다. Graham et al.(2005)은 이러한 변화가 재무보고서의 독자들이 쉽게 분간할 수 없기 때문에 실무에서 가장 보편적인 조작형태라고 주장한다. 그것들은 일반적으로 인정된 회계원칙내에서 합법적으로 허용될 수 있지만, 재무부정의 증거일 수도 있다. 그리하여 이익조정의 적발과 측정에 회계연구자들이 계속해서 관심을 가진다.

Beneish(1997, 1999)는 Altman(1968)과 Taffler(1983)의 파산예측모형과 유사한 방식으로 개별특징에 입각한 비이익조정자와 이익조작자를 구별하기 위해 판별유형의 모형을 주장하고 있다. 그러나 당연히 분명한 비조정자를 구체화한다는 어려움을 감안하면, 이 때, 유형1과 유형2의 오류는 인정할 수 없을 정도로 높았다. Jones(1991)모형은 재량적 발생액과 비재량적 발생액을 구별하기 위해 시계열자료를 이용하였으며, 특히 Dechow et al.(1995)이 (수정 Jones모형에) 재규정하였을 때, 매우 강건한 것으로 판명되었다. 횡단면자료를 이용하는 다른 모형(예를 들면, Defond · Jiambalvo, 1994)은 시계열모형에서 광범위한 자료에 대한 요건을 극복하고자 하였지만, 후자는 선호하는 측정형태로 남았다. Gerakos(2012)는 이익조정을 식별하기 위해 이용되는 기존방법(특히 Jones, 1991; Dechow · Dichev, 2002)을 비판하였는데, 이들은 설명되지 않은 발생액이 빈약한 품질의 이익이나 명시적인 이익조정을 대표하며, 신뢰할 수 없는 횡단면 추정치를 반영한다고 가정하기 때문이다. 그는 유형1과 유형2의 예측오류의 결과적인 증가는 개선된 Dechow et al.(2012)모형을 채택함으로서 피할 수 있을 것이라고 주장하고 있다.

그렇더라도, Roychowdhury(2006)는 **이익조정** 측정모형의 힘이 이제 재량적 발생액의 조작을 적발하기에 상대적으로 쉽게 될 정도가 되어, 기업은 이제 더욱 복잡한 방법을 통해 적발을 피하고자 한다고 주장한다. Höglund(2012)는 개선을 추가로 제공하기 위해 신경망을 이용하는 비선형모형의 이용을 주장하는데 반하여, Kighir et al.(2014)은 이것을 더욱 신뢰할 수 있는 측정을 통해 부정적발을 발전시키는 잠재적 수단으로 간주한다.

측정이 회계연구의 범위에 영향을 주는 방법도 고려하지 않고 '측정'의 역할을 고려하는 것은 불가능하다. 다른 운동의 경우를 인용할 때, 우리는 가장 빠르고, 가장 높고, 가장 길고, 가장 무거운 것을 매우 정확하게 측정할 수 있다. 그래서 우리는 여전히 7종경기와 10종경기 시합을 결합하기 위해 임의적인 점수배분을 필요로 하지만, 육상경기, 수영, 자전거경주, 역도 등에서 성과의 측정은 정상적으로 문제가 아니다. 그러나 잠수(diving), 체조, 마장마술, 싱크로나이징 등의 경우는 어떠한가? 여기서 평가는 더욱 질적이며, 주장컨대 더욱 주관적이고, 우리는 상대적 성과달성을 더욱 수용할 수 없게 하기 위해 질적 평가를 수치적 점수로 전환할 필요가 있다. 이것은 후자의 집단을 어떤 점에서 '중요성이 적은' 스포츠로 만드는가? 질적 연구를 '열등한 것'으로 간주하는 양적 학술지 편집자는 국제적 경쟁에 책임이 있다면, 확실히 후자의 집단은 올림픽 스포츠경기로 수용할 수 없을 것이다!

제4절 자료관리

이상적으로, 우리는 자료수집을 시작하기 전에 그리고 확실히 자료분석단계 전에, 자료관리와 관련된 현안을 다룰 필요가 있다. 우리는 상이한 원천(예를 들면, 실험자료, 실태조사자료, 문헌자료)으로부터 나오는 양적 및 질적인 많은 양의 자료를 가질 것이다. 우리는 조기에 자료의 정확성을 확립하기 위해 적소에 시스템을 가질 필요가 있으며, 감사증적(audit trail)을 확립하기 위해, 우리는 특별한 자료항목의 원천과 내용을 검토할 필요가 있다. 나의 사재기(hoarder)의 심적 상태로 인해서 나는 조기규칙(어떤 것도 버리지 마라)을 확립한다. 이 지침은 당연히 완료된 실태조사문서와 실험도구의 최종형태에 적용되지만, 개인의 노트, '포스트잇'(post-it) 상기자, 출판을 위한 논문과 예비도구의 초안으로 유용하게 확대될 수 있다. 우리가 연구과정의 정확한 발전을 확립하기 위해 원천자료로 돌아갈 필요가 있다면, 이들 모두는 기억도우미(aids)로 작용할 수 있다. 연구과정에 대한 대부분의 대학 윤리강령(protocols)은 자동테이프 및 연관된 초고 등을 포함해서 7년동안 원래의 연구자료를 안전하게 보관하도록 규정할 것이다.

자료수집 전에, 우리는 정확한 변수정의와 기억하기 쉬운 변수명칭(label)를 확립할 필요가 있다. 우리는 복잡한 설문지를 가지는 곳에서, 답변의 기록을 위해 코딩(coding) 시스템을 확립할 필요가 있다. 이러한 모든 현안은 조기에 다룰 필요가 있으며, 해결책은 조심스럽게 문서화해야 한다. 고맙게도, 컴퓨터에 입각한 도움은 도움을 주기 위해 가까이에 있지만, 우리는 고급기술과 연관된 위험에 대비해야 한다.

스프레드시트와 데이터베이스 소프트웨어(예를 들면, 엑셀과 엑세스)는 이제 많은 양의 수치자료를 취급하도록 잘 개발되어 있다. 이들은 보다 정교한 통계패키지(예를 들면, SPSS)에 의하지 않고도 통계서술을 실시하고, 기존변수의 변형으로서 새로운 변수를 구축하기 위해 이용될 수 있다. 그러나 오류의 기회는 존재할 것이다. 예를 들면,

• 이 소프트웨어가 누락자료값을 어떻게 취급할 것인가? 만약 우리가 빈 칸을 남겨둔

다면, 그것은 0으로 취급될 것인가? 이것은 검토할 필요가 있다.

- 우리는 자료입력오류를 어떻게 검토하는가? 이상적으로 우리는 독립적으로 자료를 두 번 입력하고 차이에 대해 검토하는데, 이것은 실제로 비용이 들고 시간이 소모될 수 있다. 행을 수직적으로 세밀히 조사하는 것과 임의적으로 추출해서 조사하는 것은 대개의 경우 오류를 드러낼 것이다. 왜냐하면 이들은 가끔 너무 많거나 너무 적은 발견하기 힘든 핵심적인 오류(depressions)와 연관되어 있기 때문이다. 이와는 달리, 우리는 자료의 변칙성(예를들면, 비율분석에서, 두 비율간에 직관적인 관계의 존재를 검증하기 위해 유동자산비율과 당좌자산비율을 계산하는 것)을 강조하기 위해 검토 행(check column)을 도입할 수 있다. 신속한 대안은 간단한 기술통계치를 이용하는 것이다. 즉, 함수식으로 각 행의 평균과 표준편차를 계산하고, 우리가 모든 자료값을 포괄하기를 기대하는 이 평균치의 양 쪽에 세 가지 표준편차 값의 범위를 확립한다. 그리고나서 행을 감시하는 것은 그것이 자료의 오류인지 진정한 극단치인지의 여부를 신속하게 확립할 수 있도록 어떤 자료항목이 이 범위의 밖에 있는가를 확립할 것이다. 자료오류이라면, 우리는 입력을 수정할 수 있어야 한다. 만약 극단치이라면, 우리는 연구결과가 잠재적으로 왜곡할 수 있는 극단치의 포함에 관한 의사결정을 할 필요가 있을 것이다.
- 우리는 자료변조를 어떻게 피할 것인가? 상이한 장소에 복수의 파일을 보관하고 원본을 변경하지 마라. 생채기로 스프레드시트파일을 재구성해야 하는 사람은 이러한 원칙을 되풀이 할 것이다. 이것은 특히 분류절차에서 종이의 맨오른쪽의 행을 배제하는 것이 쉬운 자료분류업무의 이용에 적용되는데, 짝짓기를 잘못한 결과로 잠재적으로 재앙적인 결과를 가지게 된다.

서술자료의 관리는 특별한 문제를 제기한다. 만약 우리가 상대적으로 적은 수의 사례를 다루고 있다면, 수작업의 해결(예를 들면, 상이한 서사원천에 상이한 천연색종이의 이용)이 개별직인 기여를 추직하고, 직절한 곳에시 진빈직인 깃을 일빈화하는 효율적인 수단일 것이다. 많은 수의 장황한 서사전사는 자료를 범주화하고 핵심어 검색을 촉진하기 위한 전용소프트웨어(예를 들면, NUD*IST -- Non-numerical Unstructured Data: Indexing, Searching and Theorising)의 이용을 거의 필요로 할 것이다.

변화를 기록하고 문서화할 때 기본적인 관리원칙은 회계담당자에게 잘 알려져 있으며, 회계연구자들을 특히 연구과정의 이 측면에서 능숙하게 해야 한다.

제5절 질적 연구

질적 연구를 위한 자료수집은 양적 연구를 위한 자료수집과는 현저하게 다를 수 있기 때문에, 여기서는 분리해서 살펴본다. 실태조사, 면접, 현장조사 등과 관련있는 제7장, 제9장, 제10장은 이 절의 내용을 보완할 것이다.

대규모 자료의 양적 분석으로 복잡한 예측모형을 생성할 수 있는 모형화가 가능하다. 그러나 이러한 모형은 자료가 어떻게 생성되는가, 수치적 결과를 지도할 동기, 가치, 맥락 등을 고려하지 않는다. 질적 연구는 실제상황에서 행위자의 행동을 검토하고, 현장의 환경과 현상에 그가 반응하기 때문에 그가 어떻게 그리고 왜 반응하는가를 질문함으로써 이 괴리를 메꾸고자 한다. 그러나 이 검토에는 이론이 없지 않다; 이론적 개념의 검토는 연구문제의 개발과 자료수집에 대한 선호하는 접근방법에 자연스러운 출발점을 제공한다. 이 과정은 연구자가 연구도구 및 사례연구행위자와 뒤얽혀 있기 때문에 가치중립적이지 않다. 과학을 가치의존적인 참여에도 불구하고 중립적 위치에 배치하는 모든 경우는 확고하게 거부되어야 한다. 기후변화의 과학에 관한 논란(예를 들면, Leake, 2009) 뿐만 아니라 제2장의 예(DNA을 발견하는 것)와 제3장에서 언급된 것(페니실린을 개발하는 것)은 모든 윤리, 정치, 기금조달의 고려 등이 연구와 연구자가 상호작용하는 방식에 어떻게 영향을 주는가를 보여준다.

질적 연구자는 자신의 분야를 신성불가침한 것으로 간주하고 수치의 부과에 의해 자리매김하지 않으려는 경향이 있다. 이것은 잘못이다. 사례연구자는 풍부한 질적 결과를 더욱 풍부하게 하면서 다양한 자료원천을 빈번하게 이용한다. 그리하여 예를 들면, Lys · Vincent(1995)는 핵심적인 조직참여자로부터 면접자료 뿐만 아니라, 연례보고서, 주가자료, 신문보고서 등을 이용한다. 이러한 중요한 서류의 선행검토는 그들의 연구를 질적 자료와 양적 자료를 모두 이용하고, 두 흐름으로부터 이론을 적용하는 '정통한'(informed) 사례연구 접근방법으로 만든다. 결과는 더욱 세련된 논문이며, 다른 경우보다 더 잠재적인 발표수단을 공개하는 것이다. 그러나 이것이 (Parker, 2012가 인식한 바와 같이) 특히 질적 원천이 혼합연구방법에서 다소 열등한 것으로 간주되는 그러한 경우는 항상 아닐 것이다.

질적 연구는 비용이 많이 들고 시간소모적인 경향이 있다. 외부기금조달은 특히 만약 잠재적 혜택이 불분명하다면 문제가 있다. 이와 마찬가지로, 연구문제가 애매하다면, 만약 참여자가 불평등하게 취급될 잠재성이 있다면, 또는 그의 참여가 그의 미래 조직전망에 해를 줄 수 있다면, 윤리승인은 지루할 수 있다. Saunders et al.(2009, p.481)은 상자위의 그림이 무엇인가를 알지 않고도 수수께끼 문제를 완전히 푸는데 질적 분석을 비유하고 있다! 그리하여 우리는 연결이 확립될 수 있고 최종그림의 등장이 시작될 수 있도록 유사한 측면(예를 들면, 수수께끼 색깔과 형태의 경우)을 연결하는 전략을 채택한다.

제10장은 우리에게 회계연구에서 혼합방법의 이용과 질적 방법에 관한 보다 상세한 논의를 제공하고 있다. 방법의 선택은 게재하고자 하는 학술지의 선택을 가끔 결정할 것인데, 이는 높은 순위의 많은 학술지가 여전히 질적 연구의 매력에 저항적이기 때문이다.

더 읽을거리

Altman, E.I.(1968), "Financial Ratios, Discriminant Analysis and the Prediction of Corporate Bankruptcy", *Journal of Finance*, 23(4), 580-609.

Beneish, M.D.(1997), "Detecting GAAP Violation: Implications for Assessing Earnings Management Among Firms with Extreme Financial Performance", *Journal of Accounting and Public Policy*, 16(3), 271-309.

____________(1999), "The Detection of Earning Management", *Financial Analysts Journal*, 5(5), 24-36.

Burgstahier, D. and Earnes, J.(2003), "Earnings Management to Avoid Earnings Decreases and Losses: Are Analysts Fooled?", *Contemporary Accounting Research*, 20(2), 253-294.

Dechow, P.M. and Dichev, I.(2002), "The Quality of Accruals and Earnings: The Roles of Accrual Estimation Error", *The Accounting Review*, 77(s-1), 35-59.

____________, Hutton, A., Kim, J. and Sloan, R.(2012), "Detecting Earnings Management: A New Approach", *Journal of Accounting Research*, 50(2), 275-334.

____________, Sloan, R.G. and Sweeney, A.P.(1995), "Detecting Earnings Management", *The Accounting Review*, 70(2), 193-225.

Defond, M. and Jiambaivo, J.(1994), "Debt Covenant Violation and Manipulation of Accruals", *Journal of Accounting and Economics*, 17(1/2), 145-176.

Gerakos, J.(2012), "Discussion of Detecting Earnings Management: A New Approach", *Journal of Accounting Research*, 50(2), 335-347.

Gordon, M.J.(1964), "Postulates, Principles and Research in Accounting", *The Accounting Review*, 39(2), 251-263.

Graham, J.R., Harvey, C.R. and Raigopal, S.(2005), "The Economic Implications of Corporate Financial Reporting", *Journal of Accounting and Economics*, 40(1/3), 3-73.

Hepworth, S.R.(1953), "Smoothing Periodic Income", *The Accounting Review*, 28(1), 32-39.

Höglund, H.(2012), "Detecting Earnings Management with Neutral Networks", *Expert Systems with Applications*, 39(10), 9564-9570.

Jones, J.(1991), "Earnings Management During Import Relief Investigations", *Journal of Accounting Research*, 29(2), 193-228.

Kighir, A., Omar, N. and Norhayati, M.(2014), "Earnings Management Detection Modelling: A Methodological Review", *World Journal of Social Sciences*, 4(1), 18-32.

Modell, S.(2005), "Triangulation Between Case Study and Survey Methods In Management Accounting Research: An Assessment of Validity Implications", *Management Accounting*

Research, 16(2), 231-254.

Roychowdhury, S.(2006), "Earnings Management Through Real Activities Manipulation", *Journal of Accounting and Economics*, 42(3), 335-370.

Saunders, M., Lewis, P. and Thornhill, A.(2009), *Research Methods for Business Students*, 5th edn, London: Prentice Hall.

Smith, M.(2005), "Borthwick Construction: A Case Study of Dysfunctional Bonus Schemes", in M. Smith(ed.), *Performance Measurement and Management*, London: Sage, 215-223.

Taffler, R.J.(1983), "The Assessment of Company Solvency and Performance Using a Statistical Model: A Comparative UK-based Study", *Accounting and Business Research*, 15(5), 295-308.

Tucker, B.P. and Parker, L.D.(2014), "In Our Ivory Towers? The Research-Practice Gap in Management Accounting", *Accounting and Business Research*, 44(2), 104-143.

제6장

양적 자료분석

제4장에서 표본선정과 측정현안을 고려한 후, 우리는 이제 자료분석, 기술통계, 그리고 적절한 곳에서 유의성 검정의 문제로 나아간다. 앞에서 표본선정과 측정의 문제에 너무 주목하지 않았기 때문에 여기서는 분석과 검정 단계에서 발생할 수 있는 많은 문제를 살펴본다.

제1절 기술통계

우리가 통계로 검정하고자 하는 것은 본질적으로 매우 단순하다. 즉, 우리는 **관찰치**를

기대치와 비교하고 이 차이가 우연(chance)에 의한 것으로 돌릴 만큼 충분히 큰 지의 여부를 판단하고자 한다. 만약 두 표본간의 차이가 표본내의 차이보다 더 크다면, 우리는 통계적으로 **유의적인** 차이를 관찰하게 될 것이다. 즉, 이것은 우연발생에 기인할 수 없다. 그러나 표본간의 변동이 작다면, 이 표본들은 공통의 모집단에서 추출되어 관찰된 차이는 단지 무작위적인 것일 수도 있다.

우리는 관찰된 차이가 유의적인지의 여부를 판단할 기준을 필요로 하며, 이것이 통계학이 필요한 이유이다. 검정절차에서 채택하는 단계가 많이 있다.

- 귀무가설을 세운다;
- 표본의 크기와 성질 및 측정척도에 가장 적합한 통계검정을 식별한다;
- 유의성수준을 선택한다(거의 대부분은 5%나 1%);
- 적절한 검정통계량을 선택한다;
- 변수의 '관찰치'와 '기대치'를 비교하고 이 두 값의 차이에 검정통계량을 계산한다;
- 자유도(df)의 수치와 적절한 통계분포에 검정통계량의 임계치를 찾는다. 여기서 자유도는 표본의 크기와 그 표본이 추정하기 위해 이용되는 계수값(모수)의 차이다;
- '검정통계량'과 '임계치'를 비교하고 결정한다. 정상적으로 만약 '검정통계치'가 '임계치'보다 더 크다면, 우리는 유의적이 차이가 없는 귀무가설을 기각해야 한다.

통계검정은 **모수통계**와 **비모수통계**의 두 가지 주요한 범주로 분류할 수 있다. 이들은 분석자료의 기본적인 분포에 관한 가정에서 차이가 있다. 모수통계는 부드러운 종 모양의 대칭곡선이며, 평균과 표준편차에 의해 정의되는 정규분포에서 자료가 도출될 필요가 있다. 비모수통계는 기본적인 분포에 관해 이러한 가정을 하지 않는다. 이것은 평균과 표준편차보다는 빈도, 순위, 방향표시에 의해 관계를 기술한다. 모수검정이 더 강력하기 때문에 일반적으로 선호하게 된다. 그러나 만약 자료의 품질이나 기본가정에 관해 의심이 있다면, 우리는 비모수검정을 이용할 것이다. 이것이 기술적으로 필요하지만, 표준적인 통계기법은 기본가정의 위배에도 불구하고 실제로 믿을 수 없을 정도로 강건하기 때문에 결과는 대개의 경우 차이가 없다.

우리는 매우 적은 수치를 가지고 본질적으로 서술적인 연구를 실시하고 있을 것이지만, 결론의 강건성을 높이기 위해 필요한 통계기법을 우리의 재량대로 여전히 가진다. 서술적 연구는 공식적인 가설검정이나 모형구축이 없는 곳일지라도 단순한 비율, 교차분석(cross-tabulations), 연관성 척도 등을 가끔 이용한다. 우리는 만약 사실상 어떠한 관계도 존재하지 않았으며, 단순통계치로 우리가 추론을 할 수 있다면, '**관찰치**'가 '**기대치**'와 유의적으로 다른지의 여부를 알고자 한다. 〈도표6.1〉은 전형적인 서술적 상황에 대해 우리의 재량으로 통계검정의 요약을 제공하고 있다. 이들의 예가 아래에 제시되어 있다.

〈도표6.1〉 측정수준에 의한 유의성검정의 요약

측정수준	단일표본	두 표본		복수(세 가지 이상)표본
		독립	관련	독립
명목	χ^2검정	χ^2검정	–	χ^2검정
서열	–	Mann-Whitney U-검정	부호검정	Kruskal-Wallis 검정
등간	t-검정	t-검정	쌍체 t-검정	분산분석
비율	Z-검정	Z-검정	쌍체 t-검정	분산분석

〈도표6.1〉은 Cooper · Emory(1995, p.445)의 영감을 받았지만, 회계문헌에서 일반적으로 이용할 때는 비모수검정만을 포함한다. Cooper · Emory도 무엇보다도 Kologorov-Smirnov 검정과 (단일표본의 서열 결합의 경우) Run 검정, (관련된 표본/서열의 경우) Wilcoxon 대응쌍 검정, (관련된 표본/명목의 경우) McNemar 검정 등의 이용을 논하고 있지만, 이들 중 어느 것도 여기서 더 고려하지 않는다.

1. 관찰비율

먼저 우리의 요건을 충족하는 관찰비율을 생성하기 위해 단일표본의 이용을 고려하라. 우리는 〈도표6.2〉에 설명된 관찰비율의 유의성을 검정하기 위해 정규분포의 Z 검정을 이용할 수 있다. 우리는 효과적으로 질문을 하고 있다. 즉, 100개의 관찰표본으로부터 64%의 비율은 실제 50%의 비율을 가진 모집단으로부터 우연표본(chance sample)이 아니라는 것을 설득하기에 충분히 큰 비율인가?

〈도표6.2〉 비율검정의 유의성

관찰비율[O]　　n=100인 관찰의 표분크기에 입각한 64%
기대표본[E]　　50%

실제적인 차이가 없다는 귀무가설
말하자면,　$p = 0.50$
$q = (1\text{-}p) = 0.50$

평균 = np = 100(p.50) = 50
표준편차 = $\sqrt{npq} = \sqrt{100(0.50)(0.50)} = 5.0$

표본평균에 대한 95%의 신뢰구간: 50 ± (1.96)5.0 = 50 ± 9.8
말하자면, 40.20에서 59.80까지의 범위는 귀무가설과 일치한다.

그러나, 64%의 관찰비율은 이 범위 밖에 있으며, 따라서 귀무가설과 일치하기에는 수용할 수 없을 정도로 크다. 말하자면, 귀무가설을 기각한다. 60%는 유의적인 결과치이다.
이들 자료에 대한 동등한 Z검정은 다음과 같다.

$$\text{검정통계량} = \frac{[0]-np}{\sqrt{npq}} = \frac{64-50}{5.0} = 2.80$$

임계치 = $Z_{0.05}$ = 1.96

검정통계량(2.80)이 임계치(1.96)을 초과하기 때문에, 유의수준 5%에서 귀무가설을 기각한다.

2. 교차분석

상황행렬(contingency matrics)을 생성하기 위한 교차분석(cross-tabulations)의 이용은 가장 보편적인 분석도구를 대표한다.[1] 범주들간에 어떠한 관계도 없어야 한다면(귀무가설), 이 행렬의 개별 칸에 대한 주안점으로 보기를 **기대할** 빈도와 **관찰된** 빈도를

〈도표6.3〉 **빈도차이의 χ^2검정**

[O] 관찰빈도(Smith et al., 2001의 〈도표2a〉에서)

		회계정책변화		
		무변화	일부변화	합계
감사받은 기업의 수	Big8	97	118	215
	비 Big8	94	58	152
	합계	191	176	367

a=2열, b=2행

[E] 기대빈도(감사법인/변화 사이에 어떠한 관계도 없다고 가정

$$\begin{bmatrix} \frac{(191)(215)}{367} & \frac{(176)(215)}{367} \\ \frac{(191)(152)}{367} & \frac{(176)(152)}{367} \end{bmatrix} = \begin{bmatrix} 111.9 & 103.1 \\ 79.1 & 72.9 \end{bmatrix}$$

검정통계량:

$$\chi^2 = \sum \frac{(O-E)^2}{E} = \frac{(149)^2}{111.9} + \frac{(14.9)^2}{79.1} + \frac{(14.9)^2}{103.1} + \frac{(14.9)^2}{79.2} = \underline{\underline{9.98}}$$

5% 유의수준에서 임계 χ^2값 $= x_{(a-1)(b-1)^{0.05}} = x^2_{1,0.05} = \underline{\underline{3.84}}$

역주1) 교차분석은 명목척도나 서열척도로 측정된 범주형 변수들간의 연관성을 분석하는 방법이다. 교차분석은 변수들간의 범주를 교차시켜 얻은 각각의 칸(cell)에 해당하는 관측치 빈도를 나타내는 빈도교차표를 이용하여 두 변수 간의 상호독립성이나 관련성 정도를 분석하는 기법이다(이훈영, pp.348-349).

비교할 수 있다. 우리는 대개의 경우 5%의 유의수준에서 χ^2검정을 이용한다. χ^2를 이용할 때 어떠한 칸도 1보다 적은 기대치를 가져서는 안 되며, 기대빈도는 희소해야 한다. (말하자면, 5개의 칸에서 1이하). 만약 이것이 그 경우가 아니라면, 이 검정을 실시할 수 있기 위해서 소규모 표본의 수정을 필요로 하거나, 행렬의 규모를 줄임으로서 일부 칸을 합산할 필요성이 더 많다. 〈도표6.3〉은 회계정책변화의 관찰치와 기대치를 비교하면서, 이 검정의 실시를 상세히 나타내고 있다.

검정통계량(9.98)이 임계치(3.84)보다 크기 때문에, 우리는 회계정책변화의 발생과 감사법인 집단 사이에 어떠한 관계도 없다는 귀무가설을 기각할 수 있다.

3. 상관계수

〈도표6.4〉 상관계수의 유의성검정

〈도표6.9〉의 자료는 상관계수 r=0.554를 보여주고 있다.
표본크기 n=17로부터 계산된

평균(r) = $\underline{\underline{0.554}}$

$$표준편차 = \sqrt{\frac{1-r^2}{n-2}} = \sqrt{\frac{1-(0.554)^2}{15}} = \underline{\underline{0.2150}}$$

$$검정통계량 = \frac{평균}{표준편차} = \frac{0.554}{0.2150} = \underline{\underline{2.577}}$$

임계치 t통계량 = $t_{-2,0.05} = t_{15,0.05} = \underline{\underline{2.131}}$

검정통계량은 임계치보다 더 크기 때문에 우리는 모집단 상관계수 0라는 귀무가설을 기각해야 한다.
[95%신뢰구간: 0.554 + (2.131)(0.2150); 가능한 값으로서 r=0을 포함하지 않는 0.096에서 1.012의 범위]

연관성(association)척도는 나중에 더 상세히 다루지만, 다른 간단한 문제를 묻고 답하는 것이 시의적절하다. 우리가 여기서 환상이 아닌 실질적인 관계를 가지고 있다는 것을 신뢰할 정도로 관찰상관계수가 충분히 큰가? 즉, 단지 17개 쌍의 관찰표본에 입각한 0.554의 계수가 유의적인 관계라고 인식할 정도로 충분히 큰가? 그것이 높은 연관성척도인 것으로 보이지 않고, 표본크기가 상대적으로 적을지라도, 〈도표6.4〉에서 보는 것처럼, 그것은 우리에게 너무 크서 우연에 의해 기대할 수가 없다.

제2절 표본평균의 차이

표본 사이의 평균차이 검정은 회계연구에 중요한 주안점을 제공한다. 수행되는 측정수준과 표본추출 방식에 따라 다양한 검정을 이용할 수 있다.

1. 독립표본

〈도표6.5〉는 정규모집단에서 독립표본으로 도출된 비율척도자료의 크기가 각각 17인 두 개의 표본 (X)와 (Y)에 대한 계산을 예시하고 있다. 우리가 답하기를 원하는 질문은 다음과 같다. 즉, 이러한 표본은 우리가 그것들이 아마도 동일한 모집단에서 도출될 수 있었을 것이라고 판단할 정도로 서로에게 충분히 유사한가? 우리는 표본내에 존재하는 변동(variation)에 관해서 두 표본평균의 차이를 검정함으로써 이것에 답한다. 만약 표본의 차이가 표본내의 차이 보다 더 크다면, 우리는 표본이 다른 모집단에서 도출되었다고 추론할 것이며, 귀무가설을 기각할 것이다.

〈도표6.5〉 평균차이의 t검정

(1)	(2)	(3)	(4)
X	Y	X^2	Y^2
13	16	169	256
14	18	196	324
15	19	225	361
17	21	289	441
18	20	324	400
26	27	676	729
28	17	784	289
29	24	841	576
30	12	900	144
27	23	729	529
31	11	961	121
32	22	1024	484
33	23	1089	529
34	35	1156	1225
36	25	1296	625
37	38	1369	1444
39	40	1521	1600
$\sum X$=459,	$\sum Y$=391,	$\sum X^2$=13,549,	$\sum Y^2$=10,077

$n_1 = n_2 = 17$

$N = (n_1 + n_2) = 34$

평균값

$$\overline{X} = \frac{\sum X}{n_1} = \frac{459}{17} = \underline{\underline{27}}$$

$$\overline{Y} = \frac{\sum Y}{n_2} = \frac{391}{17} = \underline{\underline{23}}$$

$$\overline{(X+Y)} = \frac{\sum X + \sum Y}{n_1 + n_2} = \frac{850}{34} = 25$$

표본분산

$$S_X^2 = \frac{\sum X^2 - n_1 \overline{X}^2}{n_1 - 1}$$

$$= \frac{13{,}549 - 17(27)^2}{16} = 72.25$$

$$S_Y^2 = \frac{\sum Y^2 - n_1 \overline{Y}^2}{n_2 - 1}$$

$$= \frac{10{,}077 - 17(23)^2}{16} = 67.75$$

$$\text{검정통계량} = \frac{\overline{X} - \overline{Y}}{\sqrt{\frac{S_X^2}{n_1 - 1} + \frac{S_Y^2}{n_2 - 1}}}$$

$$= \frac{27 - 23}{\sqrt{\frac{72.25}{16} + \frac{67.75}{16}}}$$

$$= \underline{1.352}$$

$$\text{임계치} = t_{n_1 + n_2 - 2, 0.05}$$

$$= t_{32, 0.05} = \underline{\underline{2.04}}$$

검정통계량(1.352)〈임계치(2.04)이기 때문에 우리는 5%유의수준에서 집단간에 비유의적인 차이라는 귀무가설을 기각할 수 없다.

2. 쌍체

도출된 표본이 독립적이지 않지만, 표본대상(대개의 경우 사람)을 포함하는 전후상황을 대표하는 곳에서, 우리는 더욱 강력한 통계검정을 이용할 수 있는 반복된 척도상황을 가진다. 쌍체[2)](paired cases) t검정은 효과적으로 대상간의 개별차이를 통제하여, 관찰차이는 전반적으로 처리(변경된 조건)의 탓이다. 이 경우에, 우리는 두 표본사이에 0이 아닌 차이를 관찰할 수 있지만, 동일한 방향에서 이러한 차이가 변화의 탓이 아닐 정도로 충분히 큰 차이인가?

〈도표6.6〉 쌍체 평균차이의 t검정

(1) X	(2) Y	(3) d = (X-Y)	(4) d^2	
13	16	-3	9	n = 17
14	18	-4	16	
15	19	-4	16	
17	21	-4	16	평균
18	20	-2	4	
26	27	-1	1	
28	17	11	121	
29	24	5	25	$\bar{d} = \frac{\sum d}{n} = \frac{68}{17} = 4$
30	12	18	324	
27	23	4	16	
31	11	20	400	표본분산
32	22	10	100	
33	23	10	100	$S_d{}^2 = \frac{\sum d^2 - n\bar{d}^2}{n_1 - 1}$
34	35	-1	1	
36	25	11	121	$= \frac{1272 - 17(4)^2}{16}$
37	38	-1	1	
39	40	-1	1	$= 62.5$
		$\sum d = 68$	$\sum d^2 = 1272$	

역주2) 쌍체(paired cases)는 짝이 지어진 표본을 의미한다.

〈도표6.6〉은 (세번째 행에서) 두 표본 사이의 점수차이의 측정을 상세히 설명하고 있는데, d점수의 평균과 표준편차의 계산을 가능하게 한다. 귀무가설은 모집단평균이 0이고 검정통계량이 2.02, 임계치가 2.12라는 것을 시사한다.

$$\text{검정통계량} = \frac{d-0}{\sqrt{\dfrac{S_d^2}{n-1}}} = \frac{(4)(4)}{\sqrt{62.5}} = \underline{\underline{2.02}}$$

$$\text{임계치: } t_{n-1,0.05} = t_{16,0.05} = \underline{\underline{2.12}}$$

쌍체 상황에서 검정력의 증가에도 불구하고, 검정통계량은 임계치를 여전히 초과하지 않아서 귀무가설은 5%유의수준에서 기각될 수 없다.

3. 비모수검정

표본추출이 무작위가 아닌 곳에서, 결과적인 표본은 잠재적으로 대표성이 없을 것이다. 만약 모집단분포에 관한 가정이 보장되지 않는다면, 모수검정은 신뢰할 수 없을 것이며, 우리는 비모수검정을 채택해야 한다. 〈도표6.6〉의 자료로 돌아가서, 만약 이 자료가 서열적이라면, 전통적인 t검정의 결과를 왜곡할 잠재적 측정오류 때문에 우리는 (쌍체 상황의 전후에) 비모수검정으로서 **부호검정**과 (우리가 독립적인 표본을 가지는 곳에서) **Mann-Whitney U 검정**을 이용할 수 있다.

(1) 부호검정

부호검정(sign test)을 이용할 때는 쌍체에서 가지는 양과 음의 차이의 수를 결정하기 위해 〈도표6.6〉의 행3을 단순히 감시한다. 17개 쌍체의 경우에는 9개의 음의 차이와 8개의 양의 차이를 관찰한다. 분석에서 제거할 동점의 경우는 없다(말하자면, 변화가 없는 경우가 없다).

귀무가설로 우리는 각 방향의 17/2 = 8.5부호를 기대할 것이다. 검정통계량은 다음과 같을 것이다.

$$검정통계량 = \frac{관찰치 - 기대치}{표준편차} = \frac{9 - 8.5}{\sqrt{17(\frac{8.5}{17})(\frac{8.5}{17})}} = 0.243$$

$$임계치 = Z_{0.05} = 1.96$$

확실히 검정통계량(0.243)은 임계치(1.96)보다 적어서 귀무가설을 기각할 수 없다.

(2) Mann-Whitney U 검정

〈도표6.7〉은 이 검정의 실시를 설명하고 있는데, 이것은 표본값의 순위서열에 기초하고 있다.

검정통계량은 다음과 같다.

$$검정통계량 = \frac{R_X - \overline{U}}{\sqrt{S_u^2}} = \frac{257.5 - 297.5}{\sqrt{842.92}} = 1.38$$

$$임계치 = Z_{0.05} = 1.96$$

그래서 또다시, 귀무가설은 기각될 수 없다. 임계치(1.96)는 검정통계량(1.38)을 많이 초과하고 있다.

엄격히 말하자면, Mann-Whitney검정의 이 형태를 채택하기 위해서는 두 표본(n이나 m) 중의 하나가 정규근사치를 불러내기 위해서 20보다 더 많아야 한다. 우리의 표본크기(n=m=17)의 개략치는 이것이 차이를 만들지 않을 것이라는 것을 의미하지만, 기술적 정확성을 위해 우리는 적은 표본검정을 계산할 것이다.

〈도표6.7〉 **평균차이의 Mann-Whitney U 검정**

(1)	(2)	(3)	(4)	
X	Y	R_X	R_Y	n = 17
13	16	32	29	m = 17
14	18	31	25.5	
15	19	30	24	평균
17	21	27.5	22	$\overline{U}=\frac{n}{2}(n+m+1)$
18	20	25.5	23	$=\frac{17}{2}(35)=\underline{\underline{297.5}}$
26	27	16	14.5	
28	17	13	27.5	
29	24	12	18	분산
30	12	11	33	$S_u^2=\frac{nm(n+m+1)}{12}$
27	23	14.5	19.5	$=\frac{(17)(17)(35)}{12}$
31	11	10	34	
32	22	9	21	$=\underline{\underline{842.92}}$
33	23	8	19.5	
34	35	7	6	
36	25	5	17	
37	38	4	3	
39	40	2	1	
		$\sum R_X$=257.5	$\sum R_Y$=337.5	

$$U_X=\text{nm}+\frac{n(n+1)}{2}-R_X=(17)(17)+\frac{(17)(18)}{2}-257.5=\underline{\underline{184.5}}$$

$$U_Y=\text{nm}+\frac{n(n+1)}{2}-R_Y=(17)(17)+\frac{(17)(18)}{2}-337.5=\underline{\underline{104.5}}$$

우리는 이 두 U값의 가장 적은 것과 Mann-Whitney표에서 구한 임계치(n=m=17의 경우 87)를 비교한다. 이 경우에 검정통계치는 귀무가설을 기각하기 위해 임계치보다 적어야 한다. 그래서 104.5가 87을 초과하기 때문에, 우리는 귀무가설을 여전히 기각할 수 없다.

제3절 연관성척도

가장 적절한 연관성척도는 〈도표6.8〉에서 설명한 바와 같이 측정수준에 의해 결정된다. 이 표의 각 척도는 아래에서 고려된다.[3)]

〈도표6.8〉 측정수준에 의한 연관성척도

측정수준	연관성척도
명목수준	phi, Cramer의 V
서열수준	Spearman의 'rho'(순위상관계수)
등간수준과 비율수준	Pearson의 'r'(적율상관계수)

1. Pearson상관계수(r)

상관계수 행렬은 주장컨대, 하나의 가장 유용한 예비진단정보이다. 이것은 세 가지 중요한 기능을 수행한다.

- 그것은 직관적으로 정확하고 모든 회귀방정식에서 이 변수의 부호와 일치해야 하는 모든 관계의 방향을 확립한다;
- 그것은 그러한 변수들이 종속변수와 상관관계가 높기 때문에 유용한 설명변수일 가

역주3) 연관성분석은 2개의 변수가 서로 독립적인가 아니면 이들 간에 어떠한 연관성이 존재하는가를 파악하는 분석방법으로 변수의 척도에 따라 교차분석과 상관분석이 있다. 일반적으로 분석하고자 하는 변수가 명목척도나 서열척도로 측정된 변수일 경우에는 교차분석으로 변수 간의 독립성 여부를 파악하며, 등간이나 비율척도로 측정된 변수인 경우에는 상관분석으로 연관성 정도를 분석한다. 그러나 경우에 따라서는 서열척도로 측정된 변수도 상관분석으로 분석할 수도 있다. 따라서 상관분석은 다시 서열척도일 경우와 등간이나 비율척도일 경우로 나누어지는데, 변수의 척도가 서열척도일 경우에는 Spearman 서열상관분석을, 등간이나 비율척도일 경우는 Pearson 상관분석을 이용하여 변수간 연관성 정도를 분석한다. 또한 상관분석은 두 변수에 공통으로 영향을 미치는 제3의 변수에 대한 통제 연구에 따라 일반적인 상관분석과 편상관분석으로 구분된다(이훈영, pp.327-328). 교차분석시에 0과 1사이의 값으로 나타내 주는 지수가 필요하게 되는데, 2x2교차분석표에서는 Phi를 사용하고 그밖의 교차분석표에서는 Cramer's V를 사용할 수 있다.

능성이 있는 변수라는 것을 시사한다;

- 그것은 경합적인 설명변수들간에 연관성의 강도를 계량화함으로서 다중공선성의 문제를 강조한다.

〈도표6.9〉는 등간/비율 자료에 대한 계수의 계산을 예시하고 있다. 그래서 그것은 +1(완전한 양의 상관관계)와 -1(완전한 음의 상관관계)의 범위에 있는 값을 나타낸다.

〈도표6.9〉 적율 상관관계계수(Pearson의 r)

(1)	(2)	(3)	(4)	(5)
X	Y	XY	X^2	Y^2
13	16	208	169	256
14	18	252	196	324
15	19	285	225	361
17	21	357	289	441
18	20	360	324	400
26	27	702	676	729
28	17	476	784	289
29	24	696	841	576
30	12	360	900	144
27	23	621	729	529
31	11	341	961	121
32	22	704	1024	484
33	23	759	1089	529
34	35	1190	1156	1225
36	25	900	1296	625
37	38	1406	1369	1444
39	40	1560	1521	1600
$\sum X=459$	$\sum Y=391$	$\sum XY=11,177$	$\sum X^2=13,549$	$\sum Y^2=10,077$

n = 17

평균

$$\bar{X}=\frac{\sum X}{n}=\frac{459}{17}=27$$

$$\bar{Y}=\frac{\sum Y}{n}=\frac{391}{17}=23$$

표본분산

$$S_X^2=\frac{\sum X^2-n\bar{X}^2}{n_1-1}=\frac{13,549-17(27)^2}{16}=72.25$$

$$S_Y^2=\frac{\sum Y^2-n\bar{Y}^2}{n-1}=\frac{10,077-17(23)^2}{16}=67.75$$

Pearson의 r

$$=\frac{\sum XY-n\bar{X}\bar{Y}}{\sqrt{(n-1)^2\cdot S_X^2\cdot S_Y^2}}$$

$$=\frac{(11,177)-17(27)(23)}{\sqrt{(256)(72.25)(67.75)}}$$

$$=0.554$$

이 계수의 통계적 유의성은 앞의 〈도표6.4〉에서 검정되었다. 이 상관관계계수의 제곱을 결정계수(R^2)라고 하며, 다른 변수의 변화에 의해 설명되는 한 변수의 변동(variation) 비율을 가리킨다. 그리하여 r=0.554, R^2=0.307의 경우, 말하자면, Y 변동의 30.7%가 X의 변화에 의해 설명된다(및 그 반대도 마찬가지다). 변동의 나머지 69.3%는 현재 설명되지 않고 있으며, 우리가 이러한 변수들을 둘러싼 추가적인 다변량 인과모형을 구축할 기회를 가질 때까지 그러한 상태로 있을 것이다.

2. Spearman계수('rho')

앞에서처럼, 자료나 자료가 도출된 모집단의 품질을 확신하지 않는 곳에서 우리는 순위서열(rank-order)방법을 이용할 것을 선호한다.

우리가 측정오차의 존재를 의심한다면, 연속자료를 순위로 전환(및 Pearson의 r로부터 Spearman의 rho로의 상응하는 이동)하는 것이 편리하다. Rho는 자료변환에 의해 영향을 받지 않으며, 자료를 다듬기(winsorising)할 필요도 없이 극단치(outlier)와 연관된 문제를 공평하게 처리한다. 이것의 유일한 결함은 동률순위에 관한 것이다. 즉, 소규모 표본에서 너무 많은 동률순위는 계수의 크기를 왜곡할 것이다.

〈도표6.10〉에서 분명한 바와 같이, Spearman계수는 계산하기가 간단하며, Pearson계수와 유사한 답을 가진다.

〈도표6.10〉 순위 상관계수(Spearman의 rho)

(1)	(2)	(3)	(4)	(5)	(6)
X	Y	R_x	R_y	d	d^2
				(R_x-R_y)	
13	16	17	15	2	4
14	18	16	13	3	9
15	19	15	12	3	9
17	21	14	10	4	16
18	20	13	11	2	4
26	27	12	4	8	64
28	17	10	14	-4	16
29	24	9	6	3	9
30	12	8	16	-8	64
27	23	11	7.5	3.5	12.25
31	11	7	17	-10	100
32	22	6	9	-3	9
33	23	5	7.5	-2.5	6.25
34	35	4	3	1	1
36	25	3	5	-2	4
37	38	2	2	0	0
39	40	1	1	0	0
					$\sum d^2=327.5$

n=17의 경우

$$\rho(\text{rho}) = 1 - \frac{6\sum d^2}{n(n^2-1)} = 1 - \frac{6(327.5)}{17(288)} = 0.5987$$

3. Phi와 Cramer의 V

〈도표6.11〉 분할표내에서 연관성척도

〈도표6.3〉의 2*2분할표의 경우

a	b
c	d

=

97	118
94	58

그리고 $\chi^2=9.988$이고 $N=(a+b+c+d)=\underline{\underline{367}}$

Cramer의 $V=\sqrt{\dfrac{\chi^2}{N^*\min[r-1,c-1]}}$ r은 줄이고, c는 행이다.

$=\sqrt{\dfrac{9.988}{367^*1}}$

$=\underline{\underline{0.165}}$

큰 칸 차이를 반영하는 매우 낮은 연관성척도에서

Phi계수 $=\dfrac{ad-bc}{\sqrt{(a+b)(c+d)(a+c)(b+d)}}=\dfrac{(97)(58)-(118)(94)}{\sqrt{(215)(152)(191)(176)}}$

$=\underline{\underline{-0.165}}$

큰 칸 차이를 반영하는 매우 낮은 역 연관성척도
(2*2 분할표에서 Cramer의 V와 Phi 등가)

〈도표6.3〉에서 우리는 회계정책변화에 감사법인분류를 관련시키는 자료집합으로 귀무가설을 기각할 수 있었다. 〈도표6.11〉에서 매우 낮은 연관성척도는 초기의 결과를 반영한다. 분할표(contingency table)가 각 축에서 범주의 서열집합을 반영하는 곳에서, χ^2 검정은 다른 검정들(예를 들면, Goodman · Kruskal의 **gamma**통계량이나 Kendall의 **tau**[4])통계량)보다 한계적으로 강력하지 않다. 본서의 부록2의 Smith et al.(2001)의 논

역주4) 서열척도로 측정된 변수 간의 상관관계는 Spearman의 서열상관계수나 Kendall의 tau기법으로 산출하는 서열상관계수를 이용하여 분석할 수 있다. 이들 두 가지 방법은 큰 차이가 없으므로 비교적 계산이 간편한 Spearman의 서열상관계수가 많이 사용된다. Kendall의 tau통계치는 2개의

문에 있는 〈도표2c〉가 후자의 검정을 이용한다는 것을 언급하는 것 이외에는 이들을 여기서 더 이상 고려하지 않는다.

제4절 분산분석

만약 〈도표6.1〉로 돌아간다면, 우리는 각각 비율자료와 서열자료의 다중독립표본에 대해 두 가지 검정, 즉, 분산분석과 Kruskal-Wallis검정이 있다는 것에 주목한다. 우리는 〈도표6.12〉에서 세 가지 표본예시를 고려한다.

각 크기가 $n_1=n_2=n_3=10$인 세 가지 표본이 정규모집단에서 (처음) 도출된다. 우리가 답하고자 하는 문제는 다음과 같다. 이러한 세 가지 표본이 생각컨대 동일한 모집단에서 도출될 수 있을 것인가? 또는 이들간의 차이가 그것이 수용하기에는 너무 큰 것인가? 우리는 각 표본쌍 사이에 별도의 t검정을 실시함으로써 이 문제를 다룰 수 있을 것이지만, 그것은 효율적인 방법이 아닐 것이다. 적절한 것은 독립적인 것으로 판명되지 않는 표본도 아니었다. 그러므로 우리는 세 가지 표본간의 차이가 표본내의 분명한 변동보다 더 큰지의 여부를 결정하기 위해 단일검정 즉, 일원분산분석을 실시한다.

〈도표6.12〉의 분석은 귀무가설을 기각하고 표본들이 상이한 모집단에서 도출된다는 것을 추론하기에 표본간의 분산이 표본내의 분산보다 충분히 더 크다는 것을 보여주고 있다.

순위자료가 서로 얼마나 일치하는지를 각각의 자료에 속한 순위들 간의 순서쌍의 크기를 비교해서 구한 부호를 이용하여 파악하는 방법이다. 이 tau통계치는 Spearman의 서열상관계수와 같이 2개의 순위 서울자료들 간의 상관관계를 나타내는 값으로, 다른 상관계수와 비교하여 가정이 없고, 계산하기가 쉬운 장점이 있다. 구체적인 계산방법은 이훈영(2012, pp.343-346)을 참조.

〈도표6.12〉 **일원분산분석**

처리결과

	표본(Y_1)	표본(Y_2)	표본(Y_3)	관찰치합계
	(n_1=10)	(n_1=10)	(n_1=10)	$n_1+n_2+n_3=N=30$
	32	35	44	
	30	38	46	
	35	37	47	
	33	40	47	
	35	41	46	
	34	35	43	
	29	37	47	
	32	41	45	
	36	36	48	
	34	40	47	
	$\sum Y_1=330$	$\sum Y_2=380$	$\sum Y_3=460$	$\sum(Y_1+Y_2+Y_3)=1170$
평균	$\overline{Y_1}=33$	$\overline{Y_2}=38$	$\overline{Y_3}=46$	$\overline{Y}=39$
분산	$S_1^2=4.6$	$S_2^2=5.0$	$S_3^2=2.2$	

여기서 $S^2=\dfrac{\sum(Y_i-\overline{Y})^2}{n_l}$, i=1,2,3.

$$표본분산간=\frac{\sum n_i(\overline{Y_i}-\overline{Y})^2}{K-1},\ K=표본의\ 수.$$

$$=\frac{10(33-39)^2+10(38-39)^2+10(46-39)^2}{3-1}=\underline{\underline{430}}$$

$$표본분산내=\frac{\sum n_i S_i^2}{N-K}=\frac{10(4.6)+10(5.0)+10(2.2)}{30-3}=\underline{\underline{4.37}}$$

$$검정통계량=\frac{표본분산간}{표본분산내}=\frac{430}{4.37}=\underline{\underline{98.4}}$$

임계치 F값$=F_{K-1,\ N-K,0.05}=F_{2,27,0.05}=\underline{\underline{3.37}}$

(말하자면, 5%유의수준, 2(분자) 27(분모)의 자유도)

검정통계량(98.4)가 임계지(3.37)보다 더 크기 때문에, 우리는 귀무가설을 기각해야 한다. 세 가지 처리의 결과에서 유의적인 차이가 있다.

분산분석은 유의성과 비율분산을 측정하기 위한 모형으로서 Ashton(1974)이 회계문헌에 도입하였는데, 처리의 주효과와 처리간의 상호작용에 의해 설명되었다. 이것은 집단크기가 동일할 때 이분산성문제와 다중공선성문제를 제거하고, 주효과와 상호작용효과의 불편추정을 촉진하는 수단으로 즉시 널리 채택되었다. 이론적으로, 요인계획법(factorial design)의 크기는 크게 확대될 수 있지만, 실제로는 이것을 신속하게 처리할 수 없게 된다. 빈번하게 세 번째와 네 번째 서열의 상호작용효과는 이론의 발전에 대한 이들의 기여를 제한하면서 만족스럽게 설명될 수 없다. 분산분석을 실시하기 위해 필요한 자료의 이분은 측정오차의 효과를 줄이지만, 정보손실을 초래할 것이다.

〈도표6.13〉은 분산분석의 결과가 전형적으로 제시될 방법을 상세히 보여준다. 그것은 〈도표6.12〉의 자료에 대한 변동의 원천, 자유도, 제곱의 합, 평균제곱, F검정통계량의 계산값을 포함한다.

〈도표6.13〉 분산분석 요약표

변동의 원천	자유도	제곱의 합	평균제곱	검정통계량
모형	2	800	4.30	98.4
잔여오차[5]	27	118	4.37	
합계	29			

이제 우리의 가정을 완화한다면, 〈도표6.14〉에서 설명한 사례로 이동하게 된다. 우리는 〈도표6.14〉의 세 가지 사례표본으로 여전히 활용하고 있지만, 이번에 자료의 품질에 관한 우리의 의심은 우리가 그 자료를 비율보다는 서열로 처리하고, 비모수방법을 채택하게 한다. 이것은 우리가 실제치와 Kruskal-Wallis검정보다는 자료의 순위서열을 이용할 필요가 있다는 것을 의미한다. 우선, 모든 표본 관찰치는 동점이 발생하는 곳에서 적절하게 평균하기 위해 신중하게 (1부터 30까지) 서열화된다. 그리고 나서 우리는 각 표본에 적절한 순위를 합산하며, 검정통계량을 계산한다(〈도표6.14〉를 참조).

역주5) 잔여오차(residual error)는 설명이 안 되는 오차를 의미한다.

〈도표6.14〉 Kruskal-Wallis 다중표본검정

Y_1	순위	Y_2	순위	Y_3	순위
32	3.5	35	9.5	44	22
30	2	38	16	46	24.5
35	9.5	37	14.5	47	27.5
33	5	40	17.5	47	27.5
35	9.5	41	19.5	46	24.5
34	6.5	35	9.5	43	21
29	1	37	14.5	47	27.5
32	3.5	41	19.5	45	23
36	12.5	36	12.5	48	30
34	6.5	40	17.5	47	27.5
$\sum R_1=59.5$		$\sum R_2=150.5$		$\sum R_3=255.0$	

검정통계량 $=H=\dfrac{12}{N(N-1)}\sum\dfrac{T^2}{n}-3(N+1)$

여기서 T=모든 행의 순위합

n=이 표본에서 사례의 수; N=사례의 합계(30)

K=표본의 수(3)

$$H=\frac{12}{30(29)}\sum\frac{(59.5)^2+(150.5)^2+(255)^2}{10}-3(31)$$

$$=\frac{12}{870}\times\frac{91,215.5}{10}-93=125.81-93=\underline{\underline{32.81}}$$

그러나, (이 사례의 경우처럼) 동점순위의 수가 많이 있다.

말하자면, 표본1에서 7번; 표본2에서 9번; 표본3에서 6번

조정요소 C는 $C=1-\Sigma\dfrac{t^3-t}{N^3-N}$인 곳에서 적용된다.

여기서 $C=1-\Sigma\dfrac{(7^3-7)+(9^3-9)+(6^3-6)}{30^3-30}=1-\dfrac{1266}{26,970}=\underline{\underline{0.96}}$

수정검정통계량 $=\dfrac{H}{C}=\dfrac{32.81}{0.96}=\underline{\underline{34.17}}$

임계치 $x^2_{K-1,0.05}=x^2_2=\underline{\underline{5.99}}$

검정통계량(34.17)가 임계치(5.99)를 쉽게 초과하기 때문에 우리는 다시 귀무가설을 기각해야 한다.

제5절 다변량모형구축

자료의 측정수준 및 연관된 변수가 수행한 역할에 따라, 〈도표6.15〉에서 설명하는 것처럼 다양한 모형구축방법을 이용할 수 있다.

〈도표6.15〉 측정수준에 의한 다변량모형구축방법의 요약

		독립변수	
		명목과 서열	등간과 비율
종속변수	명목과 서열	결합분석	판별분석
	명목과 서열	정준상관분석	로짓과 프로빗
	등간과 비율	다변량분산분석	정준상관분석
	등간과 비율	다중회귀분석	다중회귀분석

자료원: Cooper · Emory(1995, p.521)의 흐름도(http://www.irwin-pub.com).

〈도표6.15〉는 Cooper · Emory(1995, p.521)가 제공한 흐름도에서 채택하였다. 결합(conjoint)분석과 정준분석은 회계문헌에서는 좀처럼 사용되지 않으며(이들은 주로 마케팅문헌에서 발견된다), 더 이상 논의되지 않는다. LISREL(잠재변수에 대한 선형구조방정식모형)이 〈도표6.15〉에서 누락되어 있는데, 이는 어느 칸에 대한 배정이 자의적일 것이기 때문이다. LISREL은 무엇보다도 경로분석과 구조방정식모형을 포괄하며, 명목척도, 서열척도, 등간척도 또는 비율척도인 독립변수와 종속변수를 취급할 수 있다.

1. 회귀분석

시계열분석은 우리에게 핵심변수의 추세를 제공할 수 있는데 반하여, 실제로 이것은 충분하지 않을 것이다. 우리가 적절한 관리조치를 통해 미래가치에 영향을 주고자 한다면, 핵심변수가 가지는 값에 어떤 변수가 영향을 주는가를 알 필요가 있다. 본질적으로 우리는 핵심변수가 어떻게 그리고 왜 변하고 있는가를 보여줄 수 있는 설명관계를 전개하기 위해 변수간의 연관성정도와 이러한 변수간의 인과관계를 확립하고자 한다.

다른 회귀분석형태는 인과모형의 본질에 따라 채택될 것이다.

- 일반최소자승회귀(표준인과관계의 경우);
- 더미변수를 가진 일반최소자승회귀(단순한 조건부관계의 경우);
- 조절회귀(조절변수의 경우);
- 경로분석(매개변수의 경우, 부분회귀).

간단한 두 개의 변수(X, Y)상황의 경우, 수직축에 Y, 수평축에 X가 있는 산포도는 두 변수간의 선형관계의 강도를 드러낼 것이다. 우리는 이 형태의 선형관계의 존재를 추정하였을 것이다.

> Y=a+bX. 모수 a와 b의 값을 구체화하기 위해, 우리는 점들에 직선을 적합시킬 필요가 있다. 즉, 이들의 위치를 효과적으로 평균화하고 이들이 회귀하는 평균값을 확립한다.

이 문제에 대한 일반최소자승(OLS)의 해답은 적합선(fitted line)에서 멀리 있는 점들의 수직편차를 측정하며, 최적의 적합은 모든 점에 대해 이러한 거리제곱의 합계가 가능한 한 적은 것이다.

적합선은 관찰표본에 입각한 추정치를 우리가 처리하는 것을 신호하기 위해 덧붙여진 모자(^)를 가진 $\hat{Y}=\hat{a}+\hat{b}X$로 표시된다. 이 선은 선에서 점의 수직거리($Y-\hat{Y}_i$)에 의해 적합되는데, 여기서 $e_i=Y-\hat{Y}_i$는 적합(fitting)에 포함된 오차를 의미한다.

일반최소자승회귀선은 동시에 두 조건을 만족시키기 위해 적합된다.

i. $\sum e_i = \Phi$

양과 음의 편차가 정확하게 균형을 이루어야 한다. 그리고

ii. $\sum e_i^2$ 은 최소이다.

선으로부터 수직편차의 제곱합은 가능한 한 적다.

$\sum e^2$를 최소화하기 위해 모수 a와 b의 구체화는 다음과 같은 미분학을 이용하여 계산할 수 있다.

$$\hat{b} = \frac{\sum XY - n\overline{X}\,\overline{Y}}{\sum X^2 - n\overline{X}^2}$$

n개의 관찰쌍의 경우

$$\hat{a} = \overline{Y} - \hat{b}\,\overline{X}$$

예를 들면, 〈도표6.5〉의 자료는 우리가 X의 변화에 의해 초래되고 있는 Y의 변화를 정당화하기 위한 이론을 가지고 있었다는 가정으로, 이 형태의 회귀등식을 생성할 것이다.

$$\hat{Y} = 37.48 + (0.5363)\hat{X}$$

다행히, 대부분의 스프레드시트 소프트웨어는 이용자가 위의 공식을 다시 계산하지 않고도, 선형성의 정도에 관한 도표적 평면도(graphic plot)를 제공할 뿐만 아니라, 회귀계수와 상관계수를 계산할 것이다.

우리는 〈도표6.9〉에서 Pearson상관계수가 r=0.554이고 〈도표6.4〉에서 이 계수가 5%유의수준에서 유의적이라는 것을 안다. 그러나, 만약 우리가 r=0를 가지고 있었다면,

그것은 어떠한 관계도 존재하지 않는다는 것을 반드시 의미하는 것은 아닐 것이며, 어떠한 유의미한 **선형**관계도 존재하지 않는다는 것만을 의미할 것이다. 예를 들면, X와 Y의 순환관계는 완전한 비선형관계가 존재할지라도 선형상관계수=0을 생성할 것이다.

이와 유사하게, 0이 아닌 상관계수는 실제의 선형관계가 존재한다는 것을 반드시 의미하는 것은 아니다. 전체적으로 관련없는 두 개의 변수는 필연적으로 작은 상관계수를 낳을 것이지만, 우연히 0이 아닌 거짓(spurious) 상관계수를 낳을 것이다. 〈도표6.4〉에 있는 것들과 같은 유의성의 통계검정들은 이러한 값들이 0의 모집단으로부터 0이 아닌 표본추정치를 구성할 정도로 충분히 작은지의 여부를 나타낼 것이다.

우리가 모수추정치의 유의성에 관한 통계검정을 하게 될 때, 30을 초과하는 표본크기에 대한 경험치(a rule of thumb)는 다음과 같은 비율이다.

$$\frac{\text{표본추정치}}{\text{추정치의 표준오차}} \rangle 2$$

그리하여 표본추정치는 통계적으로 유의석이다(날하사년, 이것은 너무 커서 비존재관계의 확률추정치일 수 없다). 우리의 표준 '정규'좌표는 1.96(표준 x_1^2좌표가 3.84인 것처럼, 여기서 이것은 1.96의 제곱이다). 작은 표본의 경우에, t의 개략치는 약 2,0이며, 표준 F값은 약 4.0이다(자유도가 1인 경우에, F=t^2이기 때문이다).

이러한 임계치는 각각 이용된 표본의 크기(n)와 자료가 추정하기 위해 이용된 모수의 수(k)에 따라 변할 것이다. (n-k)가 작아짐에 따라, t-검정과 F-검정의 임계치는 증가할 것이다.

일반최소자승회귀방법은 유한한 표본크기 n개의 관찰에 입각한 추정관계로 실제관계 Y_i=a+bX_i+μ_i를 추정하고자 한다. 관계식에서 오차항 μ_i는 등식의 잔차 e_i에 의해 추정된다.

일반최소자승적합(fits)은 많은 가정을 하며, 이의 위반은 믿을 수 없는 등식으로 될 수 있다.

1. μ는 확률변수이다;
2. μ의 평균값은 0이다;
3. μ의 분산은 상수이다;
4. 변수 μ는 정규적으로 분포된다;
5. 상이한 관찰로부터 확률항(μ_t, μ_{t-1})은 독립적이다;
6. μ_i는 설명변수와는 독립적이다;
7. 설명변수는 오차 없이 측정된다;
8. 설명변수는 완전하게 선형적으로 상관관계가 성립되지 않는다;
9. 모든 변수합계는 적절하게 수행된다;
10. 식별된 관계식은 독특한 수학적 관계를 가진다;
11. 관계식은 정확하게 규정되고 있다.

분석을 위해 가정은 편리하게 두 집합으로 나뉜다. 처음 6개의 가정(1번에서 6번)은 잔차항 e_i에 의해 추정되는 것처럼, 오차항 μ과 관련이 있다. 마지막 6개 가정(6번에서 11번)은 설명변수의 행태와 관련이 있다. 여러 가지 가정들이 특히 제한된 자료만을 이용할 수 있을 때는 검정하기가 어려울 것이다. 실제로, 가정 2, 3, 5, 6의 검증은 가장 중요하다.

가정2는 $\bar{\mu}=0$을 의미하고 가정6은 $r_{\mu} \cdot x_i=0$을 의미한다. 만약 어느 것을 위반한다면, 모수추정치는 편향되고 불일치할 것이다. 말하자면, 일반최소자승이 틀린 답을 생성할 것이며, 이것은 더 큰 표본크기를 추구해도 개선되지 않을 것이다. 실제로, 우리는 $\overline{e_i}=0$를 확신하기 위해 회귀식을 적합시킬 것이며, 그리하여 우리가 가정6을 검증하기 위해 $r_{e^2 x_i}$을 관찰할 필요가 있다.

가정3은 S_{μ}^2가 실무에서 k개 모수의 추정을 포함하는 적합된 회귀등식에서 추정치 $\Sigma e^2/(n-k)$의 분산을 관찰함으로써 검증되는 상수이라는 것을 시사한다. 만약 이 가정이 충족되지 않는다면, 이분산성이 존재하고 모수추정치의 공식, 따라서 연관된 유의성검정은 불충분할 것이다. 가정5는 $re_t \cdot e_{t-1}=0$이고 시계열자료에만 적용된다는 것을 시사한다. 만약 충족되지 않는다면, 자기상관이 존재하여, 모수값과 이들의 분산에 관한 부정확한 추정치가 될 것이다. 무엇보다도 중요한 것은 가정8이 $r_{x1x2}=0$이라는 것을 시사한다는 것이다. 만약 이 조건이 위반된다면, 다중공선성이 존재하는데, 그 존재가 심각하게 나타나면 또다시 모수추정치가 편향되고 불일치하게 된다.

가정7의 잠재적 위반은 회계연구에서 문제가 되며, 자주 간과되는 문제이다. 이것은 특히 **잠재적**(latent) 설명변수를 취급할 때 그러하다(말하자면, 직접 측정될 수 없지만, 다중항목 측정도구에 기초하는 것들). 이것은 조직효과성, 직무만족, 예산참여 등과 같은 행동과학적 및 조직론 연구에서 매우 친숙한 변수를 포함할 것이다. 만약 이 변수들을 측정하기 위해 이용된 도구가 1미만의 Cronbach alpha를 나타낸다면, 측정오차를 가진다. 만약 더욱 현실적으로, 단지 0.8의 alpha를 가진다면, 이것은 다른 근거로 수용가능할 것이지만, 측정오차의 유의성은 편향된 회귀계수와 불충분한 통계유의성검정을 유도할 수 있을 것이다. Shields · Shields(1998)는 다중회귀방법이 이러한 상황에서는 부적절하고 구조방정식모형이 보다 적합한 대안이 될 것이라고 제안하였다.

회귀방정식을 적합시킨 후에는 OLS의 가정을 위반하는지에 대해 최소한 3가지 시험을 해야 하는데 이 모두는 OLS 방정시을 잘못 표현한 것(misspecification)의 증거가 된다.

- X 변수간의 상관계수의 크기를 조사하라.
- 설명변수(X_i)가 잔차(e_i)와는 독립적이며, 상관계수 $r_{e^2 x_i}$은 모든 설명변수에 대해 통계적으로 유의적이지 않다는 것을 보증함으로써 이분산성의 부재를 확증하라. 도표적으로 이것은 크기관계를 나타내는 쐐기모양의 X-Y산포도로부터 분명할 것이며, 그리하여 e_i는 X_i가 증가함에 따라 증가한다.
- 시계열자료의 경우 $r_{e_t e_{t-1}}$은 통계적으로 유의적이지 않거나 이와는 달리 Durbin-Watson d-통계량의 표로 계산한 값이 수용가능한 범위내에 있다. 도표적으로, 연속적인 시간에서 e_{t-1}에 대한 e_t의 구성(plots)은 무작위이어야 하지만, (분명히 증가

하거나 감소하는 추세를 통해) 양의 관계를 드러내거나 (톱니효과를 통해) 음의 관계를 드러낼 것이다. 이 둘은 회귀방정식에서 생략된 핵심변수를 가리킨다.

우리는 한 개 이상의 설명변수를 가지는 다변량 상황에서, 등식의 설명력(R^2)을 개선하고자 하며, 동시에 다음을 보증하고자 할 것이다.

- 계수들이 통계적으로 유의적이다;
- 계수와 표준오차가 상대적으로 안정적이다;
- 계수부호가 직관적으로 정확하다.

설득력있는 반대증거가 없다면, 우리는 이 형태의 선형관계를 적합시킴으로서 시작한다.

$$Y = a + bX_1 + cX_2 + dX_3 + \ldots\ldots$$

전진(forward) 또는 후진(backward) 단계회귀절차[6]가 이 방정식에 나타나는 추가변수들이 방정식의 설명력을 더하고, 각각 통계적으로 유의적인 한, 이 추가변수들과 더불어 그 목적으로 사용될 수 있다(예를 들면, SPSS에 의한 Burns · Burns, 2008).

결과적인 방정식은 다음과 같아야 한다.

역주6) 유용한 독립변수를 선정하기 위해서는 여러 개의 독립변수 중에 어느 변수가 중요하고 설명력이 높은지를 판단할 수 있는 방법이 필요한데, 이에는 전진선택(forward selection)방식, 후진제거(backward elimination)방식, 단계선택(stepwise selection)방식 등이 있다. 전진선택방식은 여러 개의 독립변수들 중에서 가장 중요한 변수의 순으로 하나씩 선택해 가는 방식이고, 후진선택방식은 전체 가용한 독립변수들 중엣어 불필요한 변수를 하나씩 제거해 나가는 방식으로 유용한 변수들을 선정하는 방식이며, 단계선택방식은 전진선택방식과 후진제거방식을 결합한 형태라고 할 수 있다. 먼저 전전선택방식을 이용하여 변수를 하나씩 선택해나감과 동시에 이미 선택되어 있는 변수들 중에서 다중공선성이 높게 나타나는 변수들을 후진제거방식으로 제거해 나가는 방법이다. 이러한 단계선택방식이 가장 많이 사용되는 방법 중의 하나이다(이훈영, pp.432-434).

- 최상의 가능한 설명력을 가져야 한다(기여를 거의 하지 않는 쓸모없는 변수들을 걸려내는 수정 R^2특징을 이용하여);
- 적절한 검정이 집합의 모든 변수가 통계적으로 유의적이라는 것을 보증하는 변수들의 결합을 가져야 한다;
- 일반최소자승회귀의 이용에서 묵시적인 가정의 준수를 나타내어야 한다.

〈도표6.16〉 **자선가게 사례연구의 회귀분석결과 요약**

모형요약

R	R^2	수정R^2	추정치의 표준오차	변화통계치				
				R^2변화	F변화	자유도1	자유도2	자유도 유의성변화
0.684	0.468	0.438	17.984	0.468	15.272	3	52	0.000

예측자: (상수), HELPERS, POPULATION, DECOR

분산분석

	제곱합계	자유도	평균제곱	F	유의성
회귀	14,819.081	3	4939.690	15.272	0.000
잔차	16,818.929	52	323.441		
합계	31,638.010	55			

예측자: (상수), HELPERS, POPULATION, DECOR
종속변수: 이직율

계수

	비표준계수		표준계수		
	B	표준오차	베타	t	유의성
(상수)	8.946	6.6447		1.383	0.172
DECOR	6.039	1.646	0.407	3.668	0.001
POPULATION	0.112	0.042	0.269	2.651	0.011
HEPLPERS	0.920	0.280	0.363	3.282	0.002

종속변수: 이직율

〈도표6.16〉은 회귀분석 결과를 위한 통계패키지로부터 전형적인 산출물을 보여주고 있다. 예시를 위한 자료는 Smith(1997)에서 도출되었으며, 그의 자선가게 사례연구는 소매점이직율의 성과를 상점특징과 관련시키고 있다. 산출물의 핵심적인 특징은 다음과 같다.

- 이직율과 상관관계가 높은 세 가지 설명변수(DECOR, HELPERS, POPULATION)의 포함(R=0.684).
- 0.468의 R^2는 56개의 사례인 이 표본에서 이직율변화의 46.8%가 세 가지 독립변수에 의해 설명된다.
- 수정 R^2=0.438. R^2는 방정식안에 설명변수의 수에 따라 R^2값을 축소함으로써 모형의 적합도를 반영하여 수정된다.
- 표준오차=17.984. 이것은 추정된 Y값의 회귀선에 관한 Y(이직율)의 실제값의 표준편차이다.
- 분산분석은 완전한 회귀계수의 집합(말하자면, 전체로서의 방정식)이 통계적으로 유의적이다(0.000수준에서 유의적인 F=15.272).
- B라고 표시된 행은 방정식에 회귀계수를 부여하며, 방정식을 다음과 같이 수립한다.

$$\text{이직율} = 8.946 + (6.039) \times \text{DECOR} + (0.112) \times \text{POPULATION} + (0.920) \times \text{HELPERS}$$

- 베타라고 표시된 행은 표준형태로 회귀계수를 부여하는데, 절편항은 0이다. B의 표준오차는 각 회귀계수의 표본변동가능성의 척도이다.
- t의 행은 각 변수에 대해 (B/B의 표준오차)의 비율을 계산하여 각 회귀계수의 통계적 유의성을 측정한다.

2. 조절회귀분석

정규다중회귀방정식은 다음과 같지만,

$$Y = a_0 + b_1X_1 + c_2X_2 + e$$

조절회귀분석(moderated regression analysis: MRA)의 경우는 다음과 같다.

$$Y = a_0 + b_1X_1 + c_2X_2 + d_3(X_1 \times X_2) + e$$

그리고 추가적인 상호작용항(interaction term)을 가진다. 적률항(X_1*X_2)은 Y와 X_1의 관계에 대한 X_2의 조절효과를 대표한다. 즉, Y와 X_1의 관계는 X_2의 값에 조건적이다. 변수 X_1과 X_2는 주효과를 대표하고, (X_1*X_2)는 이원(two-way) 상호작용효과를 대표한다.

계수 d_3가 통계적으로 유의적인 곳에서, 변수 X_2는 X_1과 Y의 관계에 대해 유의적인 조절효과를 가진다(이와 상응하게, X_2와 Y의 관계에 대한 X_1도 유의적인 조절효과를 가진다). 방정식에 설명변수를 추가하는 것은 삼원, 심지어 사원 상호작용효과의 평가를 촉진한다. d_3가 유의적인 곳에서 그것은 조절회귀가 b_1과 c_2가 비유의적일지라도 X_1과 X_2가 종속변수 Y에 영향을 주기 위해 상호작용하고 있다는 것을 가리키는 것을 보여주고 있다. 주효과는 Southwood(1978)과 Dunk(1995)에 따르면, 비율척도의 채택없이는 해석할 수 없을 것이다. 그리하여 Cheng(2012)은 평균에서 X_2점수들을 '낮음'(low)으로 표시한 평균미만의 점수와 '높음'(high)으로 표시한 평균이상의 점수로 이분류하면서 Dunk(1995)를 따르고 있다. X_1에 대한 Y의 두 가지 회귀(낮은 X_2를 가진 첫 번째와 높은 X_2를 가진 두 번째)를 실시하는 것은 기울기계수의 상이를 강조하고, X_1이 Y에 대해 가장 큰 영향을 줄 환경을 나타낼 것이며, 정말로 반대부호의 관계를 나타낼 것이다. 전체적으로 이들은 Y와 X_1의 관계에 대한 X_2의 조절역할을 보여준다.

회계문헌에서 조절회귀분석은 상황적합연구, 특히 예산행동(예를 들면, Otley, 1980; Brownell, 1982)과 연관해서 널리 이용되고 있다. Hartmann · Moers(1999)는 조절회귀분석방법의 적용에 관한 비판과 더불어 이 연구유형의 예를 제공하고 있다.

나아가 조절회귀방정식이 잠재적인(말하자면, 관찰되지 않은) 설명변수를 포함할 때 문제가 발생할 것이다. 그러면 상호작용항은 유의적인 측정오차를 포함할 가능성이 있는데, 이는 이 회귀분석형태가 이러한 환경에서 가장 적절한 추정방법이 아닐 것이라는 것을 시사한다.

3. 구조방정식모형과 부분최소자승

구조방정식모형의 개발은 완전한 확률(stochastic)방정식을 형성하는 단일방정식에 대한 모수추정에서 최우도추정법(maximum likelihood method)의 이용에 관한 Anderson · Rubin(1949)의 최초 논의를 따르고 있다. 잠재변수들간의 관계를 설명하기 위해 Jöreskog(1969)가 제안한 두 단계 기법이 일반적으로 인정된다(예를 들면, Hair et al., 1995; Schumacker · Lomax, 1996; Kline, 1998).

1. 관찰변수와 구성변수(잠재변수) 사이의 관계를 나타내기 위해 공분산구조의 확증적 요인분석(confirmatory factor analysis)을 이용하는 측정모형과
2. 구조방정식모형의 개발과 추정, 이것은 일단의 선형방정식을 통한 인과적 경로도표를 나타낸 것이다.

구조방정식모형은 다중공선성이 있을 때라도 해석이 가능하다. 우리는 가장 적합한 것을 결정하기 위해 기존이론과 일치하는 두 개 이상의 인과모형을 정상적으로 검정할 것이다. 구조방정식모형 소프트웨어는 모형적합도를 개선할 수정을 주장하는데 도움이 되지만, 그러한 수정이 이론적으로 정당화가능한지의 여부를 결정하는 것은 연구자에게 달려있다.

Hult et al.(2006)은 약 300개의 관찰치가 구조방정식모형의 이용에 이상적이지만, 실제로는 우리가 추정해야 하는 각 모수에 대해 약 20개의 관찰치만을 가진다면, 이 모형을 이용하는 사람은 별로 없을 것이라고 주장한다.

모든 상황(말하자면, 추정방법, 표본크기, 채택한 소프트웨어)에 수용가능한 구조방정식모형의 적합도에 관한 하나의 척도는 없다. 따라서, 대부분의 발표된 논문들은 다중적합도척도(multiple fit measures)를 보고할 것이다. 이것은 Fogarty et al.(2000)에서 8개의 상이한 적합도지표의 보고로 확대된다! Smith · Langfield-Smith(2004)는 채택한 특정모형 소프트웨어를 보고하는 것의 중요성을 언급하고 있는데, 이것이 탐구되는 관계에 영향을 줄 가능성이 있기 때문이다. 그리하여 AMOS소프트웨어(Byrne, 2001을 참조)는 논리를 근거로 하여 LISREL을 이용할 때 Collins et al.(1995)이 채택한 일부 관계를 허용하지 않을 것이다. 구조방정식모형 소프트웨어는 모형생성접근방법의 채택을 허용하는데, 이것은 추가경로를 이론적 근거로 처음에 규정하지 않았을 지라도 평가해야 한다고 주장한다. 이러한 기능이 이 접근방법의 이용에서 자료뒤지기(data mining)에 관한 광범위한 비난을 유도하였다. 비유의적인 경로는 그 제거가 모형의 적합도에서 극적인 감소로 되지 않는다면, 대개의 경우 제거될 것이다. 그리하여 Jaworski · Young(1992), Smith et al.(1993), Baines · Langfield-Smith(2003) 모두는 모형적합도를 개선하기 위해 그들의 최초모형에 경로를 더하기도 하고 빼기도 하였는데, 이러한 절차는 여전히 이론과 논리를 보존하고 있다.

Bollen · Long(1993)은 구조방정식모형을 경로분석, 부분최소자승, 잠재변수 구조방정식모형을 포괄하는 우산분류로 간주하고 있는데, 각각을 규정된 상황에서 일반최소자승회귀에 대한 우선적인 대안으로 간주한다.

전통적인 다중회귀는 하나의 종속변수와 다수의 설명변수에 국한된다. 경로분석(Pedhazur, 1982를 참고)은 하나의 방정식에서 종속변수가 두 번째 방정식에서 설명변수가 될 수 있도록, 변수들의 상호관계 분석을 촉진함으로써 자연스러운 확장을 제공하고 있다. 그러나, Maruyama(1998)는 인과관계의 한 방향만이 허용가능하다는 점에서 경로분석과 전통적인 회귀방법에 공통적인 문제를 관찰하고 있다. 그것은 규정된 관계의 장점을 추정하고 있지만, 방향에 관해서는 아무것도 말하지 않는다. 이론은 인과관계를 지정할 때 여전히 중요하다. 경로도표는 경로계수가 선형관계에서 직접효과와 간접효과를 가리키기 위해 분리될 수 있도록 이론과 일치하는 변수간의 가능한 인과관계의 방향을 보여준다. 경로분석은 회귀분석과 연관된 일상적인 모든 가정 특히, 변수의 정규성, 다중공선성의 부재, 관계식의 정확한 규정 등에 좌우된다. Chong · Chong(1997)은 회계문헌에서 경로분석이용을 적용한 예를 제공하고 있다.

구조방정식모형에는 두 가지 다른 종류가 있다. 즉, 공분산에 입각한 구조방정식모형과 분산에 입각한 구조방정식모형. (예를 들면, AMOS가 제시한 것과 같은) 공분산에 입각한 구조방정식모형은 연구모형의 확증성(confirmatory nature)을 강조한다. 이것은 공분산행렬차이를 최소화하는 방식으로 실시된다. 그리하여 기본적인 자료구조는 잠재변수의 가설적 관계를 준수한다는 것을 확증한다.

한편, 분산에 입각한 구조방정식모형은 기준(종속)변수에서 분산을 최대화하고자 하여, 연구자가 일정한 모형의 예측력을 측정할 수 있게 하며, 이론구축에 유용하게 한다.

가장 보편적인 분산에 입각한 구조방정식모형은 부분최소자승법(part least square method)인데, 이것은 Wold(1985)의 연구로 만들어졌다. 회계연구에 부분최소자승의 적용가능성에 관한 초기의 의심에도 불구하고, 이것은 널리 주장되는 공분산에 입각한 접근방법에 대한 타당한 대안으로 이제 간주된다. 현재의 추세는 부분최소자승법이 적절하게 이용될 때는 만전의 묘책(silver bullet)(Hair et al., 2011)일 것이라는 점을 시사한다. 기존의 회계문헌은 공분산에 입각한 구조방정식모형에 의한 확증적 추정치를 강조하며, 연구-이론구축 및 연관된 예측에서 가장 긴급한 현안의 하나를 무시하고 있다. 이것은 부분최소자승법이 가장 유용한 것으로 판명된 분야이다(Hair et al., 2014).

부분최소자승법은 구조방정식모형의 엄격한 가정을 충족시킬 수 없을 때 추구된 대안이라는 점에서 '빈자'(poor man)의 구조방정식모형(예를 들면, Smith, 2011)으로 한때 간주되었다. 부분최소자승법은 취약한 이론, 작은 표본크기(100미만), 정규성의 가정을 위반할 가능성이 있는 자료 등을 가질 때 선호되었을 것이다. 이론의 취약성은 설명목적보다는 예측목적으로 이용되고 있는 연성모형(soft modelling)이라고도 하는 부분최소자승법을 가끔 유도한다. 잠재변수는 이론적 구성개념인데, 이들은 많은 관찰변수가 속하는 인자분석에서 주제를 대표하는, 인자표지를 닮은(그러나 동일하지는 않는) 것으로 간주되었을 것이다. 잠재(latent)라는 단어의 이용은 측정오류의 기회가 없다는 것을 필연적으로 의미한다. 그리하여 부분최소자승법은 **잠재**변수의 그 구성이 전통적인 의미에서 잠재적이 아니라 단순히 관찰변수의 가중된 선형가법결합(weighted linear additive combination)이라는 것을 의미한다는 점에서 기술적 이유로 비판을 더 받고 있다. 회계문헌에는 부분최소자승법을 이용한 예가 이제 많이 있다(예를 들면, Ittner et al., 1997; Smith · Chang, 2009; Djajadikerta et al., 2015).

Djajadikerta et al.(2015)은 부분최소자승모형의 결과를 보고할 때 관찰될 기준을 서술하고 있다. 이들은 측정모형추정치와 구조모형모수의 두 부분으로 구분될 수 있다. 측정모형은 잠재변수와 그 지표(관찰변수)간의 관계를 규정하는 외부모형인데 반하여, 구조모형은 경로가 주어진 모형에서 잠재변수간의 관계를 가리키는 내부모형이다. 〈도표6.17〉와 〈도표6.18〉은 측정과 구조모형을 위해 주장된 보고요건을 요약하고 있다.

〈도표6.17〉 부분최소자승 측정모형 평가기준

평가	기준	주석
항목신뢰성	근본인자에 적재하는 표준화된 개별항목	0.50 최소
수렴타당성	유의성 p값으로 적재하고	p 〈 0.05
	근본인자에 적재하는 표준화된 개별항목	0.50 최소
	복합신뢰성	〉 0.70
	평균분산추출(AVE)	〉 p.50
판별타당성	AVE의 제곱근	잠재변수의 상관관계보다 더 많다.
신뢰성	Cronbach의 alpha	〉 0.70
	분산인플레인자(VIF)	〈 5

〈도표6.18〉 부분최소자승 구조모형기준

기준	주석
결정계수, R^2	0.67 실질
	0.33 평균
	0.19 취약
예측관련성, Q^2	〉 0
	Stone-Geisser 검정
효과크기, f^2	0.02 작다
	0.15 중위수
	0.35 크다
경로계수	평가:
	규모
	부호
	p값

Smith · Langfield-Smith(2004)는 회계문헌에서 구조방정식모형의 이용에 관한 실태조사의 결과를 보고하면서, 그것이 다른 행동과학분야의 수준에 비해 낮은 수준에 여전히 머물고 있지만, 이 기법이 점차적으로 이용되고 있다는 것을 언급하고 있다.7)

회계연구의 행동과학적 측면에 대한 주안점으로 잠재변수의 중요성이 강조되면서, 이 회계분야에서 구조방정식모형연구가 더욱 두드러지게 되었다.8) 잠재변수의 복잡한 내

역주7) 관리회계에서도 구조방정식모형을 적용할 것을 주장하고 적용한 연구가 일부 있다([Shields (1997), Shields · Shields(1998)], Baines · Langfield-Smith, 2003], 관리회계에서 구조방정식모형을 적용한 연구의 현황(1980년부터 2001년까지)을 살펴본 것으로는 Smith · Langfield(2004)가 있다. 구조방정식모형을 적용한 회계연구를 2000년부터 2011년까지 종합적으로 살펴본 것으로는 Herda(2013)가 있다.

역주8) 구조방정식모형은 Gregson(1992)이 회계에 적용할 것을 처음으로 주장하였으며, 오늘날까지도 구조방정식모형을 회계연구에 적용한 논문이 많지는 않지만, 행동과학을 적용한 회계연구에서 구조방정식모형을 적용할 것을 주장하고 적용한 논문이 일부 있다[Blanthorne et al.(2006), Hampton(2015)],

부작용에 관한 기존지식이 발전하여 기존지식을 확증하고 새로운 지식을 제안하고 있다.

4. 패널자료방법론

가끔 종단면(longitudinal)자료라고도 하는 패널자료는 많은 상이한 개별변수에 시간 관찰을 제공한다. 그리하여 최소한 두 개의 차원, 횡단면차원과 시계열차원이 관찰에 포함된다(Hsiao, 2007). 많은 회계연구들(예를 들면, Bai et al., 2004; Black et al., 2006; Xia · Zhu, 2009; Shan · McIver, 2011)이 패널자료회귀에 적합하다는 이유로 자료분석에 종종 STATA 통계소프트웨어를 채택하면서 패널자료의 이용에 의지하였다.

패널자료분석은 연구자에게 매우 많은 자료를 제공하여, 자유도를 증가시키고, 설명변수간의 공선성의 정도를 정상적으로 낮춘다(Hsiao, 2003). Baltagi(2005, p.4)는 전통적인 횡단면자료분석과 시계열자료분석에 대한 패널자료의 장점, 여섯 가지를 확인하고 있다.

1. 이분산성으로 인한 잠재적 편향의 영향을 감소시킨다. 이 이분산성은 시계열이나 횡단면 접근방법만으로는 쉽게 통제될 수 없다.
2. 시계열자료에 입각한 연구에 매우 대표적인 다중공선성의 정도를 감소시킨다. 패널자료는 횡단면요소가 자료를 더 정보적이게 하면서 더 큰 변동가능성을 제공하기 때문에, 이 문제가 발생할 가능성이 적다.
3. 자료의 역동성을 더 잘 대표한다. 횡단면분포는 안정적인 것으로 보이지만, 다중변화를 은폐할 수 있다. 그러나 패널자료는 조정의 본질과 정도를 더 잘 연구할 수 있다.
4. 추가차원은 패널자료가 순수한 횡단면이나 시계열자료로 탐지될 수 없는 효과를 식별하고 측정할 수 있다는 것을 의미한다.
5. 회귀제한조건의 완화는 패널자료가 횡단면이나 시계열연구로 가능한 것보다 더 많이 복잡한 모형을 구축하고 검정하기 위해 이용될 수 있다는 것을 의미한다.

6. 패널자료는 많은 개인이나 기업자료의 합계로부터 발생하는 잠재적 편향을 줄일 수 있다. 미시수준에서 개별사례로부터 자료수집은 가끔 더욱 정확한 자료측정으로 될 수 있다.

그러나 Wooldridge(2009)는 패널자료의 계량경제학적 분석은 관찰치가 시간에 걸쳐 독립적으로 분포된다고 가정할 수 없다는 것을 관찰하는데, 이는 패널자료분석을 위해 새로운 방법을 개발할 필요가 있다는 것을 시사한다. Baddeley · Barrowclough(2009)는 단순한 일반최소자승이 시간상수인 일부 고정효과(말하자면, 특정기업효과)를 가지는 표본에 대해 타당할 가능성이 없다는 것을 주장하는데, 이는 만약 이러한 고정효과가 무시되었다면, 이질성 편향(heterogeneity bias)이 증가되었을 것이기 때문이다. 이러한 편향은 시간상수인 고정효과가 개별횡단면단위에 영향을 주면서 모형에는 포함되지 않기 때문에 발생한다. 그리하여 이질성 편향은 자기상관오류를 증가시키는 '누락변수' 편향의 형태인 것으로 고려되었을 것이다. 패널추정기법은 다른 모형(말하자면, 고정효과모형이나 확률효과모형)의 채택을 통해 이질성 편향을 제거할 수 있다.

5. 고정효과모형(모수모형)

고정효과모형은 측정되지 않거나 측정될 수 없는 변수를 통제할 수 있는 회귀형태이다. 이 모형은 관찰되지 않은 개인의 시간상수차이를 직접 추정될 수 있는 일단의 고정모수로 취급한다. Allison(2009)은 고정효과모형을 이용하기 위한 기본적인 두 가지 자료요건을 주장한다. 첫째, 각 개별사례에 종속변수에 관한 최소한 두 개의 별도의 척도가 있어야 한다. 둘째, 표본간에 종속변수의 값에서 유의적인 변동이 있어야 한다.

그러나, Baltagi(2005)는 고정효과방법의 잠재적 단점을 인식하고 있다. 첫째, 회귀모형은 시간상수(time-constant) 독립변수의 검토를 허용하지 않을 것이다. 둘째, 고정효과의 표준오차추정치는 무작위효과추정치의 표준오차보다 더 클 것이다. 이러함에도 불구하고, Jager(2008)는 회계연구자의 경우, 대부분의 심각한 문제는 누락변수와 연관된 것들과 회귀모수에 대한 비일관적인 추정치들인데, 이 둘은 고정효과모형으로 통제될 수 있다고 주장한다.

Allison(2009)은 고정효과접근방법을 달성하기 위해 두 가지 다른 방법을 주장한다. 더미변수를 생성하거나, 평균편차를 구성하는 것. 자료집합에서 각각을 구별하기 위한 일단의 더미변수의 생성으로 관찰되지 않은 시간상수변수의 추정이 가능하다. 그러나 Allison(2009)은 이 방법이 회계연구에 공통적인 소프트웨어의 계산능력을 초과할 것이라고 주장한다. 이외에, Wooldridge(2009)는 이 모형의 복잡성이 다중횡단면관찰을 가진 패널자료집합에 대해 그것을 비현실적으로 만든다고 주장한다.

평균편차(mean-deviation)방법은 더 간단한 방법이다. 즉, 각 시간변동변수의 경우, 시간의 경과에 따른 평균이 각 개별사례에 대해 계산된다. 그리고 나서 특정한 개별사례의 평균이 각 변수의 관찰치로부터 제거된다. 0의 값이 나오는 곳에서, 이러한 시간상수 설명변수는 그 효과가 여전히 통제되고 있지만, 방정식에서 누락되어야 한다.

6. 확률효과모형(번량모형)

확률효과(random cffccts) 접근방법의 한 가지 장점은 확률효과모형이 비관찰변수가 각 설명변수와 상관관계가 없다고 가정하기 때문에 설명변수들이 시간의 경과에 따라 고정되어 있는지의 여부에 관계없이 시간상수 설명변수를 제거할 필요가 없다는 것이다(Wooldridge, 2009). 그러므로 이 접근방법은 큰 모집단의 특성에 관해 추론하기 위해 그 모집단에서 무작위하게 개별요소들을 도출할 때 적절하다(Jager, 2008). 이 모형은 고정효과모형보다 더 간단한 모형이며, 더욱 효율적인 추정치를 유도할 것이다. 그러나 Allison(2009)은 확률효과모형이 틀린 것으로 보여진다면 편향을 도입할 수도 있는 가정인, 관찰된 변수와 비관찰된 변수 간에 어떠한 상관관계도 가정하지 않기 때문에, 비관찰된 이질성을 실제로 통제하지 않는다고 주장하였다. 그러므로 그는 확률효과 접근방법에 내재한 편향이 무시할 정도로 충분히 작거나 제한성이 적은 고정효과모형이 더 적절한지의 여부를 결정하기 위해 **Hausman검정**의 이용을 주장하고 있다. 이 Hausman

검정은 확률효과추정치가 고정효과추정치와 동일하다는 귀무가설을 설정한다. 만약 귀무가설을 기각할 정도로 Hausman검정이 유의적이라면, 고정효과모형을 이용해야 한다.

증가하는 패널자료문헌은 패널자료모형이 오차에서 실질적인 **횡단면 의존성**을 가질 가능성이 있는데, 이는 비관찰요소와 공통충격의 존재 때문에 발생할 수 있다는 것을 가리키고 있다(Hoyos · Sarafidis, 2006). 만약 처리되지 않고 남아있다면, 횡단면 의존성은 편향과 비일관성 추정을 야기할 수 있을 것이다(Bai · Kao, 2006). Pesaran(2003)의 횡단면 의존성 검정은 STATA내에서 가끔 채택되고 있다.

등분산성(homoskedasticity)은 종속변수가 설명변수범위에서 동일한 분산수준을 가지고 있다는 가정을 가리킨다(Hair et al., 2006). 이 등분산성가정은 횡단면단위의 크기가 변동할 수 있으며, 그리하여 상이한 변동을 가지는 패널자료에 대해 제한적이다(Baltagi, 2005). 만약 분산이 설명변수의 각 값에 대해 동일하지 않다면, 이 상황을 **이분산성**(heterokskedasticity)이라고 한다. 이분산성의 존재로, 일정한 회귀계수추정치가 여전히 생산될 수 있다. 그럼에도 불구하고, 이러한 추정치들은 비효율적이며, 추정치의 표준오차는 편향될 것이다(Baltagi, 2005).

패널자료집합에서, 계열상관은 이분산성보다 최소자승추정치의 추정된 공분산행렬에 더 실질적인 영향을 줄 가능성이 있다. Wooldridge(2002)가 생산한 패널자료모형에서 계열상관에 대한 새로운 검정은 상대적으로 적은 가정을 요구하고 쉽게 실시되기 때문에, 매우 매력적이다.

7. 판별분석

앞절에서 일반최소자승 회귀방법을 이용하기 위해서는 연속적으로 측정될 수 있는 종속변수가 필요하다. 그러나 우리가 설명하고 예측하고자 하는 변수는 연속적인 성질의 것이 아닌 경우가 있을 것이다. 그것은 고/중/저, 좋음/나쁨, 성공/실패 등의 형태를 가진 범주일 수도 있다. 이들은 다른 상태를 반영하기 위해 (1,2,3) 또는 (0,1) 등의 더미변수를 할당함으로써 계량화될 수 있지만, 각 경우에, 이들은 종속변수가 취할 수 있는 유일한 값이다. 설명변수 값의 변화는 연속값을, 오로지 그 분류를 범주의 한 쪽으로 변경할 수 없다. 이러한 상황에서 우리는 단순한 회귀방법을 이용할 수 있는 것이 아니라, 대안을 모색해야 한다. 선형판별분석(Linear discriminant analysis, LDA)은 다음과 같은 경우에 이용할 수 있다.

- 식별되고 있는 집단이 분명히 분리되어 있다;
- 설명변수는 정규분포와 가깝거나 정규분포로 변경될 수 있다. 이것은 '단일변량 정규성'을 보증하는데, 여기서 '다변량 정규성'의 보다 엄격한 요건이 실무에서 검정하기가 더 어렵다;
- 설명변수간에 다중공선성이 없다.

우리는 이 형태의 등식을 구축하고자 한다.

$$Z = a + bX_1 + cX_2 + dX_3 + \ldots\ldots$$

따라서 결과적인 Z값은 사례의 범주화를 가능하게 한다. 효과적으로 우리는 한 개 (또는 연립)방정식을 생성하고 있는데, 이 방정식은 사례를 필요집단으로 구분하기 위해 설정될 수 있다. 예를 들면, 파산예측시나리오에서, 이익, 부채, 유동성을 대표하는 재무비율을 이용하는 세 가지 변수판별모형의 구축은 축(axis)들이 방의 구석에서 구축되는 직사각형 방의 공간에 대해 가시화될 것이다. 이익비율은 천장을 향해 수직적으로 벋어가며, 유동성과 부채의 축은 벽 아랫도리의 굽도리널(skirting boards)을 따라 오른쪽 모퉁이에 있다. 고려중인 회사사례는 세 가지 비율결합을 대표하면서 공간에서 점으로 보일 것이며, 판별분석은 모든 파산기업이 이 평면의 한 쪽에 그리고 건전한 기업들은 다른 쪽에 있도록 이 공간에 평면을 설정하고자 할 것이다. 모든 기업사례를 어느 쪽에 정확하게 분류하는 것이 불가능하였더라도, 최적평면의 방정식은 다음에 의해 주어졌을 것이다.

$$Z = a + (b \times \text{이익}) + (c \times \text{유동성}) - (d \times \text{부채})$$

여기서, b, c, d 등은 각 비율에 부여된 가중치이다.

a는 상수인데, 그 값이 파산집단과 비파산집단의 기준을 결정한다.

$Z > 0$은 재무건전의 상태와 일치한다.

$Z < 0$은 이 기업이 이전에 파산한 기업의 재무경력과 유사한 재무경력을 가지고 있다는 점에서 재무파산의 상태와 일치한다.

음의 점수를 나타내는 것이 반드시 파산을 예고하는 것은 아니지만, 이 기업이 이전에 파산기업의 경력을 가지고 있다는 점에서 재무파산의 징후를 보이고 있다. 그러므로 음의 점수는 그 구성원이 세심한 주의를 필요로 하는 이 재무파산집단으로부터 미래파산이 거의 확실하게 온다는 점에서 조기경고를 제공한다(Smith, 2005, p.263).

선형판별분석(예를 들면, Altman, 1968; Altman et al., 1977; Taffler, 1983) 또는 LOGIT(예를 들면, Ohlson, 1980; Zavgren, 1985) 등과 같은 다변량기법들이 일단의 계산된 재무비율에 기초한 파산기업과 비파산기업의 표본들을 가장 잘 판별하는 적절한 모형을 생성하기 위해 이용되고 있다. 그리고 파생모형은 다른 기업을 잠재적 파산이나 금융적 건전으로 분류(예측)하기 위해 이용될 수 있다. 전형적으로 이러한 모형은 매우 높은 정도의 정확성을 가지고 파산기업과 비파산기업을 구별할 수 있으며(예를 들면, Altman, 1993, pp.219-220; Taffler, 1995), 실무에서 널리 이용되고 있다(예를 들면, Altman, 1993, pp.218-219; Taffler, 1995).

그리하여, 원래의 Taffler(1983)모형은 (Agarwal · Taffler, 2007에 의하면) 다음과 같이 구체화될 수 있다.

$$Z = 3.2 + 12.18X_1 + 2.5X_2 - 10.68X_3 + 0.0289X_4$$

여기서 X_1 = 법인세차감전순이익/유동부채

X_2 = 유동부채/부채합계

X_3 = 유동부채/자산합계

$$X_4 = \frac{(\text{방어자산}^{9)} - \text{실제부채})}{\text{매일의 예상지출}}$$

$$= \frac{(\text{유동자산} - \text{재고자산} - \text{유동부채}) \times 365}{\text{매출액} - \text{법인세차감전순이익} + \text{감가상각비}}$$

Smith · Taffler(2000)는 두 집단 선형판별분석의 맥락내에서 그 서사내용을 기준으로 파산기업과 비파산기업의 분류를 상세히 다루고 있다. 이들의 판별함수는 다음과 같은 식이다.

$$Z = d_0 + d_1v_1 + d_2v_2 + d_3v_3 + ...$$

여기서 Z는 판별점수이고, $\{v_i\}$은 분석에 포함하기 위해 선택된 변수이며, $\{d_i\}$은 최적계수이고, d_0는 상수항인데, 두 집단간에 선택(cut-off)기준을 대표한다.

파산기업을 비파산기업으로 분류하고, 비파산기업을 파산기업으로 분류하는, 유형1과 유형2 오류의 차별비용, 말하자면 C_1과 C_2와 기업모집단에서 잠재적 파산과 지급능력이 있는 기업의 차별비율 p_1과 p_2를 고려하기 위해, d_0이 $\ln\left(\frac{p_1}{p_2} \cdot \frac{C_1}{C_2}\right)$에 따라 수정된다.

Altman(1993, pp.254-263)은 미국에서 민간은행 대부결정의 경우, p_1/p_2의 비율이 2/98이고 C_1/C_2의 비율은 약 31배이다.

2차판별분석(Altman et al., 1977), LOGIT, PROBIT(예를 들면, Ohlson, 1980; Zavgren, 1985)과 같은 다른 다변량 방법론, 재귀적 분할(recursive partitioning)

역주9) 방어자산(defensive assets)은 일반적으로 위험이 낮고 변동성이 적은 현금이나 고정이자가 발생하는 투자자산을 의미한다.

(Frydman et al., 1985), 신경망(예를 들면, Altman et al., 1994)과 같은 비모수방법들은 문헌에 상세히 설명되어 있지만, 전통적인 선형판별분석(예를 들면, Hamer, 1983; Lo, 1986을 참조)과 비교해서 이러한 접근방법과 연관된 유의적으로 우수한 성과의 증거는 없다. 이것은 아마도 고전적인 선형판별모형이 실무에서 매우 강건하기 때문일 것이다(예를 들면, Bayne et al., 1983).

이상적으로, 분류모형의 타당성은 그것이 '보류표본'(hold-out sample)[10)]에서 다른 사례를 얼마나 잘 예측(분류)하는가를 살펴봄으로써 검정할 필요가 있다. 만약 어떤 모형이 보류표본에 잘 적용되지 못한다면, 두 가지 가능성이 존재한다. (1) 이 모형이 특정한 표본이거나 (2) 보류표본이 도출된 모집단을 대표하지 않는다. 자료는 수집하기 어렵기 때문에, 특히 대응표본, 보류표본이 가끔 사치(luxury)로 간주된다. 문제에 대한 공통적인 해결은 그 모형이 기초하고 있는 사례를 변경함으로써 모형의 타당성을 검정하는 것이다.

도출된 모형의 타당성은 Lachenbruch(1967)의 jack-knife 보류검정 접근방법을 이용하여 시도되는데, 이 접근방법은 진실한 오분류확률에 관해 거의 비편향된 추정치를 제공한다. 이 접근방법에서, (n_1+n_2) 판별함수는 매번 보류된 다른 관찰치와 더불어, 크기 n_1과 n_2 관찰치의 원래자료표본에서 계산되는데, 보류된 다른 관찰치는 나머지 사례 (n_1+n_2-1)로부터 계산된 함수에 의해 재분류된다. 만약 m_1과 m_2의 관찰치가 각각 두 집단에서 오분류된다면, 비율 m_1/n_1과 m_2/n_2는 진실한 오분류확률에 관한 거의 비편향된 추정치를 제공할 것이다.

Simnett · Trotman(1992)은 실무에서 재무파산(financial distress)모형을 이용하지 않는 핵심적인 세 가지 이유를 확인하고 있다.

1. 대부분의 실무가들의 공식적인 훈련의 부재;

역주10) 보류표본은 예측모형을 산출하기 위해 설계된 다중회귀분석, 판명함수분석, 기타 분석유형이 개발되고 있을 때, 추정으로부터 보류된 관찰표본을 의미하는데, 미래점수를 예측할 수 있는 이 모형의 능력은 보류표본의 자료를 예측할 수 있는 그 능력에 의해 추정될 수 있다.

2. 이 모형들의 기초를 이루는 통계가정에 관한 비판;
3. 유용한 판별요인으로 널리 인정되는 비재무변수를 포함하지 못한 것.

이 현안의 세 번째를 다루기 위해서는 더 많은 연구가 필요하다. 재무성과의 평가에서 이러한 모형들의 잠재적 유용성을 나타내기 위해 제한된 증거가 제공되었지만(예를 들면, Smith · Graves, 2005), 인정된 실행어려움을 극복하기 위해 추가연구가 필요하다.

8. LOGIT과 PROBIT

판별분석은 자료가 그 적용의 핵심가정을 위반하기 때문에 일부 환경에서는 최적의 추정방법이 아닐 것이다.

- 설명변수는 다변량 정규분포를 가진다고 가정된다. 그러나 많은 재무변수 특히 파산예측에서 이용되는 재무비율은 정규적으로 분포되어 있지 않다(Eisenbeis, 1977; McLeay, 1986). 0의 하한을 가지는 변수는 불가피하게 비정규적이다.
- 표본은 각 모집단으로부터 무삭위적으로 도출되었다고 가정된다. 이러한 조건은 실패한 사례가 있더라도 무작위표본이 생성할 가능성과 파산사건의 희소성 때문에, 파산예측연구에서 거의 충족되지 않는다. 사례선택을 위해 널리 이용되는 대응쌍(matched pairs) 기법이 이 가정을 구체적으로 위배한다.
- 거의 충족되지 않는 가정인 집단공분산행렬은 선형분류방법을 이용해야 한다면 동일해야 한다.

Logistic(LOGIT)과 probablistic(PROBIT) 회귀는 이러한 제한적 가정을 필요로 하지 않으며, 그리하여 우리가 앞에서 본 바와 같이 예측결과가 거의 영향을 받지 않더라도 가끔 더 적절한 추정방법이다. 중요하게도, 사례대응을 포함하지 않는 표본추출기법은 규모, 산업, 경기순환 등과 같은 변수를 기업파산의 분석에 포함할 수 있게 한다. 많은 연구자(예를 들면, Ohlson, 1980; Zmijewski, 1984; Koh, 1991; Lennox, 1999)가 회계문헌에서 LOGIT과 PROBIT방법을 채택하고 있다.

로짓회귀모형은 모형을 다음과 같이 추정한다.

$$Log[P_i/(1-P_i)] = a + B_1X_1 + B_2X_2 + ... B\ X$$

여기서 P_i는 연구중인 사건의 확률이다.

LeClere(2000)는 확률의 탄력도가 파산확률에 대한 독립변수의 영향에 관해 가장 잘 나타내고 있다고 주장한다. Shumway(2001)는 Ohlson(1980)을 따라, 다음과 같이 이후의 파산확률에 기초하여, 재무파산을 모형화하기 위해 로짓회귀를 이용하고 있다.

$$LN((odds\ 비율) = -7.811 + (4.068)X1 - (6.307)X2 - (0.158)X3 + (0.307)X4$$

여기서 X1 = TL/TA

X2 = NI/TA

X3 = CA/CL

X4 = LN(AGE)

NI/TA(순이익변수)에 대한 계수 -6.307은 지수를 해석할 수 있게 한다. 즉, $e^{-6.307} = 0.0018$. 따라서 NI/TA의 한 단위 증가는 이 모형의 다른 공변량이 통제될 때, 파산의 가능성을 0.18%만큼 감소시킨다.

파산예측환경이외에, Trubik · Smith(2000)은 소매금융에서 고객이탈을 설명하는 모형을 개발하기 위해 로짓회귀를 이용하고 있다. 그들은 잔류 대 이탈의 가능성을 검토하기 위해 네 가지 변수모형을 보고하고 있다.

$$LN(odds\ 비율) = -7.9439+(0.7031)X1+(3.8607)X2+(2.4333)X3+(0.9933)X4$$

여기서 X1 = 은행에 구좌를 가지고 있는 년수
X2 = 수수료면제수준
X3 = 은행제품의 수
X4 = 이용한 배달경로

선형판별분석의 경우처럼, 분류목적의 기준은 상대적인 오분류비용에 의해 결정된다. 그리하여 파산예측모형의 경우, 우리는 유형1: 유형2 오분류오류의 상대비용에 의해 지도될 것이다. 우리의 고객이탈 예에서, 문헌은 신규고객을 모으는 것과 기존고객을 유지하는 것 사이에 10:1의 비용비교와 은행고객의 83.2%를 정확하게 분류하는 0.05의 기준치(cut-off value)를 주장한다.

9. 다변량분산분석

만약 분산분석이 결국에는 상호관계가 있는 것으로 보여진 종속변수들에 대해 연속적으로 채택되었다면, 신뢰할 수 없는 추론을 하였을 것이다. 이러한 환경에서, 모든 변수와 이들의 상관관계를 동시에 검정하는 방법(다변량분산분석)을 이용하는 것이 더 좋다. 그리하여 다변량분산분석은 분산분석과 매우 유사하며, 이것이 한 가지 이상의 종속변수를 취급할 수 있다는 점을 제외하고는 동일한 기본원리로 작용한다. 분산분석의 경우처럼, 다변량분산분석은 집단내의 분산과 집단간의 분산을 비교함으로써 집단간의 차이를 측정하기 위해 F검정을 이용한다.

다변량분산분석은 동일성의 귀무가설로 여러 모집단의 다변량평균(중심)간의 차이를 평가한다. 귀무가설이 거부될 수 있을 때, 이후의 검정은 그 차이의 원천을 지적하기 위해 수행될 수 있다. 즉,

- 단일변량 F검정은 종속변수의 각각에 대해 실시되거나,
- 복수의 판별분석.

이러한 분석에서 이용하기 위한 종속변수는 서로 상관관계가 있어야 한다. 그렇지 않다면, 다변량분산분석을 이용하는 것에 대한 정당성이 없다. 그렇다면 별도의 F검정을 수반한 분산분석이 더 적절할 것이다.

본장의 내용은 다룬 기법과 시도한 범위의 깊이에 의해서 불가피하게 타협적이다. 최근의 회계문헌의 탐색, 특히 계량적 접근방법을 선호하는 그러한 학술지는 여기서 서술된 것보다 더 복잡한 방법과 검정을 드러낼 것이다. 그러나 위에서 고려한 것은 채택되고 보고될 가능성이 매우 높은 분석적 도구를 여전히 대표한다. 계량적 방법의 수학은 위협적이며 이로 인해서 일부 연구자가 가장 엉성한 가설검정조차도 수행하는 것의 잠재적 장점을 무시할 수 있다. 그러나 본장의 가장 중요한 요소는 주장컨대 가장 비계량적이다.

- 관찰을 비교할 예상빈도와 결과를 확립할 수 있게 하는 이론의 인식;
- 표본선택의 기본원리;
- 측정현안.

점차적으로 복잡한 실험설계를 취급하기 위해 증가하는 정교한 대규모 계산(number-crunching)은 유의성검정과 모형구축을 위해 존재하는 잠재성을 나타내기 위해 이러한 기반에 입각해서 구축하면서 이차적이다.

더 읽을거리

*이훈영(2012), **연구조사방법론**, 제2판, 청람.

Agarwal, V. and Taffler, R.J.(2007), "Twenty-five Years of the Taffler Z-Score Model: Does It Really Have Predictive Value?", *Accounting and Business Research*, 37(4), 285-297.

Altman, E.I.(1968), "Financial Ratios, Discriminant Analysis and the Prediction of Corporate Bankruptcy", *Journal of Finance*, 23(4), 580-609.

Ashton, R.H.(1974), "An Experimental Study of Internal Control Judgement", *Journal of Accounting Research*, Spring, 12(1), 143-157.

Baines, A and Langfield-Smith, K.(2003), "Antecedents to Management Accounting Change: A Structural Equation Approach", *Accounting, Organizations and Society,* 28(7/8), 675-698.

Baltagi, B.H.(2005), *Econometric Analysis of Panel Data*, Chichester: John Wiley.

*Blanthorne, C., Jones-Farmer, L.A. and Almer, E.D.(2006), "Why You Should Consider SEM: A guide to getting started", *Advances in Accounting Behavioral Research*, 9, 179-207.

Burns, R.P. and Burns, R.(2008), *Business Research Methods and Statistics Using SPSS*, London: Sage.

Byrne, B.M.(2001), *Structural Equation Modelling with AMOS: Basic Concepts, Applications and Programming*, Mahwah, NJ: Lawrence Erlbaum.

Cheng, M.T.(2012), "The Joint Effect of Budgetary Participation and Broad-scope Management Accounting Systems on Management Performance", *Asian Review of Accounting*, 20(3), 184-197.

Cooper, D.C. and Emory, C.W.(1995), *Business Research Methods*, New York: Irwin.

Djajadikerta, H.G., Mat Roni, S. and Trireksani, T.(2015), "Dysfunctional Information System Behaviors Are Not All Created the Same: Challenges to the Generalizability of Security-based Research", *Information and Management*, 52(8), 1012-1024.

Dunk, A..(1995), "The Joint Effect of Participative Budgeting and Managerial Interest in Innovation on Departmental Performance", *Scandinavian Journal of Management*, 11(1), 75-85.

Eisenbeis, R.A.(1977), "Pitfalls in the Application of Discriminant Analysis In Business, Finance and Economics", *Journal of Finance*, 22(3), 875-890.

Geisser, S.(1974), "A Predictive Approach to the Random Effects Model", *Biometrika*, 61(1), 101-107.

*Gregson, T.(1992), "The Advantages of LISREL for Accounting Researchers", *Accounting Horizons*, 6(4), 42-48.

Hair, J.F., Anderson, R.E., Tatham, R.L. and Black, W.C.(1995), *Multivariate Data Analysis with*

Readings, 4th edn, Upper Saddle River, NJ: Prentice Hall.

________, Black, W.C., Babin, B.J., Anderson, R.E. and Tatham, R.L.(2006), *Multivariate Data Analysis*, 6th edn, Upper Saddle River, NJ: Pearson Prentice Hall.

________, Ringle, C.M. and Sarstedt, M.(2011), "PLS-SEM: Indeed a Silver Bullet", *Journal of Marketing Theory and Practice*, 19(2), 139-151.

Hair, Jr, J.F., Sarstedt, M., Hopkins, L. and Kuppelwieser, V.G.(2014), "Partial Least Squares Structural Equation Modelling(PLS-SEM)", *European Business Review*, 26(2), 106-121.

*Hampton, C.(2015), "Estimating and Reporting Structural Equation Models with Behavioral Accounting Data", *Behavioral Research in Accounting*, 27(2), 1-34.

Hartmann, F.G.H. and Moers, F.(1999), "Testing Contingency Hypothesis In Budgetary Research: An Evaluation of the use of Moderated Regression Analysis", *Accounting, Organizations and Society*, 24(4), 291-315.

*Herda, D.N.(2013), "Structural Equation Modeling in the Accounting Literature: observations and suggestions", *Journal of Theoretical Accounting Research*, 8(2), 103-138.

Hsiao, C.(2007), "Panel Data Analysis - Advantages and Challenges", *Test*, 16(1), 1-22.

Hult, G.T.M., Ketchen, D., Cui, A.S., Prudhomme, A.M., Seggie, S.H., Stanko, M.A., Xu, A.S. and Cavuseil, S.T.(2006), "An Assessment of the Use of Structural Equation Modelling in International Business Research", in D.J. Ketchen and D.D. Bergh(eds.), *Research Methodology in Strategy and Management*, 3, 385-415.

Jager, P.D.(2008), "Panel Data Techniques and Accounting Research", *Meditari Accountancy Research*, 16(2), 53-68.

Kline, R.B.(1998), *Principles and Practice of Structural Equation Modelling*, New York: Guilford Press.

Schumacker, R.E. and Lomax, R.G.(1996), *A Beginner's Guide to Structural Equation Modelling*, Mahwah, NJ: Lawrence Eribaum.

Smith, D. and Langfield-Smith, K.(2004), "Structural Equation Modelling In Management Accounting Research", *Journal of Accounting Literature*, 23, 49-86.

Southwood, K.E.(1978), "Substantive Theory and Statistical Interactions: Five Models", *American Journal of Sociology*, 83(5), 1154-1230.

Stone, M.(1974), "Cross-Validatory Choice and Assessment of Statistical Predictions", *Journal of the Royal Statistical Society*, 36(2), 111-147.

Taffler, R.J.(1983), "The Assessment of Company Solvency and Performance Using a Statistical Model: A Comparative UK-based Study", *Accounting and Business Research*, 15(5), 295-308.

Wold, H.(1985), "Partial Least Squares", in S. Kotz and N.L. Johnson(eds), *Encyclopedia of Statistical Sciences*, Volume 6, New York: Wiley, 581-591.

Wooldridge, J.M.(2002), *Economic Analysis of Cross Section and Panel Data*, London: The MIT Press.

제7장 질적 자료분석

질적 자료분석은 초점이 **수치**가 아닌 **의미**에 있다는 것을 시사한다. 표본크기는 상대적으로 작지만, 자료수집은 집중적이다.

Patton(2002, p.432)은 텍스트자료의 분석을 위해 모든 것을 포괄하는 하나의 방법은 없다고 말하고 있다. 질적 자료분석은 자료를 결과로 변형한다. 이 변형을 위한 공식은 존재하지 않는다. 지침은 있지만 기준은 없다. 방향은 제공될 수 있지만, 최종 목적지는 도착할 때만 알려지고 각 탐구자에게 독특할 것이다.

Malsch · Salterio(2016, p.5)는 현장연구의 저자가 다루어야 하는 다섯 가지 관심분야를 구체화하고 있다.

- 이론이 수행하는 역할;

• 믿을 수 있는 연구의 실시를 보여주는데 충분한 표본크기요건;
• 연구결과가 신뢰받을 수 있기 위한 자료품질의 평가;
• 연구가 연구결과의 적절한 발표를 어떻게 보여주는가;
• 연구가 연구분야에 어떻게 기여하는가.

제1절 자료관리

Silverman(2005)은 세 가지 과정의 채택을 주장하고 있다. 즉, 자료축소, 자료공시, 자료해석. 이것은 **귀납**법(예를 들면, 근거이론)을 이용하거나 소프트웨어의 범위를 초월해서 만들어질 필요가 있는 개념체계나 지침을 제공하기 위해 확립된 이론에 의존하는 **연역**법을 통해서 실시될 수 있다.

질적 자료의 기본적인 분석은 자료수집동안 **관찰**단계에서 발생한다. 최초의 인상이 형성되고 그후의 (면접, 서류 등으로부터) 노트작성이 강조와 관계 등에 관한 최초의 아이디어를 드러낼 것이다. 이러한 초기의 인상은 우리가 내용을 해석하고 상이한 정보들을 연결함으로써 자료를 조직화하는 것을 시작할 수 있는 최초의 **코딩**(coding)시스템의 확립에 도움이 될 것이다. 연구자 특히 미숙련연구자는 분석될 서사정보의 양에 의해 쉽게 압도된다. 짧은 면접의 초고도 여러 페이지의 자료를 생성할 것이다. 그러므로 규율적이고 체계적인 접근방법은 그러한 정보과부하를 극복하는데 본질적이며, 좋은 코딩시스템은 이것을 할 수 있다. 그러나 우리가 여전히 질적 연구를 실시하고 있다는 것을 보증하기 위한 코딩단계에서 조심해야 한다. 우리는 단순히 양적 명칭(label)으로 되는 부호를 부착하기를 원하지 않는다. 즉, 코딩시스템은 환경의 풍부성이 유지되도록 자료의 다양성과 특징을 가진다는 것이 필수적이다.

최초 코딩시스템의 공식화와 수정은 중요한 기능이며, 연구자가 수행할 필요가 있는 기능이다. 여기서는 컴퓨터소프트웨어가 별로 도움이 되지 않는다. 그러나, 우리가 많은 서사자료의 효율적인 코딩에 오게 될 때 그것은 많은 도움이 된다. 소프트웨어는 코딩에 대한 일관성있는 접근을 촉진하고 편향을 도입할 기회를 감소시키는데 도움을 줄 수 있다. 최초의 코딩시도에는 대개의 경우 너무 넓거나, 특별한 자료뉴앙스를 적절하게 반영하지 않는 범주를 만들게 되어 결함이 있을 수 있다. 다른 부호는 너무 좁거나 부분적으로 중복되고, 합계를 필요로 하고 있다. 여기서 컴퓨터소프트웨어는 대체적 코딩시스템의 민감도분석이나 부호간의 가능한 관계에 관한 가설검정으로 도움이 될 수 있다.

최근의 연구는 질적 자료를 분류하고 관리하는데 도움을 주기 위해 이용되고 있는 많은 소프트웨어 페키지 NUD*IST(예를 들면, Richards et al., 1992), NVivo(예를 들면, Welsh, 2002), ATLAS/ti(예를 들면, Muhr, 1992) 등이 제공한 잠재적 도움을 인식하고 있다. Fielding · Lee(1998), Kelle(1995)도 컴퓨터에 입각한 접근방법에 유용한 원천을 제공하고 있다. 그러나 소프트웨어의 범위를 초월한 의사결정을 종종 할 필요가 있기 때문에, 편람(manual)에 의한 방법이 가끔 보편화되어 있다. 예를 들면, 연구자는 범주화목적으로 주제나 주제어를 확립할 필요가 있을 것이다. 소프트웨어는 분류에 큰 도움이 되지만, 검색을 위한 핵심요소의 확립은 연구자중심이어야 한다. Fogarty(2006)는 회계연구에서 양적 자료에 대한 지속적인 주안점을 문제시하고, 미래의 주안점은 회계의 단어 및 언어와 관련이 있는 질적 연구에 있어야 한다고 주장하고 있다. 그는 회계서사의 내용분석을 위해 NUD*IST와 DICTION을 이용하는 프로젝트를 더 강조하고 있다.

Miles · Huberman(1994)은 양상과 변이(variation)를 쉽게 조명하기 위해 사례간에 주제의 비교를 촉진하는 자료분석에 대한 행렬(matrix) 접근방법의 이용을 권고하고 있다. Abernethy et al.(2005)는 인과적 지도, 연구자의 직관, 참여자의 피드백, 기록된(documented) 단어에 입각한 부호 등을 반영하는 혼합방법을 권고하면서 이 연구에 다른 접근방법을 제안하고 있다. 이러한 접근방법은 우연히 기존이론에 맞는 양상을 노골적으로 추구하는 연구자의 위험을 극복하는 양상을 식별하기 위해 구조적인 방법을 채택하고자 한다. 연구결과가 놀라움으로 다가오고 기존이론을 문제시하는 것으로 보인다면, 연구결과는 더욱 흥미로울 것이다(예를 들면, Merchant · Manzoni, 1989).

코딩단계에서, 다른 많은 접근방법은 해석, 설명, 이론화 등을 도와주기 위해 채택되었을 것이다. 특히

- 근거이론. 이것은 지속적인 범주비교를 이용하고, 가설을 생성하기 위해 귀납적 접근방법을 이용한다(제3장과 제10장을 참고);
- 담론분석. 이것은 내용의 시계열분석처럼, 시간의 경과에 따라 개인간의 의사소통의 양상을 검토한다;
- 내용분석. 제11장과 아래에서 상세하게 살펴보며, 핵심적 주제를 식별한다.

제2절 타당성문제

각 질적 증거(예를 들면, 문서, 관찰노트, 면접초고)는 먼저 신뢰성과 타당성을 위해 평가되어야 한다. Lillis(2006)는 통제집단이 없을 때, 타당성이 문제가 될 수 있다는 점을 관찰했다. 그러나 그녀는 질적 연구자가 구성타당성, 내적 타당성, 외적 타당성, 신뢰성 등의 문제를 다루어야 한다고 권고하고 있다. Ahrens · Dent(1999)는 현장연구의 연구자가 양적 연구자처럼 자신의 연구를 실시하고 보고할 때 엄격하고 비편향적이어야 한다는 점을 강조한다.

Atkinson · Shaffir(1998)는 현장연구가 더욱 풍부하고 미묘한 복잡성을 포착함으로써 양적인 대안보다 훨씬 더 큰 정도까지 구성타당성을 생성할 수 있다고 주장한다. 그러나 만약 현장연구가 이론적 구성을 경험적 관찰로 대응시킬 때 성공적이어야 한다면, 현장연구는 여전히 복수의 증거원천을 필요로 한다. Lillis(2006)는 현장연구가 경합적인 관찰설명의 형성을 촉진하지만, 변수간의 관계의 본질에 관한 비편향적인 결론에 도달하는 것이 불가능하기 때문에 내적 타당성의 논증은 여전히 문제로 남아 있다.

Lillis(2006)는 자료분석과정의 두 가지 주요한 단계에서 신뢰성에 대한 위협을 구별

하고 있다. 즉, (i) 자료를 특정한 구성개념에 부착할 때와, (ii) 구성개념간에 연결을 할 때. 분명한 의사결정 규칙은 두 과정을 지도해야 하며, 복수의 부호자(coders)는 이러한 의사결정규칙이 적절하게 실시된다는 것을 보증하는데 도움이 된다. 부호자 사이의 신뢰성 척도(예를 들면, Malina · Selto, 2001; Abernethy et al., 2005)는 그러한 환경에서 유용한 필요물로 된다. 그러나 Lillis(1999, 2006)는 독립적인 지지증거의 부재 때문에, 복수부호자의 이용을 내적 타당성을 생성하는데 필요하지만 충분치 않은 수단으로 간주한다. **외적 타당성**의 탐색은 현장연구가 이론과 연구결과 사이의 연결을 검토하고자 하기 때문에, 상이한 문제를 제기한다. 자료수집의 맥락과 시기결정은 이것을 거의 불가능하게 할 것이기 때문에, 그것은 다른 상황에 일반화가능한 연구결과를 제시하고자 하지 않는다. 장소간에 일반화가능성을 추구하는 곳에서, 이것은 상이한 장소에서 유사한 사건의 관찰을 가능하게 하는 복수의 사례연구를 통해 가장 잘 달성된다(예를 들면, Eisenhardt, 1989, 1991; Scapens, 1990).

공통절차를 이용하는 독립연구자들이 정확하게 동일한 결과를 생산할 것이기 때문에, 신뢰성의 문제도 현장연구에서 문제시되고 있다. 즉, 기록된 관찰은 특정한 장소와 시간에서 참여자와 연구자의 인지, 태도, 개인특성에 의해 채색될 것이다(Otley, 2001, p.248). 신뢰성에 대한 이러한 주요한 위협은 자료를 수집하는 동안 세세한 것에 주목하고 집중해서 다루어야 한다. Lillis(2006, p.470)가 언급한 바와 같이,

> 복수의 증거원천들이 평가 · 비교되고, 정의가 수정되고, 의사결정규칙이 생성 · 수정되며, 코딩체계가 검정 · 변경되며, 생산적이고 비생산적인 주제분석이 실시되기 때문에, 실시된 절차의 기록 뿐만 아니라, 이루어진 의사결정의 감사증적에 대한 요구가 있다.

제3절 내용분석

내용분석은 텍스트로부터 타당한 추론을 하기 위해 일단의 절차를 이용하는 방법으로 정의된다. 이 추론은 메시지의 전달자(sender), 메시지 자체, 메시지의 청중에 관한 것이며, 이 추론과정을 위한 규칙은 조사자의 관심에 따라 변한다(Weber, 1985). 문학유형의 통계적 연구 특히 저작의 진실성에 관한 논쟁을 해결하는 것들은 1850년대로 거슬러 올라가며, Mosteller · Wallace(1963)의 모형에 의해 잘 예시되는데, 이 모형은 whilst, upon, enough 등의 단어의 발생에 기초한 연방주의자 서류에 관해 논란된 저자들의 구별을 가능하게 한다. 사물과 사람에 대한 언급에 기초한 가짜자살유서와 진짜자살유서를 구별하기 위해 Stone · Hunt(1963)와 Osgood · Walker(1959)가 유사한 접근방법을 채택하였다. 은폐된 메시지를 찾기 위한 단어양상과 순서의 분석은 정치연설에서 선전을 할 때 이들을 이용하여 전쟁중에 부각되었다(Laswell, 1948; Berelson, 1952).

내용분석은 전통적으로 문헌자료의 분석에 적용되었지만, 초고(transcript)의 분석에서 점차적으로 보편화되고 있다. 전형적으로, 양적 방법이 문헌자료에 적용되었으며, 질적 방법은 면접초고에 적용되었다. 양적 방법을 채택한 곳에서, 이것은 텍스트의 명백한 특징(예를 들면, 단어의 발생회수, 특별한 주제와 관련있는 단어의 회수)에 국한되었다. 특별한 단어와 주제를 가리키는 변수의 형태에 의한 양적 결과는 통계분석에 이용할 수 있다.

최근에 이 기법은 실태조사자료를 보강할 목적으로 자유문답식 실태조사반응의 질적 분석에 적용되고 있다. 이러한 적용에서, 내용분석은 이용된 구절의 기본적인 의미와 같이 자료의 보이지 않는 특징을 검토할 것이다(Holsti, 1969). 또하나의 현안은 서사의 분명한 내용과 숨겨진 내용간의 연계와 관련이 있다. 내용분석은 제시된 텍스트의 배후에서 조사자에 대한 이해관계의 기본적인 의미나 은폐된 타당한 의미를 추론하는 것이 가능하다는 신념에 의존한다(Weber, 1990, pp.72-76). 명백한 내용만으로 제한하는 내용분석적 절차는 매우 제한적인 가치를 가질 것이다. 그러나 Salancik · Meindl(1984, p.243, 주석2)은 표현된 속성이 저자의 진실한 믿음인지의 여부와 무관하다고 주장한다.

양적 분석을 고려하는 곳에서 일반적으로 내용분석에 대한 두 가지 다른 일반적인 접근방법이 채택된다. 즉, 일상적인 단어계산이나 구체적인 추론을 포함하는 **형식지향적인**(객관적) 분석과 조사중인 텍스트에서 기본적인 주제의 분석에 초점을 두는 **의미지향적인**(주관적) 분석.

경영학문헌에서, Bettman · Weitz(1983), Staw et al.(1983), Salancik · Meindl(1984), Clapham · Schwenk(1991), Abrahamson · Park(1994) 등은 기업성과를 설명하기 위해 주주에게 보낸 편지에서 기업경영자가 만든 인과적 속성을 탐색하기 위해 내용분석 접근방법을 채택하고 있다. Jones · Shoemaker(1994)는 경험적인 회계서사 분석적 연구의 일반적인 개요를 보여주고 있다. Kelly-Newton(1980)은 공식규정에 대한 경영자 반응을 검토하는 대체원가주석의 표본에 관한 일반적인 논평을 분석하여 주제의 측정에 내용분석절차를 채택하고 있다. Ingram · Frazier(1980)는 기업환경공시의 내용분석을 실시하고 또한 세 가지 산업간에 기업성과와 서사공시를 연결하는 설명적 연구를 보고하고 있다(Ingram · Frazier, 1983).

Abrahamson · Amir(1996)는 주주에 대한 사장편지의 내용분석을 연구하고 투자자에 대한 연례보고서 본문부분의 중요성을 강조한다. Bowman(1984)은 기업의 전략적 위험과 불확실성에 관한 문제를 다룰 때 경영위험의 척도로서 사장편지에서 새로운(new)이라는 단어의 발생횟수를 이용하고 있다. 내용분석가에 의해 구성된 것들과는 다른 청중과 목적으로 보고서가 작성되기 때문에 그도 온건한 측정으로서 내용분석의 장점을 강조한다. 측정과정이 자료를 혼란시킬 위험은 거의 없다(Weber, 1990, p.10).

D'Aveni · MacMillan(1990)은 생존기업과 파산기업 최고경영자의 수요위기에 대한 차별적인 전략적 반응을 분석하기 위해 주주편지의 내용분석을 이용한다. 성공적인 기업경영자는 그 산출환경에서 중요한 성공요소(예를 들면, 고객욕구와 수요증가)에 대한 주안점에 의해 구별되는데 반해서, 실패하는 기업경영자는 위기를 거부하고 내부를 살펴보며, 단기에 초점을 둔다.

Frazier et al.(1984)에 입각하여, McConnell et al.(1986), Swales(1988), Yoon · Swales(1991) 등은 기업의 연례보고서에서 발견되는 질적 자료가 주가성과를 예측할 수 있는지의 여부를 탐구하기 위해 내용분석 접근방법을 이용한다. 긍정적 언급에 초점을 두는 Bowman(1984)과는 대조적으로, Abrahamson · Amir(1996)는 부정적인 언급에 대한 고려만으로 제한하였다. Tennyson et al.(1990)은 내용분석 접근방법을 이용하여 기업의 서사공시와 파산사이의 관계를 탐구하지만, 그들은 통제모형에서 긍정적/부정적 또는 좋은/나쁜 언급을 차별화하지 않았다.

Weber(1990, p.37)는 높은 빈도의 단어간에 공분산으로부터 추론되는 단어범주들이 주제보다 더 신뢰가능하다고 주장한다. 그러나 Krippendorff(1980, p.63)는 많은 내용분석의 경우, 서사에 전달된 은폐된 메시지의 결정에서 이용자판단을 요구하는 주제단위가 적용의 어려움에도 불구하고 선호될 수 있을 것이라고 주장하였다. 동의어, 숙어, 구절 등의 단어를 포함하여, 의미론적으로 동일한 텍스트단위를 가리키기 위해 '단어'라는 용어가 이용되며(Weber, 1990, p.22), '주제'(theme)는 전체적으로 어떤 주제나 현안을 가리키는 다른 의미나 내포(connotation)를 가진 단어의 군집을 의미하기 위해 이용된다(Weber, 1990, p.37). Smith · Taffler(2000)는 형식지향적인 (단어에 기초한) 분석과 의미지향적인 (주제에 기초한) 분석에 관한 그들의 실시에서 이러한 기본정의를 채택하고 있다. 서사의 질적 내용은 간단한 공식으로 다음의 분석을 위해 양적 변수로 변형된다. 그리하여 단어의 경우,

$$\text{단어변수} = \frac{\text{공통발생의 횟수}}{\text{서사에서 단어의 총횟수}}$$

서사에서 그러한 주제의 중요성에 기초하여 각 주제에 대한 서사로부터 비율변수를 계산할 수 있다. 그리하여 만약 어떤 문장이 네 개의 주제를 구성한다면, 각각은 주제점수 0.25가 주어진다. 특별한 주제를 부여한 모든 문장에서 합계한 총점수는 서사내에서 그 중요성을 가리키는 것으로 간주된다.

$$\text{주제변수} = \frac{\text{주제점수의 합계}}{\text{보고서에서 문장의 총갯수}}$$

1. 신뢰성과 한계

Krippendorff(1980, pp.130-154)는 이 과정의 세 가지 측면을 강조하면서, 스스로 적용한 조사자개발 기록지침의 잠재적 비신뢰성을 경고하고 있다.

- 안정성: 동일한 부호자에게 일시적 부호차이는 무의미해야 한다;
- 재생산가능성: 코딩규칙은 상이한 장소에서 상이한 부호자가 그들의 배정에 대해 실질적으로 동의할 수 있어야 한다;
- 정확성: 부호자의 성과는 알고 있는 정답과 주로 일치해야 하지만, 실제로 이것은 종종 평가하기가 불가능하다.

만족할만한 것으로 보이는 상관관계 상호간의 일반적으로 합의된 성과수준은 없지만, Krippendorff(1980, pp.146-147)는 80%를 초과한 부호자간의 신뢰성 상관관계를 추구해야 한다고 주장한다. 그럼에도 불구하고, 연구자가 아무리 조심하더라도, Weber(1990, p.62)가 강조한 바와 같이, 내용분석은 부분적으로 기술(art)이며 조사자의 판단과 해석에 의존한다. 텍스트는 스스로 말하지 않는다......조사자는 발화(speaking)를 해야 하며, 그 발화의 언어는 이론의 언어이다(Weber, 1990, p.80). 연구자의 편향은 피할 수 없다.

내용분석의 또다른 주요한 한계는 그것이 발생빈도가 단어나 주제에 부여된 강조의 정도를 직접 반영한다고 가정한다는 것이다. 그러나 이것이 항상 그러한 것은 아니다(예를 들면, Weber, 1990, pp.71-73). 이외에, 자료축소목적으로 동일한 범주에 분류된 단어나 문장은 그 범주를 동일한 정도로 반영하지 않을 것이다(Weber, 1990, p.72).

서사분석과 관련된 최근의 발표는 다른 문체적(stylistic) 특징을 다루기 위해 단어와

주제를 초월하였다. 그리하여 Amernic · Craig(2006, 2008)은 기업보고서에서 수사(rhetoric)의 이용을 검토하고 있다. Beattie et al.(2004)는 다른 서사공시지표를 검토한다. Aerts(2009)는 공시강조를 위해 성과척도의 선택성을 검토하고 있다. Brennan et al.(2009)은 6개의 서사특징(핵심단어, 금액, 손익계산서금액의 선택성, 핵심단어강화, 성과비교, 애매성)의 분석을 가능하게 하는 모형을 개발하였다. Merkl-Davies · Brennan(2007)은 인상관리의 목적으로 서사조작의 이용에 초점을 두었다.

내용분석과 담론분석 및 문서분석과 같은 관련방법들은 광범위한 연구주제분야에서 일반적인 방법으로 되었다.[1] Beattie · Thomson(2007)은 이 방법의 광범위한 적용가능성의 좋은 예를 제시하고 있다.

제4절 프로토콜분석

프로토콜(protocol)분석의 근간은 심리학에 있으며(예를 들면, Ericsson · Simon, 1980, 1993), 경영학(노동연구) 및 일상생활방법론(ethnomethodology)[2]과 연결될 수 있다. Newell · Simon(1972)의 초기 프로토콜 방법은 과정추적을 검토하는 본질적으로 정보처리도구이다. 그것은 감사과정을 검토하는 감사연구에 기초를 제공한다(예를 들면, Ashton · Kramer, 1980; Lauer · Peacock, 1989). 이 방법은 이후에 재무분석가 의사결정(예를 들면, Bouwman, 1984; Anderson · Potter, 1998)과 대부의사결정(Campbell, 1984)에 관한 적용을 다루기 위해 확대되었다.[3]

역주1) 내용분석, 담론분석에 관해서는 김석웅(2017)의 제18장(자료본석방법)을 참조.

역주2) 일상생활방법론에 관해서는 김석웅(2017)의 제7장을 참조.

역주3) 이성규(1989)도 참조. 이성규(1989)는 투자종목선정과정의 Verbal Protocol분석을 중심으로 우리나라 증권분석가의 의사결정패턴에 관한 시험적 연구를 실시하였다. Verbal Protocol분석은 실험참가자들로 하여금 의사결정과정을 말로 표현하게 하는 방법론인데, 의사결정과정을 분석하는 도구로 심리학, 교육학 등 여러 인지 과학 분야에서 널리 사용되어 왔다(곽진경, p.1521). Einhorn(1976)은 회계학분야의 대부분의 실험실연구는 과업이 잘 정의되고 피험자들에게 정보

Campbell(2006)은 그것이 주제에 입각한 내용분석의 경우처럼, 프로토콜분석의 주요한 문제로서 주제의 코딩을 강조한다. 그러나 프로토콜은 참여자행동이 연구자의 존재에 의해 영향을 받았을 것이라는 점에서 하나의 추가문제를 가진다. 그렇더라도, (회고적이라기 보다는) 동시적(concurrent) 프로토콜이 문헌에서 선호되는 것 같다. Campbell(2006)도 프로토콜의 구체성을 문제시하고, Bouwman(1984)은 그것을 어떻게 좁힐 수 있을 것인가를 결정하기 전에 활동, 목표 등에 의해 구술프로토콜(verbal protocol)을 정의함으로서 시작한다고 말하고 있다.

더 읽을거리

*곽진경(2014), "단일기간 재고 실험 연구 결과의 생산운영관리 교육에의 활용", **경영학연구**, 제43권 제5호, 1519-1528.

*김광혁(2000), "정보시스템연구와 프로토콜 분석", **한국정보전략학회지**, 제3권 제2호, 105-124.

*이성규(1989), "우리나라 증권분석가의 의사결정패턴에 관한 시험적 연구-두사종목선성과정의 Verbal Protocol분석을 중심으로-", **경상논집**(인하대 산업경제연구소), 113-144.

Abernethy, M., Horne, M., Lillis, A.M., Malina, M.A. and Selto, F.H.(2005), "A Multi-Method

---

가 제공되며, 미리 발생가능한 반응들이 기술될 수 있는 환경에서 실시된다고 한다. 그러나 최근의 회계학자들은 보다 덜 구조적인 상황에서 정보를 찾고 가설을 설정하고 문제를 정의하는 등의 역동성을 연구하기 위하여 의사결정이전(pre-decision)행위를 조사하기 위해 설계된 측정기법들을 이용한다. 렌즈모형이나 확률적 판단연구에 이용되는 기법들은 대부분 최초의 입력과 최종적인 결과를 측정하여 이로부터 그들의 기능적인 관련성을 추론한다. 하지만 의사결정이전행위연구에서 사용되는 과정추적기법(process tracing methods)은 많은 중간단계의 반응들을 측정하여 세부적이고 연속적인 관계들의 집합으로 추론한다. 즉, 의사결정과정과 관련한 피험자의 여러 행동들을 관찰하여 직접적으로 판단모형을 도출해내는 방법이다. 이러한 과정추정접근방법 중에서 대표적인 구술프로토콜분석(verbal protocol analysis)이다. 이는 의사결정자가 생각하는 과정을 오디오에 기록하고 이를 분석하는 방법이다. 이 방법은 어떤 정보가 조사되며, 입력된 정보를 어떻게 조작하며, 어떻게 평가하는가를 파악할 수 있게 해 준다(김광혁, pp.110-113).

Approach to Building Causal Performance Maps from Expert Knowledge", *Management Accounting Research*, 16(2), 135-155.

Amernic, J.H. and Craig, R.(2008), "A Privatization Success Story: Accounting and Narrative Expression over Time", *Accounting, Auditing and Accountability Journal*, 21(8), 1085-1115.

Atkinson, A.A. and Shaffir, W.(1998), "Standards for Field Research in Management Accounting", *Journal of Management Accounting Research*, 10, 41-67.

Beattie, V. and Thomson, S.(2007), "Lifting the Lid on the Use of Content Analysis to Investigate Intellectual Capital Disclosures in Corporate Annual Reports", *Accounting Forum*, 31(2), 129-163.

Brennan, N.M., Guilamon-Saorin, E. and Pierce, A.(2009), "Impression Management: Developing and Illustrating a Scheme of Analysis for Narrative Disclosures – a Methodological Note", *Accounting, Auditing and Accountability Journal*, 22(5), 789-832.

*Einhorn, H.J.(1976), "A Synthesis: Accounting and Behavioral Science", *Journal of Accounting Research,* 14, 196-206.

Holsti, O.R.(1969), *Content Analysis for the Social Sciences and Humanities*, Reading, MA: Addison-Welsey.

Ingram, R.W. and Frazier, K.B.(1983), "Narrative Disclosures in Annual Reporting", *Journal of Business Research*, 11, 49-60.

Jones, M.J. and Shoemaker, P.A.(1994), "Accounting Narratives: A Review of Empirical Studies of Content and Readability", *Journal of Accounting Literature*, 13, 142-184.

Krippendorff, K.H.(1980), *Content Analysis: An Introduction to its Methodology*, Beverley Hills, CA: Sage.

________________(2004), *Content Analysis: An Introduction to its Methodology*, 2nd edn, Thousand Oaks, CA: Sage.

Lillis, A.M.(1999), "A Framework for the Analysis of Interview Data from Multiple Field research", *Accounting and Finance*, 39(1), 79-105.

Malsch, B. and Salterio, S.E.(2016), "Doing Good Field Research: Assessing the Quality of Audit Field Research", *Auditing: A Journal of Practice and Theory*, 35(1), 1-22.

Merkl-Davies, D.M. and Brennan, N.M.(2007), "Discretionary Disclosure Strategies in Corporate Narratives: Incremental Information or Impression Management", *Journal of Accounting*

Literature, 26, 116-194.

Patton, M.Q.(2002), *Qualitative Research and Evaluation Methods*, Thousand Oaks, CA: Sage.

Silverman, D.(2005), *Doing Qualitative Research: A Practical Handbook*, London: Sage.

Smith, M. and Taffler, R.J.(2000), "The Chairman's Statement: A Content Analysis of Discretionary Narrative Disclosures", *Accounting, Auditing and Accountability Journal*, 13(5), 624-646.

제8장

실험연구

제1절 문제진술

제2절 이론과 맥락

제3절 실험계획법

제4절 타당성 상반관계

제5절 준실험연구

Abdel-Khalik · Ajinkya(1979)는 연구자가 다양한 집단에 무작위적으로 배정되는 피험자와 더불어 한 가지 이상의 변수를 조작한다는 점에서 실험의 본질에 관한 정확한 정의를 제공하고 있다. 이러한 집단은 ('처리'라는) 상이한 변수조합을 수령한다. 일부의 경우에, 그러한 처리를 받지 않는 통제집단이 존재할 수도 있다. 실험의 주요한 장점은 연구자가 자신의 결과에 대한 경합설명을 얼마나 잘 제거할 수 있는가에 의해 정의되는 높은 내적 타당성을 보증할 수 있는 능력에 있다. 그리하여 실험은 변수간의 인과관계를 조사하는 연구문제에 특히 적합하다.

Gibbins · Salterio(1996, p.24)는 회계에서 좋은 실험연구를 위한 네 가지 지침을 주장하고 있다.

1. 문제, 문제의 중요성, 문제의 해결이 지식에 기여할 부분 등에 관한 명확한 진술.
2. 이 과정의 기초를 이루는 이론, 특히 행동을 추진하는 이론과 이론에 대한 맥락의 영향에 관한 명확한 진술.
3. 치명적인 결함이 부적절한 계획에 의해 도입될 수 있기 때문에 건전한 실험계획법.
4. 외적 타당성의 중요성 인식. 만약 이것이 우리가 더욱 현실적인 실험상황을 필요로 한다는 것을 의미한다면, 우리는 이에 상응하게 결과적인 행동에 관해 더욱 풍부한 이론적 설명을 필요로 한다.

이러한 지침은 회계실험화의 연구현안을 고려하는데 훌륭한 체계를 제공하며 여기서 채택되고 있다.

제1절 문제진술

관련변수는 다음과 같다.

Y = 종속변수 또는 관찰치.

X = 독립변수(또는 처리), 이것은 실험처럼 값을 조작할 수 있거나 계량경제학연구처럼 문헌자료로부터 측정할 수 있다. 실험실실험은 다른 연구방법(특히 현장연구나 문헌연구)보다 더 많은 내적 타당성을 일반적으로 가질 것이다. 우리가 실험상황의 높은 통제환경으로부터 벗어남에 따라, 인과관계의 검정을 더 이상 믿을 수 없게 된다는 결과를 가질 정도로 내적 타당성에 대한 다양한 위협이 증가한다. 그리하여 우리는 연관성의 방향보다는 (상관관계의 척도를 통해) 연관성의 탓으로 돌릴 수 있을 뿐이다.

제2절 이론과 맥락

1970년대에 감사에서 실험연구의 증가로, 참여자로서 노련한 피험자나 전문실무가의 이용은 필요한 외적 타당성을 연구에 제공하는데 본질적이라고 생각되었다. 그 결과, 대부분의 학술지는 모든 실험연구에서 실무가의 이용을 선호한다고 표명하였다. 이것은 특히 최근에 실험연구의 실행에 심각한 제약요소를 부과하고 있는데, 이는 실험연구를 위해 회계실무가의 참여를 확보하는 것이 점차적으로 어렵게 되고 있기 때문이다. 이 참여는 최고학술지에 감사연구를 발표하는데 여전히 중요하다. 그러나 다행히도 감사분야 밖에서는 실험연구의 경우, 대리참여자(surrogate participant)가 참여하는데 필요한 기술기반을 가질 것이라는 인식이 증가하고 있다. 연구에서 큰 비율의 학생이용은 많은 저자에 의해 정당화되고 있다. Ashton · Kramer(1980)는 경영학과 심리학의 연구를 검토하면서, 학생의 정보처리과정행동과 '현실세계'의 의사결정자의 행동이 다르지 않다고 보고하고 있다. Abdolmohammadi · Wright(1987)는 고도로 구조화된 의사결정업무의 경우, 학생의 성과는 현실세계 의사결정자의 그것과 유의적으로 다르지 않아야 한다고 주장한다. 그리고 과거연구는 재무정보자료집합을 이용하는 실험에서 연구경험의 유무에 의한 피험자 사이에 차이가 없다는 것을 보고하고 있다(MacKay · Villarreal, 1987; Stock · Watson, 1984). Brownell(1995, p.83)은 실험실에 입각한 실험에서 학생을 이용하는 것의 추정단점이 과장되고 있다고 주장하고 있다. 그는 이 상황을 실태조사에서 무반응의 상황에 비유하여, 우리가 학생대리(student surrogates)의 이용을 배제하기 전에 체계적 차이가 존재하고 그러한 차이가 중요하다는 것을 나타낼 필요가 있다고 주장하고 있다.

1. 실제판단상황에서 이론의 역할

인과관계를 검정하는데 실험상황의 잠재적 장점을 이용하기 위해서는 잘 개발된 이론체계가 중요하다. 일단 이론체계가 확립되어 있다면, 연구자는 어떤 변수를 조작하고 측정할 것인가를 결정할 수 있으며, 어떤 것을 통제할 것인가를 결정할 수 있다. Libby et al.(2002)은 효과성의 핵심적인 측면으로서 내적 타당성과 외적 타당성을 집중 조명하면서, 효율적이고 효과적인 실험을 할 때 주의깊은 가설개발과 연구설계의 중요성을 강조하고 있다. Bisbe et al.(2007)은 Libby를 따라 예측모형을 정립하고자 시도하기 전에 구성개념(constructs)의 본질과 방향을 확립할 필요성을 강조하고 있다. 그들은 관리회계통제시스템에 관한 양적 연구에서 널리 채택된 구성개념에 초점을 두고 있으며, 그렇게 할 때, 개념적 기반과 대부분의 실태조사에 입각한 연구의 부정확한 정의를 의문시하고 있다.

회계에서 초기의 실험연구는 비이론적 접근방법이라는 비판을 심하게 받았지만, 최근에 우리는 확률과 편향의 탐구(예를 들면, Ashton, 1983; Smith, 1993)와 지식, 기억, 학습에 관한 이론 이용(예를 들면, Libby · Frederick, 1990)에서 Kahneman · Tversky(1972)의 연구를 따라 의사결정연구에 심리학 이론의 적용을 보고 있다. 경제학에 입각한 이론(특히 대리이론)도 관리회계에서 실험상황을 설명하기 위해 전개되고 있다(예를 들면, Demski · Feltham, 1976).

2. 특별한 과업의 맥락내에 판단의 배태

맥락의 문제는 실험과제에서 판단의 외적 타당성에 대해 잠재적으로 큰 위협이다. 우리는 관찰된 연구결과가 조작되기 쉬운 변수의 탓인지, 업무복잡성, 위치, 시간제약, 유인 등과 같은 그러한 변수의 영향 탓인지를 확신하지 않을 것이다. 잘 계획된 실험은 이러한 각 현안을 다루어야 하지만, 그렇더라고 모든 실험에서 100% 확실하게 모든 잠재적 외생변수를 성공적으로 통제하는 것은 여전히 어렵다. 특히 원래의 논문으로 돌아가지 않고도 특별한 연구방향을 지지하기 위해 비교연구결과의 문헌을 모아서 정리하는데 매우 조심해야 한다. 불일치하거나 모순적인 연구결과가 핵심적인 현안변수라기 보다는 상이한 연구맥락의 탓일 수도 있다.

3. 참여자에 대한 유인의 역할

하나의 맥락적 현안은 특별한 관심사이며, 많은 연관된 현안을 제기하고 있다. 참여자를 업무의 성과에서 노력을 기울이도록 유발하기 위한 유인의 이용가능성은 그것이 해결하는 것보다 더 많은 문제를 생성할 것이다. Libby · Lipe(1992)는 유인체계에 의해 도입된 개념적 소음이 비측정요소에 의해 영향을 받는다는 것을 주장하는 곳에서 이의 흥미로운 예를 제공하고 있다. 학생참여자의 경우, 온건한 화폐유인은 참여와 집중을 유도하기 위해 필요할 것이지만, 종국적인 결과에 대한 이의 영향은 분명하지 않다. 우리는 유인의 효과를 측정할 수 있기 전에, 유인이론과 유인이 상이한 개성을 가진 개인에게 영향을 주는 방식을 검토할 필요가 있을 것이다. Libby · Luft(1993)는 유인에 의해 유도된 모든 여분의 노력이 참여자의 능력 및 지식 특성과 관계가 있을 것이라고 주장한다. 참여유인이 수용가능하더라도, (상이한 보상이 제공되는) 성과와 관련된 유인은 지분 때문에 허용되지 않을 것이라는 점에서 윤리적 요건으로 추가제약이 부과될 것이다. 따라서 우리는 가능한 곳에서 유인의 이용가능성을 상당히 회피하고자 할 것이다. 유인의 이용은 참여자가 숙련된 전문가인 곳에서는 불필요한 것 같다. Bonner · Sprinkle(2002)은 이 분야에서 이후의 연구에 지침이 되는 유인지급을 위한 이론체계를 확립하고 있다.

4. 연구참여자로서 전문가의 이용

앞에서 논한 바와 같이, 일부 학술지와 일부 실험상황은 숙련된 전문가의 이용을 요구한다. 전반적으로 학생을 이용한 실험연구를 발표하는 것은 최고학술지 이외에도 점차적으로 어려워지고 있다. 이것은 학부청중의 경우에 특히 그러하다. 학생청중은 예비연구 실시의 경우에 여전히 수용가능하지만, 실무가/전문가의 피험자가 주요한 연구에서 요구될 것이다.[1)]

역주1) 많은 연구에서는 여전히 학생을 피험자로 이용하고 있다. 회계학에서 학생을 피험자로 한 연구의 현황을 검토한 것으로는 Liyanarachchi(2007)을 참조. 행동과학회계연구인 Miller(1966)가 학

5. 적절한 연구상황을 만들기 위한 기만의 이용

실험실상황에 배치된다는 단순한 사실이 실험적 상황의 밖에서는 발생하지 않았을 결과로 되는 효과를 생성할 것이다. 이것은 피험자가 실험자를 기쁘게 하고자 하는 어떤 태도를 채택하는 곳을 포함해서, 다양한 이유로 발생할 수 있다. Weber · Cook(1972)와 Schepanski et al.(1992)은 실험참여자가 자신에 관해 기대되는 것을 분명히 전달하고자 함으로써 실험자를 돕고자 하는 상황에 관해 보고하고 있다.

이러한 상황에서, 타당한 결과를 전달하기 위해 예측된 연구결과를 피험자가 모르도록 실험의 목적에 관해 피험자를 기만(deception)하는 것이 필요할 것이다. 그리하여 Smith · Taffler(1996)는 세 가지 다른 처리로 채택되고 있는 20개 기업사례 각각의 경우에 별도의 의사결정을 확보하기 위해, 그들의 피험자에게 그들이 60개 개별기업에 관해 판단을 하고 있다는 것을 알려준다. 실험의 완료시에만 기만이 드러난다. 그러나 이러한 행동은 참여자간에 냉소주의를 생성할 것이며, 따라서 그들은 실험상황에 관한 불신의 상태에서 미래참여를 거부할 것이다. 실험의 참여는 실험결과를 전달하기 위해 연구자의 신뢰와 정직이 희생된다는 결과를 가지고, 잠재적으로 바람직하지 않는 방식으로 달성된다는 점에서 윤리적 고려사항도 있다.

제3절 실험계획법

Trotman(1996)은 Campbell · Stanley(1963), Libby(1981)를 따라 간단한 대안을 많이 제안하고 있다.

생을 실무가에 대한 대용변수(surrogate)로 하는 문제를 다루었고, 이 문제에 대한 경험적 증거가 1970년대에 등장하였으며(Hofstedt, 1972; Abdel-khalik, 1974), 오늘날에도 등장하고 있다(Ashton · Kramer, 1980; Houghton · Hronsky, 1993; Liyanarachchi · Milne, 2005).

1. 검정후 통제집단계획법

피험자는 처리 즉, 독립(설명)변수의 상이한 수준에 무작위로 배정된다. 독립변수 X_1과 X_2의 두 가지 수준(이 중에서 하나는 처리가 없는 통제집단일 것이다)의 경우, 두 개의 상응하는 결과 말하자면, OO_1과 OO_2가 관찰된다. 이러한 결과는 각 피험자가 처리를 받은 후에 측정된다. OO_1과 OO_2의 비교는 상이한 처리의 영향을 드러낼 것이다. 이 계획법(design)의 기본형태는 다른 많은 처리수준을 포함하기 위해 쉽게 확대될 수 있을 것이다. Joyce · Biddle(1981)은 이 계획법유형의 예를 제공하고 있다.

2. 검정전/검정후 통제집단계획법

피험자는 연속적인 처리에 어떻게 반응하는가를 살펴보기 위해 측정되지만, 이 때는 실험계획법의 전후에 이용되는데, 이로 인해서 연구설계가 개인차이를 통제할 수 있다. 처리 X_1이 관찰결과 OO_1을 생산하면서 피험자에게 적용된다. 그리고나서 (추가정보의 제공만큼 간단한 것일 수 있는) 추가처리 X_2가 피험자에게 적용되며, 새로운 결과 OO_2가 관찰되는데, 두 관찰결과의 비교를 촉진한다.

개인차이 통제의 징짐에도 불구하고, 연속적인 처리를 위한 동일한 개인의 반복이용은 또한 잠재적 문제를 초래한다. '순시'효과(order effect) 뿐만 아니라 학습효과가 있을 수 있다. Heiman(1990)이 이 계획법유형의 예를 제공하고 있다.

3. 요인계획법: 피험자간

이것은 우리가 종속변수에 대한 각각의 영향을 감시하기 위해 두 가지 이상 처리(설명변수)의 동시변량(the simultaneous variation)과 설명변수간의 잠재적 상호작용효과를 포함한다(말하자면, 처리 X_1이 말하자면 X_2처리의 이떤 수준에 대한 효과를 가지기만 할 뿐인 조건적 관계의 정도).

가장 간단한 2 x 2 설계는 네 가지 다른 가능한 조합을 주기 위해 두 가지 수준간에 두 가지 처리를 조작한다. 피험자는 이러한 네 가지 칸의 각각에 무작위적으로 배정되며, 각각은 한 가지 처리만을 수령한다. Trotman(1996, p.19)은 이 유형의 요인계획법을 이용하는데 독특한 장점을 많이 식별하고 있다.

1. 상호작용효과가 평가될 수 있다. 이것은 관찰에 대한 경합적인 다른 설명이 있는 곳에서 특히 중요하다. Brown · Solomon(1993)은 심리학문헌에서 세 가지 경합적인 이론적 설명을 검정할 때 이 계획법유형의 예를 제공하고 있다.
2. 잠재적으로 교란변수(confounding variables)(예를 들면, 성, 노동경험)가 그 영향을 평가받기 위해 칸안에서 상수로 유지될 수 있다.
3. 외적 타당성은 많은 피험자특성간에 유사한 효과를 나타내는 연구결과에 의해 잠재적으로 높아질 수 있다.
4. 이 종류의 계획법은 피험자의 이용에서 유사한 검정후 계획법보다 더 경제적이다. 피험자는 기꺼이 참여하려는 실무가가 배정받기 어려운 곳에서 중요한 고려사항인 동일한 검정을 실시하도록 거의 요청받지 않는다.

4. 요인계획법: 피험자내

더 간단한 계획법의 경우처럼, 우리는 검정전과 검정후에 요인계획법도 도입할 수 있다. '피험자간' 계획법에서 피험자는 하나의 처리만을 수령하는데 반하여, '피험자내' 계획법에서는 각 피험자가 연속적인 처리 모두를 수령한다. 이것은 가끔 '반복척도'(repeated measures) 계획법이라는 것을 구성한다. 이러한 계획법은 장점을 추가로 가질 수 있다.

1. 이것은 보다 적은 피험자를 많이 필요로 한다.
2. 결과의 통계력은 개인의 특성이 연속적인 처리간에 유의적으로 변하지 않는다는

것을 가정하면서, 개인특성에 대해 묵시적으로 도입된 통제 때문에 잠재적으로 더 크다[내적 타당성 관심사에 관한 성숙(maturation)효과[2)]도 참조].

3. 이것은 정보이용의 차이와 학습과 훈련의 환경에서 상이한 처리의 영향을 검토하는데 특히 유용하다.

그러나, 이 연구계획법과 연관된 잠재적으로 심각한 단점도 많이 있는데, Brownell (1995, p.11)과 Trotman(1996, p.30)이 식별한 바 있다.

1. 수요효과. 피험자는 자신의 행동이 (현실세계조건하에서) 기대된 행동과 다르게 되는 정도까지 실험의 세부사항(예를 들면, 검정하의 가설이나 표본에서 파산기업의 수)을 수집할 수 있다.
2. 주요한 단점 중의 하나는 개인특성이 처리간에 변경될 수 없기 때문에 피험자내 계획법에서 피험자 변수가 설명변수로 이용될 수 없다는 것이다.
3. 실무효과. 피험자의 효과는 실험이 진행함에 따라 변한다. 즉, 피험자는 기술학습과 지식축적 때문에 더 잘 수행하거나 피로나 열정의 감소 때문에 더 못 수행할 것이다.
4. 이월효과. 두번째 처리가 고려되는 방식은 첫번째 처리의 경험에 매우 의존적이다(예를 들면, 연속적인 파산예측업무에서, 파산사례의 수가 동일할 것이라는 정당화되거나 정당화되지 않는 기대). 이것은 업무의 재주문과 연관된 상쇄조치를 이용하지 않으면, 독립적인 의사결정이 불가능할 것이라는 것을 의미한다. 재주문의 경우라도, Schepanski et al. 1992)은 실험기간을 연장하고 첨가업무(filler tasks)를 도

역주2) 성숙효과란 실험기간 중에 실험집단의 특성변화가 결과변수에 영향을 미치는 것을 말한다. 예를 들어, 어린이의 공부시간이 시험점수에 어떠한 영향을 미치는가를 알아보기 위하여 실험을 실시하는 경우, 만일 매년 동일한 집단을 대상으로 하여 실험을 하게 되면 올바른 결과를 얻기 어렵다. 왜냐하면 어린이들은 성장하고 새로운 것을 학습하게 됨에 따라 지적 수준이 크게 향상되기 때문이다. 따라서 같은 시간을 공부를 해도 1년 전보다 높은 결과가 나오는데 이러한 현상을 실험대상의 성숙효과라고 한다(이훈영, p.82).

입함으로써 극복될 수 있는 문제가 여전히 있을 것이라고 주장한다. 그러나, 이것은 문제를 더 제기하는 해결책이다. 성숙효과는 피험자내 계획법이 불가피하게 일부 시차를 포함해야 한다는 점에서 즉, 연속적인 처리간에서는 이 종류의 내적 타당성 위협에 이들을 더욱 취약하게 만들 것이라는 점에서 여기서 분명할 수 있다.

5. 통계효과. 분산 동일성의 가정은 피험자내의 분산분석에서 위배된다. 이것은 F검정을 편향되게 한다. 결과는 심각한 것이 아니라 다른 검토를 실시함으로써 인식되어야 한다.
6. 단서돌출효과(cue salience effects). 피험자내의 실험에서 주안점의 대상인 변수의 수는 피험자간의 실험에서 상응하는 변수의 수보다 적다. Schepanski et al.(1992)은 이것이 외적 타당성위협을 제기할 것이라고 주장한다. 대부분의 실험에서 주요한 제약은 실험에 참가하는 피험자가 이용할 수 있는 시간의 양이며, 개별피험자가 가지는 시간의 변동가능성이다. 모든 연구자는 피험자가 이용할 수 있는 시간의 양과 수를 감안하여 그들이 고려할 수 있는 변수의 수에 의해 어느 정도까지 제약을 받는다.

내적 타당성을 위협하는 잠재적으로 영향력있는 다른 변수도 거의 항상 있을 것이며, 이것은 어떤 통제형태를 실시함으로써 취급되어야 한다. 다른 절차가 많이 존재한다.

1. **통제집단:** 외생변수를 일정하게 유지하기 위해서. 실험을 실시하는 동안에 존재하는 연구자에 의해 통제환경이 만들어지는데, 실태조사연구자가 이용하는 것과 같은 비통제상황과는 대조적이다. 통제집단이 실행불가능한 곳에서, 우리는 조사중인 관계에 직접 포함되지 않는 그러한 변수를 통제하고자 할 것이다.
2. **무작위화:** 변수의 분포가 모든 독립변수간에 동일할 가능성이 있다. 피험자는 각 처리간에 무작위적으로 배정될 것이다. 무작위배정은 동일한 요소가 각 처리집단에 영향을 줄 것이고, 각 집단은 대략 동일한 요소혼합을 포함해야 한다고 가정한다. 표본크기가 클수록, 이것이 그 경우일 가능성도 더 많다. 우리는 작은 표본과 매

우 작은 칸크기를 가지는 곳에서 무작위화(randomisation)가 피험자간에 개별차이의 영향을 효과적으로 무디게할 것인지의 여부를 의심해야 한다.

3. **상수유지:** 변수가 독립변수의 모든 값에 따라 동일한 값을 가진다.
4. **균형화:** 변수의 분포는 독립변수의 각각에 대해 공통적이다. 그리하여 감사실험의 경우, 우리는 참여자의 경험에 입각해서 참여자를 균형화(matching)시킬 것이다.[3] 재무회계에서 기업은 규모로 균형화될 것이다. 균형화는 '피균형' 특징에 관한 연구를 효과적으로 배제시킨다. 이것이 문제인 곳에서 우리는 피균형변수(예를 들면, 규모)를 설명변수로 포함하고자 할 것이다. 그러나 그러한 포함은 완전하게 만족할만한 해결책이 아니다. 왜냐하면, 피균형변수가 실험집단에 무작위적으로 배정될 수 없기 때문이다. 그리하여 만약 이들이 영향력이 있는 것으로 발견된다면, 우리는 (포함된 변수에 의해 대용된) 어떤 미지의 변수가 그 관계에 책임이 있다는 대립가설을 배제할 수 없다.
5. **상쇄:** 처리의 순서나 조합 전부를 이용하는 것이 순서효과의 영향을 극복할 것이지만, 상이한 실험형태를 많이 준비할 필요가 있을 것이다.[4] 그리하여 Trotman · Wright(1996)는 감사환경에서 피험자의 반이 내부통제측면을 처리하고 뒤이어 계속기업측면을 살펴보았는 데 반하여, 그 나머지 반은 계속기업측면을 먼저 실시하고 뒤이어 내부통제를 살펴보았다. 이와 유사하게, Smith · Taffler(1995)는 재무회계환경에서 세 가지 다른 정보처리양식(서사 [N], 비율 [R], 도표 [G])을 다루고 있는데, 이 양식들은 가능한 순서조합의 각각에 대해 한 개씩, 여섯 개의 다른 도구(NRG, NGR, RNG, RGN, GNR, GRN)를 필요로 한다. 그러나, 상쇄(counterbalancing)가 순서효과의 모든 문제를 다 해결하지는 않을 것이다. Smith · Taffler(1996)는 유사한 어려움이 있는 업무의 경우, 수행된 최종검정은 그것이 무엇이든간에 가끔 가장

역주3) 균형화는 외생변수로 작용할 수 있는 변수들을 사전에 알고 있는 경우, 해당 외생변수가 각 집단에 균등하게 영향을 미칠 수 있도록 실험집단과 통제집단을 선정하는 방법이다(이훈영, p.86).

역주4) 상쇄(counterbalancing)는 하나의 실험집단에 두 개 이상의 실험변수가 가해지는 경우에 이용되는데, 처음효과와 나중효과가 있다고 판단되는 경우, 순서를 서로 균등하게 바꾸어 실험함으로써 순서에 의한 효과를 상쇄하는 방법을 말한다(이훈영, p.86).

신속하게 수행되었다.

6. **변수무시:** (만약 변수가 대수롭지 않은 영향을 주는 것으로 간주된다면) 고의적 또는 (만약 그 영향이 전혀 고려되지 않는다면) 비고의적으로 변수를 무시한다.

대안의 각각은 잠재적 함정을 가지고 있다. 예를 들면, 문헌연구에서 매우 많은 변수를 일정하게 유지하거나, 다른 많은 것과 균형화시키는 것은 대개의 경우 불가능하다. 균형화는 해결하고자 하는 것만큼 많은 문제를 생성할 수 있다. 예를 들면, 회계연구(예를 들면, Smith · Taffler, 1992)에서 기업을 산업, 일부 크기척도, 회계연도말에 기초해서 균형화하는 것이 일반적이다. 이러한 과정은 구할 수 있는 표본크기를 심각하게 제약할 것이며, 피균형변수(특히 크기)가 가질 수 있는 영향의 고려를 효과적으로 제거할 것이다. 일부 변수는 선행문헌을 기초로 해서 안전하게 무시될 수 있지만, 많은 다른 변수는 우리가 그 잠재적 영향을 확신하지 않을 지라도 여전히 무시되어야 할 것이다. 그리하여, 연령, 성, 경험의 변수보다 참여자간의 개별차이와 연관된 변수가 무시되는 것이 일반적이다(예를 들면, Schulz, 1999). 이것은 회계환경에서 행동에 대한 많은 다른 요소(예를 들면, 인지유형, 애매성 묵인)의 영향에 대해 증가하는 증거에도 불구하고 그러하다. 일부 변수는 측정하기가 너무 어려워서 우리는 그 대신에 대용변수를 채택하고자 한다. 예를 들면, 정치적 영향에 대한 대용변수로 크기척도의 이용. 잠재변수를 포함하지 못함으로써 자료표본추출단계에서 표본의 편중을 하게 된다.

조작검토는 피험자가 도구화와 그것에 관해 요구되는 것을 실제로 이해한다는 것을 확신하는 것을 도와주기 위해 그리고 상이한 처리가 예상된 것과 동일한 방향으로 변화를 생산하고 있다는 것을 확신하기 위한 실험과정(특히 실행하기 쉬울 때, 예비단계에서)을 감시하기 위해 이용될 수 있다. Maines · Wahlen(2006), Magilke et al.(2009), Elliott et al.(2014) 등은 회계정보의 신뢰성과 객관성에 초점을 두는 실험연구의 예를 제공하고 있다.

제4절 타당성 상반관계

우리는 실험의 실시에서 세 가지 다른 타당성 문제(구성타당성, 내적 타당성, 외적 타당성)를 식별할 수 있다.

1. 구성타당성에 대한 위협

구성타당성(construct validity)은 추상적 구성이 성공적으로 조작화되는 정도를 서술하고 있다. 이 정의는 구성이 신뢰성있게 측정되는 정도와 구성이 추상(abstraction)의 본질을 효과적으로 파악하는 척도를 제공하는 정도를 포괄하고 있다. 우리는 추상적 구성의 개발을 통해 이론을 해석하고자 하며, 그리고나서 이러한 구성을 측정가능한 변수로 조작화하고자 한다. 이것이 가능하지 않는 곳에서 우리는 측정가능하지만, 불완전한 대용변수를 대체해야 한다. 불완전한 대용변수는 결함있는 가설검정을 의미할 것이다.

Nunnally(1978)는 구성타당성을 확립하는 세 가지 측면을 서술하고 있다.

1. 관찰가능하고 구성과 관계있는 그러한 변수를 규정하라. 이것은 연구자에게 다음 단계에서 어떤 항목을 측정하고 평가할 것인가를 말해준다.
2. 이러한 관찰가능한 변수가 한 가지 이상의 구성에 관한 신뢰가능한 척도인 정도와 측정된 항목간의 상호관계의 정도를 결정하라.
3. 채택된 구성에 관한 그러한 측정이 예측가능한 결과를 생산할 정도를 결정하라.

실험실연구를 계획할 때 측정된 변수와 연관된 구성타당성문제에 거의 주목하지 않는 실험적 처리에 대부분 주목하고 있다. 주목되는 곳에서는 Nunnally의 단계중의 두 번째에만 주목된다.

여기서 오류의 결과는 잠재적으로 심각하다. 예를 들면, Brownell(1995, p.112)은 그의 초기 논문(Brownell, 1982)에서 그가 예산참여를 측정하기 위해 널리 인정되는 Milani(1975)의 도구를 이용하였다는 것을 나타내고 있다. 그러나, 그는 참여를 '영향'과 '몰입'(involvement)의 조합으로 인지하며, Milani의 도구가 두 차원을 적절하게 다루고 있다는 것을 확신하지 않고 있다. 이용된 도구는 신뢰성있는 방식으로 구성개념(construct)을 측정하고 있지 않을 것이지만, 대안은 새롭고 완전히 검정되지 않은 도구를 개발하는 것이다. Brownell은 이 경우에 구성타당성을 분명하게 신뢰성과 교환할 준비가 되어 있다.

2. 내적 타당성에 대한 위협

Cook · Campbell(1979)은 9개의 다른 내적 타당성 문제를 식별하고 있다.

1. **성숙**(maturation): 이것은 시간의 경과와 연관된 영향에 관한 것이다. 이것은 연속실험 사이 또는 하나의 실험이나 면접 동안에 피험자의 변화와 관계가 있다. 이것은 기업사례의 특성과도 관련이 있다. 말하자면, 시간의 경과에 따른 성장이나 구조조정은 우리가 더 이상 유사한 것과 비교하지 않는다는 것을 의미한다. 그리하여, 연구자는 학습, 피로, 권태 등과 같은 것의 피험자에 대한 잠재적 영향을 알아야 한다.
2. **역사**: 이것은 위의 것과 유사하지만, 피험자의 변화보다는 연구에 영향을 주는 환경변화와 더 관련이 있다. 이러한 환경변화는 종단면연구와 자료수집이 연장된 기간동안 실시되는 연구에 유의적으로 영향을 줄 것이다.
3. **검정**(testing): 일단의 검정 결과는 부분적으로 선행검정 결과의 탓일 수 있다. 그러므로 반복척도의 효과는 오랜기간동안 연장될 것이다.
4. **피험자의 소멸**(subject mortality): 피험자가 일련의 실험이나 면접도중에 죽거나 더 가능성있게 불참할 수도 있다. 이것은 자료상실을 초래할 것이지만, 더욱 심각하게도 그 불참이 체계적인 요소에 의존할 수 있을 것이다. 동기유발이 가장 적은 피

험자는 실험에서 이탈하여 우리는 비대표적 집단으로 남게 된다. Brownell(1995, p.11)은 특히 만약 일부처리가 다른 처리보다 바람직하지 않은 것으로 인식된다면, 실험상황에서 참여자를 모집하지 못하고, 재등장하지 못하는 것은 처리와 관련이 있을 것이라는 점을 관찰하고 있다. 유사한 효과가 다른 방법의 이용자에 의해 보고된다. 그리하여 Casey(1980)는 자신의 실태조사에 대한 상이한 응답율을 보고하고 있다. 가장 큰 정보부담을 가진 사람은 응답할 확률이 가장 적다. 이와 유사하게, 기업사례에 관한 문헌연구에서, 일부 기업의 파산, 흡수나 합병은 이들이 표본에서 제거될 것이며, 시계열연구에서 적은 비율로 대표될 것이라는 것을 의미한다.

5. **실험의 소멸**(experimental mortality): 시간의 경과는 피험대상기업에 많은 영향을 줄 수 있다. 예를 들면, 기업이 성장하고, 합병하거나 상장기업에서 비상장기업으로 변경될 수도 있을 것이다. 파산기업은 이용할 수 없는 정보로 인해서 모든 기업분석에서 누락되고 있기 때문에 생존편향이 발생할 수 있다.
6. **도구화**(instrumentation): 처리가 고의적으로 변경되고 있는 경우가 아니면, 동일한 자료, 지침, 절차를 연구기간에 이용해야 한다. 만약 어떤 도구가 상이한 조건하에서 동일한 것의 상이한 척도를 생성한다면, 이것은 이 도구 및 이의 관리와 연관된 맥락적 문제가 내적 타당성을 위협하고 있다는 것을 시사한다.

불일치를 초래하는 사건이나 빈약한 기획은 내적 타당성을 위협하며 연구자의 편향을 최소화하기 위한 군집(cluster)에서 모든 실험이나 면접의 관리에 동일한 연구자의 이용 뿐만 아니라 의도치않은 교란치(distractors)가 없다는 것을 확신하기 위한 연구자의 '자필'(scripting)을 필요로 할 것이다. 여러 가지 상이한 변수의 영향을 동시에 검정하고 있을 때, 검정도구의 많은 변형을 준비해야 한다. 이들은 누락페이지나 사례오류가 실험전체를 부당하게 할 수 있으므로 (검토용지와 동일한 방식으로) 꼼꼼하게 검토되어야 한다. 만약 이 유형의 오류가 만들어진다면, 이 오류는 학생청중과 더불어 예비단계에서 발생해야 한다. 즉, 연구자는 검정되지 않은 노구 때문에 실무가청중과 더불어 자료를 소비할 위험을 감당할 여유가 없다. 예를 들면, Smith · Taffler(1996)의 예비단계에서, 하나의 처리가 '평균'자료를 포함하였지만, 다른 것은 '평균'과 '표준편차'의 자료를 묵시적으로 포함하였다는 것이 분명하게 되었다. 집단성과의 차이는 (실제로 피험자가 표준편차자료를 무시하는 경향이 있지만) 실험의 결과를 부당하게 하였을 실체적(substantive) 처리보다는 자료 차이의 탓이었을 것이다. 도구는 시정되어야 했으며, 실험전체는 결과의 무결성을 보증하기 위해 다시 실시되어야 한다.

7. **표본의 편중**(selection bias): 피험자를 칸에 무작위적으로 배정해야 한다(비교목적을 위한 집단)[5]. 그러나 이것은 실제로 달성하기가 불가능하거나 표본에서 모든 변동을 통제하기에 불충분할 것이다. 예를 들면, 임의의 칸에 배정하기 전에 경험과 성의 통제가 충분할 것이라는 가정은 피험자간에 개별특성의 광범위한 불일치가 있다면 비현실적일 것이다. 일부 연구, 특히 현장연구에서 무작위화는 달성하기가 불가능할 것이다. 예외적인 다른 연구에서 그것은 바람직하지 않을 것이다. 그리하여 Cheng et al.(2003)은 이 특성의 영향을 탐색하기 위해 인지유형에 기초한 실험참여자를 선택하였다. 표본의 편중은 다른 피험자에게로 일반화할 수 있는 능력을 배제하는 방식으로 연구자에게 흥미로운 변수와 상호작용도 할 수 있다. 예를 들면, 만약 피험자의 선택이 회계주제에 관심있는 지원자에 기초하였다면, 이 개인은 회계에 관심이 적은 현실세계 의사결정자의 변화와 차이가 있는 방식으로 변화를 기대하고 변화에 반응하고 있을 것이다. 피험자선택이 본질적으로 자기선택과정인 곳(회계실험에서는 매우 공통적인 사례)에서, 그렇게 끌어들인 것의 개인적 경험과 기대는 더욱 대표하는 개인의 그것과 일치하지 않을 것이다.
8. **통계적 회귀**: 개인으로부터 나온 연속적인 결과는 평균값으로 회귀하는 통계적 경향이 있을 것이다. 이것은 시간의 경과에 따른 연속적인 결과의 양상에 관한 해석에 반영되어야 한다. 그리하여 피험자가 하나의 검정에서 극도로 높은/낮은 점수를 생성하는 곳에서는 그가 뒤이은 실험에서 동일한 점수를 생성할 가능성은 적다.

역주5) 표본의 편중(selection bias)이란 실험변수 이외에 실험의 대상이 되는 집단 간의 차이가 결과변수에 양향을 미치게 되는 것을 의미한다. 예를 들어, 휘발유 가격인하 효과에 대한 민감도를 연구할 경우, 고소득층 집단보다 저소득층 집단이 가격변화에 훨씬 민감하게 반응할 수 있다. 따라서 실험대상을 어떻게 구성하는가에 따라 그 결과에 큰 차이가 발생할 수 있다(이훈영, p.84).

9. **처리의 한계:** 피험자가 서로 소통하는 곳에서는 우리가 독립적인 반응을 가지지 않을 가능성이 있다. 이것은 피험자에게 협동하지 말라고 요구하거나, 유용한 비교를 배제하라는 도구화명령을 조작함으로써, 또는 잠재적으로 파괴적인 피험자를 차지하기 위해 '보충'(filler)과정을 제공함으로써 실험상황에서 극복될 수 있다.
10. **분개한 타락(resentful demoralisation):** 상이한 처리는 피험자간에 상이한 동기유발수준을 초래하고 결과에 상이한 영향을 줄 것이다. 예를 들면, 하나의 실험에서 피드백을 수령하는 피험자는 이후의 실험에서 피드백을 수령하지 않는 피험자보다 동기유발이 더 잘 될 것이다.

3. 외적 타당성에 대한 위협

Christensen(1994)은 세 가지 형태의 외적 타당성문제를 규정하고 있다.

1. **모집단 타당성:** 연구결과는 적절하다면 다른 사람, 기업, 국가, 문화로 일반화할 수 있어야 한다. 그러나 많은 연구표본은 가끔 현장연구상황에서 접근문제 때문에 결과의 확대를 문제시하면서 대표적이지 않다. Trotman(1996)은 특히 실험에 채택된 극단적인 사례의 수가 실무에서 직면하는 사례의 수와 차이가 있다면 사례변동 가능성이 중요한 외적 타당성 위협을 구성한다고 주장한다. 파산예측연구(예를 들면, So · Smith, 2002, 2004)는 실험상황에 채택된 파산사례의 비율이 현실세계에서 경험된 비율을 필연적으로 훨씬 더 초과하고 있기 때문에 특히 그러한 비판에 취약하다.
2. **생태학적 타당성:** 연구결과는 다른 상황과 환경상황으로 일반화할 수 있다. 이 요건은 실험에서 더 큰 현실성의 탐색과 실험의 맥락에 더 많은 집중을 촉구한다. 자료한계는 실험연구에 제약을 가끔 제공하는데 이는 실험계획법이 자료의 충실성(richness)제거에 의해 수반되기 때문이다. 분석적 요건도 분산분석유형의 분석에서 관찰변동을 강조하기 위해 서열변수(예를 들면, 예/아니요, 고/저, 구조/비구조)

의 단순화된 처리수준을 이용하기 위해 자료분류법의 이용을 필요로 한다.

3. **시간적 타당성:** 연구결과는 시간상에서도 일반화할 수 있다.

Brownell(1995, p.13)은 외적 타당성 위협을 세 가지 더 식별하고 있다.

1. **처리/선정 상호작용:** 조직경영자는 대개의 경우 연구에 참여할 참모를 선정할 것이다. 그는 대개의 경우 더 좋은 성과자일 것이며, 항상 시간적 여유를 가지는 사람일 것이다.
2. **처리/상황 상호작용:** (정상적으로는 달성하기가 불가능할) 반복이 없다면, 우리는 조직에서 특별한 사람집단의 연구결과를 다른 조직이나 다른 장소 또는 다른 수준의 사람에게로 일반화할 수 없다.
3. **처리/처리 상호작용:** (피험자내 실험계획법에서) 과거의 처리가 미래의 처리에 영향을 주는 것으로 보이는 곳에서는 연구모형의 재설계를 필요로 하는 조건부 관계가 있을 것이다.

실험은 기존이론을 확증하거나 반증하기 위해 내적 타당성을 달성하도록 계획된다. 그리고나서 이러한 이론은 외적 타당성을 제공하기 위해 일반화될 수 있을 것이다. 그러나 실험조건은 매우 극단적이어서 일반화를 어렵게 만들면서 실제와는 거의 닮지 않는다. 반복은 결과의 검증에 도움을 줄 것이지만, 회계문헌은 이러한 성격의 반복을 극단적으로 게재하려고 하지 않기 때문에 반복이 실시되지 않는 경향이 있다.

그러므로 연구가 특정한 표본의 결과를 생산할 것이라는 가능성이 존재한다. 이것은 비대표적인 표본선정과정의 결과이거나 다양한 내적 타당성문제의 이례적인 조합이 특정한 연구프로젝트를 위한 특별한 결과를 유도하였다는 사실일 수 있다.

제5절 준실험연구

현장에서 실시된 실험은 문헌에서 여전히 매우 희소한데, 이는 접근, 윤리문제, 노동조합 등이 가하는 제약 때문이다. 이러한 제약은 주로 잘못된 이유 때문이지만, 가장 유명한 현장실험[6]의 예 중의 하나로 된 일련의 실험이 시작된 1924년에는 결코 그렇게 제약적이지 않았다. Hawthorne실험(Mayo, 1933; Roethlisberger · Dickson, 1939)은 계획이 가능한 반응범위를 적절하게 예상하지 않을 때, 실험조건하에서 무엇이 잘못 될 수 있는가의 고전적 지표로 남아 있다. Chicago의 서부전기회사(Western Electric)의 Hawthorne공장에서 1927년-1932년의 기간에 실험이 실시되었으며, 종속변수로서 생산성과 물리적 작업조건 사이의 상정된 인과관계를 검토하였다. 후자는 조명, 온도, 습도, 휴식기간의 빈도 등의 조합으로 정의되었다. 실험기간전의 생산성 수준은 실험집단과 통제집단인 두 집단을 균형시키기 위해 이용되었으며, 네 개의 종속변수 변화의 영향을 관찰하기 위해 다른 처리가 적용되었다. 그러나 실험집단의 산출은 모든 처리의 경우(더 낮은 생산성을 유도하는 것으로 의미된 것들까지도)에 증가하였으며, 통제집단의 산출은 처리의 적용없이도 증가하였다. 작업일의 연장, 휴식기간의 제거 등을 포함한 추가 조작도 관찰된 생산성증가를 억제하지 못하였다! 실험의 실시와 더불어 종업원행동과 연관된 비통제내재변수들(특히 태도, 가치, 규범)은 예상된 결과의 반대로 결과를 생산하도록 분명히 공모하였다. 실험연구에 광범위한 시사점을 가지는 중요한 현안이 이로부터 많이 등장한다.

- 채택한 '균형화'과정으로 우리는 유사한 것과 비교하고 있지 않을 것이라고 믿게 된다. 피험자를 집단에 배정할 때의 무작위화는 특히 우리가 통계분석을 실시하고자

역주6) 현장실험(field experiment)은 연구자가 통제된 상황에서 사전에 엄격하게 정의된 행동범위를 관찰하여 변수간의 인과관계에 관한 증거를 찾고자 하며, 실무를 개선하고자 하는데, 실행연구(action research)를 비롯한 관여주의적 연구(interventionist research)가 여기에 해당한다. 김석웅(2017, p.357, p.364, pp.367-368)을 참조.

한다면 많이 선호된다.

- 동일한 실험조건하에서 실험집단과 통제집단을 분리하지 못하면 내적 타당성에 위협이 된다.
- 최초의 실험은 (합계 40,000명이상이 Hawthorne공장에 고용되었지만) 6명의 여성만을 포함하였는데 이는 표본이 대표적이지 않았다는 것을 시사한다.
- 잠재적으로 비협조적인 피험자는 실험에서 배제되었는데, 그래서 우리는 편향되고 대표적이지 않은 집단을 다루고 있을 것이다.
- 실험의 소멸은 이 종류의 종단면연구가 가지는 심각한 문제이다. 즉, 부재주의와 종결로 인해서 자료수집의 불연속이 초래된다.
- 업무와 상호간에 대한 종업원의 태도와 연관된 많은 매개변수가 간과되고 있다(예를 들면, 직무안전의 영향).

독특한 실험결과는 Weber · Cook(1972)가 언급한 행동종류에 의해 부분적으로 설명될 것이다. 종업원이 매우 기뻐서 어떤 사람은 연구자가 찾고 있는 것 즉, 생산성증가를 전달하고자 하는 자신의 업무에 적극적인 관심을 가지고 있다. 이후에 'Hawthorne' 효과라고 한 연구자가 경험한 '놀라운' 결과는 자신을 새로운 상황에서 '특별한 것'으로 간주하면서 집단행동이 그것으로부터 나오는 발생과 연관되었다. 그러므로 결과는 조사중인 인과관계를 애매하게 하고 실험의 내적 타당성을 위협하는 매개변수와 더불어 실험조건에 기인하였다. Myers(1924, p.28)가 일찍이 실질적으로 유사한 맥락에서 거의 동일한 결과를 보고하였기 때문에, 우리는 연구자가 이러한 결과로 놀라지 말아야 했다는 것을 주장할 것이다. 회계학에서는 Smith · Taffler(1995)가 실험을 하는 동안 응답자가 모두 정보과부하의 조건하에서 의사결정부담을 줄이기 위해 의사결정 발견법을 채택하기로 선택하였다는 점에서, 기대치않은 피험자행동을 보고하고 있다. 응답자는 의사결정결과를 분리해서 재평가하는 것으로 기대되었으며, 가설검정은 그들에게 그렇게 하도록 요구하였지만, 아무도 그렇게 하지 않았다. 그러므로 실험결과와 결론의 분석은 저자가 이 발생을 예상하였고, 따라서 실험을 재계획하였더라면 발생하지 않았을 방식으로 제한받는다. 나아가, 그들은 채택되고 있는 상이한 시간절약 발견법의 추가적이고 계획하지 않은 분석을 요구하였다. Svenson(1979)은 심리학문헌의 정보과부하 상황에서 이 종류의 행동을 암시하였다.

'Hawthorne효과'와 연관된 타당성에 대한 관찰된 위협은 세 가지 방식으로 편리하게 분리될 수 있다.

- 지표화(indexicality): 종단면실험에서 개인의 일상행동의 변동.
- 실험자효과: 상이한 결과로 되는 의도치않은 정보를 제공하면서 매일매일 그리고 집단간에 다르게 행동하는 연구자로부터 도입된 편향.
- 피험자 조정(subject mediation): 업무요건을 다르게 해석하는 개인과 연관된 차이.

회계연구에 대한 이러한 세 가지 효과의 시사점은 다음과 같이 각각 서술될 수 있을 것이다.

- 피험자가 상이한 맥락 또는 동일한 맥락이라도 다른 기간에 유사하게 행동하지 않을 것이기 때문에 발생하는 외적 타당성 위협;
- 연구자가 동일한 양상으로 실험에 접근하지 않을 때 실험을 관리하기 위해 상이한 연구자를 이용하는 것과 연관된 내적 타당성 위협(Rosenthal, 1966을 참조);
- 연구피험자의 개성, 능력, 동기 등에 관한 가정과 실험업무와 도구화에 관한 그의 이해로부터 도출된 내적 타당성 위협.

Hawthorne연구에서 관찰된 결과의 종류는 만약 우리가 더 큰 외적 타당성의 탐색을 생각하고 있다면 필요한 우려(care)를 경고한다. 실험실에서 벗어나는 것과 연관된 준실험계획법은 상황의 인위성을 감소시키는 것을 목적으로 한다. 내적 타당성의 상반성은 두 외생변수에 대한 통제의 부재가 불가피하며, 참여집단은 처리의 조작을 불가능하게 할 것이며, 이것은 결과적으로 내적 타당성을 위협할 것이다. 준실험계획법은 처리집단에 대한 피험자의 무작위배정을 대개의 경우 불가능하게 한다. 이러한 부재는 판단의 평가에 기초를 확립하기 위해 처음부터 건전한 이론과 처리의 조작이전에 사전검정(pre-test)의 이용을 필요로 한다. 처리가 없는 통제집단의 이용도 도움이 되지만, 달성하기가 어려울 것이다.

진실한 실험에 대해 위에서 이미 언급된 것들 외에, 접근을 제공하고 있는 조직과 밀접하게 협력할 필요 때문에, 추가 문제가 현장에서 발생한다. 경영자는 연구에 대해 크게 관심이 있는 것이 아니라 자신의 조직에 유용할 수 있는 결과에 관심이 더 많다. 그는 이 연구를 문제해결연습이나 상담문제로 취급할 것이며, 연구의 미세한 점에는 무관심하다. 그는 (무작위배정을 하지 않고) 처리집단에 종업원을 배정할 것을 주장할 것이며, 어떤 개선기회를 검정하지 않는 (통제집단도 의미하지 않을) 집단을 자원의 낭비로 간주할 것이다.

이러한 어려움으로 일부 연구자는 은밀한 접근방법을 채택하도록 설득을 당할 것이며, 이는 조작을 완전히 알고 있는 종업원이나 경영자 없이 그 조작을 도입하도록 연구자를 유도할 것이다. 이러한 행위와 연관된 윤리문제와는 별도로, 처리에 대한 조작을 은밀하게 도입하기 위해서는 그 조작이 매우 적어서 간과되고 어떠한 효과도 생성하지 않을 것이기 때문에 결과는 가끔 무가치할 것이다. 설상가상으로, 만약 후원기관과의 신뢰가 상실된다면, 접근은 거부되고 종업원은 적절하게 협력할 것을 거절할 것이다.

어려움을 감안하면, 준실험연구의 일부 보고서를 읽지 않고 연구가 연구자로부터 벗어나 있다는 인상을 형성하는 것은 어렵다! 연구결과는 흥미롭지만, 연구자는 자신의 방식과 연구전체에 대한 통제정도를 정당화하고자 한다.

설계단계에서 상세한 계획은 실험상황에서는 절대적이다. 그렇더라도, 어려움을 초래하는 모든 것을 다룬다는 100% 확신은 매우 어려우며, 이것은 결함을 시정하기 위해 추가실험이 필요할 것이라는 것을 의미한다. 시간이나 이용가능성에 입각해서 피험자에 대한 접근이 매우 제한되어 있는 곳에서, 이것은 문제가 될 수 있으며, 적어도 분석을 지체시킬 것이다.

더 읽을거리

*이훈영(2008), 연구조사방법론, 청람.

*Abdel-khalik, A, R,(1974), "On the efficiency of subject surrogation in accounting research", *The Accounting Review*, 49(4), 743-750.

*Ashton, R. H. and Kramer, S. S.(1980), "Students as surrogates in behavioral accounting research: some evidence", *Journal of Accounting Research*, 18(1), 1-15.

Bisbe, J., Batista-Foguet, J. M. and Chenhall, R. H.(2007), "Defining Management Accounting Constructs: A Methodological Note on the Risks of Conceptual Misspecification", *Accounting, Organizations and Society*, 32(7), 789-820.

Elliot, W. B., Jackson, K. E. and Peecher, M.E.(2014), "The Unintendded Effect of Corporate Social Responsibility Performance on Investors' Estimates of Fundamental Value", *The Accounting Review*, 89(1), 275-302.

*Hofstedt, T. R.(1972), "Some behavioral parameters of financial analysis", *The Accounting Review*, 47(4), 679-692.

*Houghton, K. A. and Hronsky, J. J. F.(1993), "The sharing of meaning between accounting students and members of the accounting profession", *Accounting and Finance*, 33(2), 131-147.

Kahneman, D. and Tversky, A.(1972), "Subjective Probability: A Judgement of Representativeness", *Cognitive Psychology*, 3(3), 430-454.

Libby, R., Bloomfield, R. and Nelson, M.W.(2002), "Experimental Research In Financial Accounting", *Accounting, Organizations and Society*, 27(8), 775-810.

Liyanarachchi, G.A.(2007), "Feasibility of using student subjects in accounting experiments: a review", *Pacific Accounting Review*, 19(1), 47-67.

*____________ and Milne, M.J.(2005), "Comparing the investment decisions of accounting practitioners and students: an empirical study on the adequacy of student surrogates", *Accounting Forum*, 29(2), 121-135

Magilke, M.J., Mayhew, B.W. and Pike, J.(2009), "Are Independent Audit-Committee Members Objective? Experimental Evidence", *The Accounting Review*, 84(6), 1959-1982.

Maines, L.A. and Wahlen, J.M.(2006), "The Nature of Accounting Information Reliability: Inferences from Archival and Experimental Research", *Accounting Horizons*, 20(4), 399-425.

*Miller, H.E.(1966), "Discussion of the accounting period concept and its effect on management decision", Empirical Research in Accounting: Selected Studies, *Journal of Accounting Research*, Vol.4(Supplement), 15-17.

Schepanski, A., Tubbs, R.M. and Grimlund, R.A.(1992), "Within-subjects and Between-subjects Designs in Behavioral Accounting Research: An Examination of Some Isues of Concern", *Journal of Accounting Literature*, 11, 121-150.

Schultz, A.K.D.(1999), "Experimental Research Method in a Management Accounting Context", *Accounting and Finance*, 39(1), 29-52.

Smith, M. and Taffler, R.J.(1995), "The Incremental Effect of Narrative Accounting Information in Corporate Annual Reports", *Journal of Business Finance and Accounting*, 22(8), 1195-1210.

So, S., and Smith, M.(2002), "Colour Graphics and Task Complexity in Multivariate Decision Making", *Accounting, Auditing and Accountability Journal*, 15(4), 565-593.

Trotman, K.T.(1996), *Research Methods for Judgement and Decision-Making Studies in Auditing*, Coopers & Lybrand Accounting Research Methodology Monograph No.3, Melbourne: Coopers & Lybrand.

제9장 실태조사연구

실태조사연구(survey research)[1]는 피험자를 처리에 무작위적으로 배정할 수 없고, 따라서 경합가설을 배제할 수 없기 때문에, 가끔 '빈자'(poor man)의 실험이라고 비판받고 있다. 무엇보다도 Brownell(1995, p.31)은 내적 타당성의 위협을 인식하고 있지만, 실태조사연구가 외적 타당성의 장점을 최적화하면서도 내적 타당성의 위협을 최소화하기 위해 설계될 수 있다고 주장한다. 그는 인과관계 규정의 기초를 세우기 위해 좋은 이론의 필요성을 강조한다.

실태조사는 우편, 전화, 이메일, 인터넷, 대인면접 등을 통해 실시될 수 있다. 인터넷

역주1) 실태조사(survey)는 기본 단위(element)보다 더 큰 모집단의 속성들로부터 양적인 서술들을 구성할 목적으로 한 표본의 실체로부터 정보를 모으는 체계적인 방법을 말한다(김석호 외 역, p.21).

에 입각한 연구가 더욱 두드러지고 있는데 반하여, 이메일에 입각한 연구와 관련해서는 회계분야에 문헌이 별로 없다(예를 들면, Hutchison et al., 1998; Northcott · Linacre, 2010). 실태자료수집을 위한 두 가지 지배적인 방법은 전통적으로 우편조사와 대인면접인데, 이들은 각각 그 자체의 장단점을 가지고 있다. 이러한 두 가지 방법이 본장의 초점을 제공하며, 전자형태(이메일, 인터넷, Skype[2])가 점차적으로 두드러지고 있지만, 본장에서는 우편조사를 강조하고 있다. 자료수집의 엄격성이라는 특징은 모두에 공통적이다.

제1절 우편조사

Young(1996, p.55)은 우편조사방법이 관리회계에서 사용될 때 우수한 방법이었던 25년전 이후에, 관리회계에서 우편조사방법의 하락을 조명하고 있고 있다. 그는 이 하락을 세 가지 주요한 요소의 탓으로 돌리고 있다.

1. 다른 연구형태에 대한 관심증가, 이것은 풍부한 자료원천을 제공할 수 있다.
2. 주요한 심사학술지에 우편조사연구를 게재하는 것의 어려움 증가.
3. 회계가 회계와 통제실무에 관한 일관성있는 지식체계를 만들고자 한 25년의 기간에도 불구하고 실패하였기 때문에, 회계에서 실태조사의 유용성에 관한 의심.

Brownell(1995 p.60)도 관리회계연구에서 실태조사 설문지의 우세와 조직행동으로부터 취한 도구에 대한 의존을 문제시하고 있다. 이 두 가지는 함께 잠재적으로 심각한 약점을 제공하며, 그리하여 맥락의 문제가 회계의 실험 실태조사연구에서 전형적으로 나쁘게 취급되거나 전혀 취급되지 않는다. 언급된 지침을 따라가고 있지만, 우편조사에

역주2) 세계 최대의 인터넷 전화통신망 회사 중의 하나이다.

대한 적절한 응답수준을 달성하기 어렵다는 네 번째 점을 상기의 목록에 더할 수 있을 것이다. 예를 들면, Brown et al.(2004)은 후원조직으로부터 지지를 받으면서 개인화된(personalised) 표본을 이용하는데도 불구하고 13%만의 응답률을 보고하고 있다. Askarany · Smith(2008)는 관련산업협회의 협력을 확보하였음에도 11%만의 응답률을 보고하고 있다. 참으로 이 두 경우는 1970년대이후로 기업의 실태조사에 대한 응답률에서 유의적인 하락을 살펴본 Baruch(1999)에게 최근에 지지를 보내고 있다. 누구보다도 Colombo(2000)는 하락하는 응답율을 응답자에 대한 시간과 직무압력과 필요치 않은 우편량 증가의 탓으로 돌렸다. 호주의 일화적 증거도 많은 대기업이 조직실태조사에 참가를 금지하는 적절한 행동강령을 가지고 있다는 것을 시사한다. 평균응답률의 추가하락은 실태조사증거에 입각한 조직분석의 타당성을 위협할 잠재력을 가지고 필연적이고 불가피한 것 같다. 참으로 Zimmerman(2001)은 실태조사에 입각한 관리회계연구를 논란스럽게 이미 폐기하였다.

이 논쟁의 결과는 실태조사연구의 대상으로 제한되어 왔다. 즉, 부록1에 수록되어 있는 최고학술지들은 오늘날 관리회계에서 실태조사에 입각한 연구를 거의 게재하지 않는다. 그리하여 Van der Stede et al.(2005)은 (*Contemporary Accounting Research, Journal of Accounting Research, Accounting Review, Journal of Accounting and Economics*와 같은) 최고학술지가 각각 1988, 1990, 1993, 1997년에 이러한 연구를 마지막으로 게재하였다고 보고하고 있다.

1985년-1994년의 기간에 주요 학술지(*Accounting Review, Accounting, Organizations and Society, Journal of Management Accounting Research, Behavioral Research in Accounting*)에 게재된 우편실태조사 연구에 관한 Young의 분석은 공통적인 어려움을 많이 식별하고 있다.

- 적은 표적 모집단(평균 207명);
- 적은 응답수(평균 146명);
- 표본크기를 증가시키기 위한 추적(follow-up)절차를 이용하는 연구의 희소;

• 무응답편향의 분석부재;
• 주관적 및 객관적 성과척도를 이용하는 연구의 부재;
• 표본추출절차 이용의 부재;
• 실무와 행동변수를 연결하는 것을 불가능하게 하면서, 동일한 연구내에서 사실자료와 심리자료를 수집하지 못하는 것.

이러한 실패는 실태조사연구가 좀체로 좋은 연구가 아니며, 따라서 예외적으로만 가장 명예로운 출구에서 발표할 준비가 되어 있다는 인상을 유도한다.

Young(1996, p.67)은 7개의 개선기회를 인식하고 있다.

1. **연구체계를 확립할 연구프로그램.** 재무학과 재무회계의 지식을 대응시킬 필요가 있는 것처럼, 관리회계에서 일관성있는 지식체계를 개발할 긴급한 필요성이 남아 있다. 오늘날까지 기회주의적 연구가 이 점에서 개발을 제한하였으며, 따라서 '예산영향'이 광범위하게 연구되고 있는 이 학문에서 주요한 분야로 남아 있다.
2. **더욱 강력한 이론검정을 유도하는 표본추출방법.** 무작위 표본추출은 대개의 경우 실천적이지 않으며, 따라서 편의(convenience) 표본추출[3)]이 지배적이다. 이러한 비판은 일반적으로 회계연구에 적용되며, 표준통계검정의 적용을 위험으로 가득차게 한다.
3. **표본크기를 더 크게 하기 위한 Dillman유형방법의 이용.** 추적절차[Dillman(1978, 2007)은 두 가지 독촉장(reminders)을 보내는 것을 주장한다]와 참가조직의 후원은 응답을 높일 것이지만, 여분의 비용과 연구통제의 부재를 발생시킬 것이다. 만

역주3) 편의표본추출은 가장 간단한 형태의 표본추출방법으로서 임의로 선정한 지역과 시간대에 조사자가 임의로 원하는 사람들을 표본으로 선택하는 방법이다. 편의표본추출방법은 표본추출비용이 거의 들지 않고 절차가 매우 간단하다는 장점이 있으나, 추출된 표본이 모집단을 정확하게 대표한다고 보기 어렵다는 큰 단점이 있다. 또한 응답에 협조하는 대상들만을 조사하게 됨으로써 응답을 거부하는 사람들의 특성이 전혀 반영되지 못한다는 문제점도 적지 않기 때문에 실제 조사에서는 드물게 사용되는 방법이다(이훈영, p.157).

약 우리가 실태조사의 실시에서 윤리지침이 요구하는 바와 같이, 익명성을 보장한다면, 실태조사 응답은 특정한 실태조사 응답과 특별한 개인의 연결을 방지하기 위해 응답자의 이름, 지위(또는 회사)를 포함해서는 안된다. 이것은 편지가 응답자(가끔 응답자를 많이 성가시게 한다)와 무응답자에게 보내질 것이기 때문에, 추적독촉장과 연관된 비용을 증가시킬 것이다. 참여자를 식별하기 위해 비윤리적인 수치부여시스템, 천연색코딩, 심지어 보이지 않는 잉크를 사용하는 경향이 있다. 익명성을 전달하는 것 같지만, 이중응답메카니즘(이름을 쓰지 않는 설문지와 이름을 쓴 우편카드)의 이용은 비용과 윤리적 관심사를 대개의 경우 만족시킨다. Tucker · Parker(2014)는 관리회계에서 연구/실무의 괴리를 검토할 때 Dillman유형 방법의 채택을 보고하고 있다. 즉, 그들의 연구설계는 높은 응답율을 촉구하기 위해 잠재적 참여자의 사전접촉, 매력적인 첨부설명서(cover letter)의 우송, 잘 준비된 실태조사, 추적, 독촉장, 전화 등을 반영하였다.

4. **무응답편향의 문제를 다루는 것.** 많은 발표논문에서 무응답에 대한 언급이 없거나, 무응답이 문제로 간주되지 않았다는 효과에 대한 여러 곳의 주석은 거정스럽다. 그것은 이 문제를 다루기 위한 진지한 시도를 전혀 하지 않았다는 것을 시사한다.
5. **낡은 실태조사도구에서 벗어나는 것.** Mahoney et al.(1963)은 자기가 보고한 성과를 위해, Milani(1975)는 예산참여를 위해, MacDonald(1970)는 애매성묵인(tolerance of ambiguity)을 위해 개발한 것과 같은 표준도구를 이용하여 2016년에 발표한 논문을 보는 것이 여전히 일반적이다. 그들의 나이는 관련성이 더 많은 현재의 도구를 생성하는 것이 가능해야 하지만, 그렇게 할 유인은 빈약하다는 것을 시사한다. 새로운 도구는 취약하고 광범위한 검정을 필요로 하며, 동일한 도구를 이용하는 확증적인 연구는 없다. 우리는 신뢰성과 구성타당성 사이의 고전적 상반관계, 관심있는 구성내용을 적절히 포착할 수 있는 잘 수용되고 신뢰할 수 있는 도구의 선택을 관찰한다. 그리하여 (Brownell, 1995, p.149에서) Merchant(1985)는 1950년대에 개발된 Halpin(1954, 1957)의 도구로부터 Aiken · Hage(1968)가 개작한 LBDQ(지도자 행동서술설문지, Leader Behaviour Description Questionnaire)를 이용하고

있다. 이 LBDQ는 두 가지 차원의 지도력(심사숙고와 업무지향)을 측정하는데 반하여, Merchant(1985)는 '세부 지향'(detail orientation)을 측정하기 위해 그것을 이용하는데, 이후에 그는 이 특별한 도구가 최적에 미치지 않는다고 주장하였다.

6. **개선된 조직지식에 기초한 실태조사의 발전.** 만약 실태조사도구가 관련된 기업의 언어와 일치하지 않는다면, 응답은 인지된 실태조사 비관련성 때문에 제한될 것이다.
7. **주관적인 자기보고척도로부터 객관적인 평가로 이동하기.** Young(1996)은 주장컨대 더욱 객관적인 우수한 평가의 거의 총체적인 부재를 관찰하고 있다. 그러나 다른 저자(특히 Brownell, 1995, p.44)는 이러한 자기보고성과의 비판이 과장되고 있으며, 우수한 평가는 한 명의 지도자 통제하에 있는 부하직원의 범위 때문에 잘못될 가능성이 있다는 것을 시사한다.

20년동안 Young을 포함한 이후의 연구(말하자면, Van der Stede et al., 2005)는 Diamond(2000)가 주장한 다섯 가지 핵심요소에 따라 관리회계연구에서 실태조사설계의 품질을 평가하였다.

- 실태조사의 목적과 설계;
- 모집단정의와 표본추출;
- 실태조사질문과 기타 연구방법현안;
- 자료기입의 정확성;
- 공시와 보고.

그들은 이 기간에 경험적 관리회계연구의 약 30%가 우편실태조사를 이용하였으며, 이러한 차원으로 측정된 바와 같이 이 기간에 실태조사의 품질에서 상당한 개선이 있었다고 언급하고 있다. 그러나 그들은 흥미로운 현안을 많이 살펴보았다.

- 거의 모든 실태조사(98%)가 인과관계를 조사하고 있었지만, 본질적으로 횡단면적이었다. 이들은 시간, 비용, 복잡성 요소 등의 탓으로 돌린 거의 모든 종단면적 연구의 부재를 언급하였다. Askarany · Smith(2008)는 이러한 실태조사의 예를 제공하고 있다.
- 대부분의 실태조사가 조직을 대표한다고 간주된 단 한명을 다루고 있었으며, 복수의 응답자가 다루어지고 있었던 곳에서도 응답의 확증은 좀체로 분석되지 않았다.
- 표본추출체계에서 무응답자에 관한 상세한 분석이 좀체로 고려되지 않았다. Guilding et al.(2000)이 유명한 예를 제공하였다. 참으로, 무응답편향이 대부분의 논문에서 고려된(또는 기각된) 방식은 우리가 살펴보는 아래의 관심분야이었다.

Nazari et al.(2006, p.427)은 실태조사연구가 실시되는 방식의 잠재적 개선을 식별하기 위해 Van der Stede et al.(2005)의 연구를 상세히 설명하고 있다. 그들은 회계에서 가장 공통적인 실태조사연구형태에 초점을 두고 있는데, 이것은 자기보고 우편실태조사를 통해 의견, 태도, 믿음 등에 관한 폐쇄적인 수치적 응답을 결합하고 있다. 그들은 다음을 주장하고 있다.

- 모든 관점을 포용하는 실태조사도구를 개발하는 것을 도와주기 위해 약 10명이 표적집단이나 심층면접의 이용;
- 구성개념에는 오염이 없다는 것을 보장하는 실태조사설계. 말하자면, 구성개념은 실제로 측정할 것으로 예정된 것을 측정한다;
- 응답율을 높이고, 의사결정을 할 수 없고 그 결과 완료하지 못하는 응답자의 좌절을 구원하기 위해, Likert척도 상에서 중간점 척도나 '모른다'는 범주의 이용;
- 모든 응답자가 실제로 동일한 질문에 답하고 있다는 것을 보장하기 위해 반응범주에 분명하고 명시적인 의미의 이용;
- 내용과 길이를 검토하기 위해 대표적인 응답자집단을 대상으로 한 질문초안도구(draft instrument)의 예비조사;

- 타당성을 보여주기 위해 최소한 100개의 응답을 보증하기 위해 확대되어야 할 노력;
- 표본결과가 비현실적인 가정을 하지 않고 모집단으로 일반화될 수 있다는 것을 나타낼 필요성.

이전의 우편실태조사의 우세함에도 불구하고, 최근에 이의 지배는 SurveyMonkey[4)]가 제공한 것과 같은 platforms을 통해 실시된 온라인 실태조사에 의해 위협받고 있다. 이러한 platform은 이용자 친화적이고, 원가효과적이며, 시간절약적인 방안을 제공하는 온라인 실태조사 사이트를 공급함으로써 실태조사과정을 상당히 단순화시킨다. 그것은 복수 질문양식(예를 들면, 진실/거짓, 다선택, 개방적인 질문)의 이용을 촉진하며, 응답자를 추적하고 독촉장을 보낼 수 있다. 그리하여 그것은 이미 익명으로 응답한 사람에게 독촉장을 보내는 우편실태조사에서 직면하는 문제점을 피할 수 있다. 중요하게도, SurveyMonkey는 추가분석을 위해 SPSS 및 SAS와 같은 통계패키지에 간단하게 보내질 수 있는 응답빈도를 생성한다. 그러나 질문을 어떻게 할 수 있는가에 관한 일부 한계가 있으며, 일부 기관은 SurveyMonkey 원천으로부터 이메일을 봉쇄하여, 응답율이 반드시 개선되지는 않을 것이다. SurveyMonkey 원천에서 나온 이메일만이 응답자를 추적하기 위해 이용될 수 있다는 점에서 어떤 통제부재도 분명하다. Symonds(2011)는 실무에서 SurveyMonkey를 이용하는 것의 장단점에 관해 논의하고 있는데 반하여, Northcott · Linacre(2010)는 회계문헌에서 이의 채택 예를 제공하고 있다. Hutchison et al.(1998)은 이메일 실태조사의 응답율이 관습적인 우편실태조사의 응답율보다 한계적으로만 낮는데, 그 차이는 전자의 상대적 비용 장점에 의해 만회된 것보다 더 많다고 보고하고 있다. 그들은 이메일이 회계연구에서 자료수집의 효과적인 수단이라고 주장한다.

우리도 대인면접방법의 대체로서 Skype-유형의 온라인 Platform 이용의 경우가 증가할 것으로 예상하였다. Tucker · Parker(2014)는 그들의 연구에서 자료수집을 위한 Skype의 이용에 관해 보고하고 있으며, 대인면접을 위해 시간과 날짜를 설정할 때 발생

역주4) 짧은 시간에 온라인 설문조사를 만들어 발표할 수 있고 실시간으로 그래픽 처리된 결과를 볼 수 있다. SurveyMonkey는 무료 온라인 설문지와 설문조사 소프트웨어를 제공한다

하는 문제와 다르지 않는 Skype면접의 실시를 구성하는 시간소모적인 문제를 언급하고 있다. 면접의 실시와 내용에 대한 카메라의 배후에서 진행하고 있는 것의 잠재적 영향도 면접행동 이외에, 산출물에 영향을 주는 추가변수로서 검토할 필요가 있다.

제2절 설계와 계획문제

많은 기본문제를 설계단계에서 답할 필요가 있다.

1. **우리는 어떤 종류의 실태조사를 고려하고 있는가?** 연구문제의 요건과 원가차이의 영향은 예를 들면, 관습적인 우편실태조사가 적절한지 또는 전화, 이메일 또는 인터넷을 통해 실시된 실태조사가 우월하거나 더욱 원가효과적인 결과를 초래할 것인지의 여부를 결정하는 데 이 둘은 중요할 것이다. 우편설문지로 인해서 전화나 대인면접보다 상당히 더 낮은 비용으로 표본추출오류를 수용가능한 수준까지 감소시킬 수 있을 정도로 충분히 큰 표본을 이용할 수 있다. 이외에, 우편실태조사는 대인면접과 전화면접에서 잠재적으로 심각한 문제점인 면접편향의 기회를 주지 않는다. 익명성과 기밀성은 이메일과 인터넷에 입각한 연구 특히 이메일에 입각한 연구에 계속적으로 영향을 주는 문제이다.
2. **우리는 어떤 종류의 응답자를 대상으로 삼고 있는가?** 그것은 우리가 일반적으로 모집단을 대상으로 하고 있는지 또는 매우 특정한 부분 예를 들면, 특별한 전문가분류나 최고경영자를 대상으로 하고 있는지의 여부에 의존하면서 계획단계에서 많은 차이를 낼 것이다. 분류가 좁을수록, 접촉해야 하는 개인에 관해 최근의 연락처를 우리가 가지고 있다는 것이 매우 중요하다. 만약 우리가 모집단의 매우 구체적인 구성원을 접촉하고자 한다면(예를 들면, 우리가 유전의 영향을 제거하기를 원하는 환경연구의 경우, 두 쌍둥이), 우리는 참여자의 모집을 광고해야 할 것이다.

3. **우리는 어떤 질문에 대한 답을 원하는가?** 만약 우리가 기대된 응답을 지시하기 위해 연구문제와 가설을 주의깊게 규정하였다면, 그것은 분명한 것 같지만, 이 점에서 도움이 된다. 실태조사가 실제로 생각되고 있는 연구문제없이 아마도 기회주의적인 접근의 이용가능성 때문에 연구논문과 학위논문에서 너무 자주 먼저 실시된 것 같다. 질문되어야 했던 핵심적인 문제가 이후에 개발된 연구문제에서 질문되지 않을 것으로 발견될 때, 이것은 신속하게 분명하게 된다. Roberts(1999)는 도구와 설문지의 개발에서 최상의 실무는 관련도구에 관한 광범위한 검토를 먼저 실시하고 도구가 목적을 세우거나, 적용될 필요가 있는 곳에서, 예비조사가 관련성과 단어의 문제를 다루기 위해 필요하다는 것을 지시한다고 주장한다. 그것은 지나치게 강조될 수 없다. 즉, 이론과 문헌이 연구문제와 가설을 수립한다. 실태조사도구는 단순히 우리가 이론과 가설을 검정하기 위해 채택하는 수단이다. 세가지 사이에는 직접적이고 투명한 연결이 있어야 한다.
4. **우리는 어떤 응답범주를 모색하고 있는가?** 예를 들면, 우리는 의견, 판단, 지식을 질문하고 있는가? 우리는 (Likert척도 응답이나 예/아니오 유형의 대답을 요구하는) 폐쇄적인 문제나 (신중한 서사응답을 허용하는) 개방적인 문제를 설정하고 있는가? 우리는 이러한 현안을 초기에 다룰 필요가 있거나 그것이 우리를 괴롭히기 위해 되돌아올 수 있다. 예를 들어 만약 우리가 서사응답을 기대하고 있다면, 우리는 응답자에게 답을 줄 충분한 여지를 제공해야 한다. 만약 우리가 다량의 발송우편물을 가지고 있다면, 우리는 폐쇄적인 문제 전부를 다루기 위해 효율적인 코딩시스템을 필요로 한다. 만약 우리가 지식을 질문하고 있다면, 문제는 상세한 사항을 탐색할 필요없이 응답자가 안다고 합리적으로 가정할 수 있는 항목을 가리켜야 한다. 실태조사의 가장 심각한 비판 중의 하나(예를 들면, Chua, 1996)는 제기되는 문제가 가끔 너무 복잡해서 실태조사 설문지가 가장 적절한 자료수집방법이기를 그만 둔다는 것이다.
5. **우리는 어떤 질문순서를 추구해야 하는가?** 설문지의 시작이나 마지막에 가장 쉽고 짧은 질문이 있어야 하는지의 여부에 관해 다양한 의견이 있다. 일부 학자(예를

들면, Parker, 1992)는 전체 실태조사문서의 완성을 촉진하기 위해 짧고 쉬운 질문을 시작 때 이용하고, 실태조사의 중간에 가장 충실한 질문을 유도하고는 마지막에 상대적으로 더 짧고 쉬운 질문이 뒤따라야 한다고 주장한다. 다른 학자(예를 들면, Bryman, 2001, p.117)는 초기의 질문은 연구주제와 분명하게 관련성이 있어야 하며, 연령, 경험, 교육배경 등과 같은 사적인 문제를 다루어서는 안된다고 주장한다. 이 단계에서 우리는 또한 순서효과가 있을 것인지의 여부를 고려해야 한다. 즉, 우리는 질문의 순서를 다르게 함으로써 다른 답을 생성하였는가? 만약 우리가 이것이 가능하다면, 우리는 우리의 두려움이 정당화되는지의 여부를 결정하기 위해 더 적은 예비청중과 실태조사를 다시 시도해야 한다.

6. **실태조사도구의 배치는 어떤 형태를 취해야 하는가**? 대부분의 저자는 실태조사가 너무 길어서는 안 되지만, 더욱 중요한 것은 실태조사가 대상청중에게 흥미롭고 관련성이 있게 실시되어야 한다는 것에 동의하고 있다. 장문의 설문지는 실제로 반환될 때만 원가-효과적이다. 최적의 길이는 실태조사도구의 양식(예를 들면, 흰 여백을 남겨두려는 욕구 또는 서사투입에 간격을 제공하라는 요건)에 달려있지만, 일반적인 모집단에 정상적으로 4페이지보다 더 많아서는 안된다. 전문가집단은 아마도 6페이지의 순서보다 약간 더 긴 것에 인내할 것이다. 동기부여와 관심을 유시하는 것은 전형적인 응답자가 20분미만으로 그 도구를 완성할 수 있어야 한다는 것을 의미한다.
7. **우리는 표본을 어떻게 선정하는가**? 이것은 중요하며 아마도 현안이 우선적으로 적절하게 다루어지지 않고 있기 때문에, 무시되고 있는 것으로 보이는 많은 논문에서 하나의 약점이다. 여러 가지 핵심적인 고려사항이 있다. 즉, 우리는 모집단의 크기와 그 구성항목을 알고 있는가? 많은 회계연구 프로젝트에서, 이 문제에 대한 답은 아니요이다. 그 결과, 표본선정의 과학적 방법이 더욱 체계적인 어떤 것처럼 보이기 위해 치장될지라도, 표본선정의 과학적 방법은 배제되고 우리는 문헌에 매우 공통적인 기회주의적 표본이나 편의표본에 호소할 필요가 있다. 만약 우리가 알려진 모집단을 가지고 있다면, 우리는 아마도 쉽게 이용가능한 표본추출체계(예를 들

면, 기업의 주식거래연감이나, 개인의 선거등록부)를 가질 것이다. 그리고나서 우리는 모집단에서 (아마도 난수발생기를 이용하여) 표본을 임의적으로 추출할 수 있거나, 필요한 표본크기를 전달하기 위해 매 n번째 항목을 선택하거나, 우리가 대표표본을 전달한다는 것을 보장하기 위해 그 특징에 따라 모집단을 계층화할 수 있다. 필요한 통계적 추정치의 정확성을 전달하기 위해 필요한 표본크기를 계산하기 위한 수학공식이 있지만, 연구문제와 가설로 되돌아가는 것이 대개의 경우 더 쉽다. 우리는 수행하고자 하는 검정과 자료를 분할할 방법의 수를 구체화할 수 있어야 한다. 우리는 이 분석의 모든 칸을 식별할 수 있으며, 우리는 의도한 통계검정을 실시할 때 우리에게 신뢰를 주기 위해 각각에서 최소한 10개(20개가 더 좋다)의 항목을 선호할 것이다. 만약 우리가 실태조사의 예비단계에서 순서현안을 적절하게 해결할 수 없다면, 최종 도구의 다양한 형태의 요구는 필요한 표본크기를 동일한 승수만큼 확대할 것이다. 예를 들면, 우리는 말하자면 개인에 대한 자료로서 성의 효과를 검정하기를 원하는 위치에 있기를 원하지 않으며, 우리가 (회계자료로 발생해야 하는 것보다 더 자주 발생하는) 표본에서 여성이 거의 없다는 것을 발견할 것이다. 이와 마찬가지로, 기업자료를 가지고 산업효과를 검정할 때, 일부 국가(예를 들면, 호주와 뉴질랜드)의 경우, 모집단 그 자체는 모든 바람직한 관계의 검정을 실시하기 위해 필요한 표본을 낳을 정도로 충분히 크지는 않을 것이지만, 우리도 소매(retail)대표를 거의 가지지 않을 것이다.

제3절 예비조사

실태조사도구의 광범위한 예비조사(pilot testing)는 그것이 대상청중으로부터 필요한 응답을 생성할 수 있다는 것을 나타내기 위해 필수적이다. 실태조사가 동료학자나 학부학생에 대해 가끔 검정되지만, 표본에서 배제된 대상모집단의 구성원이 그 변동성을 측정하기 위해 이용된다면 실태조사는 도움을 준다. 예비도구는 추상적 개념으로부터 타당한 구성개념의 전개를 통해, 신뢰가능한 개별질문의 식별까지 연구 발전을 적절하게 대표하는 발전된 서류초안이어야 한다. 만족스럽게 다루어야 하는 중요한 현안이 이 단계에서 많이 발생할 것이다.

- 질문은 분명하고 간단하며 쉽게 이해해야 한다;
- 질문과 첨부설명서는 대상청중과 분명하게 관련성이 있도록 응답자의 견해를 대상으로 해야 한다. 채택된 모든 전문용어나 산업용어는 응답율을 개선하기 위해 특정한 기술용어이어야 한다;
- 단어의 선택은 속어, 축약어, 잠재적으로 애매한 의미를 가지는 모든 용어 등을 피하면서 조심해야 한다;
- 한 개 이상의 답이 추구되는 것으로 보인다면 혼란이 발생할 것이기 때문에 이중(double-barrelled)질문은 없어야 한다;
- 이중부정은 빈번하게 오해될 것이기 때문에 피해야 한다;
- 그러나 응답자가 질문의 정확한 의미를 정당하게 파악하지 않고 아무런 생각없이 "오른쪽 네모 상자에 표시하는 것"을 방지하기 위해 단어배열이 전환을 채택해야 한다;
- 응답자는 질문에 답하기 위해 자신에게 가르쳐줄 지식과 기술을 가져야 한다. 이것은 오늘날 회계법인에서 종업원을 대상으로 하는 감사연구에서 하나의 현안이다. 일부 실태조사에서 복잡성의 수준이 그 실태조사에 응답하는 사람에게 비현실적인 요구를 한다;
- 신뢰가능한 답을 할 수 없는 그러한 질문은 제거해야 한다. 그리하여 개인의 성적 행동, 노름습관, 마약이나 술 중독 등에 관한 사회연구에서 질문하는 개인은 정확한 응답을 생산할 가능성이 없다. 회계연구에서 부정실무, 역기능적 행동, 소득, 지위 등과 관련있는 질문은 오도적인 답을 유도할 것이다. 이와 유사하게, 종교와 관련있는 질문은 비교문화연구에서 어려움을 초래할 것이다;

• 실태조사를 완료할 때 예비응답자가 소모한 시간에 대한 주목은 개별질문이나 전체 구절이 제거될 필요가 있는지의 여부에 관한 초기지표를 주어야 한다.

개별질문의 신뢰성과 타당성을 개선하기 위해, 실태조사를 적절하게 실시하기 전 예비단계에서 전체 설문지를 평가해야 한다. 큰 예비연구도 이 척도의 신뢰성과 타당성의 평가를 이용할 수 있도록 허용할 것이다. 실제로, 예비조사는 질문의 단어를 정당화하는 것보다 더 많이 할 것이다. 즉, 그것은 우리에게 응답자의 선호와 우선성, 실태조사 범위의 타당성에 관한 확고한 지표를 줄 것이다. 이것은 예를 들면, 우리가 다른 나라에서 이용하기 위해 어느 한 나라로부터 도구를 채택하는 곳에서 매우 중요한 정보를 제공할 수 있다. 결과는 우리에게 도구를 수정하게 하면서 일부 질문노선은 관련성이 별로 없으며, 잠재적으로 가설을 수정한다는 것을 시사할 것이다. 예비조사에 대한 결과의 유의성 관점에서, Van der Stede et al.(2005)이 그들의 표본에서 논문의 23%만이 하나를 이용하였다고 보고한다는 것은 그러므로 놀라운 것이다!

제4절 자료수집

우리가 더 상세하게 자료수집에 초점을 둘 때, 추가로 고려할 사항이 많이 발생한다.

1. **관련있는 최신의 우편목록이 중요하다.** 기존의 우편목록의 이용은 주관조직의 후원을 필요로 한다(예를 들면, 전문회계단체 중의 하나). 후원의 '비용'은 실태조사의 실시에서 통제의 상실이거나 모든 출판에서 주관조직의 인식일 것이다. 주관조직이 완료와 반환을 처리하기 때문에, 정확하게 누가 그 실태조사를 완료하였는가에 관한 보장이 없다. 또는 평판이 좋은 데이터베이스의 매입이 필요할 것이다. 이것은 협소하게 초점을 둔 우편목록이기 때문에 비쌀 수 있다. '메모지'로부터 자

신의 우편목록을 개발하는 것은 매우 시간소모적이고 노동집약적이다. 그것은 또한 우편목록의 유지에 방심을 하지 말아야 하기 때문에 지속적인 몰입이다. 실태조사수령자 중에서 지정된 대상자 중의 한 명이 이미 사망하였다면, 이보다 더 당황스러운 것은 없을 것이다.

2. **실태조사는 특정한 지정된 응답자를 대상으로 해야 한다.** '거주자', '관리자', 기타 지정하지 않은 개인 앞으로 보내지는 실태조사가 쓰레기통으로 버려질 가능성이 높다는 것을 시사하는 증거는 많이 있다. 연구문헌(예를 들면, Dillman, 1978, 2007)은 실태조사가 이름과 지위로 대상이 정해져야 하며, 이러한 점에 의문이 있다면 실태조사를 송부하기 전에 미리 (예를 들어, 기업전화교환원을 통해) 전화로 확인해야 한다는 것을 주장한다. 나아가 Dillman은 이상적으로 (회사명과 주소가 편지지의 윗부분에 있는) 편지지와 유명한 사람의 서명이 있는 분명한 첨부설명서의 이용을 주장한다. 이 첨부설명서는 분명한 지침, 익명성의 보장, 응답자와의 관련성, 실태조사 중요성의 주장 등을 제공한다. Merchant(1985)는 대상청중에 맞추기 위해서 기술용어를 변화시킴으로서 그의 연구도구를 고객에 맞추고 있다. 그렇게 할 때 그는 응답율을 95%까지 증가시키면서 응답자에 대한 실태조사의 관련성을 보증하지만, 가변적인 도구를 통해 신뢰성을 위태롭게 한다. Edwards et al.(2002)은 우편실태조사에서 응답율을 상당히 증가시키기 위해 다음과 같은 요소에 유의하고 있다.

   - (흰봉투보다는) 갈색봉투의 사용;
   - 완료에 대한 금전유인의 제공;
   - 짧은 설문지;
   - 우편발송과 응답의 기록.

   이러한 주장의 전부는 실태조사가 중요하고 응답자로부터 즉각 주목받을 가치가 있다는 인상을 생성하는 것과 일치한다. 그러나, 이의 채택은 연구에 추가변수의 포함인 유인에 관한 비용 및 복잡성과 균형이 되어야 한다.

3. **우리는 답을 어떻게 기록하는가**? 이것은 이용한 매체를 최대한 이용하기 위해 초기에 확립되어야 한다. 만약 우리가 우편실태조사를 취급하고 있다면, 수동적인 방법이 지배적인 것이다. 그러나 만약 우리가 구술반응(말하자면, 면접이나 전화응답)이나 서면반응(말하자면, 수작업실태조사나 이메일 또는 인터넷응답에서 서사의 응답)을 가진다면, 이것이 테이프기록으로부터 전사되어야 할지라도, 텍스트의 내용분석을 통해 서사에 관한 상세한 질적 분석을 실시할 기회가 존재한다.
4. **응답자에게 피드백**? 응답자에게 종합결과의 제시는 실태조사의 완료를 촉구하는 유인을 제공할 것이다. 이것은 실태조사의 응답에 대한 답례나 정상적인 보상의 제시보다 가끔 더 성공적이다. 모든 사건에서, 응답자에 대한 감사의 편지는 좋은 태도이며, 자진해서 추가로 참여하려는 의지의 증가를 이끌어낼 것이다. 예를 들면, 응답자가 명확함과 상세함을 제공하기 위해 이후의 면접에 자신을 이용할 수 있게 하도록 격려할 것이다. 만약 응답이 여전히 주요한 목적이라면, 바코드보다는 실제 우표가 붙은 소인이 찍힌 봉투가 더 나을 것이다. Dillman(1978)은 실태조사를 위해 회피(예를 들면, 회계년말, 과세년말, 크리스마스나 부활절에 가까운 회사실태조사의 회피)할 수 있도록 공휴일이나 바쁜 업무일의 주의깊은 감시 뿐만 아니라 추가 응답을 이끌어 내기 위해 두 개의 사후 독촉장의 송부를 권고하고 있다.
5. **조직.** 미리 생각하는 것이 더 좋다. 계획단계에서, 우리는 폐쇄적인 답변에 필요한 코딩시스템과 사용할 분석방법도 알아야 한다. 이상적으로 응답은 조작을 위해 스프레드시트나 더욱 상세한 분석을 촉진하기 위해 SPSS 투입물로 쉽게 전사할 수 있어야 한다.
6. **무응답문제.** 실태조사연구에서 가장 큰 문제는 응답의 부재이다. 만약 응답자가 대표적이지 않고 응답율이 매우 낮다면, 연구결과의 타당성과 편향이 도입될 잠재성에 관한 의심이 발생할 것이다. 25%미만의 응답율은 회계연구에서 일반적이다. 대답하기 어려운 문제는 응답자가 비응답자와는 상당히 다른지의 여부이다. 비응답은 우리가 응답자와 비응답자간에 체계적인 차이가 있고 그러한 차이가 연구결과에 영향을 줄 것이라는 것을 논증할 수 있을 때만 문제가 된다. 이 후자의 조건은 논

증하기가 어려울 것이다. Merchant(1985)는 응답자의 익명성을 보장하고 응답자와 비응답자를 구별하기 위해 우편엽서의 방법을 이용하였다. 참여자는 연구자에게 독자적으로 반송되는 별도의 우편엽서와 설문지를 완성하도록 요청받았다. 응답자가 이 두 가지를 반송한다고 가정한다면, 비응답자의 정체성은 알려질 것이고 비응답자의 특징은 이미 알고 있는 응답자의 특징과 비교될 수 있다. 이러한 도구가 없을 경우, 우리는 최종 독촉장 이후에 응답할 마지막 사람인 그러한 응답자로부터 비응답자의 특징을 대용함으로써 비응답자의 특징을 추정해야 한다. 이의 시사점은 이러한 마지막 순간, 거의 마지못해서 응답자는 응답을 전혀 하고 싶지 않는 사람을 닮을 것이다.

Dillman(1978, 2007)의 종합설계방법(Total Design Method, TDM)은 비응답의 이유에 특히 주목하고 있다.

- 우선 틀린 주소 또는 부정확한 우표부착과 이로 인한 비배달;
- 개봉되지 않는 편시는 쓰레기 우편이나 순환우편처럼 보이기 때문에 폐기된다;
- 적절하게 전달하지 못하는 부적절한 사람에게로 배달이 간다.
- 공개될 때 그것이 폐기되기 때문에, 실태조사를 완료할 동기가 없다.
- 수령지가 완료지침이나 실태조사의 내용을 이해할 수 없다.
- 실태조사도구가 시간의 압력 때문에 일시적으로 '중지'된다.
- 반환주소가 잘못 되어 있어서, 설문지가 완료되더라도 실태조사도구가 반환되지 않는다.

그는 도구가 '올바르고', 그것이 정확한 사람에게 도달하고, 완료의 유인(상이나 금전적 보상)이 제공된다는 것을 보장함으로써 이 문제를 각각 다루고 있다. 그는 또한 상세한 일련의 사후조치를 설치하고 있다.

- 최초실태조사이후 일주일 - 독촉우편엽서(일부 연구자는 이 첫 번째 독촉장이 최초의 우송이후 가능한 한 3일이내에 보내져야 한다는 것을 주장한다);
- 최초의 우송이후에 3주 - 새로운 첨부설명서와 설문지;
- 최초의 우송이후에 7주 - 세 번째 첨부설명서와 설문지.

실태조사의 전체과정은 우리가 결과로서 정상적으로 생각하는 것보다 상당히 더 길고 더 비싸다. 그러나 Dillman은 대꾸로서 그의 응답율을 가리킬 수 있다.

반응이 무엇이든간에, 소프트웨어에게 분류하게 하는 (누락의 경우를 가진 항목 전부를 삭제하는) 엄격한 범위내에서 다른 전략이 적용될 수 있는 누락자료항목이 항상 있을 것이다. 어느 것도 적절하지 않을 것이며, 세세한 발생에 더 많이 주목을 해야 한다는 것을 시사한다. Tabachnick · Fidell(2001)은 누락양상은 중요하다고 주장한다. 그래서 만약 많은 응답자의 경우에 한 가지 이상의 특별한 부서내에서 누락항목에 초점을 둔다면, 이것은 그 도구에서 이상한 누락보다 더 큰 관심사이다. 그들은 이 문제를 다루기 위한 수용가능한 대안을 많이 제안하고 있다.

- 많은 자료가 상실될 것이고, 표본이 심하게 줄어들고 표본편향이 잠재적으로 도입될 것이기 때문에, 최적의 해결은 거의 아니지만 - 누락항목을 가진 모든 사례를 삭제하라.
- 누락항목을 가진 모든 사례를 모든 사례의 평균으로 대체하라.
- 누락항목을 가진 모든 사례를 그 특별한 응답자의 평균으로 대체하라.

그들은 세 가지 형태의 자료(두 가지는 위의 대체 그리고 누락사례의 삭제)로 처리하면서 결과에 대한 영향을 평가하기 위해 민감성분석의 이용을 주장한다. 목적은 대체물을 허용함으로써 표본크기를 증가시키는 것이며, 이것은 다른 접근방법이 유사한 전반적인 결과를 생성한다면 정당화될 수 있다.

실태조사자료의 최초분석은 이 도구가 실제로 얼마나 잘 작동하였는가를 드러낼 것이다.

• 일부 항목에 변화가 거의 없다면(말하자면, 질문이 거의 항상 동일한 Likert 점수반응을 생성한다면), 이것은 좋은 판별요소가 아니며, 이 항목은 제거되어야 한다. 이것은 그 반응이 충분하였더라면 예비단계에서 분명하였을 것이다.
• 항목반응들은 대략적으로 정규분포가 되어야 한다. 만약 정규분포가 아니라면, 우리가 그것에 관해 할 수 있는 것이 많이 있는 것이 아니라, 그것은 이후의 통계분석을 제한할 것이다.
• 구성개념내의 항목들은 고도의 상관관계가 있어야 한다. 말하자면, 이들은 모두 동일한 것의 상이한 측면을 측정하고 있다.
• 구성개념간의 항목들은 고도의 상관관계가 없어야 한다. 만약 고도의 상관관계가 있다면, 이들은 동일한 구성개념의 다른 척도일 것이다.
• Cronbach의 α가 도구의 타당성을 나타내기 위해 계산되고 보고되어야 한다.

Van der Stede et al.(2005)는 그들의 연구에서 대부분 사례의 초점은 비응답편향보다는 표본크기이었다고 주장하고 있다. 비응답편향은 만족스럽게 다루어지지 않았다. 그는은 표본크기가 가설관계를 검정하기에 충분하는 한, 핵심적인 현안이 아니라고 주장한다. 참으로 Sapsford(2000)는 더 작은 표본크기가 통계적으로 유의적인 차이를 발견하는 것에 실제로 편향되어 있다는 점을 발견하였는데 반하여, Colombo(2000)는 (응답율과 표본크기에 의해 결정되는) 비응답편향이 핵심적인 현안이라고 주장한다. Moore · Tarnai(2002)는 응답율이 80%를 초과하는 곳에서 비응답편향은 타당성에 대한 실질적인 위협으로 더 이상 고려해서는 안된다고 주장한다. 그러나 이러한 응답율은 회계실태조사연구에서 드물다.

Van der Stede et al.(2005)는 비응답편향에 대한 검정이 실시되었지만, 어떠한 편향도 분명하지 않았다는 취지로 가끔 이용되는 주석에 관해 비판적이다. (사례의 72%에서) 보고된 검정의 가장 공통적인 유형은 초기응답자와 후기응답자 간의 비교이었는데, 후기응답자는 비응답자의 대용변수로 이용되었나[Krumweide(1998)는 표본추출체계에 대해 상세한 비교를 할 때 이 점에서 예외이었다]. Van der Stede et al.(2005)은 (특히 개인연구보다는 조직연구의 경우에) 적시성이 비응답에서 유일한 현안이 아니며, 응답할 동기, 능력, 권위 등을 고려해야 한다는 것을 강조할 때 Tomaksovic-Devey et al.(1994)을 따르고 있다. (조직에서 지위에 의존하는) 권위, (정보에 대한 접근에 의존하는) 능력, (참가할 의지에 의존하는) 동기. 특히, '권위'와 '능력'은 응답할 의사결정에 영향을 주지만, 반드시 적시성이 그러한 것은 아니다. 그리하여, 예를 들면, 최고경영자나 최고재무책임자를 대상으로 한 회계정보에 대한 실태조사요청은 각각 능력이나 권위의 이유로 실패할 수 있을 것이다. 그리하여 Tomaksovic-Devey et al.(1994)은 많은 조직특성(예를 들면, 규모, 구조, 수익성, 시스템, 경쟁)이 응답할 의사결정에 영향을 줄 것이며, 이들은 비응답편향의 본질을 결정하기 위해 비응답자에 대해 검토해야 한다.

제5절 측정오류

Andrews(1984)는 세 가지 종류의 측정오류를 구체화하고 있다. 즉, 편향, 무작위오류, 상관관계(또는 체계적) 오류. 그는 더 나은 설문지설계가 이러한 오류의 가장 심각한 영향을 극복하는 것을 도와줄 것이라고 주장하고 있다.

- 실태조사길이 및 간결(parsimony)과 일치하는 가능한 한 많은 답변척도범주의 이용;
- 적절한 곳에서 '모른다'는 선택;
- ('시험길이'(battery length)라는) 함께 분류된 항목의 수를 적게 유지하는 것;
- 명시적인 판단기준을 제공하기 위해 가능한 곳에서 비교척도질문의 이용;
- 극단적인 범주만 표시된 선형평가척도의 이용;
- '시험'(battery)도입과 질문의 길이에 유의(시험도입의 경우 16단어와 24단어의 사이, 질문의 경우에 16단어이상을 추천);
- 설문지의 시작과 종료에서 쉽고 덜 중요한 질문을 배치하기.

Assal · Keon(1982, p.114)은 비표본추출오류가 빈약한 품질의 실태조사결과에 대한 주요한 기여요소이며, 전체오류가 (비대표적인 표본 때문에) 무응답오류와 (응답자로부터 신뢰할 수 없는 답변 때문에) 응답오류를 구성한다고 주장하는데, 아마도 이들이 잘못되었거나, 부정직하거나 혼동되기 때문일 것이다. 이 점에서, Diamond(2000)는 억측(guessing)은 대상청중에게 너무 복잡하거나 빈약하게 단어가 사용된 질문에 대한 공통적인 반응이라고 주장한다. 따라서, 이중의 초점에 대한 필요성이 있다. 즉, (실제 예비집단으로 예비조사를 한) 대상청중에 정확하게 단어를 사용한 질문을 하게 하고 응답율을 최적화하기 위해 적절한 척도를 이용하는 것.

1. 신뢰성척도

만약 우리가 조사중인 관계에 관해 타당한 결론을 도출해야 한다면, 변수척도가 신뢰가능하고 타당하다는 것이 중요하다. 다항목척도가 두 가지 이유로 단일항목척도보다 더 낫다.

- 많은 구성개념은 복잡한 개념을 대표하며 이 복잡성은 한 가지 이상을 질문함으로써 더 잘 다루어진다.
- 개별질문의 이해나 해석을 잘못하거나, 누락된 단어뒤집기(wording rcversals)을 포함할 수도 있는 가능성 때문에, 많은 관련항목이 타당성을 증가시킬 수 있다.

신뢰성을 측정하는 여러 가지 방법이 공통적으로 이용되고 있다.

- 검사-재검사(test-retest) 신뢰성계수: 짧은 시간내에서 하나의 개인집단에 의해 동일한 도구가 두 번 완료된다. 응답들간의 높은 상관관계는 신뢰성을 시사하지만, 두 번째의 결과는 첫 번째의 완료에 의해 영향을 받았을 것이다.
- 반분(split-half) 신뢰성계수: 도구가 하나의 집단에 의해 완료되고 상관관계가 이 도구를 반분한 두 개의 사이(대개의 경우, 피로의 영향을 검토하기 위해 처음과 마지막

사이)에서 측정된다. 그러나, 많은 오류가 응답자에 의해 지적되지 않은 문구의 뒤집기에 귀인할 수 있다. 이는 검사를 위한 반분 두 개의 무작위선택을 선호한다는 것을 시사한다. 만약 반분한 두 개의 상관관계가 높다면, 이것은 내적 일관성기준으로 높은 신뢰성을 시사한다. 그러나 검사가 길수록, 신뢰성도 더 높아지며, 분리가 수행되는 방식이 일관성/신뢰성의 척도에 영향을 줄 가능성이 있다. 그리하여 이 방법으로의 논리적 확장은 모든 가능한 대응(pairwise)항목의 평균에 기초한 평균항목간(average inter-item) 상관계수의 생성이다.

- Cronbach의 α계수는 특히 새로이 개발된 도구의 경우에 가장 널리 이용되는 척도이며, 그 값이 도구의 항목수(n)에 여전히 전반적으로 의존하고 있지만, 분리문제를 극복한다. 그리하여 항목수의 민감도는 신뢰성을 나타내기 위해 평가해야 한다.

$$\alpha = \frac{n^*(\bar{r})}{1+(n-1)^*\bar{r}}$$

여기서 $\bar{r}$는 상관계수를 평균함으로써 계산될 것이다.

$$\frac{(n!)}{(n-2)!2!}$$

그리하여, 4개 항목의 구성개념의 경우, ($\bar{r}$)을 생성하기 위해 평균적으로 6개의 상관관계계수가 있을 것이다. 0.8의 α는 이것보다 약간 낮은 수치들이 인정가능할 수도 있지만, 정상적으로 만족스러운 것으로 간주된다. Cronbach α는 포함된 항목의 수에 의존하기 때문에, 항목이 많을수록 Cronbach계수도 높다. 그러므로 너무 많은 유사한 질문으로 인한 매우 높은 계수는 도구에서 과잉을 반영할 것이다. 연속적인 항목의 삭제에 대한 α의 민감도분석은 우리가 신뢰성과 일치하는 최소한의 항목수를 가지고 있는지의 여부를 드러낼 것이다.

제6절 면접방법

자기완성 우편설문지와 연관된 많은 문제는 또한 면접법에도 적용가능하지만, 면접자와 피면접자 사이의 상호작용 때문에 추가적이고도 불가피한 '사람'문제도 있다. 그러나 만약 우리가 이 어려움을 완화할 수 있다면, 면접은 전통적인 우편실태조사보다 더 복잡하고 광범위한 현안을 다루기 위한 더 큰 기회를 제공한다. 많은 면접양식이 회계문헌에서 공통적이며, 여기서 다루어진다. 사례연구와 현장연구는 다음 장에서 별도로 고려된다.

1. **구조화면접.** 이것은 자기완성 우편설문지의 양식과 매우 닮은 양식이다. 면접자편향의 기회는 공통적인 맥락을 추구함으로써 제한받는다. 즉, 동일한 순서와 동일한 단서와 길잡이(prompt)로 동일한 질문이 허용되며, 이 모든 것이 특정한 폐쇄식 질문체계내에서 이루어 진다. 폐쇄식 질문은 답의 코딩을 더 쉽게 하며, 이후의 분석에 장점을 가진다. 폐쇄식 질문도 순서차이가 허용되는 '누락된' 질문의 기회 뿐만 아니라 개방식 질문과 연관된 오류의 기회를 제거한다. 그러나 폐쇄식 질문도 개방식 질문이 제공하는 응답의 유연성과 충실성을 포함하지 못함으로써 면접방법의 비교우위를 희생시킨다. 회계문헌에서 Lowe · Shaw(1968), Onsi(1973), Marginson · Ogden(2005) 등이 구조화면접 접근방법을 채택한 예를 제공하고 있다.
2. **반구조화면접.** 이 양식으로 일련의 질문을 할 수 있지만, 고정된 순서는 없다. 면접과정에서 발생하는 연관된 현안을 검토하기 위해 면접자가 적합하다고 생각한다면, 추가질문도 할 수 있을 것이다. Lillis(1999)가 반구조화면접 접근방법을 이용한 예를 제공하고 있다.
3. **비구조화면접.** 이 양식은 특정한 질문보다는 논의를 위한 일련의 주제로 시작한다. 이것은 요청된 주제가 모두 다루어지는 한, '자유분방한' 접근방법을 채택할 수 있는 면접자와 통제된(directed) 대화로 전개될 수 있을 것이다. 그러므로 이용되는 실제의 단어와 구절은 면접들간에 상당히 다를 수 있지만, 이 접근방법은 피면접자

를 상이한 조건하에서 등장하지 않았을 공시를 하도록 그에게 유인하기에 충분히 편안하게 할 것이다. 비구조화면접 접근방법은 Merchant(1985)와 Malina · Selto (2001) 등이 예시하고 있다.

많은 연구(예를 들면, Birnberg · Shields · Young, 1990; Chapman, 1998; Ittner · Larcker, 2001)는 대개의 경우, 상이한 정보를 뽑아내고 동일한 청중으로부터 확증적인 증거를 제공하기 위해 설문지와 면접의 결합인 다중방법의 이용을 보고하고 있다.

면접과정의 결과에 의심을 초래할 여러 가지 우려할 분야가 발생할 수도 있다.

- 단어를 잘못 사용한 질문은 피면접자간에 혼란이나 오해를 야기할 것이다. 면접자와 피면접자가 이용한 용어나 그것에 부여한 강조에 관해 상이한 해석을 하는 것이 가능하다. Houghton(1987, 1988)과 Hronsky · Houghton(2001)가 회계문헌에 제기한 "의미측정"현안의 종류확장.
- 피면접자간의 기억문제는 즉각적인 응답을 믿을 수 없게 할 수 있다. 이것은 이러한 조사 양식에 대해 요구가 너무 많은 질문과 연관이 있을 것이다.
- 질문이 비일관적인 방식으로 제기되거나 특별한 면접자가 시간에 따라 그리고 응답자간에 다르게 행동할 것이다. 질문의 표준화, 지침, 훈련의 수준에도 불구하고 면접자간에 유의적인 차이가 존재할 것이다. 만약 말하자면, 동정적이거나 공격적인 태도가 특별한 집단의 피면접자와 연결된다면, 이러한 면접자간에 그리고 면접자내에서의 비일관성으로 인해서 편향된 결과가 나올 것이다.
- 응답의 기록과 처리에서 문제가 발생할 수도 있다. 이것은 특히 개방적인 질문에서 발생하는데, 여기서는 면접자가 경청한 것을 서둘러 전사하는 과정에서 응답을 오해하거나 윤색할 것이다.
- 우편실태조사의 경우처럼, 비응답편향이 발생할 수 있지만, 거절은 부재주의(absenteeism)에 의해 혼합된다. 대면의 요구는 빈번한 반복만남(call-backs)을 필요로 할 것이며, 이의 성공은 피면접자의 성, 복장규정, 비위협적인 태도 등에 의존할 것이다.

Parker(2008)는 면접과정에서 침묵의 중요성을 강조하고 있다. 응답자가 침묵에 불편하기 때문에, 면접자는 긴 중단을 채택함으로써, 응답자에게 공표할 기회 뿐만 아니라 생각할 기회를 준다. 그는 또한 설명과 상세한 해설을 촉구하기 위해 최소한의 논평과 간투사(interjection)를 주장한다.

면접자에 대한 특별한 문제범주는 윤리적 현안에 대한 우려에 관해서 발생한다. 첨부 설명서가 우편실태조사에서 연구의 목적을 예시하고 있고, 이 도구 자체의 반환은 묵시적인 참가허용을 구성하지만, 면접상황은 다르다. 일부 윤리강령은 피면접자가 응답의 내용을 검증하기 위해 면접을 끝낼 때 서명하도록 주장할 것이다. 다루어야 할 특별한 점은 다음과 같다.

- 면접자는 자신과 자신이 대표하는 지위, 면접의 목적을 분명하게 밝혀야 한다.
- 피면접자는 자신이 참가하도록 선택된 이유와 방법을 알아야 한다.
- 응답의 익명성과 기밀성이 강조되어야 한다.
- 피면접자가 언제라도 자신의 협조를 자유로이 거절하도록 자발적 참가가 중요하다.
- 피면접자가 면접자에게 질문을 할 기회도 있어야 한다. 면접자는 여기서 조심할 필요가 있다. 왜냐하면 만약 그가 방심하고 있다면, 그는 검토중인 연구문제를 드러내도록 유도될 것이다. 이러한 공시는 이후의 비면접자로부터 응답의 타당성을 위협할 것이다.

Gill · Johnson(2010,p.132)은 이메일 연구와 연관된 일부 문제를 강조하는데, 이것들은 결과의 타당성을 위협할 가능성이 있다. 표본추출체계가 없어서, 표본이 대표하는 정도가 평가될 수 없다. 응답자에 대한 익명성과 응답의 기밀성의 부재, 이 둘은 우리가 실태조사로 달성하기를 정상적으로 기대하는 것에 반한다. 응답의 타당성과 정직성은 결과로서 위협받을 것이라고 예상되었을 것이다. Simsek · Veiga(2001)는 관련문제에 관해 상세한 논의를 하고 있다.

Morgan · Symon(2004)은 전화와 이메일에 의한 면접과 연관된 문제를 논하고 있는데, 면접자에 대한 가시적 단서의 부재와 비언어적 행동에 대한 접근의 결여를 강조하고 있다. 그들은 전자적 면접을 인터넷을 통해 실시되는 면접이라고 하며, 다루어야 할 새로운 현안전체를 강조하고 있다.

- 소프트웨어문제는 일대일의 면접을 녹음할 때 그렇게 가끔 직면하는 기술적 문제를 대체한다.
- 응답의 충실성이 제한적일 것이다.
- 응답자의 익명성은 정직성을 높일 것이지만 또한 심사숙고나 부정직의 기회를 제공한다.
- 응답자가 상호작용의 긴급성을 더 이상 인식하지 않기 때문에 적시성이 현안일 것이다. 응답은 긴 시간동안 축적될 수 있으며, 이메일 독촉장(reminders)을 필요로 할 것이다.

Saunders et al.(2009, p.364)은 전통적인 우편실태조사에 대해 30% 응답율은 인터넷을 이용하여 약 10%로 감소할 가능성이 있을 것이라고 적고 있다. 아마도 자판기(keyboard)상에서 가볍게 두드리는 것(click and flick)이 봉투를 처분전에 개봉하는 것보다 훨씬 더 쉽게 달성되기 때문이다.

잘 설계된 실태조사로 인해서 흥미있는 변수들간의 관계를 엄격하게 연구할 수 있다. 그러나 초실재론(extra realism)이 더 높은 외적 타당성을 제공하지만, 내적 타당성은 그것이 실험연구만큼 실태조사에서 강력하지 않다. 실태조사가 필연적으로 그 깊이를 제한하는 가끔 많은 사례를 포함하기 때문에, 실태조사는 사례연구에 관해서 가끔 비판을 받기 쉽다.

본장에서 우리는 실태조사의 장점과 그 한계점을 규정하였기를 희망한다. 복잡하지 않은 질문으로 제한된 고도로 구조화된 설문지는 깊이있게 현안을 조사할 수 없으며, 질문에 응답하거나 적절한 추적질문을 할 기회가 없다. 이러한 한계점은 질문이 잘 공식화되고 상대적으로 범위가 좁는 한, 중요하지 않다. 그러면 이것은 연구질문에 타당한 응답을 제공할 수 있다. 우리가 본서에서 검토하는 모든 연구방법의 경우처럼, 이론의 질문은 저평가될 수 없다. 좋은 이론은 우리가 하는 모든 것의 기초를 이루며, 명확하게 정의된 구성개념의 개발을 가능하게 한다. 자료를 수집하기 위한 신뢰가능한 연구도구의 명백한 개발은 회계에서 실태조사연구의 가장 큰 장점중의 하나이다. 연구의 실시가 아무리 유능하더라고, 실태조사방법을 이용하는 최고학술지에 발표된 논문을 분석할 때, Nazari et al.(2006, p.438)은 그들이 주로 세 가지 학술지(*Accounting, Organizations and Society*, *Behavioral Research in Accounting*, *Journal of Management Accounting Research*)로 한정되며, 실태조사방법은 이론을 개발하기 위해 이용되는 것이 아니라 본질적으로 확증적(confirmatory)이었다고 적고 있다.

실태조사, 현장연구, 사례연구 간에 문헌에서 많은 혼란이 있다. 예를 들면, 각각 '비구조화면접'과 '현장연구'로 더 적합하게 서술될 수 있었을 때, Merchant(1985)는 그의 연구를 '현장연구'로 서술하였으며, Smith(1994a, 1994b)는 그의 연구를 '반구조화면접'으로 서술하였다. Brownell(1995, p.156)은 '실태조사'와 '현장연구'의 구분은 그 구분에 필요하지만 아마도 충분하지 않는 조건인 질문구조의 정도에 의해 결정될 것이라고 주장한다. 이러한 현안은 질적 방법에 관한 제10장에서 살펴본다.

더 읽을거리

Andrews, F.M.(1984), "Construct Validity and Error Components of Survey Methods: A Structural Modelling Approach", *Public Opinion Quarterly*, 48(2), 409-442.

Dillman, D.A.(2007), *Mail Internet Surveys: The Tailored Design Method*, 2nd edn., Hoboken, NJ: Wiley.

*Groves, R.M., Fowler, F.J. Jr., Couper, M.P., Lepkowski, J.M., Singer, E., Tourangeau, R.(2004), *Survey Methodology*, Hoboken, NJ: John Wiley & Sons; 김석호 · 이정환 · 황명진 · 고성호 역(2015), **서베이 방법론**, 터닝포인트.

*Halpin, A.W.(1954), "The leadership behavior and combat performance of airplain commanders", *The Journal of Abnormal and Social Psychology*, 49(1), 19-22.

*___________(1957), *Manual for the Leadership Behavior Description Questionnaire*, Columbia, OH: Bureau of Business Research, Ohio State University.

Hutchison, P.D., Fleischman, G.M. and Johnson, D.W.(1998), "E-mail versus Mail Surveys: A Comparative Study", *The Review of Accounting Information Systems*, 2(3), 43-56.

Lillis, A.M.(1999), "A Framework for the Analysis of Interview Data from Multiple Field Research", *Accounting and Finance*, 39(1), 79-105.

Northcott, D. and Linacre, S.(2010), "Producing Spaces for Academic Discourse: The Impact of Research Assessment Exercises and Journal Quality Rankings", *Australian Accounting Review*, 20(1), 63-79.

Sapsford, R.(2000), *Survey Research*, 2nd ed., London: Sage.

Saunders, M., Lewis, P. and Thornhill, A.(2009), *Research Methods for Business Students*, 5th edn., London: Prentice Hall.

Symonds, E.(2011), "A Practical Application of SurveyMonkey as a Remote Usability-Testing Tool", *Library Hi Tech*, 29(3), 436-445.

Tomaksovic-Devey, D., Leiter, J. and Thompson, S.(1994), "Organizational Survey Nonresponse", *Administrative Science Quarterly*, 39(3), 439-457.

Tucker, B.P. and Parker, L.D.(2014), "In Our Ivory Towers? The Research-Practice Gap in Management Accounting", *Accounting and Business Research*, 44(2), 104-143.

Van der Stede, W., Young, S.M. and Chen, C.X.(2005), "Assessing the Quality of Evidence in Empirical Management Accounting Research: The Case of Survey Studies", *Accounting, Organizations and Society*, 30(5), 655-684.

Yin, R.K.(2009), *Case Study Research: Design and Methods*, 4th edn., Thousand Oaks, CA: Sage; 신경식 · 서아영 옮김(2011), **사례연구방법**, 한경사.

Young, S.M.(1996), "Survey Research in Management Accounting: A Critical Assessment", in A.J. Richardson(ed.), *Research Methods in Accounting: Issues and Debates*, Vancouver: The Canadian General Accountants Research Foundation, 55-68.

Zimmerman, J.L.(2001), "Conjectures Regarding Empirical Managerial Accounting Research", *Journal of Accounting and Economics*, 32(1/3), 411-427.

제10장

질적 방법

우리는 앞장에서 대규모 자료에 의한 연구가 자료의 분포에 관한 가정을 어떻게 하는가와 극단치(outlier)가 모형설정목적에 문제성있는 관찰로 간주되기 때문에 극단치를 제거하기 위해 특정한 절차를 어떻게 실시하는가를 살펴보았지만, 이제 우리는 정반대로 접근한다. 이러한 극단치(outliers)와 이상현상(anomalies)이 문제성이 있는 것이 아니라, 현장연구와 사례연구에서는 상세한 관찰을 위한 기회를 제공한다. 이들은 '상이'하기 때문에, 현장연구와 사례연구의 검토가 풍부하고 자극적이고 흥미로운 결과를 생성할 수 있고, 새로운 이론을 개발하는 것을 도와줄 잠재력을 가지는 원천을 가진다. 이들로 인해서 평균과 분포에 초점을 두기 보다는, 특정한 백락에서 특정한 사건으로 초점을 변경할 수 있게 된다. Parker(2003)는 관리회계에서 질적 연구가 조직현장에 연루하게 된 학술행위자(academic actor)를 통해 실재를 생성할 수 있다는 것을 주장하고 있다. 이러한 연루는 놀랍고도 가끔 반직관적인 실무를 드러낼 수 있다. 예를 들면, Smith (1994b)와 Smith · Tucker(2013, p.74)는 보고조치를 파기하기로 결정한 노동자의 수주잔고(backlog)측정시스템의 오용에 관해 보고하고 있다. Smith · Graves(2002)와 Smith · Tucker(2013, p.205)는 상여금제도의 조작에 관한 증거를 제공하고 있다. Smith(2006)와 Smith · Tucker(2013, p.75)는 정밀조사를 피하고 좋아하는 프로젝트의 승인을 보장하기 위한 프로젝트 평가방법론의 오용을 보고하고 있다.

Parker(2003)와 Ahrens(2008)는 질적 연구에서 분명한 현장체험(close quarter engagement)이 새로운 이론의 개발을 위한 잠재력으로 경영실행현안, 예를 들면 Hoque · Alam(1999), Andon et al.(2007), Tuanmat et al.(2011)의 경우처럼 조직변화와 연관된 경영통제현안과 관련해서 더욱 심층적인 이해를 할 수 있다고 주장한다.

질적 자료는 가끔 현장연구로 서술(Smith, 2003, 2011)되거나, 나아가 사례연구, 현장연구, 현장실험으로 분류(Moll et al., 2006)되는 많은 접근방법을 통해 수집될 수 있다. Ferreira · Merchant(1992)는 사례연구와 현장연구를 구별하는 것이 아니라, 만약 우리가 구별하고자 한다면, 사례연구는 단일분석단위를 의미하는데 반하여, 현장연구는 더 광범위한 것으로 간주되고 많은 사례연구를 포괄한다고 주장하는 Lillis · Mundy(2005)에 의해 확립된 지침을 따랐을 것이다. Yin(2013)은 네 가지 (탐구적, 서술적, 예시적, 해설적) 유형의 사례연구를 구별하고 있다. 현장에 입각한 사례연구는 Merchant · Van der Stede(2006), Parker(2012)가 증명한 바와 같이, 회계학문헌에 분명한 가장 보편적인 관여(engagement)수단이다. 이러한 현장연구는 대개의 경우 조직과정에 관한 풍부한 설명을 개발하기 위해 함께 이용된 문헌, 면접, 직접관찰 등의 혼합방법을 반영한다. 질적 자료는 문헌, 면접, 관찰을 통해 수집될 것이지만, Jankowicz(2005)는 연구에 참여하기를 꺼리는 것을 나타내는 면접응답자가 보여주는 비언어적 신호에 더 심각한 주목을 해야 한다고 강조한다. 실증주의적 패러다임 및 이와 연관된 학술지가 대규모 모집단으로 일반화될 수 있는 결과의 생성을 강조하지만, Merchant · Van der Stede(2006)는 특정한 문제를 해결할 때 그들에게 직접적으로 유용한 결과에 대한 소규모 모집단연구로부터 참여자의 선호를 식별하고 있다. 이러한 상황에서, 연구와 상담의 차이는 애매모호해 질 수 있다. 참으로 Baskerville · Wood-Harper(1996)는 실행연구(action research)[1]의 맥락에서 연구자와 실무가 사이의 관계 폐쇄성이 연구와 상담의 경계를 모호하게 한다고 주장한다.

제1절 현장조사[2)]

지난 25년이상, 회계연구자는 회계의 역할과 기능에 관한 연구를 자연스러운 맥락으로 바꾸어야 했다. 이것은 특히 Hopwood(1983), Kaplan(1983) 등의 기념비적인 연구에 의해 유도된 관리회계학문헌의 경우이다. 현장조사(fieldwork)에 대한 요청이 지속적이었지만, 특히 미국에서 최고순위의 학술지에 이 연구의 게재는 매우 제한적이었다(Foster · Young, 1997; Shields, 1997). Foster · Young(1997)은 다른 학문에 일상적으로 적용된 고품질의 현장연구(field research) 기준을 충족시키는 연구가 거의 없다고 주장하였다. 이와 마찬가지로 Shields(1997, p.10)는 사례연구와 현장연구의 발표부족을 "좋은 연구를 실시하는 방법에 관한 지식의 부족"을 비롯한 여러 가지 요소의 탓으로 돌렸다. 무엇보다도 Kirk · Miller(1986)는 특히 현장연구의 타당성과 신뢰성을 고려할 것을 강조하였다.

- 그것이 일관성있는 자료해석을 제시하는지의 여부;
- 경험적 관찰이 개념적 일반화의 정도를 정당화하는지의 여부;
- 경합하는 관찰설명이 고려되는지 또는 제거되는지의 여부;
- 결과의 반복가능성 즉, 상이한 기간에 상이한 연구자가 유사한 결과를 생성하는지의 여부.

역주1) 실행연구(action research)에 관해 보다 상세한 것은 김석웅(2017)의 제12장(실행연구)를 참조.
역주2) 현장조사(fieldwork)에 관해 보다 상세한 것은 김석웅(2017)의 부록(현장연구)을 참조.

우리가 실험적 조건하에 있었던 것처럼, 현장에서 처리집단에 피험자를 무작위로 배정할 기회가 없기 때문에 내적 타당성이 문제다. 이것은 실험의 전개과정에서 이론을 더 중요하게 한다. 왜냐하면 그것은 상이한 관찰에 대해 경합적인 설명을 제거하는 주요한 수단을 형성하기 때문이다. Brownell(1995, p.77)은 현장연구에서 내적 및 외적 타당성과 신뢰성의 평가를 위한 더욱 체계적인 절차의 개발에 주목할 것을 요청하고 있다. 질적 연구의 본질과 구조화된 실태조사질문의 부재는 자료가 Likert유형의 복수항목척도를 포함하지 않을 것이라는 것을 의미한다. 전통적인 신뢰성평가의 형태는 가능하지 않기 때문에, 일관성있고 타당한 구성개념(constructs)의 제시는 연구자에게 중요한 도전을 보여준다.

Chua(1996, p.220)는 전형적으로 좋은 인류학적 현장조사가 "격지에서 장기간의 체류"를 필요로 한다고 주장하고 있다. 이러한 접근방법은 회계현장연구자가 좀체로 채택하지 않는다. 대부분의 현장연구는 장기간이기 보다는 횡단면적이며(Ferreira · Merchant, 1992), 영리조직에 대한 연장된 심층적 접근은 대개 어렵기 때문에 장기간의 현장연구는 드물다. 대부분의 연구가 박사학위연구와 관련이 있을 것이라는 점을 감안하면, 제한적인 기간동안 장학금지원의 이용가능성은 확장된 기간동안 현장의 자료수집이 어렵다는 것을 의미한다. 모든 종류의 접근은 대개 기회주의적일 것이며(예를 들면, Buchanan et al., 1988), 이후에 거부될 것이다(Young · Selto, 1993). Preston(1986), Chua · Degeling(1993), Chua(1995) 등은 과정현안의 탐구를 촉진하는 단일조직에서 장기간의 민속지학적 연구[3)]의 예를 제공하고 있다. Merchant · Manzoni(1989)는 잠재적으로 이론검정에 유용한 횡단면적, 복수사례설계의 예를 제공하고 있다.

현장연구의 세 가지 독특한 형태가 구별될 수 있다. 완전참여자, 완전관찰자, 참여관찰자.

1. **완전참여자**(complete participant). 이 연구유형은 두 가지 형태 중 하나를 취할 수 있다.

역주3) 민속지학적 연구(ethnography research)에 관해서는 김석웅(2017)의 제13장(민속지학)을 참조.

- 관찰자로서 참여자. 연구자로서 관찰자는 참여자조직으로부터 은폐되어 있다(예를 들면, 정신병원에서 직원으로, Rosenhahn, 1982);
- 참여자로서 관찰자. 관찰자가 조직의 기존구성원인 곳에서 연구를 수행한다(예를 들면, Ezzamel · Bourn, 1990).

2. **완전관찰자**(complete observer). 관찰자는 연구되고 있는 대상과 접촉을 하지 않는다. 이러한 인류학적 접근방법은 회계학문헌에서는 거의 미지이다. (특히 민속지학적 연구와 관련해서) 극단적으로, 연구과정에서의 몰입은 비참여관찰자로서의 몰입일 것이다. 그러나 그것이 은폐되지 않는다면, 이 수준에서 관찰일지라도 개인의 행동 따라서 연구결과에 영향을 줄 가능성이 있다.

   그래서, 격리된 관찰과 측정보다는 적극적인 몰입(involvement)이 실행연구프로젝트에서는 규범이다. 이러한 몰입은 조직현안에 새로운 관점을 가져오는 실무적 전문기술과 이론적 지식을 가진 연구자에 의해 촉진된다. Brannick · Coghlan(2007)은 상세한 조직지식이 부족한 외부관찰자보다는 내부자에 의해 조직에 입각한 연구가 가장 잘 수행된다고 주장한 바 있다.

   실행(exercise)의 본질은 연구자와 경영자(비연구자)간의 높은 수준의 신뢰와 협력을 필요로 한다. 후자는 조직에 분명한 혜택의 결과로 될 실행연구를 선호하면서 모든 구조화된 연구설계이 부여에 저항할 것이다. 내부참여자의 경우, 과세문제에 대한 손쉬운 해결은 적절한 성공척도일 것이다. 그는 검정가능한 가설과 인과방법에 관심이 없을 것이며, 따라서 두 가지 수준에서의 보고서 즉, 문제해결에 초점을 두는 상담성격의 내부보고서와 박사학위논문의 일부를 형성하거나 궁극적으로 심사논문을 생성하는 연구보고서가 필요할 것이다.

   극단적인 민속지학은 종족을 관찰하고, 자연과학에서 한 무리의 동물 행동을 관찰하는 사회인류학에 그 기원을 가진다. 공유지식은 기업상황에서 인간에 대한 잠재적 시사점을 가지고, 행동양상과 인간관계를 설명하기 위해 이용된다. 관찰을 강조하게 되지만, 적극적인 참여는 아니더라도 반구조화면접에 의해 보완될 것이다.

민속지학적 연구가 실시되는 방법에 관해 일련의 질문이 제기된다. 예를 들면, 이사회수준에서 실행성의 과정을 관찰하고자 하는 우리의 소원으로 이러한 질문을 고려하라.

- 참여 또는 비참여 관찰?
- 노골적 또는 은밀한 관찰?
- 은폐된 조건하에서 윤리적으로 방어가능한 기만?
- 직접적 또는 간접적 관찰?
- 이차자료의 신뢰성?

물론, 민감한 현안이 논의중인 곳에서, 우리는 이차 자료나 일부가 삭제된 사건을 해결해야 할 것이다. 예를 들면, 그러한 모임메모나 자료 등은 개별참여자, 권력구조, 집단역학 등의 기여나 논의에 관한 상세한 것을 당연히 제공하지 않을 것이다.

은밀한 관찰은 연구과정에 기인하지 않고도 조작을 도입할 수 있는 장점을 가진다(예를 들면, 행동이나 역할의 변화). 연구자가 그렇게 식별되었다면, 그 연구를 실시하는 것도 불가능할 것이다. 그러나 Bryman(2001, p.93)에 보고된 Ditton(1977)은 은밀한 활동과 연관된 문제를 상세히 예시하고 있다. 그는 제빵집에서 부정실무를 탐구하고 있었으며, Bronco화장지에 관한 노트를 작성하기 위해 정규적으로 변명을 해야 했다. 화장실에서 보낸 시간은 결국 그를 은밀한 연구에 관해 고백하게 하였다! Coffey(1999)는 영국의 회계법인에서 그의 연구에 노골적인 참여의 예를 제공하고 있다.

3. **참여관찰자.** 가장 공통적인 시나리오, 이것은 연구자가 협동적인 사업에서 조직구성원과 상호작용하는 곳이다. 그것은 가끔 '실행연구'(action research)라고도 한다. 참여는 대개 양측에 적극적이며, 상담프로젝트나 회사내 문제해결 과제 이상이다. 결과의 예상을 허용하면서, 변화과정을 검토할 때 이론이 연구를 지도한다.

이 과정은 그것이 다른 조직에 대한 관련성을 가지는 일반화를 생성해야 한다는 점에서 외적 타당성을 가져야 한다. 그러나 우리는 여기서 Heisenberg의 불확정성의 원리에 관해 논의하는 동안에 제1장에서 암시된 문제를 상기해야 한다. 참여관찰자로서 연구자의 개입은 비판파적인 방법으로 측정하는 것을 불가능하게 할 것이다.

그리하여 연구는 결과를 관찰하고 결과가 이론에서 기대된 것과 어떻게 다른가를 측정하고 감시하기 위한 조직의 정상적인 과정에서 계획된 관여(intervention)를 구성한다. 주최조직에게 흥미롭고, 그 분야에서 지식에 기여한 결과의 생성처럼, (관찰자나 적극적 참여자로서) 연구자의 관여는 연구설계의 본질적인 요소이다. 집단과 구조를 식별하는 것이 가능할지라도, (실험실상황에서 우리가 하는 바와 같이) 이들의 회원자격은 그것이 연구상황의 본질을 파괴할 것이라는 근거로 정상적으로 회피될 개인을 (예를 들면, 대응이나 무작위에 의해) 배정하고자 한다.

Scapens(2004)는 참여와 상호작용의 수준에 따라 다섯 가지 수준에서 연구자 관련성(engagement)을 평가하였다.

1. 외부자 – 직접적인 관련성 없이, 서류(문헌)원천에만 의존한다;
2. 방문자 – 면접과 관찰을 실시하기 위해 일정한 기간동아 사례연구장소에 반복적인 방문에 의해 증명된다;
3. 촉진자 – **실행연구**에 보편적인 것처럼 현안의 검토에 직접 관련된다;
4. 참여자 – 조직집단에 고용된 종업원으로서 현장에서 사건을 관찰할 수 있다;
5. 행위자 – 조직의 의사결정에 선도적인 역할을 수행하는데, 여기서 단계4가 대개의 경우 단계5를 위한 선구자일 것이며, 여기서 두 연구자는 민속지학적/참여관찰자의 역할을 수행할 것이다.

현장조사와 사례연구는 Kaplan(1998)이 개진한 바와 같이, 이론과 실무의 괴리를 줄

임으로서 외적 타당성을 나타낼 기회를 제공한다. 그러나, 경영학문헌에 매우 보편적인 관여주의적(실행연구) 유형의 접근방법은 기초이론을 가지고 있지 않고 회계연구에 상담(consulting)접근방법을 채택한다고 회계학문헌에서 비판을 받고 있다(예를 들면, Zimmmerman, 2001), 후자는 학자들간에 널리 비판되고 있다. Healy · Perry(2000)는 평가와 검증의 상이한 명칭이 더욱 적절한 것으로 고려될 수 있도록, 질적 연구의 품질을 그 자체의 용어로 판단해야 한다고 주장한다. 이 중에서 Golafshani(2003)는 신뢰성, 확증가능성, 일관성, 의존성, 적용가능성, 이전가능성 등과 같은 용어를 주장하였다. 양적 연구와 밀접하게 연관된 용어들(예를 들면, 타당성, 신뢰성, 유의성)과 이러한 명칭간에 평행선을 그을려고 하는 유혹이 있지만, 그렇게 하려는 노력은 많은 의미론적 언쟁뿐만 아니라 상이한 접근방법에 대한 주관적인 우월/열등주장으로 될 가능성이 있다!

Kaplan은 활동기준원가계산(예를 들면, Cooper · Kaplan, 1992)과 균형점수표(예를 들면, Kaplan · Norton, 1993)로 실무에 대한 유의미한 기여를 보여주고 있다. 만약 Malmi · Granlund(2009)가 주장한 방법으로 이러한 혁신이 더 개발될 수 있다면 이러한 혁신은 또한 이론에 유의미한 기여를 할 것이다. Pelto · Pelto(1978)는 회계연구에 대한 질적 접근방법이 사회학과 인류학에 기초한 민속지학과 현장연구의 기반에 의해 추진되고 있다고 주장한다. Parker(2012)는 질적 연구를 실증주의적인 양적 연구로부터 구별하는 세 가지 주요한 특징을 식별하고 있다.

- 독립적이고 객관적인 종류의 실재가 있다기 보다는 회계가 실재의 구성에 기여한다는 인식(예를 들면, Hines, 1988);
- 자료수집과정이 이론에 정보를 알려주고 그 반대로도 가능하다는 인식(예를 들면, Ahrens · Chapman, 2006);
- 복수이론이 과정과 관계에 관한 풍부한 이해를 제공할 수 있다는 인식(예를 들면, Brignall · Ballantine, 2004; Irvine · Gaffikin, 2006).

Zimmerman(2001)은 질적 연구자가 하나의 경제학[4)]에 입각한 실증적 회계연구 접근방법을 채택하지 못하고, 복수의 이론적 접근방법으로 지속한다고 질적 연구자를 비난하면서, 두 개의 학파 사이의 틈새를 분명하게 예시하고 있다. 회계에서 질적 접근방법은 역사적으로 양적 접근방법에 종속적인 것으로 간주되고 있는데, 이것은 미국의 최고 학술지의 계층에 여전히 분명하게 스며들고 있는 인식이다. 질적 접근방법은 이후의 양적 분석을 위한 변수를 식별할 때 또는 통계적 양적 연구를 위한 증거를 지지할 때 유용한 것으로 생각되고 있을 뿐이다. 미국의 외부에서는 질적 연구에 대한 태도가 현저하게 변하였다. 그리하여 그것은 회계변화가 실현되고 있는 이유와 방법을 정확하게 확립하는 널리 인정된 수단으로 되고 있다. 이것이 관리회계분야보다 더 분명한 곳은 없다.[5)]

제2절 사례연구방법[6)]

Humphrey · Lee(2000, xxv)는 사례연구 프로젝트에 관해 질적 연구자간에 세 가지 고전적 우려를 식별하고 있다.

- 사례연구는 재미있지만, 학문적이지 않다;
- 사례연구는 지식을 증가시키지 않는다;
- 사례연구는 너무 어려워서 게재하기 어렵다.

이러한 유사한 걱정이 사례연구 뿐만 아니라 일반적으로 현장조사에도 적용되었을 것이다. 최근에 문헌은 이러한 연구가 '학술적'이라는 것을 보여주고 있다. 참으로, 현장조사와 질적 연구는 주장컨대 비교가능한 양적 연구보다 실시하기가 훨씬 더 어렵기 때문

역주4) 주로 신고전파 경제학을 의미한다.
역주5) 역자의 생각으로는 질적 연구의 대다수가 관리회계에서 실시되고, 그 다음으로 재무회계, 그리고 기타 분야에서 실시되고 있는 것 같다.
역주6) 사례연구방법에 관해 보다 상세한 것은 김석웅(2017)의 제15장(사례연구)을 참조.

에, 더 이상 유연(soft)한 것으로 간주되지 않는다(Yin, 1984, 2009, 2013를 참조). 어떤 양적 연구에서는 실행가능한 일반화가 없지만, 현장조사와 질적 연구는 또한 논란의 여지없이 '지식'을 증가시켰다(예를 들면, Merchant · Van der Stede, 2006). 그러나 우리가 제13장과 위에서 언급한 바와 같이 게재수단에는 여전히 문제점이 남아 있다.

사례연구에 비하여 현장조사의 용어에 대해 많은 혼란이 자주 있다. '사례연구'라는 용어는 대개 하나의 부서, 회사, 산업, 심지어 국가인 단일의 분석단위에 국한된 연구를 의미한다. 그러므로 사례의 범위는 여전히 광범위할 수 있을 것이지만, '단일 단위'의 초점은 현장조사라는 용어가 시사하는 것보다 훨씬 더 좁다는 것을 의미한다. 여기서 후자(현장조사)는 그 현장에서 더욱 일반적인 사회활동연구를 포괄할 것이다. Ryan et al.(2002, p.143)은 회계사례연구의 다섯 가지 범주를 구별하고 있다.

1. **서술적**. 현재의 실무가 채택된 절차로 서술되는 곳. 이 연구는 특정한 장소나 회사에 '최상의 실무'나 '성공적인' 명칭(label)을 부여하고자 할 것이다(예를 들면, Peters · Waterman, 1982; Smith, 1994c).
2. **예시적**. 연구자가 혁신적 실무와 연관된 실행과 결과를 탐구하는 곳(예를 들면, Dikolli · Smith, 1996; Kaplan, 1984; Kaplan · Norton, 1992).
3. **실험적**. 연구가 현장에서 실험의 행위와 관련이 있는 곳. 이에 의해서 새로운 처리가 그 장소의 하위단위에 적용된다. 이 연구유형의 예는 회계학문헌에서 매우 드물다. 관련문헌에서 가장 유명하고 악명높은 예는 Hawthorne 연구이다(Mayo, 1933).
4. **탐구적**. 연구자가 특정한 실무가 채택되는 이유와 방법에 관해 예비적 조사를 하는 곳. 이러한 연구는 이론이나 방법에 분명한 기여를 하지 않는다면, 그 자체로 발표하기가 어려울 것이다.
5. **해설적**. 연구는 실무선택을 정당화하고 이론발전을 촉진하는 설득력있는 설명을 제공하고자 한다. 그러나 결과를 일반화하려는 시도나 기회는 드물다.

Yin(1984, p.39)은 사례연구장소(sites)가 어떤 점에서는 **대표적**이고 연구자가 통계적 일반화를 생성하는 것과 관련이 없어야 하기 때문에, 선택되어서는 안 된다는 것을 강조한다. 오히려, 그는 이론적 일반화가 더 중요하다고 주장한다. 그는 실험연구로 우리가 이론으로 시작하고, 이론을 검정할 도구를 고안하며, 그리고나서 또다른 실험적 처리로 되기 쉬운 대표적인 사례표본을 선택한다는 점에서 사례연구를 실험연구와 비교한다. 사례연구에서 사례는 우리가 이론을 검정하는 도구로 되며, 그리하여 사례의 주안점은 기존이론이 좋은 설명을 제공하는 정도를 검정하기 위해 사례가 이용될 수 있는지의 여부에 있어야 한다. '대표적' 사례는 이것을 할 수 없을 것이다. 이와 마찬가지로, 그는 사례의 본질과 범위가 결정될 때까지 얼마나 많은 사례가 복수사례연구설계에 포함되어야 하는가를 주장하는 것은 불가능하다고 주장한다. 사례연구장소의 선택은 조심스러운 주목을 필요로 한다; 사례연구장소는 어떠한 형태로도 '대표적'이지 않다. 참으로, Ryan et al.(2002, p.151)은 '비판적' 사례나 '극단적' 사례가 재미있는 결과를 생성해야 한다면, 선호가능한 선택안을 제공할 것이라고 주장한다.

Flyvbjerg(2001)을 따라 Cooper · Morgan(2008)도 사례선택의 동기가 네 가지 다른 범주에 해당한다고 주장한다.

- **극단/비정상**. 사례가 조직내에서 환경의 변화를 이용하기 위해 사용되는 곳. Berry et al.(1985)은 집중적인 변화기간에 국립석탄위원회에 관한 그들의 연구로 그러한 예를 제공한다. 이와 마찬가지로, Lys · Vincent(1995)는 논란의 여지가 있는 인수기간에 과정과 결과를 검토한다.
- **최대변화**. 하나는 변하지만, 다른 하나에 관해 배울 기회를 사례가 제공하는 곳. Merchant · Manzoni(1989)가 상이한 기술기반과 성장률을 가지는 여러 가지 산업으로부터 기업사례를 선택함으로서 그러한 예를 제공한다. 모든 사례간에 예산목표의 달성가능성을 검토함으로써 그들은 예산편성과정에 대한 새로운 통찰력을 제공할 수 있다.
- **비판적**. 사례가 이론반증의 잠재성을 촉진하기 위해 고의적으로 선택되는 곳. 그리하여 Preston(1989)은 어떠한 것도 부재하기 전에 복잡한 경영통제시스템을 실시하

는 조직에 예를 제공한다. 회계발전을 위한 동기와 장점이 기존이론과는 반대이다.

- **패러다임적**. 사례가 이론에 대한 특정한 기여를 제공하기 위해 선택되는 곳. Tinker · Neimark(1987)은 기업연례보고서에서 비재무적 메시지의 유의성을 나타내기 위해서 General Motors에 관한 장기연구를 이용함으로서 그렇게 하고 있다.

중요하게도, 이 도식은 선험적 사례장소선택을 위한 일반체계로 간주되어야 한다. 실제 결과는 상이하거나 중복적인 범주화를 시사할 것이다. 그리하여 **비정상적인** Lys · Vincent(1995)의 연구는 이론반증의 형태로 **비판적** 결과를 제공한다. 즉, 그들은 자신들의 연구에서 주당이익을 최적화하기 위해 회계방법을 선택할 때 인수회사의 행위가 이론과는 잘 맞지 않다고 주장한다.

사례연구는 다음의 전부나 일부를 포함해서 복수원천으로부터 자료를 정상적으로 수집할 것이다. 즉, 서류증거, 면접자료, 직접관찰과 참여관찰. Merchant(1985)와 Simons(1990)는 복수원천으로부터 자료를 반영한 연구를 검토하고 있다. 복수방법의 채택을 '삼각측정'(triangulation)[7]이라고 하며, 공통적인 연구방법(방법내의 삼각측정)과 상이한 방법(방법사이의 삼각측정)으로 상이한 원천에 접근할 기회를 제공한다.

- 방법내의 삼각측정. 이것은 상이한 연구자, 상이한 면접자, 상이한 실태조사장소를 결합한다;
- 방법간의 삼각측정. 이것은 말하자면, 면접, 실태조사, 문헌자료수집 등으로부터 상이한 결과를 결합하며, 양적 접근방법과 질적 접근방법을 포함할 것이다.

연구의 타당성과 신뢰성을 증가시키는 '삼각측정'의 과정을 통해 동일한 현상에 관한 다른 견해를 제공하는 것이 가능할 것이다. Campbell · Fiske(1959)는 '삼각측정'이라는 용어의 이용을 시작하였으며, 이것은 특히 관리회계실무의 분야에서 조직행동을 설명하고자 하는 복수 연구방법의 이용을 통해 회계연구로 확대되고 있다(예를 들면, Carpenter ·

역주7) 이것은 통합방법이라고도 하는 혼합방법(mixed method)을 의미한다.

Feroz, 2001). Hopper · Hoque(2006, p.478)은 세 가지 삼각측정형태를 보여주고 있다.

- **이론 삼각측정** - 하나의 현안을 검토하기 위해 상이한 이론적 접근방법의 이용을 통한 삼각측정. 관리회계실무를 조사하기 위해 합리적 선택모형, 상황적합접근방법, 대리이론, 인간관계이론을 이용할 가능성을 퍼뜨린다. Berry et al.(1991), Hoque · Hopper(1997), Carpenter · Feroz(2001), Modell(2005) 등이 모두 관리회계에서 삼각측정 접근방법의 이용 예를 제공하고 있다.
- **자료 삼각측정** - 면접, 현장연구, 실태조사, 문헌원천 등의 결합으로부터 자료를 제공하면서, 양적 및 질적, 복수의 자료원천의 이용을 통한 삼각측정(예를 들면, Lukka · Kasanen, 1995; Modell, 2005).
- **조사자 삼각측정** - 자료를 수집하기 위해 복수의 독립연구자의 이용을 통한 삼각측정. 그러나 Lillis(2006, p.467)는 이러한 접근방법의 장점을 과대추정할 때 잠재적 위험에 관해 경고하고 있다.

제3절 혼합연구방법

Lillis(2008)와 Malina et al.(2011)은 혼합방법(mixed method) 접근방법의 채택이 가끔 연구문제를 다루는 최상의 수단이라고 주장하면서 Rossman · Wilson(1984)을 따르고 있다.[8)] 양적 방법이나 질적 방법이 함께 이용되든지 차례대로 이용되든지 더 강력한 연구결과가 나왔을 것이다. Norreklit et al.(2007)은 이러한 접근방법이 다음과 연관

역주8) Mixed method research를 혼합연구방법 또는 통합연구방법이라고 번역하는데, 이것은 단일연구에서 질적 접근과 양적 접근을 모두 활용하는 것이며, 양측의 양립 가능성과 실용적 접근을 고수하는 방식으로 정의할 수 있으며, 질적 접근과 양적 접근이 가진 한계점을 극복한 채 그것들이 가진 장점을 제공하여 연구문제에 대한 좀 더 온전한 그리고 광범위한 답변을 줄 수 있는 방법으로 볼 수 있다(이현철 · 김영천 · 김경식, p.19).

된 오도적인 결과를 극복하는데 도와줄 것이라고 주장하고 있다.

- 비대표자료나 누락핵심변수를 이용하는 양적 방법; 또는
- 면접 하나만으로는 부적절한 질적 방법.

그러나, 자료수집을 위한 혼합방법의 채택은 어려움을 생성한다. 즉, 동기유발적 및 행동적 측면을 다룸으로써 공식적인 회계 및 통제시스템을 보다 깊게 검토하기 위한 기회(예를 들면, Drury · Tayles, 1995)는 호소력이 있지만, 문제가 있다. Parker(2012, p.60)는 이들중에서 가장 중요한 것을 양적 접근방법에 대한 질적 방법론의 인지된 종속으로 식별하고 있다. 이러한 편견적 오해는 잠재적으로 심각한 결과를 가진 혼합방법 접근방법의 인지된 가치에 시사점을 가질 수 있다.

- 하나의 학문에 속하는 학술지에 게재된 연구는 대학교 학술지순위시스템과 연구기금기관으로부터 호의적인 취급을 받는다.
- 학술지 편집위원은 질적 논문을 수용하지 않을 수 없거나, 혼합방법으로부터 양적 증거를 지지한 것만 수용할 것이다. 그러나 양적 논문들에서 질적 증거를 지지하기 위한 상응하는 요건은 없다!

Malina et al.(2011)과 Parker(2012)는 다른 방법이 다른 문제를 다루고 있다는 점을 인식하고 있다. 즉, 질적 방법의 경우에는 "어떻게?"와 "왜?"의 문제에 대한 답을 추구하는데 반하여, 양적 방법의 경우에는 "얼마나 자주?"와 "얼마나 많이?"의 문제에 더 많은 초점을 두고 있어서 두 방법의 혼합이 경험적 통찰력을 생성할 것으로 기대된다.

Lillis(1999)는 양적 방법과 질적 방법의 장점을 도출하기 위해 구조화된 설문지와 관련해서 반구조화된 면접계획을 이용한다. 그러나 그녀는 그녀가 이용하는 반구조화면접방법이 불가피하게 면접기간과 초고(transcript)분석에서 면접자 편향의 강제효과에 좌우된다고 적고 있다. 편향은 코딩과 해석적 국면에 잠재적으로 도입된다. 연구자는 초고

의 각 문장이 어떻게 코딩될 것인가를 궁극적으로 결정하며, 더욱 중요하게도 이론적 구성에 의해서 선택된 교재부분과 연관된 의미를 해석한다. 일관성있고 타당한 부호화와 초고자료의 해석은 이 분석의 신뢰성에 대한 절대적인 관건이다. 편향을 줄이는 수단은 코딩 해석적 국면에서 복수의 연구자를 이용하는 것이다. Ryan et al.(2002, p.138)은 가정이 이루어지고 있거나, 선택에 관한 의심이 있는 곳에서 감수성분석의 이용을 주장한다. 그리하여 측정오류가 의심되는 곳에서 그들은 아마도 내적 타당성의 신뢰를 증가시키기 위해 보류(hold-out)표본을 통해, 다른 측정수단을 찾을 필요성을 강조한다. 동일한 원칙이 외적 타당성의 현안에도 적용된다. 즉, 만약 결과를 일반화해야 한다면, 예를 들어, 시간, 산업, 기업규모 등과 연관된 차이를 검토해야 한다.

혼합방법 접근방법으로 관점을 변경하는 것에 관한 매력적인 설명은 Malina et al.(2011)이 제시한 바 있는데, 그는 균형점수표 실시의 성과결과에 관한 원인과 효과를 검토하면서, 일련의 논문(Malina · Selto, 2001; Malina · Selto, 2004; Malina et al., 2007)에서 이 선택과 모순을 의미있게 상세히 설명하고 있다. 이들의 최초의 질적 연구(2001)는 성공적인 점수표 실시를 위태롭게 한 내부경영긴장을 상세히 설명하였다. 추적연구(2004)는 성과속성에 관한 계량적 분석을 실시하기 위해 면접자료를 재조사하였다. 세번째 논문(2007)은 선행연구에서 가정된 점수표실시의 상정된 인과관계를 거부하기 위해 핵심성과지표에 관한 양적-계량경제학적 방법을 채택하였다. 이러한 일련의 혼합방법의 결과분석으로 자료불일치성이 밝혀지면서, 기업의 균형점수표 방법론과의 확대된 관계에 관해 새로운 문제가 제기되었다. 그들은 이 점수표가 성과개선의 인과관계를 나타내지 못하였지만, 효과적인 경영통제수단을 제공한다는 결론을 내렸다.

Chua(1996, p.227)는 현장연구가 단순한 이야기말하기(story-telling)가 아니라 기존 이론과 문헌에 많이 의존하는 이론을 구성하려는 시도라는 점을 강조한다. 그러나 (Brownell, 1995, p.150에서 언급된) Merchant(1985)는 통제와 경영성과의 관계를 탐구하는 현장연구의 맥락에서 “현실세계에는 독립변수 및 종속변수와 같은 것은 없다”라고 주장한다.

현장연구자는 실태조사로부터 Cronbach α와 상응하는 것을 가지고 있지 않으며, 그는 신뢰성과 타당성에 대한 자신의 관심을 나타내기 위한 실험실실험의 통제집단과 처리집단을 가지고 있지도 않다. 현장연구는 다른 연구방법과 공통적인 구성타당성을 확립하기 위한 통계적 기초를 고의로 결코 가지지 않을 것이다. 비판자와 검토자는 주안점을 둔 현장연구가 왜 상이한 방법(예를 들면, 실태조사 설문지)으로 동일한 현안을 다루고 있는 연구보다 적게 요구하고 있는 구성타당성 요건을 가져야 하는지를 묻고 있다. 주장컨대, 현장조사는 풍부하고도 복잡한 자료를 수집할 기회를 제공하기 때문에, 관심사는 동일해야 하지만, 현안은 좀체로 동일하지 않다. 모든 종류의 연구에 관한 비판적 독자는 연구중인 개념을 서술하는 구성개념(the constructs)의 분명한 의미를 찾아야 한다.

Gibbert et al.(2008)는 내적 타당성과 구성타당성에 해를 끼치면서까지 기존연구에서 외적 타당성에 대한 강조를 언급하면서, 사례연구과정의 엄격성에 관한 지침적 논의를 하고 있다.[9)]

제4절 질적 분석프로토콜

연구자와 연구대상이 상호작용하는 곳에서는 편향이 발생할 기회가 있을 것이다. Silverman(1989)은 현장연구자 편향의 두 가지 극단적인 형태 즉, 양적 자료를 수집, 보고하려고 하지 않는 경향과 모든 질적 자료를 양적 자료로 전환하려고 하는 경향을 식별하고 있다. Mason(1994)은 양적 자료와 질적 자료가 양적 결과의 신뢰성증가와 잠재적 엄격성 및 질적 결과의 풍부성(richness)을 이용하기 위해 결합되어야 하는 보완적 원천이라는 점을 강조한다.

역주9) 회계학에서 혼합연구방법을 살펴본 것으로는 Grafton · Lillis · Mahama(2011)을 참조. 여기서는 혼합연구방법에 관해 이론적으로 살펴본 후, 구체적인 선행연구(Davila · Foster, 2007; Wouters · Wilderom, 2008; Graham et al, 2005; Modell · Lee, 2001)를 간단히 살펴보고 있는데, 혼합연구방법의 대부분은 실태조사(survey)방법과 면접(interview)방법의 결합이다.

질적 자료의 **수집**에서 잠재적 면접자가 유도한 편향 이외에, 질적 자료의 **분석**은 잠재적으로 그것이 연구자가 부여한 해석과 분류에 의존하기 때문에 유의적인 편향에 좌우된다. 질적 자료는 또한 자료분석이 완전하고 비판파적이라는 것을 보증하기 위해 확립된 기법이 없기 때문에 취약하다. NUD*IST(non-numerical unstructured data: Indexing Searching and Theorising)는 이 점에서 도움이 된다. 그것은 원래 면접초고(transcripts)를 코딩하기 위한 질적 분석패키지이며, 한 가지 이상의 사전에 정의된 주제와 초고의 문장을 연관시킨다. 그러므로 연구자는 이미 연구를 위한 범주를 확립하였을 것이기 때문에, 완전성이 문제가 아니라 비편파성이 여전히 문제이어야 한다.

제7장에서 상세히 살펴본 바와 같이, Miles · Huberman(1994)에 의해 개발된 것과 같은 체계적인 분석적 규약의 이용은 질적 분석의 비편파성에 대한 신뢰를 높인다. 왜냐하면,

- 그것은 초고로부터 분석결과까지 일련의 증거를 제공한다;
- 그것은 의도치않은 편향을 도입할 수 있는 면접자에 입각한 제거를 방해히면시, 자료명제의 평가에 모든 사례가 이용된다는 것을 보증한다;
- 그것은 가설을 검정할 수 있는 분석적 체계를 제공한다.

현장연구자는 보다 일반적이고 이론적인 논지를 예시하고 지지하기 위해 일단의 적은 사례를 이용하고자 한다. 그러나 이용된 연구방법과는 관계없이, 단일의 연구로부터 광범위한 일반화를 할 수 있는 능력은 필연적으로 제한받는다. 현장연구의 외적 타당성을 평가할 때, 결과는 상이한 상황에서 유사한 문제를 검토하는 다른 연구의 맥락에서 고려되어야 한다.

Jönsson · MacIntosh(1997)는 민속지학적(ethnographic) 연구가 미국에서 대리이론에 입각한 '합리적' 회계이론연구와 영국에서 '비판적' 회계이론에 대한 주안점에 의해 회계연구에서 주변하되고 있다고 주장한다. 그들은 이론의존적이지만 사실상 경험적이지 않는 접근방법보다는 실제기업에서 광범위한 현장연구에 대한 선호를 표현하고 있다.

Chua(1988)와 Puxty(1993)는 민속지학적 회계연구의 그 당시 연구현황에 관한 광범위한 개관을 제공하고 있고, Jönsson · MacIntosh(1997)는 민속지학적 연구가 좋은 이야기말하기(story-telling)보다 훨씬 더 좋아야 한다는 그들의 견해를 되풀이해서 표명하고 있다. 즉, 그들은 중립적 연구가 불가능하고, 정치와 이론에 대한 적절한 관심을 보여야 한다는 것을 인식하고 있다. Merchant(2010)와 Lukka(2010)는 양적인 경제학에 입각한 회계연구에 의한 (특히 미국에서) 회계학문헌의 지배, 게재되는 질적 연구의 범위를 심각하게 제한하는 지배를 인정하고 있다. Parker(2012, p.68)는 이 조건을 회계연구에 퍼져있는 단조로운 경제렌즈(monochromatic economic lens)로 부르고 있다.

Silverman(1985)은 민속지학적 연구에 대한 세 가지 다른 접근방법을 구성하는 분류를 제안하고 있다.

- **인지인류학**(cognitive anthropology): 연구중인 문화내에서 개인의 소통능력에 초점을 두는 연구(말하자면, 행위자가 의사소통과 처신을 할 수 있는 방식, 그리하여 집단의 다른 사람이 그들을 수용할 수 있게 한다). 기술문화로부터 재무/회계문화로 영국 철도회사의 문화 변화에 관한 Dent(1991)의 연구는 회계학문헌에서 이 접근방법의 예를 제공하고 있다.
- **상징적 상호작용론**(symbolic interactionism): 행위자가 관련되는 조직의 문화를 변경하는 방식에 관한 연구. 참여관찰자로서 Preston(1986)의 대형 플라스틱 부서에서 경영정보처리에 관한 연구는 이 접근방법의 예를 제공하고 있다.[10)]
- **일상생활방법론**(ethnomethodology): 의사소통 및 (상기의) 상호작용 접근방법과는 관련성이 적고 관련된 행위자의 사회행동 및 이들의 결과해석에 관련성이 많은 연구. Jönsson(1982)의 예산행동에 관한 연구는 회계학문헌에서 이 접근방법의 예를 제공하고 있다.[11)]

역주10) 상징적 상호작용론에 관해서는 김석웅(2017)의 제6장을 참조.
역주11) 일상생활방법론에 관해서는 김석웅(2017)의 제7장을 참조.

한편 비판적 연구(더 많은 예로는 제3장을 참조)는 의미를 해석할 때 권력과 계급의 구조에 초점을 두고 있다. 회계시스템은 노동력을 착취하고 통제를 달성하는 수단으로 간주된다. Jönsson · MacIntosh(1997, p.376)는 비판적 연구의 결론이 항상 미리 알려져 있다는 점에서 '비판적' 접근방법을 문제시하고 있다. 즉, 말보다 수레(cart)가 항상 먼저 온다. 결과는 항상 착취적인 자본주의시스템에 기인하고 있다(Ezzamel · Willmott, 1992를 참조). 예를 들면, "회계가 전체기간동안 흑인 임금노동자의 제도적 종속을 강화하는데 이바지하였다"는 결론을 내릴 수 있었던, 시에라레온(Sierra Leone)의 재무제표에 관한 Tinker(1980, p.147)의 연구는 민속지학적 연구나 현장방문을 필요로 하지 않았다.

우리는 고수할 이론없이 이 현장상황에 들어갈 수 있다. 즉, 그 의도는 원래의 사례연구 결과로 이론을 개발하는 것일 것이다. 이러한 성과를 달성하기 위해 근거이론(Glaser · Strauss, 1967), 분석적 귀납[12)](Denzin, 1970), 사례연구(Bloor, 1978) 등을 포함한 많은 대안적 방법이 고안되었다. 대안적 명칭의 우월성을 주장하려고 하지 않으면서, 다음과 같은 공통적인 특징이 등장하고 있다.

- 원래의 기대를 가지고 조사대상인 현상의 정의;
- 현상에 관한 가설적 설명;
- 사례가 가설적 설명에 적합한 정도를 결정하기 위한 연속적인 사례검토;
- 변이가 관찰되는 곳에서, 현상 정의의 수정, 관찰에 비추어 가설의 재수립과 사례

역주12) 분석적 귀납(analytic induction)은 연구자가 모든 문제의 실례(또는 사례)에 적용할 수 있는 명제를 만들어야 한다는 가정에 근거한 질적 연구분석의 한 전략이다. 연구자는 자료를 초기에 분석한 후 자료를 설명하기 위해 작업가설을 개발한다. 한 예로 자료에서 실례, 사건 또는 사례가 가설이 그러한 실계와 사실에 적합한지를 결정하기 위해 조사된다. 가설이 맞다면 연구자는 다음 실례로 가서 적합성 여부를 다시 조사한다. 가설이 사실과 맞지 않다면 가설이 수정되거나 설명된 현상은 그러한 실례를 배제하기 위해 재정의되어야 한다. 가설과 맞지 않는 실례는 부정적 실례 또는 사례라고 한다. 여기에서 모든 실례가 만족스럽게 설명이 될 때까지 계속적으로 가설이 다듬어지도록 부정적 사례를 사용하여야 한다. 분석적 귀납은 새로운 명제나 복합명제를 획득하는데 사용되는 환원적 추론 방식의 가장 중요한 형태로 연역적 분석과 서로 보완되면서 인식적 사유의 기본적인 방법을 이룬다(신경림 외, p.170)

특징;
- 공통점과 차이점을 식별하기 위한 적은 수의 현상(사례)발생 검토;
- 이탈사례의 지속적인 관찰의 이유에 관한 고찰;
- 많은 관찰에 적합한 보편적인 모형이 확립될 수 있을 때까지 연속적인 사례를 위한 재형성 운동의 지속.

단점을 구성하고 연구결과와 뒤이은 이론발전의 타당성을 위태롭게 할 것으로 생각되는 참여관찰자 과정의 어떤 특징을 식별할 수 있다.

- 독특한 사건의 폐쇄성;
- 자료를 분류하고 일반화할 기회의 제한;
- 표본의 비대표성;
- 관찰을 저절로 왜곡할 수 있는 연구자의 실제존재;
- 이례적인 관찰을 대표적인 것으로 취급;
- 제한적인 타당성을 가지는 주관적인 개인적 관찰;
- 연구대상자에게로의 접근을 방해하는 주최자 장소(host site).

많은 공통특징이 분명하다.

- 연구자의 규범, 가치, 윤리강령, 가정;
- 연구전략, 방법론, 문제규정에 대한 연구자의 영향;
- 연구자가 작용하는 정치적 맥락;
- 연구자를 방해하는 자원제약;
- 연구과정에서 우발사건이나 기회, 특히 주최조직과 기금조성에 대한 접근의 기회.

제5절 근거이론

근거이론(grounded theory)은 학술지 편집위원장의 수용이 다소 느리지만, 회계사례연구자에게 점차적으로 인기있는 방법으로 제3장에서 식별한 바 있다. 이 이론 자체는 앞에서 서술되었지만, 이의 중요성증가는 그 특징과 장점에 관해 여기서 별도로 취급하는 것을 정당화한다.[13)]

Glaser · Strauss(1967, p.3)는 체계적인 경험적 연구에서 귀납적으로 개발된 이론이 자료에 적합할 가능성이 더 있으며, 그리하여 유용하고, 설득력있고 접근가능성이 더 있다고 주장한다. 순수한 근거이론 분석적 접근방법은 주로 비계량적인 방법을 제공하면서, 경험적 자료로부터 이론을 구성할 때 잠재적 편향을 관리하고 통제하기 위해 설계되며, 자료에서 배태되거나 잠복된 의미를 발견하기 위해 설계된다. 순수한 근거이론분석에서, 이론은 자료의 분석기간에 등장한다. 즉, 새로운 이론은 이론적으로 표본추출된 경험적 자료에 대해 지속적으로 검정된다.

근거이론은 회계분야 연구환경에서 선호되는 질적 접근방법으로 점차적으로 채택되고 있다. 그러나, 이후에 Glaser와 Strauss의 견해가 달라지면서, 포함된 용어의 의미와 수용가능한 절차에 대한 이들의 시사점에 대해 혼란이 발생하였다. 그 결과, 다른 형태의 근거이론이 개발되었다.

- 기본적인 Glaser · Strauss(1967)의 접근방법. 이것은 개별적 접근방법과 개인 유형을 강조하는 Glaser(예를 들면, Glaser, 1992)에 의해 윤색되었다;
- Strauss · Corbin(1990, 2008)의 접근방법. 훨씬 더 구조적이고 처방적인 Strauss(1988) 이후에, 주장컨대 실증적 연구자에게 더욱 수용가능하다.

특히 간호학분야에서 다른 변형도 많이 등장하였다(Kools et al., 1996을 참조).

역주13) 근거이론에 관해 보다 상세한 것은 김석웅(2017)의 제14장(근거이론)을 참조.

Strauss · Corbin(1990, 2008) 접근방법의 엄격성은 Glaser와 기타 전통주의자에게는 수용불가능하였다. 왜냐하면 그들은 다른 해석을 허용하지 않았던 모형에 자료를 강제하는 것 같았기 때문이다. 그렇더라도, Gurd(2008)는 Strauss · Corbin의 기본원칙은 그렇게 할 것으로 주장하는 연구자에 의해서도 수행되지 않고 있다고 주장한다. 모든 근거이론형태는 많은 학술지편집위원장이 수용가능한 근거이론접근방법에 제약을 가하는 요소인 외적 타당성의 부족을 근거로 실증주의자에 의해 문제시되고 있다.

Laughlin(1995)은 연구자와 연구대상에 의해 공유된 사건의미에 의존적인 연구의 발견과정과 타당성에 연구자가 기본적이라는 점에서 근거이론 연구에서 '연구자'의 중요성을 강조하고 있다. Parker · Roffey(1997)는 근거이론연구에서 실증적 연구에 비해 중요한 판별기로서 언어의 중요한 역할을 강조한다. 이들도 독특한 장점을 가진 질적 연구를 실시할 때 연구자, 연구대상, 자료 사이의 중요한 상호작용을 지적하고 있다.

Gurd(2008)는 근거이론 접근방법을 채택한 논문과 학위논문, 논문초안(working paper), 총회발표논문 단계에서 근거이론 접근방법을 채택한 보고서가 마지막으로 게재될 때, 종종 특정한 '근거이론'의 참고문헌을 누락하고 있다는 것을 언급하면서, 근거이론연구의 보고에서 '명칭'(labelling)과 연관된 문제를 관찰하고 있다. 그는 하나의 예로 Soin(1995)의 발표를 언급하고 있다. 특히 관리회계학문헌에는 그 내용에서 근거이론 접근방법을 채택하는 것으로 나타나지만, 명시적으로 그러한 것으로 인정되지 않는 다른 예도 있다. 해석은 무엇이 실제로 근거이론인가에 관한 혼란이 학술지 심사위원과 편집위원간에 판별의 기회를 제공한다는 것이어야 한다. 확실히, 저자가 심사위원간에 반대를 생성할 두려움으로 특정한 근거이론 접근방법의 채택을 구체화하지 않는 것이 더 안전하다. 박사학위논문 지도교수들은 근거이론용어의 공통이해가 그들 자신과 박사과정학생 사이에 존재한다는 것을 보증하기 위해 외부검토자에 대한 그들의 선택에 특히 주의해야 한다.

제6절 구술프로토콜분석

Slovic(1969)은 판단업무(exercise)에서 자료수집의 방법으로서 구술프로토콜[14](Verbal Protocol)의 이용에 기반을 제공하고 있다. 피험자는 이용되고 있는 정보와 그 이용방식에 의해서 정확하게 자신이 하고 있는 것을 상세히 설명하면서, 자신이 혼자 중얼거리면서 생각하는 업무를 수행한다. 녹음기가 이 업무기간에 정상적으로 이용될 것이다. 이러한 구술프로토콜의 내용은 각 피험자에 대해 문제해결행동과 의사결정과정의 상세한 대응(mapping)에 기초를 제공한다. 결과적인 흐름도는 대개의 경우 많은 피드백 고리로 복잡할 것이며, 의사결정을 위한 조건부알고리즘의 개발을 가능하게 할 것이다. 결과적인 모형의 정확성은 "인간 대 인간모형"의 방식으로 모형예측과 실제 피험자 결과를 비교함으로써 가끔 측정될 수 있다. 구술프로토콜분석(VPA)은 회계환경에서는 잘 이용되지 않고 있다. 그것은 매우 풍부한 자료를 생성하기 위한 기회를 제공하지만, 자원수반(resource involvement)이 중요하다. 한 번에 오로지 한 명의 피험자가 평가될 수 있으며, 연구자는 이 분석의 실시를 감시해야 하고, 그가 의사결정과정 전체에서 일정한 서사를 유지하고 있다는 것을 보증하기 위해 필요한 곳에서 피험자를 촉구해야 한다.

Larcker · Lessig(1983)는 원래 의사결정정확성에 기초한 투자의사결정의 회귀모형을 개선하기 위해 실험업무를 완료한 후에 의사결정의 회상적(retrospective) 프로토

역주14) 프로토콜분석은(protocol analysis)은 의사결정과정을 구술하게 하고, 이를 연구하여 어떻게 의사결정이 이루어지는가를 연구하는 방법으로 의사결정과정 연구방법인 의사결정과정 추적 연구방법의 하나이다. 예를 들면, 회의 내용을 녹화한 후에 녹화 장면을 보면서 대화 내용을 기록(transcription)한 다음, 대화내용을 분석한다. 프로토콜은 피험자 행동의 기록으로 파악함으로써 t시점의 프로토콜을 당해시점의 지식이나 행동을 표시한다고 간주된다. 따라서 프로토콜은 피험자의 순차적 행동에 관한 정보를 제공한다는 것이다(이성규, p.119-120). 곽진경(2014)은 구술프로토콜분석을 이용하여, 한국대학생들을 대상으로 간단한 난일기간 재고 의사결정 실험을 수행하여 얻은 결과를 분석하여 생산운영관리 분야 교육의 향상을 추구하고자 하였다. 조휘영 · 홍일유(2009)는 구술프로토콜분석(VPA)을 이용한 쇼핑몰 웹사이트 사용성 측정방법을 살펴보고 있다.

콜[15)]을 이용하고 있다. Bouwman(1984)은 전문의사결정자와 초보의사결정자의 의사결정과정을 비교할 때, 회계학문헌에서 현대의 구술프로토콜분석의 이용에 관한 초창기예 중의 하나를 제시하고 있다. Anderson(1985)과 Harte · Koele(1995)는 현대의 구술프로토콜분석이 사전의사결정행동에 관해 믿을만한 정보를 제공할 수 있다는 것을 시사하는 증거를 제공하고 있다. Anderson(1988)은 탐색과정, 의사결정시간, 의사결정결론, 취급한 정보항목 등에 초점을 두면서, 재무분석가에 의한 신규상장기업(IPO)의 검토에 관한 구술프로토콜분석을 제시하고 있다.

Boys · Rutherford(1984)는 역사적 원가수치와 현행원가수치로 제공되었을 때, 기업의 성과를 평가하는 데서 투자분석가의 현행원가회계정보이용을 검토하면서, 구술프로토콜분석의 이용에 관한 매력적인 예를 제시하고 있다. 우리는 이 접근방법이 국제회계기준(IAS)정보의 이용에 관한 조사에 혜택을 줄 것이라고 예상할 것이다. 최근에, Anderson · Potter(1998)는 회귀분석과 구술프로토콜분석이 각각 의사결정행동의 분석에서 모형개발에 기여하기 때문에 보완적인 방법이라고 주장한다. 그들은 구술프로토콜분석의 결과에 기초한 개인의사결정행동의 모형을 개발하고 있지만, 구술프로토콜분석에서 공통적인 문제인 단지 4명의 개인이라는 매우 작은 표본크기는 그들의 결과를 일반화하는 것을 어렵게 한다는 점에 유의해야 한다.

결론적으로, 더 많은 피험자를 채용하고 적당히 상세하게 그들의 심사숙고를 평가하기 위해 자원을 이용할 수 있는 곳에서, 구술프로토콜분석은 의사결정과정을 탐구하는 강력한 대안적 수단을 제공하지만, 여전히 잘 이용되지 않고 있다.

역주15) 구술프로토콜의 종류는 동시적(concurrent) 프로토콜 방법과 회상적(retrospective) 프로토콜 방법 등 두 가지 형식으로 나누어 볼 수 있다. 동시적 프로토콜 방법은 실험과정 중 피험자가 주어진 과업을 수행하면서 동시에 자신의 머릿속에 떠오르는 생각을 소리내어 말하도록 하는 방법이다. 그 당시 행위나 생각을 실시간으로 나타내 주기 때문에 비교적 정확한 정보를 취득할 수 있다. 반면, 회상적 프로토콜 방법은 과업과는 별도로 실험이 끝난 후에 피험자가 비디오를 보면서 당시의 상황이나 내용을 회상하며 표현하도록 하는 방법이다. 전체 내용들이 회상에 의해 구성되거나 상기되면서 내용을 새롭게 알 수 있는 특징을 갖고 있다(조휘영 · 홍일유, p.114).

더 읽을거리

*곽진경(2014), "단일기간 재고 실험 연구 결과의 생산운영관리 교육에의 활용", **경영학연구**, 제43권 제5호, 1519-1528.

*김광혁(2000), "정보시스템연구와 프로토콜 분석", **한국정보전략학회지**, 제3권 제2호, 105-124.

*김석웅(2017), **회계학의 해석적 방법론**, 교육과학사.

*신경림 외(2003), **질적연구 용어사전**, 현문사.

*이성규(1989), "우리나라 증권분석가의 의사결정패턴에 관한 시험적 연구-투자종목선정과정의 Verbal Protocol분석을 중심으로-", **경상논집**(인하대 산업경영연구소), 제3집, 113-144.

*이현철 · 김영천 · 김경식(2013), **통합연구방법론: 양적연구 + 질적연구**, 아카데미프레스.

*조휘영 · 홍일유(2009), "언어적 프로토콜 분석을 이용한 쇼핑몰 웹사이트 사용성 측정방법에 관한 연구", **정보시스템연구**, 제18권 제1호, 111-134.

Cooper, D.J. and Morgan, W.(2008), "Case Study Research in Accounting", *Accounting Horizons*, 22(2), 158-178.

*Davila, A. and Foster, G.(2007), "Management control systems in early-stage startup companies", *The Accounting Review*, 82(4), 907-937.

Gibbert, M., Ruigrock, W. and Wicki, B.(2008), "What Passes as a Rigorous Case Study?", *Strategic Management Journal*, 29(13), 1465-1474.

*Grafton, J. and Lillis, A.M.(2011), "Mixed methods research in accounting", *Qualitative Research in Accounting and Management*, 8(1), 5-21.

*Graham, J.R., Harvey, C.R. and Rajgopal, S.(2005), "The economic implications of corporate financial reporting", *Journal of Accounting and Economics*, 40(1/3), 3-73.

Gurd, B.G.(2008), "Remaining Consistent with Method? An Analysis of Grounded Theory Research in Accounting", *Qualitative Research in Accounting and Management*, 5(2), 122-138.

Lillis, A.(1999), "A Framework for the Analysis of Interview Data from Multiple Field Research", *Accounting and Finance*, 39(1), 79-105.

________(2008), "Qualitative Management Research: Rationale, Pitfalls and Potential", *Qualitative Research in Accounting and Management*, 5(3), 239-246.

Lukka, K.(2010), "The Roles and Effects of Paradigms in Accounting Research", *Management Accounting Research*, 18(2), 76-101.

Malina, M.A. and Selto, F.H.(2001), "Communicating and Control Strategy: An Empirical Study of the Effectiveness of the Balanced Scorecard", *Journal of Management Accounting Research*, 13, 47-90.

__________, Norreklit, H.S.O. and Selton, F.H.(2007), "Relations Among Measures, Climate of Control and Performance Measurement Models", *Contemporary Accounting Research*, 24(3), 935-982.

Malmi, T. and Granlund, M.(2009), "In Search of Management Accounting Theory", *European Accounting Review*, 18(3), 597-620.

Merchant, K. and Van der Stede, W.(2006), "Field-based Research in Accounting: Accomplishments and Prospects", *Behavioral Research in Accounting*, 18(1), 117-134.

Miles, M.B. and Huberman, A.M.(1994), *Qualitative Data Analysis: An Expanded Sourcebook*, Thousand Oaks, CA: Sage.

*Modell, S. and Lee, A.(2001), "Decentralization and reliance on the controllability principle in the public sector", *Financial Accountability & Management*, 17(3), 191-219.

Norrecklit, H., Norreklit, L. and Mitchell, F.(2007), "Theoretical Conditions for Validity in Accounting Performance Measurement", in A. Neely(ed.), *Business Performance Measurement*, New York: Cambridge University Press, 179-217.

Parker, L.D.(2003) "Qualitative Research in Accounting and Management: The Emerging Agenda", *Journal of Accounting and Finance*, 2, 15-30.

__________(2012), "Qualitative Management Accounting Research: Assessing Deliverables and Relevance", *Critical Perspectives on Accounting*, 23(1), 54-70.

__________ and Roffey, B.H.(1997), "Back to the Drawing Board: Revisiting Grounded Theory and the Everyday Accountant's Reality", *Accounting, Auditing and Accountability Journal*, 10(2), 212-247.

Rossman, G.B. and Wilson, B.L.(1984), "Numbers and Words: Combining Quantitative and Qualitative Methods in a Single Large-Scale Evaluation Study", *Evaluation Review*, 9(5), 627-643.

Scapens, R.W.(2004), "Doing Case Study Research", in C. Humphrey and B. Lee(eds), *The Real*

Life Guide to Accounting Research: A Behind-The-Scenes View of Using Qualitative Research Methods, Amsterdam: Elsevier, 257-279.

Smith, M. and Tucker, B.(2013), *Advanced Strategic Management Accounting: Theory and Practice*, Melbourne: Cengage.

*Wouters, M. and Wilderom, C.(2008), "Developing performance measurement systems as enabling formalization: A longitudinal field study of a logistics department", *Accounting, Organizations and Society*, 33(4/5), 488-516.

Zimmerman, J.L.(2001), "Conjectures Regarding Empirical Managerial Accounting Research", *Journal of Accounting and Economics*, 32(1/3), 411-427.

제11장

문헌연구

제1절 횡단면 자료
제2절 시계열 자료
제3절 문헌연구에서 타당성 상반관계
제4절 내용분석

우리는 역사적 서류, 테스트, 학술지논문, 기업연례보고서, 기업공시 등에 입각한 연구를 하기 위해 이용되는 원천을 포괄함으로써 본장에서 '문헌'(archival)이라는 용어에 의도적으로 광범위한 접근방법을 취한다. 그러므로 연관된 연구접근방법은 회계수치의 기본분석으로부터 서사의 내용분석과 회계이론의 개발에 대한 비판적 접근방법까지 걸쳐있다.

정보의 검색은 시간소모적이고 비용이 발생하는 업무일 수 있기 때문에, 연구자가 원천을 효과적으로 이용하고 자리매김하는데 필요한 기술을 신속하게 개발하는 것이 중요하다. 이러한 원천은 대개의 경우 **일차**(예를 들면, 처음으로 발표된 최초의 연구결과) 또는 보다 일반적으로 **이차**(예를 들면, 기업보고서와 신문발표의 경우처럼 제3자에 의해 공시된 정보), 그리고 때때로 **삼차**(예를 들면, 데이터베이스에서 합계되거나, 범주화되거나, 재정리되는 자료의 경우)로 분류될 수 있다. 그러나 기업의 연례보고서가 이용자의 정체성에 따라 일차원천이나 이차원천으로 간주될 수 있기 때문에 이러한 분류는 명확하지 않을 것이다! 이러한 원천은 대개의 경우 직접 접근할 수 있거나 관련 참고문헌이 도서목록, 요약문이나 인터넷 데이터베이스의 핵심용어와 저자의 탐색을 통해 검색할 수 있다. 우리가 제1장에서 주장한 바와 같이, 연구과정에 비판적 태도를 취해야 하며, 이것은 이후의 단계처럼 자료원천접근에 많이 적용해야 한다. 우리는 자료의 목적으로 그 적합성을 평가할 수 있어야 한다. 즉, 그것이 최신인가? 그것은 명성있고 권위있는 원천에서 나온 것인가? 그것은 믿을 수 있는 방법을 이용하여 수집되었는가? 우리는 연구예산의 제약조건을 감안하여, 시의적절하고 경제적인 방법으로 자료에 접근할 수 있는가? 만약 관대한 교육적 할인이 없었다면, 이러한 많은 원천은 학술연구자에게 여전히 접근불가능하였을 것이기 때문에, 광범위한 온라인 데이터베이스에 대한 연구예산의 제약조건이 점차적으로 문제가 되고 있다.

Foster(1986)는 횡단면 연구와 시계열 연구에서 이차원천으로부터 자료수집과 연관된 많은 문제를 식별하고 있다.

제1절 횡단면 자료

1. 자료는 현재의 일부 기업을 배제할 것이다. 이것은 완전하게 중복되지 않는 복수의 데이터 베이스를 이용하고 있다면, 일부 기업이 틈새에 해당하기 때문에 특별한 문제일 것이다. 어떤 경우라도, 소기업은 포함의 여부를 규정한 규모기준이 있다면 포함되지 않을 것이다. 동일한 원칙이 주식시장에서 적극적으로 거래되지 않는 그러한 기업에도 적용될 것이다. 이러한 조건은 또한 비공개기업이나 외국소유기업의 배제를 유도할 것이다. 이러한 배제의 공통적인 이유는 자료의 이용불가능성이다. 특히 이 점에서 성가신 것은 종속기업이 지배기업으로부터 분리해서 보고하는 규

정이 없는 종속기업에 자료가 없는 경우이다.

2. 자료가 존속하지 않는 기업을 배제할 것이다. 인수합병기업, 파산기업 등은 정상적으로 현재의 데이트베이스에서 누락될 것이며, 이러한 기업이 연구의 대상이라면 다른 원천을 검색할 필요가 있다. 정의상, 파산기업이 이용불가능한 정보 때문에 분석에서 누락되는 경향이 있기 때문에, 파산예측분야에서 대부분의 과거연구는 생존편향으로부터 어려움을 겪었다고 비판받고 있다.
3. 자료는 대부분의 최근자료가 반영되지 않았다는 점에서 최신자료가 아닐 것이다. 이것은 매일의 기준으로 정보를 등재할 수 있거나 실시간의 양식으로 작동하는 많은 온라인 데이터베이스나 웹기준 데이터베이스로 현안이 되지 않고 있다.
4. 자료는 일부 금융항목을 누락시킨다는 점에서 불완전할 것이다. 예를 들면, 이익예측이나 재무제표주석은 자료에 없을 것이며, 다른 원천의 이용을 필요로 한다.
5. 기업간에 일부 금융항목이 불일치한 분류가 있을 것이다. 만약 데이터베이스가 서류원본의 복사본이외의 것으로 구성된다면, 체계적인 기업간의 분류를 하기 위한 일부 가정은 불가피하다. 예를 들면, 기업이 라인항목을 보고하는데 차이가 허용되는 곳에서, 상이한 합계수준이 있을 것인데, 이들은 임의적인 결정으로 분리가능할 것이다. 그리하여 어떤 기업은 매출원가에서 간접비를 포함하는데 반하여, 다른 기업은 "마케팅, 관리, 기타"에 속할 수 있는 비용에 간접비를 포함할 것이다. 그리하여 신뢰할 수 없는 기장은 분해(disaggregation)가정을 해야 하는 간접비와 같은 항목으로 될 것이다. 이러한 종류의 문제는 (나라마다 그리고 나라안에서 큰 차이가 나는) 보고기간의 차이와 특히 산업간에 회계방법의 비통일성에 의해 과장되는데, 이들은 상이한 선택이 여전히 회계기준준수와 일치할 것이기 때문에 비교를 어렵게 한다.
6. 간단한 내적 타당성 검토를 필요로 하고, 가능하다면 다른 비교가능한 데이터베이스에 대한 검토를 필요로 하는 기록오류가 있을 것이다. 예를 들면, 항목들의 평균과 표준편차를 계산함으로써 평균의 두 측면에서 두 표준편차의 범위 밖에 있는 그것들 모두가 식별되고 의문시될 수 있다. 이와 유사하게 유동자산과 당좌자산의

간단한 비교는 기본오류를 드러낼 것이다. 산업분류는 여기서 특별한 문제를 제기하는데, 이는 산업에 관한 하나의 인정된 정의는 없기 때문이며, 상이한 데이터베이스는 아마도 다른 분류를 채택할 것이다. 제품집단이나 생산과정이 일부 외적 규제분류에 의하지 않고 분류의 기초를 정상적으로 형성 하더라도, 문제는 발생할 것이다.

7. 공시의 성질은 연구자가 가장 신뢰가능하고 이해가능한 원천을 포착하고 있다고 확신하는 것을 더욱 더 어렵게 하면서, 항상 확대되고 있다. 재무보고환경에서 대부분의 연구는 여전히 기업보고서의 내용에 의존하고 있지만, 점차적으로 신문원천이 더욱 시의적절한 매체를 제공하기 때문에 이용되고 있다. Reuters Business Briefing(BBB)이 학술목적으로는 널리 이용되지 않지만, 아마도 영국에서 이용할 수 있는 가장 상세한 기업뉴스항목 원천일 것이다. 영국의 The Financial Times지수와 미국의 Wall Street Journal지수가 보편적인 대안을 제공하고 있다(www.bloomberg.com도 참조). Brookfield · Morris(1992)는 McCarthy 정보카드를 이용하고 있다(이제는 CD-Rom에서 이용할 수 있다). 인터넷과 이메일의 공시는 기업이 증권시장에서 이용할 수 있기 전에 투자분석가들에게 이러한 수단을 통해 정보를 공시하고 있다는 풍부한 증거가 있기 때문에 추가적이고, 잠재적으로 중요하며, 상대적으로 개발되지 않은 원천을 대표한다. 그러나 이메일의 내용은 공시의 상업적 및 개인적 민감성 때문에 상대적으로 제한적이다. COMPUSTAT는 재무정보를 분석하기 위해 공통적으로 이용되는 데이터베이스 중에서 가장 두드러진다. 복수재무비율을 포함한 회계와 시장자료는 20년이상의 기간에 대부분의 선진국 기업에 대해 쉽게 이용할 수 있다. 우호적인 접촉으로 연구자는 가능한 한 많은 변수를 포함하면서 특정한 시점에서 단일의 기업을 검토할 수 있거나, 복수의 기업을 오랫동안 검토할 수 있다(후자의 예를 가끔 **패널 자료**라고 하며, 이의 분석은 제6장에서 상세히 살펴본 바 있다).

이제는 CRSP/COMPUSTAT의 데이터베이스를 통해 접근가능한 높은 타당성을 가지는 주가자료로, 주주이익율연구는 회계이익율을 이용하는 연구를 실질적으로 대체하였다. 그러나 이것은 어떤 어려움없이 달성되지는 않았다. Magenheim · Mueller(1988)는 기업가치를 측정하기 위해 주주이익을 이용할 때, 없앨 필요가 있는 결함을 식별하고 있다.

Trimbath(2006)는 기업성과의 척도로서 자본이익율(ROE)을 채택하는 것과 연관있는 특별한 문제를 식별하고 있다. 특히 음의 이익과 음의 지분이 **양**의 자본이익율척도를 가리키기 위해 결합할 때! 그녀는 음의 지분이라는 조건에서 부채/지분의 비율을 이용할 때 유사한 문제를 식별하고 있다. 이 문제를 극복하는 것은 더 많은 문제를 생성한다. 즉, 만약 우리가 음의 지분과 음의 이익을 분석에서 제거할 ROE의 극단치 척도로 단순히 취급한다면, 가장 빈약한 성과기업이 모두 극단치로 간주될 것이기 때문에 우리가 심각한 표본편향을 생성할 것이라고 Trimbath는 주장한다.

Trimbath(2006, p.421)는 '우리가 자본이익율을 이용가능한 기업성과척도로 만드는 수학적, 통계학적, 또는 계량경제학적 수정이 없다는 것을 보여주고 있다'고 적고 있다. 그것을 단순히 대형표본 계량경제학 모형에서 이용해서는 안된다. 그러나 그녀는 이 증거에도 불구하고, 일부 회계/재무학술지에서는 선례를 준수하고 자본성과척도를 이용하라는 편집자의 압력이 있다고 적고 있다.

제2절 시계열 자료

1. 구조변화는 위험한 기간 사이에 비교하면서 기업이나 산업에서 발생하고 있을 것이다. 내부적으로 이것은 인수, 합병 또는 투자회수에 기인할 수도 있다. 외부적으로, 이것은 새로운 정부의 정책, 규제완화, 신제품, 새로운 경쟁업체나 기술변화 등에 기인할 수도 있다.
2. 회계방법변화 특히 자발적 선택이나 변경과 연관된 것은 연이은 기간으로부터 재무

수치를 조정하기 어렵게 할 것이다. 이것이 의도적인 혼란을 구성하는 곳에서, 그것은 특별한 우려의 원인이다.

3. 회계분류현안은 아마도 또다시 의사소통현안을 모호하게 하기 위해, 특별한 항목에 대해 상이한 기업해석을 하게 한다. 그리하여 기업은 기간간에 중요한 환경변화가 없었던 것으로 보이지만, 다음 해가 아닌 어느 한 해에 종속회사의 결과를 연결하기로 선택할 것이다. 이와 유사하게, '영업권상각'과 '특별항목'의 회계처리와 연관된 시점과 금액을 보고할 때, 유연성은 비교기준이 유지되어야 한다면, 자료에서 이루어지고 있는 수정을 자주 필요로 한다.

실시되고 있는 연구프로젝트가 정상적으로 문헌적이라고 하지 않을 지라도, 상기의 요점들은 앞의 장들에서 다룬 다른 연구방법을 지지하기 위해 이용되는 문서자료의 이용을 위한 시사점을 가진다.

1. 데이터베이스가 실태조사연구를 지원하기 위해 우편목록의 형태로 있는 곳에서, 그것을 갱신하지 못한다는 것은 그 목록이 일부 대상사람들을 배제하고, 죽었거나 이사간 사람을 포함하고 있다는 것을 일반적으로 의미할 것이다. 이러한 오류와 누락은 편향과 불안감을 초래할 수 있다.
2. 데이터베이스가 문헌검토의 기반을 형성하는 학술지목록인 곳에서, 우리는 잠재적 문제를 많이 가진다. 이 학술지는 온라인상에서 전혀 이용할 수 없을 것이며, 모든 데이터베이스로부터 배제될 것이다. 이것은 전문출판업자를 통하기 보다는 개별대학교에 의해 출판되는 많은 회계학술지에 여전히 적용된다. 온라인상에 선정된 학술지를 이용할 수 있더라도, 이들은 특정한 데이터베이스에 나타나기만 할 것이다. 우리는 필요한 참고문헌을 추적하기 위해 다중 데이터베이스에 접근할 필요가 있을 것이다. 오래된 논문이 대부분의 데이터 베이스가 취급범위에서 더욱 포괄적으로 되고 있지만, 데이터베이스를 통해 전자형태로 여전히 쉽게 이용할 수 없을 것이다. 만약 우리가 기념비적인 연구에 접근할 필요가 있다면, 이들은 제한적인 접근에

좌우되거나, 우리가 여전히 인쇄본 양식에 의존해야 할 것이다(제3장에서 문헌검색논의를 참고하라). 이와 마찬가지로, 최근에 대부분의 논문도 즉시 이용할 수 없을 것이다. 전체논문이 몇 달동안 이용가능하지 않을 것이라는 점을 실감할 뿐인 필독논문의 제목과 아마도 초록일지라도 접근하는 것만큼 매우 실망스러운 것은 없다. 온라인형태는 가끔 도표와 참고문헌을 모두 누락할 것이기 때문에 '전체'논문이라는 개념의 존재도 알아야 한다(다행히 이것은 PDF파일의 우세로 문제가 적어지고 있다).

3. 특히 우리가 유사한 것을 비교하고 있지 않을 위험이 있는 곳에서, 우리는 문헌원천으로부터 부당한 추론을 하는 것을 조심해야 한다. 우리가 가능한 곳에서 원래의 원천으로 되돌아가는 것을 피할 수 없게 하면서, 맥락차이는 비교논문의 결과에서 분명한 모순과 불일치의 많은 것을 설명할 것이다. 참으로, Brownell(1995, p.140)은 회계연구의 많은 문제를 확신을 가지고 비교하기가 어렵다는 것을 의미하는 파편화(fragmentation)의 탓으로 돌리고 있다. 즉, 상이한 위치에서 상이한 방법과 도구를 이용하는 상이한 연구들.

제3절 문헌연구에서 타당성 상반관계

문헌연구(archival study)는 경험적 자료에 대한 참고 때문에, 실험연구나 시뮬레이션 접근방법보다 더 많은 외적 타당성을 일반적으로 가질 것이다. 그러나 우리의 선택과정(예를 들면, 기업자료의 경우)에 결함이 있다면 위험이 발생할 것이며, 그리하여 이것은 비대표적인 표본의 생성으로 될 것이다. 이 상황은 만약 우리가 연구설계에서 대응절차(전형적으로 크기와 산업의 대응)를 채택한다면 악화될 것인데, 이는 결과가 특정한 산업이 아니거나 선택된 기업집단에 특정한 사례일 것이라는 보장이 없을 것이기 때문이다.

Libby(1981)는 문헌자료를 이용하는 계량경제학적 연구가 본질적으로 실험적이라고 주장한다. 이 연구는 변수조작의 기회가 제한될지라도, 실험연구에 의해 다루어지는 문제와 유사한 문제에 답하기 위해 이용될 것이다. 실험실실험은 가끔 처리를 조작하고 인과관계를 추론하지만, 많은 문헌연구는 관심있는 변수간의 연관성과 체계적 움직임을 검색한다. 인과성보다는 연관성(association)이 관찰되고 있지만, 내적 타당성의 관심사가 여전히 존재한다. 예를 들면, Wallace(1991)는 다른 재무회계분야에서도 관련이 있을 관심사인 재무제표연구와 연관된 내적 타당성문제, 특히 '도구화' 및 '역사'와 관련있는 문제를 구체화하고 있다.

Wallace는 도구화에 관해서, 무엇이 정확하게 '회계변화'를 구성하는가의 문제가 항상 있다고 주장한다. 도구화과정에서 기술적으로 상세한 것이 중요하게 된다. 만약 연례보고서로부터 자료를 수집하기 위해, 상이한 정보원천이나 상이한 사람이 이용된다면, 결과의 타당성을 위협하는 측정차이가 발생할 것이다. 다양한 파산정의가 과거연구에서 이용되고 있기 때문에, 유사한 도구화문제가 파산예측연구에서 발생한다. Wallace가 관찰한 바와 같이, 상이한 파산유형이 있을 뿐만 아니라, 조직갱생, 부채의 구조조정, 채무약관의 기술적 비준수 등을 어떻게 처리해야 하는가에 관한 문제도 있다. 만약 원천자료나 동료연구자가 상이한 정의를 이용하고 있다면, 내적 타당성이 위협받을 것이다. Houghton · Smith(1991)는 좋은 예를 제공하고 있다. 연구자가 채택한 상세한 정의를 검토할 준비가 되어 있지 않다면, 상이한 연구의 결과를 비교하는 것에 주의해야 한다. 그들의 연구에서 파산(failure)의 정의는 대부분의 다른 관련연구에서 이용되는 것과는 일치할 가능성이 없는 매우 광범위한 정의인 "주식거래소조사의 조건"(subject to stock exchange investigation)을 포함하였다.

역사영향에 관해서, 관심있는 기간동안 회계정책, 보고규정, 파산법 등의 변화가 기업자료의 문헌검색으로부터 비교결과에 모두 영향을 줄 것이다. 이러한 변화의 영향에 대한 적절한 통제의 부재가 우려의 원인이다. 연구자의 반응은 외생적 요소를 통제하려고 하는 대응표본을 가끔 이용하는 것이다. 그러나 우리는 어떤 요소를 대응시킬 것인가? 이 접근방법이 가지는 또다른 문제는 선택과정이 말하자면, 기업규모, 산업이나 자본구조의 중요성에 관한 평가를 배제한다는 것인데, 여기서 우리는 이러한 요소에 관해 대응하기로 선택하였다. 이외에, 측정현안은 우리가 정확하게 대응시켰는가를 확신하지 않는다는 것을 의미한다. 예를 들면, 우리는 종업원의 수나 자산규모를 대응시키고 있는가? 만약 우리가 자산을 선택한다면, 그 대응이 수용가능하게 관리되기 위해 얼마나 밀접해야 하는가-$1k, $10k, $100k, $1m, $10m? 이러한 측정문제는 중요한 것으로 될 것이다.

Fogarty(2006)는 동일한 자료를 이용하고 유사한 주제로 연구하는 많은 연구자가 불가피하게 있을 때, '특종'발표(scoop publications)를 발견하려는 연구자에 대한 거대한 압력이 있을 것이기 때문에, 공개적으로 이용가능한 데이터베이스에 대한 과도한 의존을 경고하고 있다. 그는 차별점을 제공하기 위해 연구에서 최소한 한 가지 변수에 대해 수작업에 의한 자료수집을 권고하고 있다. 이것은 우리에게 (제10장에서 특히 관리회계의 경우에 상세히 살펴본 것 이외에) 혼합방법(triangulation)의 기회를 추가로 제공한다. 즉, 기업지배구조는 문헌자료에 입각하고 있지만, 연례기업공시자료로부터 항상 도출되는 이차자료를 이용할 때, 구축될 수 있는 대용변수(및 연관된 지수)의 수에 한계가 있다. 그리하여 우리는 기업응답자로부터 추가로 '지배구조'정보를 직접 뽑으려고 하는 실태조사에 입각한 연구의 등장을 보아왔다. 우리는 지배구소에 입각한 현안이 실제로 이사회수준에서 어떻게 다루어지고 있는가와 개별 의사결정자가 조직변화에 어떻게 반응하는지를 관찰하고자 하는 현장에 입각한 연구의 불가피한 발전을 여전히 기다리고 있다.

제4절 내용분석

내용분석으로 우리는 텍스트로부터 타당한 추론을 할 수 있으며, 제7장에서 질적 자료를 위한 분석적 도구로서 특히 면접초고(transcript)에서 나온 것으로서 살펴본 바 있다.

그러나 내용분석(예를 들면, Krippendorff, 2004)은 전통적으로 문헌자료의 분석에 적용되기 때문에 여기서도 포함되었다. 특히 양적 방법이 대개의 경우 정상적으로 단어 발생의 수, 특정한 주제와 관련있는 단어의 수 등과 같은 핵심적 특징의 측정을 통해 문헌자료초고에 적용되었다. 그리고나서 이러한 결과는 이후의 통계분석을 위해 '단어에 입각한' 변수나 '주제에 입각한 변수'로 변형될 수 있다. 이 일의 대부분은 이론이 최소한 종속적인 역할로 배정된 '자료뒤지기'(data mining)와 유사하다. 그리하여 Smith · Taffler(2000)는 형식지향적인(단어에 입각한) 분석과 의미지향적인(주제에 입각한) 분석의 실시에서 간단한 변수정의를 개발하기 위해 Krippendorff(1980)를 따르고 있다. 문헌서사의 질적 내용은 간단한 공식으로 이후의 분석을 위해 양적 변수로 변경된다. Jones · Shoemaker(1994)는 경험적 회계서사분석연구의 개관을 제공하고 있으며, 서사원천으로서 기업보고서, 이사보고서, 주주편지에 대한 초점을 적고 있다.

적절한 서사원천을 언제라도 이용할 수 있다는 것은 내용분석연구가 일반적이며, 기업사회책임의 연구로 널리 확대되었다는 것을 의미한다(예를 들면, Schreck, 2013; Gray et al., 2014). 최근의 많은 발표물은 기업의 재무제표에서 다른 유형적 특징을 다루기 위해 단어와 주제를 초월해서 서사분석과 관련을 가지게 되었다: Amernic · Craig(2006, 2008)의 수사; Merkl-Davies · Brennan(2007)의 인상관리; Jones · Smith(2014)의 이해가능성.

더 읽을거리

Abrahamson, E. and Amir, E.(1996), "The Information Content of the President's Letter to Shareholders", *Journal of Business Finance and Accounting*, 23(8), 1157-1182.

Amernic, J.H. and Craig, R.(2000), *CEO Speak: The Language of Corporate Leadership*, Montreal, Ithaca: McGrill-Queen University Press.

________________(2008), "A Privatization Success Story: Accounting and

Narrative Expression over Time", *Accounting, Auditing and Accountability Journal*, 21(8), 1085-1115.

Beattie, V.A. and McInnes, B. and Fearnley, S.(2004), "A Methodology for Analyzing and Evaluating Narratives in Annual Reports: A Comprehensive Descriptive Profile and Metrics for Disclosure Quality Attributes", *Accounting Forum*, 28(3), 205-236.

Bowman, E.H.(1984), "Content Analysis of Annual Reports for Corporate Strategy and Risk", *Interface*, 14(1), 61-71.

Brennan, N.M., Guillamon-Saorin, E. and Pierce, A.(2009), "Impression Management: Developing and Illustrating a Scheme of Analysis of Narrative Disclosures-A Methodological Note", *Accounting, Auditing and Accountability Journal*, 22(5), 789-832.

Foster, G.(1986), *Financial Statement Analysis*, 2nd edn, Englewood Cliffs, NJ: Prenctice Hall; 이정호・정혜영・주진규・김정본 공역(1993), 재무제표분석, 무역경영사.

Frazier, K.B., Ingram, R.W. and Tennyson, B.M.(1984), "A Methodology for the Analysis of Narrative Accounting Disclosures", *Journal of Accounting Research*, 22(1), 318-331.

Gray, R., Adams, C. and Owen, D.(2014), *Accountability, Social Responsibility and Sustainability: Accounting for Society and the Environment*, Lodon: Pearson.

Holsti, O.R.(1969), *Content Analysis for the Social Sciences and Humanities*, Reading, MA: Addison-Wesley.

Jones, M.J. and Shoemaker, P.A.(1994), "Accounting Narratives: A Review of Empirical Studies of Content and Readability", *Journal of Accounting Literature*, 13, 142-184.

__________ and Smith, M.(2014), "Traditional and Alternative Methods for Measuring the Understandability of Accounting Narratives", *Accounting, Auditing and Accountability Journal*, 27(1), 183-208.

Krippendorff, K.H.(1980), *Content Analysis: An Introduction to its Methodology*, Beverley Hills, CA: Sage.

________________(2004), *Content Analysis: An Introduction to its Methodology*, 2nd edn. Thousand Oaks, CA: Sage.

Maines, L.A. and Wahlen, J.M.(2006), "The Nature of Accounting Information Reliability: Inferences from Archival and Experimental Research", *Accounting Horizons*, 20(4), 399-425.

Merkl-Davies, D.M. and Brennan, N.M.(2007), "Discretionary Disclosure Strategies in Corporate

Narratives: Incremental Information or Impression Management", *Journal of Accounting Literature*, 26, 116-194.

Mosteller, F. and Wallace, D.L.(1963), "Inference in an Authorship Problem", *Journal of American Statistical Association*, 58(302), 275-309.

Schreck, P.(2013), "Non-financial Disclosure and Analyst Forecast Accuracy: International Evidence on Corporate Social Responsibility Disclosure", *Social and Environmental Accountability Journal*, 33(3), 180-181.

Smith, M. and Taffler, R.J.(2000), "The Chairman's Statement: A Content Analysis of Discretionary Narrative Disclosures", *Accounting, Auditing and Accountability Journal*, 13(5), 624-646.

Weber, R.P.(1990), *Basic Content Analysis*, 2nd edn, Newbury Park, CA: Sage.

제12장

연구지도와 심사과정

연구지도(research supervision)와 심사과정은 나라마다 매우 다르지만, 그 환경이 어떠하든, 박사과정학생(candidate)이 지도교수(supervisor)의 역할, 제공될 지도수준, 심사과정의 본질 등에 관해 합리적인 기대를 한다는 것이 중요하다. 그리하여 미국에서는 지도교수패널이 규범일 것이며, 폭넓은 구조화된 교과과정 프로그램의 이수를 따르며, 박사학위논문의 구성요소가 대개의 경우 다른 곳에서 기대되는 것보다 더 짧을 것이다. 박사학위논문의 구술시험이 잠재적으로 공개적인 큰 장소에서 가끔 실시될 것이다.

영국과 호주에서는 대개의 경우 두 명의 지도교수로 구성된 팀이 임명되는데, 그 중에서 한명이 '책임' 역할을 맡을 것이다. 두 번째 지도교수는 나이가 젊고 경험이 부족할 것이며, 박사과정학생은 어떤 점에서 '요령을 배우는 것'으로 인지할 것이다. 이러한 상황에서, 책임 지도교수가 가끔 박사과정학생의 주도하에 책임 지도교수와의 일대일 관계의 만남 기회를 피하고, 모든 모임과 고려에서 두 번째 지도교수의 소외를 피하기 위해 그를 포함하고자 하는 것은 바람직하다. 연구방법론의 연구이외의 공식적인 교과과정은 별로 없을 것이며, 있더라도 학위논문을 완료하기 전에는 어떠한 평가장애도 없을 것이다. 두 명의 심사자(이 중에서 한 명만이 대학의 외부인사이다)와 한 명의 비참여 지도교수라는 소규모청중 앞에서 실시되는 논문의 구술시험은 영국에서는 하나의 규범이다. 구술심사를 하기 위한 여행비용이 심사자의 선택을 종종 제한한다. 이 상황은 호주와 같은 나라에서 확대되는데, 호주에서는 관련거리가 매우 멀고 잠재적 심사단이 너무 적어서 해외심사자를 정규적으로 모실 필요가 있다. 따라서, 그것이 예외적 상황에서 옵션으로 남아 있지만, 구술시험이 없는 것이 더 정상적이다. Tinkler · Jackson(2002, 2004)은 구술의 내용을 상세하게 논하고 있으며, 학생이 준비하는데 필요한 권고사항을 제공하고 있다.

우리는 더 많은 구술심사를 촉진하기 위해 미래에 Skype[1)]와 화상회의기술의 이용증가를 예상할 것이다. 이 시나리오는 상반관계(trade-off)로서 인쇄본서류에 관해 독자적으로 보고하는 두 명(때로는 세 명)의 외부심사자를 대개 요구하고 있다. 이 안은 최고의 심사자를 가능한 한 전세계에서 선정하는 것을 가능하게 하는 장점을 가지고 있다. 하나의 단점은 박사과정학생의 구술평가를 위한 기회가 없다는 것이다. 또 다른 단점은 공개적으로 독립적인 심사자간의 비윤리적 공모를 위한 기회가 만들어진다는 것이다. 후자가 매우 협소한 주제전문성(specialism)이 포함되는 대개의 경우, 다른 나라, 다른 대학교에서 선택된다고 하더라도, 서로간에 알려지는 것이 당연한 심사자들은 학술총회에서 만날 것이며, 두 사람이 심사중인 논문을 논할 것이다!

그 심사내용이 무엇이던간에, 박사과정학생이 그것에 관해 무엇이 기대되는가와 지도교수가 첫 번째 시도에서 심사자를 만족시키도록 그를 어떻게 도울 수 있는가를 아는 것이 중요하다.

역주1) 세계 최대의 인터넷전화통신망 회사 중의 하나이다.

제1절 지도교수의 역할

박사과정학생에 대한 지도교수의 임무는 다양한 방식으로 발생할 것이다. 전통적인 모형에서 박사과정학생은 지정된 특정한 지도교수 및 (최소한) 개략적인 연구안과 함께 등록할 것이다. 지도교수는 박사과정학생과 프로젝트의 적합성에 관한 일부 언급이 대개의 경우 주어질 것이며, 지도교수/박사과정학생의 상호목적을 충족시키기 위해 프로젝트를 수정할 준비가 되어 있을 것이다. 다른 안은 지정되고 있는 지도교수나 이미 전개되고 있는 상세한 연구아이디어 없이, 폭넓은 구조화된 프로그램으로 박사과정학생의 수용을 포함한다. 이 두 번째 형태는 박사과정학생에게 가장 적합한 지도교수의 배정을 촉진하는 장점을 가지고 있지만, 그 박사과정학생이 이용할 수 있는 적합한 연구지도가 없는 제안을 전개할 수도 있다는 단점을 가진다. 그러나 구조화된 프로그램의 기간동안 현실성의 검토단계에서 박사과정학생이 해결할 수 없는 연구지도에서 제기되는 문제에 봉착하지 않도록 해야 한다.

박사과정학생이 특정한 장학금이나 이미 지정된 상려기금을 가진 프로그램으로 들어가는 곳에서는 원래의 프로젝트안을 시작한 그러한 학자이면서, 연구지도가 사실상 자기선발인 특정한 프로젝드가 이미 설정되어 있을 것이다.

박사과정의 연구를 위한 지도능력의 부재는 내부분의 회계/경영학과에 심각한 제약이다. 연구지도를 필요로 하는 박사과정학생이 대개의 경우 부족한 것이 아니라 지도교수가 지도할 유인이 현저하게 없다. 이것은 제때에 완료하였다는 지속된 기록을 가진 특히 노련한 지도교수의 경우에 그러하다. 이러한 개인의 서비스에 대한 초과수요는 박사과정학생이 그의 기대에서 현실적이어야 한다는 것을 계속해서 의미한다. 예를 들면, 지도교수가 자신의 정상적인 활동측면 밖에서 새롭고도 복잡한 문헌을 탐구할 필요없이, 기존 전문적인 기술내에서 주제를 지도하고자 한다는 것을 기대하는 것이 합리적이다. 논문완성후 또는 박사과정기간에 박사과정학생과 발표할 기회를 기지고자 할 것이라고 기대하는 것도 합리적이다. 성공적인 지도교수는 대개의 경우 연구과정의 상이한 단계에서 복수의 박사과정학생을 가질 것이다. 그리하여 두 명 이상의 박사과정학생이 매년 논문을 완성한다. 그러나 초과수요 뿐만 아니라, 한 명의 지도교수에게 소속된 박사과정학생의 수를 제한하는 대학교가 실시하는 임의적인 상한선의 형태로 공급제약도 있을 것이다. 이러한 규정은 박사과정학생이 자신과 주제를 효과적으로 납득시키고, 만약 그들이 가장 성공적인 지도교수와 연관되고자 한다면, 그들의 제안을 구조화할 때 융통성을 발휘할 준비가 되어 있는 것을 중요하게 한다.

그것을 말한 후, '가장 성공적인' 지도교수가 모든 경우에 '최상'의 선택이지는 않을 것이다. 지도관계는 매우 개인적인 관계이며, 상세한 소통과 밀접한 사람간의 관계를 많이 포함하는 관계이다. 만약 지도교수와 박사과정학생이 서로 사이좋게 지낼 수 있고 이상적으로 주종관계를 초월하는 우호적인 연구동반자관계를 전개한다면, 그것은 도움이 된다. 그러나 모든 박사과정학생과 지도교수는 상이하며, 두 당사자의 행동을 지시하는 것을 어렵게 한다. 불행하게도 소수의 사례에서, 이 관계가 두 당사자의 비타협 때문에 붕괴될 수도 있다. 나의 경험으로는 박사과정학생이 (예상된 논문완성까지 일년 미만으로) 잘 진척될 때 문제가 발생할 가능성이 높다. 이때까지, 박사과정학생은 확신해야 한다. 즉, 박사과정학생은 자신의 지도교수보다 문헌을 더 잘 알고 있어야 한다. 세계에서 누구보다도 더 잘 알아야 한다! 이 때, 박사과정학생은 현재의 방향에서 벗어나서, 지도교수와 합의한 것과 차이가 있는 어떤 방향을 추구하고자 할 것이다. 전자가 두려울 것이며, 새로운 방향은 위험하며 박사과정학생에게 정상적인 완성시간보다 더 길어지게 할 것이다. 그들은 연구관계가 불가능하게 되는 정도까지 고삐를 느슨하게 하려고 하지 않을 것이며, 새로운 제안을 지지하려고 하지 않을 것이다. 이 구분의 두 측면에 대한 주장이 있으며, 박사과정학생의 혁신소망은 그 자신의 개인적 발전의 일부이다. 그러나 그는 새로운 모험에 시간한도를 설정할 준비가 되어 있어야 한다. 그리하여 그것이 제때 완성을 보증하는데 필요하다면 그는 정상적인 지도관계로 돌아올 준비가 되어 있다. 이러한 타협이 불가능한 것으로 판명된다면, 연구지도관계의 변경이 필요할 것이지만, 박사과정학생은 대안의 선택이 제한받을 것이라는 점을 인식해야 한다. 중요한 것은 지도교수가 반드시 그 분야의 전문가가 아닐지라도, 논문을 제출하기 전에 논문을 구성하고 집필하는 최종단계까지 박사과정학생을 지도하기 위해 적소에 지도교수가 있다는 것이다.

지도교수와 박사과정학생이 특별한 책임을 가지고 있는 연구지도과정에는 독특한 단계가 많이 있다. 각 단계에 책임의 본질에서 불가피하게 차이가 있을 것이다. 그래서 일부 광범위한 합의가 도달될 수 있도록 Moses(1985)가 영감을 준 〈도표12.1〉은 잠재적 주역간에 논의를 위한 기초로서 Likert 5점척도의 형태로 12단계 점검표를 제공하고 있다.

우리는 지도교수가 〈도표12.1〉에서 첫 번째 옵션을 선택해야 한다고 합리적으로 예상할지라도, 많은 지도교수는 자신의 전반적인 책임이 무엇인가에 관해 합의하지 않을 것이며, 따라서 한 쌍을 이루는 모든 지도교수/박사과정학생은 그들의 상호기대에 관해 처음부터 분명하게 하는 것이 중요하다.

〈도표12.1〉 **지도교수와 박사과정학생의 기대**

1. 연구주제를 정하는 것은 지도교수의 책임이다.	1( ), 2( ), 3( ), 4( ), 5( ).	박사과정학생이 자신의 주제를 정하는데 책임이 있다.
2. 어떤 이론체계나 방법론이 가장 적절한가를 결정하는 사람은 지도교수이다.	1( ), 2( ), 3( ), 4( ), 5( ).	박사과정학생이 자신이 이용하고자 하는 이론체계나 방법론을 결정해야 한다.
3. 지도교수가 박사과정학생을 위한 적절한 연구시간표와 프로그램을 개발해야 한다.	1( ), 2( ), 3( ), 4( ), 5( ).	지도교수가 연구프로그램의 개발을 박사과정학생에게 맡겨 두어야 한다.
4. 지도교수는 박사과정학생이 학교의 적절한 서비스와 시설을 안내받고 있다는 것을 확신하는데 책임이 있다.	1( ), 2( ), 3( ), 4( ), 5( ).	박사과정학생이 적절히 위치하고 융통성이 있으며, 연구를 위한 모든 관련시설과 서비스에 접근할 수 있다.
5. 지도교수는 박사과정학생이 선정된 주제에 관한 특정한 지식을 가지고 있을 때 박사과정학생을 수용해야 한다.	1( ), 2( ), 3( ), 4( ), 5( ).	지도교수는 박사과정학생이 자신의 주제에 관한 특정한 지식을 가지고 있지 않더라도 박사과정학생을 마음대로 인정할 수 있다고 느껴야 한다.

6. 지도교수와 박사과정학생간의 따뜻한 후원관계는 성공적인 지도에 중요하다.	1( ), 2( ), 3( ), 4( ), 5( ).	개인적인 후원관계는 지도기간에 박사과정학생과 지도교수에게 객관성을 방해할 것이기 때문에 충고할만하지 않다.
7. 지도교수는 박사과정학생과 정기적인 모임을 주장해야 한다.	1( ), 2( ), 3( ), 4( ), 5( ).	박사과정학생은 자신이 지도교수와 만나고자 하는 때를 결정해야 한다.
8. 지도교수는 박사과정학생이 일관성있게 연구하고 있다는 것을 정규적으로 검토해야 한다.	1( ), 2( ), 3( ), 4( ), 5( ).	박사과정학생은 독자적으로 연구해야 하며, 언제, 어디서 시간을 보내는가를 설명할 필요가 없다.
9. 지도교수는 박사과정학생에게 감정적 후원과 격려를 하는데 책임이 있다.	1( ), 2( ), 3( ), 4( ), 5( ).	개인적인 상담과 후원은 지도교수의 책임이 아니다; 박사과정학생은 다른 곳에서 찾아야 한다.
10. 지도교수는 박사과정학생이 올바른 과정에 있다는 것을 확신하기 위해 모든 연구초안의 검토를 주장해야 한다.	1( ), 2( ), 3( ), 4( ), 5( ).	박사과정학생은 자신이 지도교수로부터 건설적인 비판을 원할 때만 연구초안을 제출해야 한다.
11. 지도교수는 필요하다면 논문의 집필을 도와주어야 한다.	1( ), 2( ), 3( ), 4( ), 5( ).	논문의 집필은 박사과정학생의 일이어야 한다.
12. 지도교수는 논문의 기준에 관한 의사결정에 책임이 있다.	1( ), 2( ), 3( ), 4( ), 5( ).	박사과정학생이 논문의 기준에 관한 의사결정에 책임이 있다.

지도교수는 연구과정이 적절한 때에 흥미롭고도 혁신적인 결과를 산출하도록, 연구과정을 계획하고 관리할 수 있어야 한다. 박사과정학생이 최초의 연구아이디어를 생성하더라도, 지도교수는 이 주제가 너무 거창하거나(그리고 과로하거나 전력을 다하지 않고는 제때에 완성하는 것이 불가능하거나) 심사자가 그것이 지식에 충분한 기여를 한다고 인식하지 못할 정도로 너무 작아서는 안되기 때문에, '수용가능한' 수준의 논문을 생산할 것이라고 확신해야 한다. 이것은 매우 많은 지도교수가 이러한 전자의 상황을 피하기 위

해 약간 과잉보상할 어려운 타협일 수 있다. 그것은 박사과정학생이 완성하고자 할 때 갈등을 초래할 수 있고, 비교를 위해 매우 더 짧은 박사학위논문(특히 미국논문)을 가리킬 수 있다. 지도교수는 구조를 제시하기 위해 전체연구과정을 계획해야 하며 6개월의 박사과정기간내에 명확한 제안의 개발을 촉진하기 위해 우선사항을 확립해야 한다. 이러한 과정은 기대를 확립하지만, 또한 참여자에게 어떤 규율을 부과하여, 마찰의 원천일 수도 있다.

박사과정학생이 처음부터 자신의 프로젝트에 관해 열정적인 것은 일상적이다. 이 단계에서 열정의 부재는 우려의 원인이며, 그 학생이 교과과정에 머물러서 완성하지 않을 것이라는 것을 시사할 것이다. Phillips · Pugh(1994)는 특히 제4장, "박사학위논문을 취득하는 방법"에서 박사과정학생이 적시에 박사학위논문완성을 추구한다면, 해서는 안 되는 것에 관해 흥미롭고도 재미있는 지침을 제공하고 있다. Finn(2005), Mullins · Kiley(2002)도 이러한 현안을 다루고 있다. 지도교수는 동기가 보존되고 발전이 여전히 이루어지고 있다는 확신을 하기 위해 열정의 수준을 감시해야 한다. 이것은 특히 비상근 박사과정학생간에 심각한 문제일 수 있는데, 여기서 경합적인 '연구'요구는 연구발전이 극도로 느리거나 없게 된다는 것을 의미한다. 연구과정에서 특정한 목표나 이정표의 구체화는 도움이 되어야 한다. 일부 박사과정학생은 마감시간에 매우 잘 반응한다. 만약 그것이 진행중인 연구(work-in-progress)와 관련있는 총회발표논문의 제출과 연관있나면, 이것은 특히 도움이 될 것이다.

지도교수의 관점에서, 가장 문제성있는 측면은 특히 〈도표12.1〉에서 1, 2, 7, 11, 12번과 연관된 고려사항의 종류인 논문에서 얼마나 많은 것이 있는가와 관계있는 것이며, 이 측면은 가끔 박사과정학생의 상이한 기술과 밀접하게 연관되어 있을 것이다. 그리하여,

1. 만약 박사과정학생이 잘 개발된 연구제안을 가지고 도달하다면 그것은 도움이 될 것이다. 왜냐하면 처음부터 그의 동기와 몰두가 대개의 경우 더 크기 때문이다. 그러나 박사과정학생은 자신의 논문작성기간의 초에 매우 개략적인 아이디어를 가지

거나 만족스럽게 문헌에서 현안을 우선시킬 수 없을 것이다. 이것은 지도교수의 투입이 크다는 것을 의미할 것이다. 많은 박사과정학생은 지도교수가 그 프로젝트를 다소간 구체화한다고 기대한다. 많은 지도교수는 매우 협소한 연구분야에서 박사과정학생을 후원할 것이다. 그리하여 그들의 프로젝트는 효과적으로 지도교수가 지정되어 있다.

2. 협소한 관점을 가진 일부 지도교수는 하나의 방법론으로 연구할 것이며, 그리하여 이론과 접근방법은 효과적으로 미리 선정된다. 나를 포함한 다른 사람은 이론과 방법의 발전을 문헌검토과정의 본질적인 부분으로 간주한다. 즉, 관련선행연구의 검토는 다른 이론적 정당화와 다른 가능한 연구방법을 식별하기 위해 이용된다.

7. 지도교수와 박사과정학생 사이의 정기적인 모임의 요건은 무엇이 이 맥락에서 '정기적인 것'을 구성하는가가 분명하지 않지만, 특히 느낄 수 있다. 잘 개발된 품질인증절차를 가진 일부 연구체계는 이러한 모임의 내용, 기간, 규칙성에 대한 엄격한 보고요건을 가질 것이다. 그러나 정보기술의 신속한 개선과 멀리서 그리고 온라인상에서 연구하는 박사과정학생의 동일한 신속성장은 특히 능력있고 잘 유발된 박사과정학생에게 일대일의 모임을 주로 넘쳐나게 할 것이다.

11. 최종박사학위논문원고의 지적재산은 박사과정학생에게 있다. 선택된 단어는 학생자신의 것이다. 그러나 일부 박사과정학생 특히 영어가 제2언어인 박사과정학생은 때때로 재작성과 유사할 정도까지 초안의 편집에서 많은 도움을 필요로 한다. 박사과정학생이 제출하기 전에 최종원고를 준비하는 것을 도와주고, 그것이 문법적 정확성이라는 최소한의 요건을 충족시킨다는 것을 확신하기 위해 전문편집자를 채용하는 것이 필요할 것이다. 만약 박사과정학생이 재학기간에 그의 결론을 발표하거나 제시하고 있다면, 이것은 대개의 경우 바람직하며, 지도교수는 그 박사학위논문의 내용을 포함한 많은 논문상에서 당연히 공동저자일 것이다. 박사학위논문의 최종원고가 발표가능한 논문을 생성하기 위해 필요한 편집과 수정의 대다수를 반영하지 않았다면, 그것은 비현실적일 것이다. 이 경우에, 최종 박사학위논문은 박사과정학생과 지도교수의 공동책임이다.

12. 지도교수는 박사과정학생의 연구가 학생 자신의 것이며, 검토목적으로 제출의 가치가 있는 것으로 생각하였다는 것을 선언하면서 박사과정학생과 서명하도록 정상적으로 요구받을 것이다. 박사과정학생이 (예를 들면, 업무관계가 돌이킬 수 없도록 파괴된 곳에서) 그러한 인식없이 제출을 주장하는 것도 가능할 것이다. 그러나 이러한 조치는 박사과정학생의 검토단계에서 이후의 실패의 중요한 원천이기 때문에, 권할 수 없다. 그러한 선언을 하기 위해 지도교수는 논문의 최종초안을 살펴보고, 변화를 위한 적절한 권고를 하며, 제출될 최종원고를 살펴보아야 했다. 불행하게도, 내가 심사과정의 관리에서 포함되었던 일부 박사학위논문에 대한 언급은 이것이 항상 그러한 것은 아니라는 것을 시사한다. 지도교수는 적절하게 자격있는 개인의 협력을 확보함으로써 (다음 절에서 상세하게 다루어지는) 외부심사자의 선발에서 적극적으로 포함되어야 한다. 그는 이 과정에서 박사과정학생의 충고를 이끌어낼 것이다. 왜냐하면 그의 문헌검색과 총회참석이 유명한 자격있는 심사자의 식별을 촉진했어야 하기 때문이다. 일부 지도교수는 그들의 박사과정학생이(엄격하게 금지되거나 심사자로 부적격한) 심사자를 접촉하기 위한 것이 아니라, 그들이 심사자가 발표한 관련연구를 적절하게 인용하고 있다는 것을 확신하기 위해, 심사하기 전에 심사자의 정체성을 잘 알기를 원할 것이다. 참으로 일부 대학에서는 심사자선정에서 박사과정학생의 포함은 심사과정의 징제적인 부분이다.

연구과정에서 지도교수 역할의 중요성은 저평가될 수 없다. 훌륭한 성과는 대학과 박사과정학생에게 큰 명성을 가져올 수 있다. 부적절한 성과는 많은 어려움을 초래할 수 있는데, 이것은 느린 발전, 부적절한 심사자선정, 이후의 실패, 잠재적인 법적 파생효과를 가져올 수 있다. 연구관리자는 박사과정학생의 학습경험을 보호하는 드러나지 않는 감시메카니즘을 제도화하면서, 지도교수에게 그들의 재능을 이용할 자유를 제공하는 중요한 업무를 가진다.

제2절 심사자의 경력

지도교수는 최종논문의 예상제출일에 앞서서 약 삼개월동안 적절한 외부심사자를 구하는 과정을 시작할 것이다. 이러한 시차는 심사를 기꺼이 하고자 할 의지와 능력을 가지고 있는 개인을 식별하기가 어렵기 때문에 중요하다. 이것은 재무학 및 은행학과 같은 분야와 한 개 이상의 학문에 걸쳐있는 박사학위논문의 경우에 특히 문제가 될 수 있다.

외부심사자는 자신의 박사학위신청자를 현재 지도하면서 적극적인 연구자일 것이며, 연구프로젝트의 학문분야에서 양호한 실적을 가지고 있을 것이다. 이것은 기본적인 요건이며, 대개의 경우 심사자가 첫째로 작용하도록 지명되기 위한 최소한의 허용가능한 자격일 것이다. 그는 박사학위논문의 범위내의 분야에서 최근에 발표하였을 것이며, 이 발표기록은 그가 박사과정학생이 채택한 연구관점에 호의적이라는 것을 시사할 것이다. 이것은 지도교수가 조예가 깊어야 한다는 중요한 요건이다. 이 점에서 오류는 더 나아가서 거대한 문제를 생성할 수 있다. 예를 들면, 관리회계사를 심사자로 식별하는 것은 충분하지 않을 것이다. 선정된 심사자는 공인된 실증주의자인데 반해서, 박사학위논문이 질적, 해석적 논문일 수 있다. 이러한 한 쌍은 박사과정학생에게 최선을 위한 것이 아닐 것이다.

연구분야에서 심사자의 전문성을 감안하면, 그가 박사학위논문주제와 밀접한 연구를 발표해 왔을 가능성이 매우 높다. 박사과정학생이 잠재적 심사자가 발표한 관련연구를 인용하지 않는 것은 부주의하고 무례하기까지 할 것이다. 우리가 학술지논문의 심사자를 불필요하게 성가시게 하고 싶지 않는 것과 동일한 방식으로, 우리는 그의 선행연구를 무분별하게 비판적인 것을 통해 심사자를 지치게 하지 않도록 해야 한다. 우리는 심사자조차도 특히 민감한 학자이며, 그의 연구가 이후에 대체되었을 지라도 그 분야에서 개척적인 기여 또는 기념비적인 문헌으로 서술되는 것을 보고자 할 것이라는 점을 잊어서는 안된다. 이상적으로는 심사자, 지도교수, 박사과정학생이 모두 무엇이 좋은 연구를 구성하는가에 일치하는 견해를 가질 것이다.

외부심사자의 협력을 확보할 때, 지도교수는 연구장소에 접근할 때 위에서 식별한 일부 건전한 인상관리원칙을 따라야 한다. 심사자가 포함된 유인이 별로 없기 때문에, 겉치렛말(flattery)은 가끔 지도교수가 채택한 최초 접근방법의 핵심구성요소이다. 금전유인은 대개 사소하며, 미숙한 심사자의 경우 이외에, 심사과정에 포함되고 있다는데서 전문적인 명성은 거의 없고 일만 많다! 그러므로 박사학위논문의 주제는 심사자가 자신의 능력을 보여주고, 상당한 전문가로 간주될 수 있는 관심있는 분야에 속한다는 것이 중요하다. 잘 작성된 초록은 그 중요성과 그것이 이루어내는 기여를 보여줌으로서 박사학위논문 주제를 잠재적 심사자에게 납득시키는 것을 도와줄 것이다. 이것은 공식적인 과정이 시작하기 전에 박사과정학생이 자신과 자신의 연구를 심사자에게 납득시킬 중요한 기회이다. 이 단계에서 좋은 첫인상은 도움이 될 수 있다. 불행하게도, 대부분의 박사과정학생은 허술한 초록을 작성한다. 그는 초록에 충분하지 않은 시간을 보내며, 독창적인 것을 작성하기보다는 박사학위논문에서 여러 곳의 논문을 짜집기하는 경향이 있다. 심사자는 이것을 파악할 것이며, 감동받지 않을 것이다. 심사자가 가능한 한 최상으로 식별되는 곳에서 그의 협력을 확보하기 위한 노력을 할 가치가 있다.

제3절 심사과정

공식적인 평가과정은 박사학위논문의 원고가 심사자에게 전달될 때 시작한다. 처음 정독 5분동안 만들어진 인상이 심사자의 궁극적인 의견에 중요할 수 있기 때문에 이 점에서 조심하는 것이 중요하다.

- 이상적으로, 박사학위논문은 대학의 규정이 여러 권의 제출을 허용할지라도, 한 권이어야한다. 너무 길다고 인식되는 박사학위논문은 지도교수가 연구진행을 불충분하게 관리하였을 것이라는 인상을 준다.

- 논문은 흠결없이 제출되어야 된다. 논문은 (규정이 더 값싼 얇은 표지로 제출하는 것을 허용하더라도) 두꺼운 표지로 전문적으로 제본되어야 한다. 전문적인 모습이 매우 비싸지 않으며, 그것이 생성하는 인상의 가치가 있다. 표지와 등(spine)에 행간이 잘 띄워진 금박글자는 이러한 인상을 더 좋게 한다.
- 논문은 문법과 철자의 오류가 없어야 한다. 정확한 편집과 교정은 이것이 그렇다는 것을 보증해야 한다. 많은 논문의 제1면과 내용페이지가 명백한 오류 즉, 제목에서 철자오류의 정도까지도 포함하고 있다는 것은 이중으로 불행하게 한다. 특히 표가 점검과정에서 자주 간과될 정도로, 일상적인 점검은 정상적으로 표를 대충 읽는 것을 수반할 것이기 때문에, 표는 특히 철자와 숫자 오류에 대해 엄격하게 점검해야 한다.
- 내용은 분명하게 그리고 체계적으로 구성되어야 한다. 최소한, 논문의 앞에 요약된 내용은 실제로 이후의 내용과 일치해야 한다. 즉, 지시된 페이지의 수와 장의 제목은 일치해야 한다. 준비단계에서 빈번한 초안수정은 내용의 페이지수가 자주 변할 것이라는 것을 의미할 것이다. 내용페이지는 최후로 수정할 것 중의 하나이며, 누락되어서는 안된다.
- 인용과 참고문헌은 정확하게 일치해야 한다. 이 대응(match)은 참고하지 않은 인용은 없으며, 텍스트의 본문에 나타나지 않는 참고문헌은 없다는 것을 의미해야 한다. 여기서 오류는 수정과정에서 어떤 엉성함을 보여주며, 다른 실수가 참고문헌 뿐만 아니라 본문에서도 나타날 가능성을 강조한다.

심사자가 (선택에 의해) 전자형태로 논문을 수령할 때, 박사과정학생은 이 파일을 복제한 형태가 인쇄본과 정확하게 일치하다는 것을 확신하도록 특히 주의해야 한다.

대학관리자가 제공한 심사자의 지침은 내용상으로는 별로 변하지 않는다. 이용된 단어는 다를 수 있지만, 이것은 정상적으로 심사자에게 5개의 구체적인 분야에 보고하도록 요구한다.

- 연구의 독창성;
- 전달된 중요한 통찰력;
- 독립적인 연구를 실시할 수 있는 능력의 과시;
- 지식에 대한 기여;
- 결과의 발표가능성.

심사자는 논문이 지도교수와 박사과정학생간에 협력의 결과이지만, 이 논문이 적절하게 박사과정학생의 작품이라는 것을 인식할 것이다. 논문을 비판할 때, 심사자는 불가피하게 박사과정학생과 지도교수를 비판하고 있는데, 이것은 방법론적 결함이 남아있어서 우리가 유능한 지도교수가 수정하였을 것이라고 상당히 기대한 곳에서 특히 그러하다.

기대를 명확히 하고 잠재적 어려움을 식별하기 위해 상기의 다섯 분야의 각각을 좀더 상세하게 검토하는 것이 도움이 된다.

- **독창성.** 아이디어가 새로워야 한다. 아이디어가 기존의 문헌에 입각해서 만들어질지라도, 그것은 문헌에 새로운 혁신을 포함할 것이다. 이 연구는 흥미로워야 하며 미래 연구나 기업실무에 시사점을 가져야 한다. 조사중인 문제는 가치있는 것으로 간주될 정도로 충분히 중요해야 한다. 즉, 그것은 확신하지 않는 심사자로부터 "그래서 어쨌다는 것이냐?"(so what)의 검정을 통과해야 한다.
- **비판적 통찰력.** 문헌검토(literature review)는 선행연구의 결과, 기존이론, 경험적 이론검정 등을 반영하면서, 포괄적이고 현재적이다. 문헌검토는 서술적이기 보다는 비판적이며, 목적없이 헤매어서는 안된다. 그것은 검정가능한 가설의 개발과 정당화 방향으로 나아가야 한다. 검토는 비판적 접근방법을 촉진하고 기존지식에서 괴리와 결함의 식별을 도와주기 위해 논제방식으로 구성되어야 한다. 심사자로서 나는 (가끔 신간서적을 별도로 하고) 지난 2년동안 발표된 어떤 것도 참고하지 않고 문헌검토를 너무 자주 읽었다. 메시지는 분명하다. 즉, 박사과정학생은 문험검토 장을 오래

전에 완료하였고 그것을 갱신조차 하지 않았다. 두 개의 취약분야가 여기서 가끔 등장한다. 첫째, 우리는 이론이 그곳에 있어야 한다는 것을 알고 있지만, 때때로 충분히 심각하게 간주되지 않는 이론의 전개에서, 다른 경합적인 이론이 더 적절할지라도 어디에서나 '대리이론'이 발생한다. 둘째, 문헌에서 가설로의 도약이 너무 커서 적절하게 정당화될 수 없을 것이다. 나는 심사할 때, 박사과정학생들의 선택을 정당화하고 적절한 인용과 더불어 다른 접근방법간에 구별하기 위해 그들을 찾고 있다. 예를 들면, 최근의 박사학위논문 제출자는 서사보고서의 내용분석 실시에 관해 보고하면서 무작위적으로 30개의 서사로부터 100단어 부분을 표본으로 선택하였다. (우리가 소프트웨어지원을 가질 때) 왜 오로지 100단어 부분인가? 서사에서의 입장에 따라 내용이 변할 것이라는 것을 문헌(예를 들면, Clatworthy · Jones, 2001, 2006)이 시사할 때, 왜 무작위적인 선택인가? 이러한 모든 결정은 정당화를 필요로 하였다.

- **독립적 능력.** 박사과정학생은 연구프로젝트에 책임을 지고 있으며, 그가 체계적인, 거의 과학적인 방식으로 그 과정을 관리하고 있다는 것을 보여주어야 한다. 연구의 맥락에 따라서, 연구설계는 연구도구의 내적 및 외적 타당성을 보증해야 한다. 이 점에서의 실패는 두 분야에서 빈번하게 분명하다. 첫째, 박사과정학생은 양적 자료분석을 전후에서 기진맥진하였다. 모든 중노동이 실시되었고, 자료가 수집되었으며, 결과가 분석되었지만, 박사과정학생은 완성하고 제출하는데 초조하여, 결론, 권고, 한계, 미래연구과제 등을 허술하게 함으로써 그의 초기 연구를 제대로 나타내지 않는다. 심사자로서, 이것은 내가 평가하는 논문에 관한 가장 공통적인 비판이다. 둘째, 연구문제와 문헌이 선택한 방법을 추진하는 것 같지 않다. 종종, 박사과정학생은 자신의 연구아이디어를 구체화하기 전일지라도 자신이 선호하는 방법(대개의 경우 실태조사)에 관한 아이디어를 미리 생각하고 있다. 이것은 선택방법이 다른 방법보다 우월한 것으로 보여질 수 있도록 박사학위논문에서 시정되어야 하고, 자연스럽게 선행문헌으로부터 따라가며, 연구문제 및 가설과 일치한다.
- **기여.** 이 연구는 단순한 반복 이상이다. 그것은 상이한 시간, 나라 또는 조직에서 동일한 연구/도구가 아니다. 그것은 이것 이상이어야 한다. 그것이 기존의 연구체계에

실질적으로 의존하는 곳에서는 기존의 연구와 분리시키는 어떤 '좋은 생각'(wrinkle) 즉, 어떤 유의적인 차이가 있어야 한다. 그 결과, 우리는 알 가치가 있는 어떤 것, 차이를 나게 하는 사소하지 않은 것을 알게 된다. 이러한 차이는 기업실무, 실무적 기업적용, 새로운 모형이나 새로운 이론관계에서 변화를 위한 권고이었을 것이다. 그러나 박사과정학생은 그의 연구의 한계에 관해 현실적이어야 하며, 그의 결론의 유의성을 과대평가하지 않도록 해야 한다.

- **발표가능성.** 만약 연구가 새롭고, 흥미로우며, 가치가 있다면, 연구결과는 어딘가에 발표할 수 있을 것이다. 그러나 다음 장에서 상세하게 설명하는 바와 같이, 연구접근방법은 잠재적 목표학술지의 수와 본질을 제한할 것이다. 분명하게 표시된 문헌과 구체적인 실증적 결론을 가진 잘 구성된 박사학위논문은 발표기회를 강조할 것이며, 발표과정을 상당히 촉진할 것이다. 이 연구가 경영실무에 분명한 시사점을 가지는 곳에서, 전문가와 실무가의 문헌에서 발표의 기회는 증가할 것이다. 논문은 어떠한 유의적인 관계도 존재하지 않는다(말하자면, 귀무가설이 인정된다)는 것을 보여주고, 경험적 결과가 이론을 지지하지 않는다는 것을 보여줌으로서 우리의 지식에 기여할 것이다. 불행하게도 이러한 결과는 실증적 관계의 지지를 보고하는 결과보다 발표하는데 훨씬 더 어렵다.

전반적으로, 심사사는 최소한의 변화권고를 하려고 할 것이다. 그는 박사학위논문에 대해 적절한 박사기준을 충족시키기 위해 중요한 수정이 이루어져야 한다고 믿지 않는다면 대개의 경우 재심사의 부담을 원하지 않는다. 대체적인 심사자 평가는 나라마다 다를 것이지만, 다음과 같은 범주를 대개의 경우 포함할 것이다.

- A – 추가수정없이 통과
- B - 사소한 문법과 철자의 수정으로 통과
- C – 구체화된 (사소한) 수정이 지도교수와 대학의 협의기관이 만족할 때까지 이루어지고 있다는 것을 조건으로 한 통과.

- D – 주요한 수정이 필요하며, 수정원고를 12개월이내에 재심사를 위해 심사자에게 반환해야 한다.
- E – 비중이 낮은 학위를 취득해야 한다는 권고와 더불어, 실패(예를 들면, 박사학위 시험에서 석사학위의 취득)[2)]
- F – 재제출의 기회없는 명백한 실패.

구술시험이 심사과정의 일부인 곳에서, 이것은 박사과정학생에게 이 연구가 자신의 것이고, 체계적인 방식으로 실시되었으며, 그가 논문의 복잡성을 완전히 이해하고 있다는 것을 보여줌으로서 박사과정학생의 연구에 관한 격렬한 구술방어를 할 수 있는 귀중한 기회를 제공한다. 구술시험이 거의 없는 호주에서는 다수의 심사자와 대립적인 심사자의 의견으로 문제가 발생할 수 있다. 그러나 만약 적절한 심사자가 선정되었다면, 그 차이는 크지 않아야 한다(말하자면, 조정할 A와 F 등급이 없다). D 등급(주요한 수정)의 경우에 필요한 변경의 본질은 크게 변할 것이다. 그것은 오로지 새로운 문헌과 3개월이내에 쉽게 완성되는 중요한 내용수정을 의미할 것이다. 그러나 만약 심사자가 더 많은 자료수집과 분석을 원한다면, 이것은 매우 번거로울 수 있으며, 현장연구의 경우, 달성하기가 매우 어려울 수 있다.

대부분의 전문박사학위(예를 들면, 경영학박사, DBA)는 심사단계에서 매우 유사한 기준을 충족해야 한다. 연구구성요소와 교과과정에 기인할 수 있는 상이한 가중치를 가진 DBA양식이 전세계에 많이 있지만, 연구논문(dissertation)은 박사기준을 충족해야 한다. 이것은 상응하는 PhD thesis(철학박사논문)보다 더 짧을 것이며(아마도 2/3의 길이), 기업실무에 기여해야 하며, 다른 점에서는 심사기준이 매우 유사하다.

박사학위논문심사는 발표과정에서 예비단계로 간주될 것이다; 많은 학생은 그들의 박사과정기간에 이미 발표하였을 것이다. 박사학위논문의 제출과 심사과정의 최종결과에 관한 지식 사이의 기간은 매우 길 수도 있으며 초조할 수 있다. 그것은 발표가능한 논문

역주2) 미국이나 호주에서는 학부과정을 졸업한 후 석사과정을 거치지 않고 박사과정에 진학할 수 있다. 박사학위논문이 엉성한 경우, 석사학위를 먼저 취득하도록 요구할 수도 있다.

을 식별하기 위해 논문을 분석하기 시작하는 이상적인 시간이다. 그리고나서 박사연구의 결과는 지체없이 실무가와 학자라는 더욱 광범위한 청중에게 전달될 수 있다.

더 읽을거리

Finn, J.A.(2005), *Getting a PhD*, London: Routledge.

James, R. and Baldwin, G.(1999), *Eleven Practices of Effective Postgraduate Supervision*, Melbourne: School of Graduate Studies, University of Melbourne.

Moses, I.(1985), "Supervising Postgraduates", Green Guide No.3, *Higher Education Research and Development Society of Australia(HERDSA)*, Canberra.

Mullins, G. and Kiley, M.(2002), "'It's a PhD, not a Nobel Prize': How Experienced Examiners Assess Research Theses", *Studies in Higher Education*, 27(4), 369-386.

Philips, E.M. and Pugh, D.S.(1994), *How To Get A PhD*, 2nd edn, Milton Keynes: Open University Press.

Tinkler, P. and Jackson, C.(2002), "In the Dark? Preparing for the PhD Viva", *Quality Assurance in Education*, 10(2), 86-97.

__________________(2004), *The Doctoral Examination Process: A Hand-book for Students, Examiners and Supervisors*, Maidenhead: Open University.

제13장

연구발표

본장은 발표경력을 시작할 때의 회계연구자와 연구에 전념하려는 생각을 하기 시작하고 있거나 연구를 하지 않은 기간후에 급히 시작된 노력을 필요로 하는 학자를 대상으로 한다. 연구학위로 등록된 사람은 자신의 연구기간에 발표하는 것을 목적으로 해야 하며, 자신의 연구결과와 자신을 승진시키는 수단으로서 실무가와 학자의 문헌에서 발표글을 보아야 한다. 본장은 많은 초보연구자가 채택한 실망스러운 시행착오 접근방법을 최소한 감소시키는 방식으로 왜? 어디서? 무엇을? 어떻게? 등과 같은 일부 기본적인 연구관련 문제에 답하는 것을 목적으로 한다. 학습곡선은 여전히 가파르지만, 기울기는 일부 간단한 규칙을 반길함으로써 상당히 감소될 수 있다. 전반적인 목적은 더 많은 회계학생과 학자가 연구를 실시하고, 발표하며, 그 분야에 기여하고, 인쇄된 자기 자신의 연구와 이름을 본다는 믿을 수 없는 흥분을 느끼는 것을 보는 것이다.

제1절 발표이유

연구자원은 대부분의 회계학교 특히 미국 밖의 많은 학교에 매우 드물게 분포되어 있다. 많은 학교는 소수의 적극적인 연구자를 가지고 있을 것이며, 연구결과가 모든 학교에서 더욱 큰 우수성을 나타내고 있을 때 동료학자와 박사과정학생에게 연구메시지를 전달할 책임이 있다. 개인과 학과에 대한 연구몰입의 직접적 보상은 다음과 같이 분류할 수 있다.

- 자아실현;
- 임명과 승진기회의 증가;
- 정년보장가능성의 개선;
- 연구와의 연결을 통한 교육의 개선;
- 연구를 실시하기 위한 교육/관리의 면제가능성;
- 연구기금을 수령할 기회;
- 상담과제의 이용가능성 증가;
- 유명한 학술대회에 논문을 발표하기 위한 해외여행;
- 대학원생에게 연구지도를 할 가능성;
- (호주의 우수연구계획이나 영국의 연구평가실시와 같은) 국가의 대학기금메카니즘을 통한 자원의 유인.

이러한 물질적 혜택은 연구성공에서 발생하는 개인적 즐거움보다 더 중요하지는 않을 것이다. 최초의 성공이 이후의 발표기록에 대해 가질 수 있는 거의 중독적인 효과와 그 자신의 발표에 대한 자부심.

제2절 발표공간

회계논문을 발표하기 위한 수단은 광범위하고 증가하고 있다. 부록1은 포괄적인 것이 아니라 2017년도에 호주경영대학 학장협의회가 인정한 (조세와 재무를 제외한) 회계분야의 심사학술지를 열거하고 있다. 최초의 선택은 다음 중의 하나에 있을 가능성이 있다

- 저서;
- 저서의 장(사례연구를 포함);
- 위원회보고서;
- 심사학술지논문;
- 전문집지논문;
- 총회발표논문.

이들 중에서 바시박은 가장 쉬운 접근이며, 심사학술지논문의 발표에 대한 매우 중요한 예비단계이다. 대부분의 기존연구자는 그들의 발표경력을 총회논문과 전문잡지논문으로 시작하였을 것이다. 그러나 각각의 찬성과 반대는 더 깊이 고려할 가치가 있다.

1. 저서

책을 집필하는 것은 매혹적인 생각이다. 양장본으로 제본, 인쇄되어 나타날 기회는 매력적이며, 관련된 인세도 있을 것이다. 실무적으로 다시 생각하라. 가장 잘 팔리는 책을 집필할 기회는 멀리 있다. Goldratt · Cox(1989)가 예외를 제공하지만, 대성공을 거둘

충분한 성과 폭력이 회계에는 거의 없다. 그렇더라도, Ian Griffiths(1986)와 Terry Smith(1992)처럼 학자가 아닌 광범위한 일반청중을 대상으로 하는 저서는 매우 성공적이었다. 저서가 상응하는 수의 최고 심사학술지논문보다 집필하는데 시간이 더 걸리지만, 학술적 명성을 좀체로 생성하지 않는다. 저서는 매우 소모적인 경향이 있으며, 6개월 이상의 기간동안 (교육 뿐만 아니라) 다른 연구에 시간을 거의 남겨두지 않는다. 그 텍스트를 웹사이트, 문제은행, 강사지침으로 이용하기 위해 온라인형태로 보완하라는 요건은 학술서적의 집필을 더욱 더 부담스럽게 만든다! 검토과정은 일부 심사학술지의 경우처럼 엄격할 것이며, 전체과정은 매우 절망적일 수 있다. 돌이켜보면, 많은 저자는 야심찬 저서집필 프로젝트를 시작한 것을 후회하며, 장래의 저자는 대량시장[예를 들면, 미국의 경우 관리회계에서 'Horngren'(Horngren et al, 2015), 또는 영국의 경우 'Drury'(Drury, 2012)]을 목표로 한 표준적인 학부텍스트를 구성하는데 포함된 연구에 맹목적이어서는 안된다. 전문가용 텍스트는 더 용이하다. 젊은 학자는 더 작은 시장(예를 들면, 호주와 뉴질랜드)에서 영국과 미국의 성공적인 텍스트의 개작물을 집필할 유혹을 받을 것이지만, 그의 경력에서 중요한 시간에 화폐보상이 문화적으로 적절한 지원자료를 생성하고 학술서를 재구성하는데 몰두된 시간과 에너지를 정당화하지 않는다. 성공적인 경쟁적 연구기금신청처럼, 최소한 한 권의 저서나 저서에 대한 주요한 기여는 잠재적 종업원이 그렇게 추구한 완성된 경력에 기여한다. 그러나 그것은 아마도 출발하기에 최상의 장소가 아닐 것이다. 저서집필을 심사숙고하기 전에 자신의 손안에 심사학술지논문과 전문잡지논문을 많이 가지는 것이 더 좋다.

2. 저서의 장

이것은 훨씬 더 쉬운 대안을 제공하며, 사례연구의 원고를 편저에 포함시킨다. 그러나 출판업자는 최소한 목표시장에 관심을 소홀히 하지 않지만, 편집자는 전체분량이 특정한 조판유형, 대개의 경우 그 자신의 조판유형을 준수한다는 것을 확신해야 하기 때문에, 당신은 타협의 기술을 여전히 배워야 할 것이다. 그 결과는 모든 기고자가 자신이 선택한 실제의 단어와 구절을 변경하도록 요구받고 자신이 각각 불필요하거나 중요하다고 생각하는 문장을 삭제하거나 첨가해야 할 것이라는 점이다. 많은 공저자의 책은 하나의 대학학과에서 부추김을 받고 있지만, 모든 기고자는 처음에는 좋은 친구이지만, 그들은 그 책이 서점에 도달하는 시간까지 자주 좋은 친구가 아니다.

3. 위원회보고서

일단 당신이 박사연구주제와 공통적으로 연관된, 인정받는 전문기술분야를 개발하였다면, (대개의 경우 돈 때문에) 위원회연구보고서를 만들기 위한 기회가 생길 것이다. 특히 전문기술의 특정분야가 유사하지만 약간 다른 환경에서 보고서가 넘쳐날 정도라면, 이 활동과 상담의 경계선은 매우 애매하다(예를 들면, 상이한 조직, 상이한 산업, 상이한 나라 등에서 동일한 것). 그러나 학술문헌에서 많은 연구흐름은 어떤 개인에게 동일한 비판을 받게 한다. 이 성질의 보고서는 학술적 동료에 영향력을 줄 가능성이 없지만, 귀중한 산업연결망을 촉진할 것이고, 연대기회를 제공할 것이며, 그 전문직내에서 명성을 세우는 것을 도와줄 것이다.

4. 심사학술지논문

이것은 일반적으로 학자에게 업적의 절정으로 간주된다. 확실히 승진과 정년보장의 목적으로, 심사학술지에 게재한 논문의 양과 질은 당신의 성공에 최고가 아닐지라도 중요할 것이다. Parker et al.(1998, p.381)은 학자채용에 책임이 있는 회계학교수로부터 인용과 더불어 이 인식에 비중을 더하였다. 학문적 임명과 승진에서 연구, 교육, 관리, 공동체서비스 등의 상대적 중요성을 평가할 때, 한 명의 피면접자는 다음을 드러내고 있다. 즉, "발표는 101%. 그밖의 것은 0이다."

아래쪽은 더 좋은 학술지에 발표하기가 어렵다는 것이다. 즉, 그것은 제출된 논문의

70% 정도를 거절한다(*The Accounting Review*의 경우 이 수치는 90%이상이다). 다른 관련된 문제는 논문을 심사학술지에 발표하는데 걸리는 시간의 길이이다. 이 지체를 이해하기 위해 심사과정의 본질을 살펴보자.

저자와 심사위원 사이의 관계로 다른 심사과정양식이 등장할 수 있다.

- 공개 - 심사위원은 저자가 누구인가를 알며, 저자는 심사위원이 누구인가를 안다;
- 반공개 - 심사위원은 저자가 누구인가를 알지만, 저자는 심사위원이 누구인가를 모른다;
- 비공개 - 심사위원과 저자가 서로 모른다.

최상의 심사학술지는 비공개방법을 이용하지만, 그것이 심사위원 편향의 잠재성을 완전히 제거하지 않는다. 왜냐하면 주제분야와 집필유형이 저자의 정체성을 드러낼 수 있기 때문이다. 저자가 자신에게 유리하게 이용하는 것을 목적으로 해야 하는 요소인, 총회발표논문이나 미완성논문형태로 그 논문의 초고형태를 심사위원이 이미 보았을 가능성도 매우 높다.

심사위원은 논문의 발표가능성을 일반적으로 결정하며, 그는 (별도로) 편집위원장에게 논문에 관한 의견을 제시하면서 보고할 것이다. 이것은 3개월과 6개월 사이 또는 더 긴 시간이 걸릴 것이다. 편집위원장은 논문을 심사해야 하는가의 여부에 관해 최초의 결정을 하거나, 이 점에서 편집위원으로부터 조언을 받을 것이다. 심사위원의 의견이 불일치하는 곳에서, 편집위원은 추가로 2개월이나 3개월만큼 그 과정을 확대하면서 중재자로서 제3자에게 의지할 것이다. 편집위원의 응답이 최종적으로 도착할 때, 그것은 다음과 같은 여러 가지 형태 중의 하나로 올 것이다.

- 편집위원장의 게재거절: 심사위원에 의하지 않고 부적합한 것으로 반환. 만약 대상학술지가 부적절하다면 편집위원장은 더 적합한 다른 학술지를 권고할 것이다. 최악의 시나리오에서, 편집위원장은 논문이 너무 엉성하게 작성되어서 심사하기에 부적

합하다고 생각할 수 도 있다.

- 심사위원보고서가 첨부된 게재거절: 짧은 심사위원보고서는 논문에 희망이 없다는 메시지를 전달하기 때문에 좋지 않다.
- 수정권고사항이 있는 게재거절: 심사위원보고서가 논문을 적절하게 만드는데 필요한 수정사항을 상세히 설명하는데 적극적이다. 이러한 수정이 너무 과도해서 새로운 논문을 구성할 수도 있지만(예를 들면, 실험의 재설계나 새로운 표본을 처리하는 것), 그 논문을 이 특정한 학술지에 채택할 수 없을 지라도 최소한 수정사항은 어딘가에 논문이 게재될 수 있다는 전망을 전달한다.
- 대폭수정후 게재찬성: 심사위원은 논문을 좋아하지만 즉시 채택을 방해하는 심각한 결함을 식별하고 있다. 그러나 학술지 편집위원장이 자신의 접근방법에 여전히 시종일관하는 한, 수정을 하는 것이 성공을 보장해야 하기 때문에, 수정이 광범위하고 시간소모적일지라도, 이것은 게재찬성으로 처리되어야 한다.
- 약간의 수정후 게재찬성: 심사위원은 일부 수정을 해야 한다고 생각하지만, 수정이 너무 사소해서 우편의 반환으로 가끔 완성될 수 있다. 게재찬성!
- 수정없이 게재찬성: 심사위원이 당신의 재능을 인정하고 발표를 요구한다!

마지막이 경우는 매우 드물며, 사실상 최고학술지에서는 알려져 있지 않다. 심사위원이 최종적으로 만족하기 전에 여러 번의 심사과정 반복이 발생할 수 있을 것이다. 이러한 반복은 특히 심사위원이 논문을 외견상 반대방향으로 추진하려고 할 때, 고통스러운 과정으로 될 수 있다. 심사위원의 우선사항에 관한 편집위원장의 명확한 지침은 이러한 상황에서 크게 도움이 된다. 심사위원을 완전하게 만족시킨 후일지라도, 편집위원장을 만족시키기 위해 추가반복이 필요할 것이다. 논문의 제출과 채택 그리고 학술지 웹사이트에 등장 사이에 일반적으로 일년이 경과할 것이다. 논문이 인쇄본으로 등장하기까지 또 다른 일 년이 경과할 수도 있을 것이다. 논문을 심사과정에 제출하기 전에, 프로젝트를 조사하고 논문을 집필하는데 평균적으로 2년의 연구가 소요될 것이다. 즉, 논문에 관한 연구를 시작하고 당신의 이름을 보기까지 총 4년이 소요될 것이다. 심사과정에서 심사위원의 한 명이 죽거나 자신의 마음을 변경한다면, 더 길어질 것이다. 여기서 심사학술지논문의 주요한 결함이 있다. 누구라도 저자로서 당신이 동시에 심사과정에 있는 여러 편의 논문을 가지고 있다는 것을 중요하게 하는 긴 순환주기를 가진다. 동일한 논문을 동일한 시간에 상이한 학술지에 제출하여 심사과정의 속도를 올리려고 하는 것은 바람직하지 않다. 사실상, 좋은 학술지는 이러한 방식으로 처리되는 논문의 채택을 구체적으로 금지하는 정책을 가지고 있다.

심사하고 인쇄하는 과정의 시차는 대개의 경우 내용의 무결성을 보증하는데 필요한 것을 초월하며, 대부분의 학술지 편집위원장은 그것을 알고 있다. 그는 적시성의 부재로부터 관련성에 대한 위협을 의식하고 있지만, 가끔 벅차지만 임의적인 활동을 자신의 바쁜 스케줄에 적합시키려고 하는 (대개의 경우) 무보수 심사위원을 다루고 있을 때 어려운 직무를 가진다. 고려대상인 논문의 전자제출과 심사와 온라인 발표는 이러한 시차의 문제를 줄이는 것을 도와주지만, 일부 학술지는 절차변경을 채택하는데 느리다.

5. 전문잡지논문

심사논문의 모든 단점은 전문잡지를 고려할 때는 마법처럼 역전된다.

- 논문를 작성하는데 오래 걸리지 않는다. 전문가 논문에 소비한 일주일 이상의 연구는 과도한 것으로 간주될 것이다.
- 내용이 혁신적이거나 문헌에 최초로 기여해야 할 필요는 없다. 이것은 관련적이고 적시적이어야 하며, 실무가가 알아야 하거나 망각하였던 현안을 알게 할 수 있어야 한다.
- 심사과정은 신속하다. 편집위원장은 타자에게 의존하지 않고 논문을 채택할 수도 있을 것이지만, 가끔 전문가의견을 구할 것이다.
- 논문이 일단 채택되면(그리고 수정없는 채택이 일반적이다), 게재대기논문(backlog)과 광고 페이지내에서 촉진될 수 있다는 것을 제공하면서, 대개의 경우 3개월내에

게재될 것이다. 검토되는 현안이 급박할수록, 논문이 더 신속하게 인쇄되어 나타난다.

- 독자로부터의 반응이 (긍정적이거나 부정적으로) 신속할 것이며 심사학술지논문과 연관된 것보다 훨씬 더 일반적이다.

전문잡지의 논문은 작성하기가 상대적으로 쉬우며, 경험을 가르치는 것의 직접적인 결과일 것이다. 이 논문은 관련학술연구의 결과, 새로운 방법을 적용할 잠재력이나 새로운 방식으로 낡은 방법을 적용할 잠재력에 주목하게 함으로써 회계실무가의 직업발전에 적극적인 기여를 할 수 있다. 예를 들면, 자본자산가격결정모형, 제품수명주기, 시계열분석 등에 관한 논문이 전문가문헌에 빈번하게 나타난다. 왜냐하면, 이것은 특별한 현안에 관해 작성되고 있기 때문에 그리고 새로운 것을 말하기 위해 '포장'(packaged)되기 때문이다. 이것은 학문적으로 엄격할 필요가 없으며, 인용의 부족은 독특한 장점이다. 이것은 간단, 분명하고 간결할 필요가 있다. 외기 쉬운 제목과 축약어(acronym)도 편집위원장에게 이상적인 매출시점을 부여하면서 도움이 된다. 아무것도 발표하지 않지만, 교육과 평가에 자신의 노력을 집중하는 학자의 경우, 이것은 연구분야를 관통하는 가장 쉬운 수단이다. 그러나 실제로 제출하고 채택된 논문과는 매우 상이한 전문잡지의 논문을 살펴볼 준비를 하라. 편집위원장은 '편집'이라는 단어를 매우 심각하게 간주하며, 가끔 저자에 관계없이 이 잡지의 공간요건에 맞도록 축약된 '당신'의 논문 내용과 변경된 세목을 볼 것을 기대할 수 있다. 최근에 실무잡지 내용에 관한 '침묵'은 불행하지만 불가피한 관찰이다. 휴일과 자동차에 관한 잡지글이 기술적 현안을 가지고 공간을 경합하는 이것의 잡지같은 양식은 정보를 알리는 과정을 위협하는 이중효과를 가진다.

- 출판업자는 학술적 논문을 발간하려고 하지 않고, 상담자로부터 더 짧은 기고문을 선호한다;
- 학자는 이 매체가 평가절하되어 있다고 인식하기 때문에 실무문헌에 논문을 제출하려고 하지 않는다.

The *Harvard Business Review*(*HBR*)는 심사학술지나 전문잡지로 위에서 서술한 것과는 실제로 맞지 않는 학술지의 유형으로서 여기서 특별히 언급할 가치가 있다. 이것은 회계학계의 가장 유명한 학자로부터 기고문을 모으는 명예롭고, 많이 인용되는 학술지이라는 점을 감안하면, 특히 적절하다. 그러나 그 내용은 학문적으로 엄격하지 않다. 주안점은 방법론이나 이론적 기초보다는 결과와 결과의 실무에 대한 적용에 있다. 편집과정도 심사학술지의 경우와는 매우 다르다. 참으로, 일단 아이디어의 타당성에 관해 확신한다면, 그것이 대상 실무가 청중에게 적절하게 도달하고 있다는 것을 보증하기 위해 *HBR*의 편집위원이 실제 논문을 집필할 때 저자와 밀접하게 협력할 것이다. 따라서 전통적인 회계학자는 *HBR*이 가진 명성을 싫어하지만, 그 이력서에서 가지는 것은 매우 유용한 인용으로 남는다.

6. 총회발표논문

회계학에서 총회발표논문이 그 자체로 목적은 아니지만, 총회발표논문집에서 발견될 수 있다. 다른 학문 특히 마케팅이나 정보시스템에서는 발표된 총회발표논문집이 더욱 자주 논문의 최종 안식처이다. 회계총회를 위한 심사과정은 상당히 다양하며, 이것은 채택가능한 것으로 간주되는 내용에 반영된다. 즉, 많은 총회는 초록만을 검토할 것이며, 그 논문 자체가 초안상태에 있는 단계에서 예비증거에 기초한 논문전체의 채택가능성에 관해 결정을 한다. 이러한 총회는 예비결과를 노출하는데 좋은 수단을 제공한다. 총회 위원장이 심사학술지의 경우와 밀접한 방식으로, 완성된 논문전체를 발표하기 위해 수용가능한 것으로 판단하기 전에 그 논문을 검토하고자 할 때, 그는 거의 완전하고 발표할 준비가 된 완성논문을 수용할 경향이 매우 많을 것 같다. 대학내부와 대학간에 공동연수회가 발표와 구성의 결합을 시정하기 위해 이미 이용되고 있어야 한다. 주최자는 잠재적 대표자가 자금이 제공된 총회에 발표하고 있어야 한다는 것을 인식하는 최근에 회계총회의 확산은 국제학술총회에서 발표하기 위해 채택된 논문을 가지는 것이 더 이상 어렵지 않다는 것을 의미한다. 흥미롭게도, Fogarty(2006)는 미국경험에 기초하여 반대 입장을 취하고 있다. 그는 총회발표가 (청중의 대부분이 그 논문을 읽지 않을 것이기 때문에) 시간의 낭비이며, 정통한 동료가 초안에 관해 필요한 상세한 검토를 제공할 시간을 가지지 않을 것이라고 주장한다. 그는 품질의 기준에 도달하였다면, 논문이 '수정과 재제출'의 반응을 받도록 학술지에 논문을 조기에 제출할 것을 권고하고 있다. 우리가 노골적인 '거부'결정을 받지 않는 한, 우리는 매우 경쟁적인 발표환경에서 사전에 주제소유권을 확립하였을 것이라고 주장한다.

제3절 발표주제

주제가 엄격한 공간제약사항을 준수하는 한, 전문잡지를 위한 주제나 주제가 작성되는 방식에 관한 제약사항은 별로 없다. 적절한 것으로 간주된 주제와 수용가능한 것으로 간주된 접근방법이 가끔 과도하게 심지어 애매하게 제약받고 있는 것으로 보여지는 심사학술지에 관해서 동일한 것을 말할 수 없다. 이러한 현안은 Gray(1996)에 의해 상세하게 탐구되었다.

Peat, Marwick and Mitchell의 프로그램, *Research Opportunities in Auditing*(1976)은 연구문제가 학계에 매력적이기 위해 다루어질 필요가 있는 연구문제의 많은 특징을 식별하였다.

- 연구문제가 재미있어야 한다;
- 연구문제가 검정가능한 가설과 구분가능한 결과에 의해서 과학적 연구를 할 수 있어야 한다;
- 연구문제는 쉽게 도달가능한 연구방법론과 지식에 근거해야 한다;
- 가설과 이론을 개발하기 위해 자료집합과 표본정보가 존재해야 한다;
- 연구기금을 모으기 위해 문제가 충분히 중요해야 한다;

- 가능성있는 결과가 심사과정을 거치는 학술지에서의 발표나 다른 존경받는 출판을 정당화하기 위해 표준적이어야 한다.

이러한 점들은 유용한 지침을 제공하지만, 특정한 연구문제를 탐지할 때, 연구문헌을 읽는 것 외에 다른 수가 없다. **읽고 집필**하려고 한다면, 광범위한 관심을 가지고 최근의 연구문헌을 따라가는 것은 매우 시간소모적이며, 일부는 불가능하다고 주장할 것이다. 지름길(손쉬운 방법)이 있다.

- 최근에 발표된 관련 학술지논문의 내용에 정통하도록 학술지제목과 핵심어에 기초해서 온라인상의 신속한 서비스를 이용하라;
- 최소한 논문이 학술지에 등장하기 일년 전에 학술지에 무엇이 등장할지를 살펴볼 수 있도록, 미완성논문(working paper)시리즈와 총회발표논문집, 그리고 **인쇄중인** 논문에 온라인상으로 접근하는 것을 이용하라;
- 논문의 초록을 읽어라. 이것은 온라인상으로 이용할 수 있는 전부이기 때문에 다른 선택이 없을 것이다;
- 완전한 텍스트나 인쇄본을 쉽게 이용할 수 있을 때, 논문의 서론과 결론을 읽는 것으로 시작하라;
  - 내용과 접근방법이 흥미로운지의 여부를 검토하기 위해, 초록과 서론;
  - 논문이 실시하지 **않은** 것을 검토하기 위해, 결론과 한계.

이들은 좋은 생각으로 반복에 의해 시정될 수 있는 방법론의 결함과 미래연구를 위한 기회를 종종 식별할 것이다.

- 연구현황의 논문을 읽어라. 이것은 여전히 탐구될 분야를 식별하거나, 부적절하게 연구되고 있는 분야를 식별할 것이다;
- 다른 사람이 연구하고 있는 것을 살펴보기 위해 총회에 참석하라. 그들의 아이디어

는 매우 성공적으로 표절없이 각색될 수 있다.

회계・재무분야에서, 연구주제는 다음과 같이 광범위하게 분류할 수 있다.

분석적 및 비경험적 분야

- 정보경제학과 효용이론문헌에 기초해서 공식적, 고도로 수학적인 설명(예를 들면, *Journal of Accounting Research*에 게재된 연구주제).
- 의사결정을 위한 회계정보의 가치나 측정에 초점을 둔 기본요소(fundamentals)의 수익률.
- 비판이론연구.

집중적인 경험주의

- 가끔 실험실유형의 조건에서 행동과학적 측면에 대한 주가반응의 정보효과측면에 몰두힌 협소한 연구로부터의 이동.
- 실태조사에 입각하거나 문헌연구를 통해 공공부문과 비영리조직, 보험, 의료, 연금, 퇴식금 능과 같은 특별한 (연구중인) 제도에서의 적용.

사회정치적 구조

- 복잡한 상황에서 회계에 관한 체계적인 지식본체(bodies of knowledge)에 관한 사례에 입각한 개발.
- 실제실무에 관한 비구조적, 실증적, 탐구적 사례에 입각한 조사와 예를 들면, 현대제조기술의 영향.
- 문헌에서는 여전히 매우 드문 현장에 입각한 실험연구.

가설적 연역

- 상황변수의 회계시스템에 대한 영향을 평가하기 위한 실태조사에 입각한 통계추론.
- 경쟁과 전략적 방향의 이동에 관해 시간의 경과에 따른 회계시스템변화의 영향.

이 모든 주제는 NIRD약어(말하자면, new, interesting, reproducible and defensible)에 의해 서술될 것이다. 그러나 **모든** 접근방법이 **모든** 학술지에 동일하게 수용가능하지는 않다. 예를 들면, 사례연구자료는 발표하기가 정도는 덜 하지만, 여전히 어렵다(아마도 그것이 '재생산가능한' 기준에 미달하기 때문일 것이다). 그러므로 이러한 연구를 예를 들면, *Journal of Accounting Research*에 보내는 것은 시간의 낭비일 것이다.

이와 유사하게, 제3장에서 우리는 최고의 회계학술지 2개나 3개 이외에서 저자가 비판이론연구를 발표할 때 경험하는 어려움을 언급하였다. 제9장에서 언급한 바와 같이, Van der Stede et al.(2005)은 실태조사에 입각한 관리회계연구를 더 이상 발표하지 않는 4개의 최고회계학술지(*Contemporary Accounting Research*, *The Accounting Review*, *Journal of Accounting Research*, *Journal of Accounting and Economics*)를 구체화하고 있다. 연구문헌을 읽는다는 것은 편집위원이 무엇을 어디에 발표하였으며, 편집위원으로서 그에게 수용할 수 있는 주제와 유형을 당신이 알도록 편집위원을 연구한다는 것을 포함한다. 이러한 방식에서, 논문제출은 채택의 가능성을 증가시키는 학술지를 대상으로 할 수 있다. Guthrie et al.(2002)과 Merchant(2010)는 최고로 평가된 회계학술지가 경제학에 입각한 연구를 압도적으로 게재하며, 질적 연구를 수용하지 않는다고 언급하고 있다. Fogarty(2006)는 최고의 미국 경영대학원의 결과물을 선호하는 것으로 보이는 최고 미국 학술지의 편집실무에서 분명한 편향을 언급하고 있다. 이와 유사하게, Humphrey(2008)는 감사연구가 감사실무에 관한 현안을 무시하면서, 경제학과 통계학에 입각해서 많은 것이 실험적인, 예측적인 경험적 연구에 의해 지배되고 있다고 언급하고 있다.

Parker(2005), Humphrey(2005), Armstrong(2008) 등은 세계금융위기와 Enron도

산의 결과로 회계와 감사의 실패를 다루기 위한 질적 조치의 무시에 관해 비판적이다. Lee(2004)는 이러한 실패를 학자의 자본시장연구에 관한 오도된 주안점의 탓으로 돌렸지만, 이러한 주안점이 대학교의 요구사항이었고 분명히 최고학술지발표를 위한 요건이었다.

논문은 체계적인 과학적 접근방법의 채택을 보여주는 표준구조를 준수한다면 채택될 가능성이 높다. 논문은 〈도표2.2〉에서 설명한 다섯 가지 다른 단계를 통해 정상적으로 전개될 것이다. 논문은 그 논문의 개관을 제공하는 '초록'(abstract)에 의해 지지될 것이다. 많은 학자는 이 초록을 본문의 다른 곳에서 이용되는 문장의 구절을 위한 용기로 이용함으로써 이 여섯 번째 단계의 중요성을 무시한다. 이것은 큰 실수이다. 초록은 편집위원장/심사위원이 읽는 첫 번째의 것이며, 그것이 무엇을 하고 왜 중요한가를 설명하지만, 그것이 독자에게 논문을 납득시킨다는 것을 보장하기 위해 큰 배려가 필요하다. 논문의 핵심적인 결과의 본질과 서론의 첫 페이지와 초록으로부터 그것이 행하는 문헌에 대한 기여의 본질을 식별하는 것이 가능해야 한다. 만약 초록이 엉성하게 작성되고 자극적이지 않다면, 편집위원장은 더 이상 읽지 않을 것이다! 다섯 단계의 작성은 더욱 밀접한 집중을 필요로 한다.

1. 연구문제

연구문제는 정확하게 그리고 그 연구를 위한 동기를 상세히 설명하는 방식으로 규정되어야 한다. 그것은 연구할 가치가 있는 문제이어야 한다. 이 절의 중요성은 과대평가될 수 없다. 그것은 아이디어를 '납득시키고', 핵심논점이 많은 사소한 것에 파묻히지 않도록 분명하게 하는 것을 시작할 기회를 제공한다. 논문은 "그래서?"(so what?) 검정을 통과해야 한다(pp.46-51도 참조).

2. 이론과 문헌검토

문헌검토는 현재이어야 하며, 관련이론과 선행연구의 결과를 공정하게 모두 반영해야 한다. 그것은 타자의 접근방법에서 결함을 지적하면서, 선행연구의 비판을 제공해야 한다. 가장 중요한 것은 그것이 분명히 목표가 불분명한 방식으로 어슬렁거리지 말아야 한다는 것이다; 그것은 정확하고 가설의 개발에 연결되어야 한다(pp.51-52도 참조).

3. 가설

가설은 기본이론에 의해 도출되어야 하며, 기본이론은 이론에서 가설로 모험적인 도약을 피하는데 충분해야 한다. 하나의 논문은 7개 이상의 개별가설을 정상적으로 포함하지 않을 것이며, 7개 이상이면 그것은 다른 논문처럼 보이기 시작한다(pp.109-110를 참조).

4. 연구방법론

선택된 조사방법은 연구문제 및 가설과 일관성이 있어야 한다. 실험설계는 연구도구의 내적 및 외적 타당성이 가능한 한, 연구의 맥락에 있다는 것을 보장해야 한다. 조사방법은 정당화되어야 하며(예를 들면, 왜 실태조사?), 그것이 연구되고 있는 문제를 검정할 것이라는 것을 나타내기 위해 과학적인 방식으로 구조화되어야 한다. 이용된 모든 표본추출방법이 그 선택에서 과학적이라고 서술되고, 정당화되고, 보여져야 한다(pp.110-112도 참조).

5. 결과, 결론, 토의

경험적 분석은 선택된 방법에 적절해야 하며, 측정과 가설의 검정으로 나아가야 한다.

결과는 표준검정 적용의 기초를 이루는 이론에 관한 '최소한의 강의'와 불필요한 수학적 복잡성을 피하면서, 분명해야 한다. 저자는 연구의 한계에 관해 현실적이어야 하며, 그 결과의 유의성을 과대평가해서는 안된다. 연구가 확대될 분야 및 관련연구분야가 강조되어야 한다.

논문은 내용과 정확하게 일치하는 일단의 참고문헌으로 결론을 내려야 한다(말하자면, 어떠한 인용도 참고되지 않은 것이 아니며, 어떠한 참고문헌도 인용되지 않은 것이 아니다). 저자가 논문을 완성하는데 취해야 하는 주의를 검증하기 위해 (본 저자를 포함한) 많은 심사위원에 의해 이용되는 검토기법은 인용=참고문헌의 등식이 균형을 취하는가를 확신함으로써 자신의 심사를 시작하는 것이다. 이 점에서 저자의 관심부족은 자기 논문의 다른 측면에서 상세하게 설명하는 주의력의 부족과 조잡가능성에 관한 공정한 지표이다(pp.313-315도 참조).

논문전체는 흥미롭고, 가독성이 있으며, 분명해야 하고, 독자가 경청해야야 한다고 저자가 생각하는 메시지를 전달하는 저자의 동기를 반영하고 있어야 한다. 부록을 포함해서 25-30페이지의 길이가 정상이지만, 더 짧거나 긴 논문도 정당화될 수 있다. 만약 구질, 표, 부록을 포함하는 것에 관해 의심이 있다면, 이것은 생략해야 한다. 동일한 것이 각주(또는 학술지에 따라 끝부분의 주석)에도 적용되는데, 이의 수를 최소한으로 유지해야 한다. 대상학술지에서 전형적인 논문의 검토는 편집위원장이 찾고 있는 것과 조판유형(house style)의 요소를 신속하게 보여줄 것이다. 발표를 위해 학술지에 제출된 논문은 모든 면에서 그리고 특히 참고방법에서 그 학술지의 편집유형을 준수하고 있다는 것을 확실히 하라. 만약 당신이 다른 학술지의 유형을 이용한다면, 당신은 이 논문이 원래 다른 곳에 예정되었지만, 이미 그 학술지에 의해 거부되었다는 의도치 않은 메시지를 심사위원에게 보내고 있을 것이다. 끝부분 주석 소프트웨어의 이용은 한때 시간소모적이고 지루한 참고문헌작성을 오늘날 다행히 단순한 업무로 만들고 있다.

제4절 발표방법

'발표'문제에 답하는 적절하고도 윤리적인 방법을 무엇이 구성하는가에 관해 모순적인 견해가 많이 있다. 이것은 "편집위원장을 알고 심사위원의 견해를 존경하라"로 요약된다. 일부 저자는 3/4 완성된 논문을 학술지에 제출하는 것은 심사위원이 변경하기(여하튼 이것이 그의 직무이다)를 원해야 한다는 사실에 의해 정당화되며, 그가 당신을 위해 논문을 완성시키지 않는 이유는 무엇인가? 이 견해를 지지하는 것은 어렵다. 이 과정의 윤리를 별도로 하고, 그러한 실무로 당신은 편집위원장과 심사위원들에게 좋지 못한 명성을 곧 가지게 할 것이다. 일반적으로 당신은 현재대로 발표되는 것을 보게 되어 행복하겠지만, 심사위원이 더 수정할 수 있는 일부 결함을 여전히 가지고 있는 완성논문을 학술지에 제출하는 것은 좋은 실무이다. 유용한 시스템은 다음과 같을 것이다.

- 먼저 대략적인 초안을 스스로 작성하라.
- 철자, 문법, 참고문헌 등이 완전하다는 것을 확신하면서 자료의 명확성, 감각, 구조, 순서 등으로 초안을 편집하라.
- 논문을 비판적으로 살펴보고 빨간 펜의 이용을 격려하기 위해 당신이 존경하는 그 분야의 다른 사람 견해를 구하라. 타자의 초안을 읽고 변경하는 것은 적절하게 실시된다면, 매우 시간소모적인 활동이다. 그래서 최소한 당신이 첫 번째로 상당한 시도를 하였으며, 당신이 매년 너무 많은 초안으로 동일한 동료를 공격하지 않는다는 것을 확신하기 위해 주의해야 한다. 그의 우정과 협력을 유지하고자 한다면 공격하지 말라!
- 마음에 두고 있는 이러한 견해로 논문을 수정하라. 일부 비판은 완전한 재고/재작성을 필요로 할 정도로 매우 기본적이다.
- 더욱 광범위한 (학제적인) 청중의 견해를 추구하기 위해 한 두 개의 다른 대학에서 논문을 발표하라.

- 이 분야에서 높이 평가되는 총회에 논문을 제출하라. 이것은 시기에 따라 지역적, 국가적 또는 국제적 총회일 것이다.
- 이러한 논평에 기초해서 논문을 더 수정하고 이 수정논문을 대상학술지에 제출하라.

Truscott et al.(2010)은 혼합방법을 발표하는 저자는 심사자와 더불어 잠재적 문제를 극복하기 위해 상이한 학술지에 그의 양적 결과와 질적 결과를 보내기로 선택할 것이라는 점을 관찰한 바 있다. 이러한 맥락에서 Malina et al.(2011)은 설득을 반대하는 익명의 심사자와 더불어 그의 문제에 관해 논평한 바 있다. 그는 인과성의 반박을 수용하기 전에 더 많은 검정을 요구하면서 양적 심사자는 상세한 사항들을 보고하고 있는데 반하여, 질적 심사자는 결과를 설명하기 위해 더욱 정교한 이야기(story)를 원하였다.

편집위원은 저자가 체계적인 접근방법을 채택하는 것을 기대하여, 논문을 읽은 연수회, 세미나, 총회 등의 참여자에게 그리고 논평을 해준 개인에게 논문의 앞 페이지에서 감사의 말을 함으로써 이것이 시도되었다는 것을 그에게 상기할 가치가 있다. 실무에서 빈번하게 채택되는 이 방법론의 변형은 논평을 위해 대상학술지의 편집위원에게 논문의 세련된 초안을 보내는 것이다. 이 사람의 논평이 논문에 반영된다고 하면, 앞 표지에 그 이름을 기재하는 것은 편집위원으로부터 긍정적인 반응을 이끌어 내어야 하며, 공식적인 심사자로서 동일한 사람을 이용하도록 그를 유도할 것이다.

우신 학술지를 목표로 할 때, 편집위원장과 편집위원을 검토하라. 그들의 관심분야는 무엇인가? 그들은 당신 논문의 주제분야에서 발표한 것이 있는가? 이 접근방법으로 당신은 (학술지는 편집위원회를 초월해서 특별(ad hoc) 심사위원도 공통적으로 이용할 것이지만) 가능성있는 일부 심사위원의 명단을 만들 수 있다. 그것은 또한 인용하는 것이 신중하고, 무시하는 것이 미숙하거나 어리석을 문헌의 논문을 강조해야 한다.

논문을 제출할 때, 그의 학술지가 이 논문을 발표하기에 적절한 학술지라고 생각하는 이유와 이 분야의 논쟁에서 이 논문이 하는 기여를 분명하게 구체화하면서 편집위원장에게 간단한 동봉편지를 작성하라.

당신의 논문이 심사과정에 들어갈 때, 초조해 하지 마라. 편집위원장에게 논문의 심사과정에 관해 검토하도록 요구하지 않도록 노력하라. 왜냐하면, 이것은 성가시며, 당신에게 곧 나쁜 평판을 가지게 할 것이기 때문이다. 그러나 회신없이 3개월이나 4개월의 기간이 경과한 후 이메일을 보내거나 질의편지를 작성하는 것은 합리적이다. 회신이 도착할 때, 그것은 게재거절의 가능성이 더 많지만 게재를 가리킬 수도 있다. 그러나 게재거절은 앞에서 언급한 바와 같이 그것이 보이는 것과 같은 것이 아니다. (모든 서술의) 게재거부에 대한 최초의 반응과 부정적인 심사위원의 보고서는 대개의 경우 욕을 하고 있으며 눈물을 머금고 있다. 이것은 정상적이며, 생산적인 발표자가 되는 본질적인 부분은 반복된 게재거절에 대처하기에 충분히 두꺼운 가죽을 증가시키고 있다. 많은 사람이 지지하는 하나의 즉각적인 조치는 우편의 반환에 의해 차선의 학술지에 보내는 것이다. 이것은 특히 다른 학술지가 동일한 심사위원을 이용하고 있을 가능성이 높은 곳에서는 최적의 전략이 아니다. 주제분야가 좁을수록, 이것이 발생할 확률은 더 높아진다. 심사자가 이미 심사하였으며, 이미 권고한 수정을 전혀 하지 않은 논문의 심사부탁을 받는 것보다 더 많이 심사자를 성가시게 하는 것은 없다. 이러한 행위는 연구자로서 당신의 장기적인 명성에 다시 손상을 초래할 수 있다.

게재거부된 논문을 서랍에 넣어 두고 당분간 그것에 관해 잊고 다른 프로젝트에 집중하는 것이 훨씬 더 좋다. 양식있는 연구자는 또한 연구과정의 상이한 단계 전부에서 지속적인 결과흐름을 생성하기 위해, 동시에 진행하는 최소한 4개의 프로젝트를 가지고 있을 것이다. 일, 이 주 후에 게재거부된 논문을 살펴보고 심사위원의 보고서를 주의깊게 다시 읽어라. 만약 그의 논평취지가 여전히 흥분과 동요의 상태를 초래한다면, 최소한 이빨을 갈지 않을 정도로 충분히 침착하게 될 때까지 그 논문을 서랍에 좀더 오랫동안 다시 넣어두어라. 심사위원의 보고서가 상대적으로 무감각한 방법으로 읽혀질 수 있을 때, 그의 논평요지를 적고, 그것이 정당화되는 정도를 결정하기 위해 논문을 다시 읽어라. 최소한 한 개나 두 개의 경우에 심사위원이 그곳에 논평요지를 가지고 있다고 느끼면서 오지 않는 것은 드물다. 그리하여 심사위원보고서는 논문의 재작성에서 적극적이고 건설적으로 이용될 수 있다.

- 각 심사위원(대개의 경우 2명)이 말한 요지를 분리해서 구체화하고, 이것을 주요한

비평(방법론, 문헌누락)과 사소한 비평(명칭, 구성, 각주)으로 분류하라. 심사자는 대개의 경우 일부 공통적인 현안에 관심이 있을 것이다.

- 구체화된 요지의 각각을 다루어라. 이것이 반드시 모든 점에서 심사위원에 동의하는 것을 의미하는 것은 아니다. 만약 수정을 하지 **않는다**는 주장이 있다면, 이것을 분명하게 말하라(심사위원은 통계적 오류를 **만들기**도 하며, 그가 저자처럼 좁은 전문분야에서 현재 문헌에 익숙할 가능성은 없다). 심사위원이 매우 비합리적이고, 당신이 심사위원의 변경을 요구할 생각이 나는 것도 가능하다. 심사위원을 비판함으로써, 당신이 묵시적으로 편집위원장을 비판하고 있기 때문에, 즉, 심사위원은 최초의 선택에 대해 책임이 있기 때문에 이 점에서 주의해야 한다.
- 단순히 분식(window dressing)있는 변경을 하려고 시도하지 마라. 그것은 어느 누구도 속이지 못한다. 주요한 비판은 개선된 검정절차의 채택이나 새로운 실험의 결과를 가능한 한 포함한 실질적인 수정을 요구할 것이다.

이 모든 주요한 비판이 다루어질 수 있고 시정될 수 있다면, 수정된 논문은 동일한 학술지에 다시 제출될 수 있다. 만약 그 논문이 여전히 취약한 주요한 괴리가 남아 있다면, 낮은 평판의 학술지를 대상으로 하는 것이 더 좋을 것이다. 참으로, Fogarty(2006)는 게재거부 의견을 "수정하고 다시 제출하지 마라"라는 의사결정으로 간주한다. 논문은 변경되고 개선되어야 하며 새로운 학술지를 대상으로 해야 한다.

다시 제출할 때, 편집위원장에게 보내는 동봉편지는 편집위원의 건설적인 언급에 대해 편집위원에게 감사해야 하며, 논문을 개선하기 위해 이루어진 주요한 변경을 식별해야 한다. 각 요지가 어떻게 다루어지고 있는가와 수정된 논문에서 본문의 변경이 어디에서 이루어지고 있는가를 상세히 설명하는 각 심사위원에 대한 별도의 보고서가 동봉되어야 한다. 편집위원장은 대개의 경우 제기된 요지에 대한 당신의 논평과 더불어 재제출된 논문을 원래의 심사위원에게 반환할 것이다. 그는 만족할 것이고 발표를 권고하거나 (동일한 요지에 대해) 너 많은 것을 요구하거나 다른 요지를 식별할 것이다.

심사위원은 완고하거나 심지어 적대적이거나 더 악화되어 그의 마음을 변경할 것이다. 그러한 환경에서는 다른 심사위원을 요구하거나 반박하는 것이 합리적이지만, 나의 경험상으로는 이것이 정상적으로 도움이 되지 않는다. 대개의 경우 편집위원장은 이 논문이 **이** 학술지에 게재되지 않을 것이라는 의사결정을 하며, 그러한 상황에서는 다른 곳을 찾아보는 것이 현명하다.

제5절 공저자문제

좋은 이력서는 당신이 팀의 일원으로 그리고 스스로 연구할 수 있다는 것을 보여주기 위해 단독논문과 공동논문을 가져야 한다. Floyd et al.(1994)은 최고학술지에 게재하기 위한 논문의 채택가능성을 증가시키고 연구의 질을 높이기 위해 공동연구를 지지한다. Fleischman · Schuele(2009)는 회계학술지에서 나타나는 공동논문의 상대비율에서 지속적인 추세를 식별하고 있다. 개인적인 관점에서 나는 단독논문을 작성하기가 가장 쉽다고 항상 생각하였지만, 나의 '최고'의 논문(Smith · Taffler, 1995, 2000; So · Smith, 2009; Jones · Smith, 2014)은 모두 공동논문이었는데, 이는 부분적으로 공동저자가 제기한 질문이 종종 심사자의 질문보다 더 도전적이었기 때문이다.

경험적 연구에서, Tucker et al.(2016)은 공동저자와 연구하는 것의 구체적인 많은 장점을 보고한 바 있다.

- 다르지만 보완적인 기술을 가진 공동저자로부터의 부가가치. 심사자의 논평에 대한 응답과 수정에 관한 작업의 능력. 초안을 만들 수 있는 능력 또는 제출하기 직전에 마무리하는 사람으로서 행동할 수 있는 능력.
- 기금단체는 능숙한 팀에 의해 다루어지는 프로젝트를 특히 유리하게 취급하기 때문에, 연구기금신청에서 팀에 의한 제출의 중요성증가,
- 공동저자결정에서 개인적 우정은 핵심적 요소이며, 문헌에서 매우 가시적인 장기협

력의 일부이다(예를 들면, Malmi · Granlund: Smith · Taffler; Ittner · Larcker; Parker · Guthrie 등).

그러나, 특히 공동연구자의 연구유형이 현저하게 다른 곳에서는 공동연구가 많은 문제를 초래할 수 있다. 허술한 시간관리, '무임승차'(freeloading)와 공동노력에 대한 헌신부족 등은 궁극적인 협력실패를 암시하거나 최소한 이와 같은 특별한 협력의 반복이 없다는 것을 확실히 할 것이다. 당신이 동료학자와 발표하려고 하는 기회를 가질 때까지 동료학자를 실제로 알지 못한다는 점에 학자는 쉽게 동의할 것이다!

제6절 결론

부록1은 호주에서 ABDC(2017)목록에 따라 배포된, 회계분야에서 이용할 수 있는 심사과정을 거치는 학술지들을 예시하고 있다. 이것은 10개의 A*학술지(8.1%); 20개의 A급 학술지(16.2%); 29개이 B급 학술지(23.4%), 65개의 C급 학술지(52.3%)를 보여주고 있다. 이러한 범주화는 영국과 뉴질랜드의 유사한 노력을 따르고 있다. 일부 학지(예를 들면, Beattie · Ryan, 1989; Hull · Wright, 1990; Brinn et al., 1996; Brown, 1996; Parker et al., 1998; Lowe · Lock, 2005; Kelly et al., 2009; Hussain, 2010)도 품질문제를 다루고 있으며, 학술지명성에 대한 과학적인 순위를 시도하였다. Bonner et al.(2006)는 이러한 순위의 다양성을 요약하고 있다. 이러한 목록에는 항상 큰 공통점이 있지만, 변형들이 저자행동에 대해 유의적인 시사점을 가질 수 있다. Northcott · Linacre(2010)은 연구행동과 평가결과의 품질인식에 대한 다양한 연구평가실무와 학술지 품질순위의 영향을 상세히 살펴보고 있다. 다른 많은 구체적인 학술지의 순위가 정해지지 않은 채로 있으며, 무료와 최소한의 심사로 제출을 추구하는 약탈적 학술지는 의도적으로 제외하였다. 이러한 순위는 시간의 경과에 따라 변할 것으로 기대될 것이다. 왜냐하면 일부 학술지가 그들의 게임을 상당하게 향상시킬 것인데 반하여, 다른 학술지는 품질이 저하할 것이며 이 둘은 종종 편집위원장 변경의 결과로 발생할 것이기 때문이다. 단기간에, C급 학술지의 편집위원장이 품질이 좋은 논문의 제출을 갈망하는데 반하여, A/A*의 학술지의 심사대기행렬은 출판까지의 시간에 따라 길어질 것이다. 이 상황은 여전히 낮은 순위나 순위가 전혀 매겨지지 않는 새로운 학술지 편집위원장의 경우에 확대될 것이다. 참으로 순위변칙과 이들의 잠재적 영향은 많은 학교를 설득하여 학술지를 공식적인 방법으로 순위를 매기려는 시도를 포기하게 하였다.

학술적인 임명이나 승진을 추구하는 사람의 경우, 심사학술지와 전문잡지의 결합이 도움이 되지만, 심사학술지에 대한 명확한 강조가 있다. 이 방식으로 당신은 동료학자 및 전문가와 관련을 맺을 수 있는 능력을 나타낼 수 있다. 최고학술지에 발표하는 것은 최고학술지가 연구생산성의 흐름을 대표한다면 특히 중요하게 간주될 것인데 반하여, 이력서는 당신이 혼자서 그리고 팀의 일원으로서 연구할 수 있다는 것을 보여주기 위해 단독저자와 복수저자의 발표를 포함해야 한다. 젊은 학자는 자신의 경력에서 너무 일찍 최고학술지에 논문을 제출하도록 설득받을 것이지만, 그의 동기와 유지에 부정적인 시사점을 가진다. 나아가, 순위만의 영향은 전반적으로 적절한 학술지의 수보다 적게 제출을 촉구할 것이다.

학술지순위는 (편집위원장과 편집위원회 등에 의해 추구된) 명성에 기초하고 있다. 그러나 이것이 학자나 실무가에 의한 그 용도를 반드시 반영하지는 않는다. Rowlinson et al.(2015)은 영국의 RAE(이제는 REF)학술지 순위시스템이 발표결과에서 초래하는 왜곡과 회계연구/교육 구분에 대한 역기능적 영향 때문에 이 순위시스템에 관해 비판적이다. 그럼에도 불구하고, 학술지선택은 우리가 학술지의 정상적인 내용과 논문의 좋은 '대응'을 가진다는 것을 확신하기 위해, 발표과정에서 가장 중요한 선택으로 남아 있다. 게재거절된 논문이 반드시 나쁜 것은 아니며, 그것은 특정한 학술지의 편집위원장이 추구하고 있는 것과 일치하지 않을 뿐이다!

본장은 개인적인 경험에 기초해서 '게임의 규칙'을 상세히 설명하였다. 만약 이것이 그렇지 않다면 작성되지 않았을 발표를 촉진하거나, 새로운 연구자에게 영감을 준다면, 그것은 그 목적에 이비지하였을 것이다.

더 읽을거리

Ashton, D., Beattie, V.A. Broadbent, J., Brooks, C., Draper, P., Ezzamel, M., Gwilliam, D., Hodgkinson, R., Hoskin, K., Poper, P. and Stark, A.(2009), "British Research in Accounting and Finance(2001-2007): The 2008 Research Assessment Exercise", *British Accounting Review*, 41(4), 199-207.

Brinn, T., Jones, M.J. and Pendlebury, M.(1996), "UK Accountants' Perceptions of Research Journal Quality", *Accounting and Business Research*, 26(3), 265-278.

Fogarty, T.J.(2006), "Publishing in Academic Accounting: Practical Advice and Healthy Iconoclasm", in Z. Hoque(ed.), *Methodological Issues in Accounting Research: Theories and Methods*, London: Spiramus Press, 515-534.

Lowe, A. and Locke, J.(2005), "Perceptions of Journal Quality and Research Paradigm: Results of a Web-Based Survey of British Accounting Academics", *Accounting, Organizations and Society*, 30(1), 81-98.

Malina, M.A., Norreklit, H.S.O. and Selto, F.H.(2011), "Lessons Learned: Advantages and Disadvantages of Mixed Method Research", *Qualitative Research in Accounting and Management*, 8(1), 59-71.

Parker, L.D.(2012), "Qualitative Management Accounting Research: Assessing Deliverables and Relevance", *Critical Perspectives on Accounting*, 23(1), 54-70.

__________, Guthrie, J. and Gray, R.(1998), "Accounting and Management Research: Passwords from the Gatekeepers", *Accounting, Auditing and Accountability Journal*, 11(4), 371-402.

Rowlinso, M., Harvey, C., Kelly, A., Morris, H. and Todeva, E.(2015), "Accounting for Research Quality: Research Audits and the Journal Rankings Debate", *Critical Perspectives on Accounting*, 26(1), 2-22.

Truscott, D.M., Swars, S., Smith, S., Thornton-Reid, F., Zhao, Y., Dooley, C., Willams, B., Hart, I. and Mattews, M.(2010), "A Cross-Disciplinary Examination of the Prevalence of Mixed-Methods in Educational Research: 1995-2005", *International Journal of Social Research Methodology*, 13(4), 317-328.

Van der Stede, W., Young, S.M. and Chen, C.Z.(2005), "Assessing the Quality of Evidence in Empirical Management Accounting Research: The Case of Survey Studies", *Accounting, Organizations and Society*, 30(5), 655-684.

부록1

학술지순위(ABDC-2017)

A*

Accounting, Auditing and Accountability Journal

Accounting, Organizations and Society

Auditing: A Journal of Practice and Theory

Contemporary Accounting Research

Journal of Accounting and Economics

Journal of Accounting Research

Management Accounting Research

Review of Accounting Studies

The Accounting Review

The European Accounting Review

A

Abacus: A Journal of Accounting, Finance and Business Studies

Accounting and Business Research

Accounting and Finance

Accounting Horizons

Behavioral Research in Accounting

British Accounting Review

Critical Perspectives on Accounting

Financial Accountability and Management

Foundations and Trends in Accounting

International Journal of Accounting Information Systems

International Journal of Auditing

Issues in Accounting Education

Journal of Accounting and Public Policy

Journal of Accounting, Auditing and Finance

Journal of Accounting Literature

Journal of Business Finance and Accounting

Journal of Contemporary Accounting and Economics

Journal of International Accounting Research

Journal of Management Accounting Research

The International Journal of Accounting

B

Accounting and the Public Interest

Accounting Education: An International Journal

Accounting Forum

Accounting Historian Journal

Accounting History

Accounting History Review

Accounting in Europe

Accounting Research Journal

Advances in Accounting

Advances in Accounting Behavioral Research

Advances in Management Accounting

Asia-Pacific Journal of Accounting and Economics

Asian Review of Accounting

Australian Accounting Review

Current Issues in Accounting

International Journal of Accounting and Information Management

Journal of Accounting and Organizational Change

Journal of Accounting Education

Journal of Government and Nonprofit Accounting

Journal of Intellectual Capital

Journal of International Accounting, Auditing and Taxation

Journal of Public Budgeting, Accounting and Financial Management

Managerial Auditing Journal

Pacific Accounting Review

Qualitative Research in Accounting and Management

Research in Accounting Regulation

Research in Governmental and Non-Profit Accounting

Social and Environmental Accountability Journal

Sustainability Accounting, Management and Policy Journal

C

Academy of Accounting and Financial Studies Journal

Accountancy Business and the Public Interest

Accounting, Accountability and Performance

Accounting and Finance Research

Accounting and Taxation

Accounting Educators' Journal

Accounting Perspectives

Advances in Accounting Education: Teaching and Curriculum Innovations

African Journal of Accounting, Auditing and Finance

AIS Educator Journal

Art Law and Accounting Reporter

Asia Pacific Management Accounting Journal

Asian Academy of Management Journal of Accounting and Finance

Asian Journal of Accounting and Governance

Asian Journal of Business and Accounting

Asian Journal of Finance and Accounting

Australasian Accounting, Business and Finance Journal

Australasian Journal of Business and Behavioural Sciences

China Accounting Finance Review

China Journal of Accounting Research

Cost Management

Financial Reporting, Regulation and Governance

Global Perspectives on Accounting Education

IMA Educational Case Journal

Indonesian Management and Accounting Research

Internal Auditing

International Journal of Accounting and Finance

International Journal of Accounting and Financial Reporting

International Journal of Accounting, Auditing and Performance Evaluation

International Journal of Behavioural Accounting and Finance

International Journal of Business and Information

International Journal of Critical Accounting

International Journal of Economics and Accounting

International Journal of Government Auditing

International Journal of Managerial and Financial Accounting

Irish Accounting Review

Issues in Social and Environmental Accounting: An International Journal

Journal of Accountancy

Journal of Accounting and Management Information Systems

Journal of Accounting in Emerging Economies

Journal of Accounting, Business and Management

Journal of Accounting, Ethics and Public Policy

Journal of Applied Accounting Research

Journal of Applied Management Accounting Research

Journal of Corporate Accounting and Finance

Journal of Emerging Technologies in Accounting

Journal of Financial Reporting and Accounting

Journal of Forensic and Investigative Accounting

Journal of Forensic Accounting: Auditing, Fraud and Taxation

Journal of Human Resource Costing and Accounting

Journal of Islamic Accounting and Business Research
Journal of the Asia-Pacific Centres for Environmental Accountability
Malaysian Accounting Review
Management Accounting Quarterly
Meditari Accountancy Research
Mustang Journal of Accounting and Finance
Petroleum Accounting and Financial Management Journal
Research in Accounting in Emerging Economies
Review of Accounting and Finance
The International Journal of Digital Accounting Research
The Journal of Accounting Case Research
The Journal of Cost Analysis and Management
The Journal of Theoretical Accounting Research

부록2

표본논문

본고는 원래 *Managerial Auditing Journal*, Vol.16, No.1, 2001, pp.40-49에 발표되었다. 이것은 영국, Emerald사의 친절한 허락으로 여기에 재수록되고 있다.

논문제목: 감사과정에서 구조 대 판단: Kinney의 분류에 관한 검정

Malcolm Smith*, Brenton Fiedler*, Bruce Brown* and Joanne Kestel**

*University of South Australia,

**Murdoch University

핵심어: 감사, 판단, 조작회계, 6대 회계법인, 구조, 회계정책, Kinney 8대 회계법인

저자들은 Keith Houghton, Gary Monroe, Brenda Porter, 그리고 1998년 4월에 Manchester에서 개최된 영국회계학회의 총회에서 학회 회원들의 유익한 논평에 감사하게 생각한다.

초록

Sullivan(1984)은 감사인의 판단을 구조화된 계량적 알고리즘(algorithms)에 의해 대

체되는 정도에 의해 구분해서, 회계법인이 채택한 대체적 감사접근방법을 '구조'와 '판단'으로 표현해야 한다고 주장한다. Cushing · Loebbecke(1986)은 회계법인이 실무감사인에게 제공한 지침을 검토함으로서 이 구분을 실행하고자 한다. Kinney(1986)는 회계법인을 감사방법론에 의해서 구조화(structured), 반구조화(intermediate), 비구조화(unstructured)로 분류함으로써 이 연구를 확대하고 있다.

이 연구는 의뢰기업(client)의 재무제표에 이익효과를 가지는 회계정책선택에 대한 회계법인의 묵인(tolerance)정도를 검토함으로써 Kinney의 분류에 관한 검정을 제공하고 있다. 본고는 구조화된 감사접근방법을 가지는 회계법인이 기계적 절차에 더 크게 의존하여 감사위험을 관리할 것이며, 이로 인해서 이익조작을 더 크게 묵인하게 될 것이라고 주장한다. 이 결과는 연구대상 기간동안 확증적이지만, 회계법인이 이후에 그 접근방법에서 다양화가 적게 되었다는 것을 시사하는 증거가 제공되고 있다.

1. 배경

조직이론(예를 들면, Bruns · Stalker, 1961; Mintzberg, 1979)은 세련된 추론에 기초를 제공하는 유추(analogies)로서 '기계'와 '유기체'를 주장하고 있다. 감사에서 이러한 유추는 구조와 판단의 개념으로 논의되고 있다(Dirsmith · Haskins, 1991).

감사는 의뢰기업의존적인 판단과정(예를 들면, Dirsmith · McAllister, 1982)으로 또는 잘 구조화된 기계적인 과정(예를 들면, Joyce · Libby, 1982)으로 다양하게 간주되고 있다. 그 누구보다도, Stringer(1981)는 계량적 방법과 문서로 뒷받침되는 절차의 이용으로 감사의사결정에서 구조를 증가시키는 경향을 관찰하고 있다. Sullivan(1984)은 감사인이 속하는 두 진영을 강조하고 있다.

- 감사인 판단에 대해 구조화된 계량적 알고리즘을 선호하는 감사인.
- 이러한 계량화는 상당한 전문가판단이 항상 요구될 것이기 때문에 항상 정당하지 않다고 생각하는 감사인.

Cushing · Loebbecke(1986)은 회계법인이 그 실무감사인에게 제공한 지침에 관한 경험적 연구로 이 구분을 탐색하고 있다. 12개 대형회계법인의 정책편람에 관한 그들의 연구는 구조를 "처방적이고 논리적인 절차, 의사결정, 문서화단계의 순서와 포괄적이고 통합적인 일단의 감사정책이라는 특징을 가진 감사에 대한 체계적인 접근방법"(p.32)으로 정의하면서, 그 감사방법론에서 분명한 구조의 정도에 의해 회계법인들의 극적인 차이를 드러내었다.

Cushing · Loebbecke은 모든 회계법인이 사전계획과 내부통제 설문지를 많이 강조하였지만, 회계법인들은 그것을 초월해서 고도의 구조화, 반구조화, 부분구조화, 비구조화로 범주화되었다고 언급하였는데, 이들은 각각 다음과 같은 특징을 가지는 극단적인 입장을 가지고 있다.

- 감사위험의 계량화; 상세한 포괄적 지침; 감사인으로부터 회계법인본사로 감사의사결정의 이동.
- 명세, 통합, 계량화 등의 수준에 관한 비규정.

Cushing · Loebbecke(1986)은 미래연구가 대체적 감사접근방법의 구조와 연관된 회계법인의 차이와 이로 인한 영향을 식별하는 쪽으로 나아가야 한다고 권고하고 있다. 이 권고가 본 연구에 동기를 제공하고 있다.

Kinney(1986)는 Cushing · Loebbecke(1986)의 연구를 확대하여 비구조화 접근방법이 현장감사인의 손에 남아 있는 더 많은 판단사항과 연관이 있다고 적고 있다. Kinney는 22개의 회계법인(그 당시, Big 8과 14개의 소규모 회계법인)을 다음과 같이 분류하기 위해 Cushing · Loebbecke의 연구결과와 더불어 독립적인 실태조사의 결과를 이용하고 있다.

구조화 – Deloitte, Haskins and Sells(DHS)

– Peat, Marawick, Mitchell(PMM)

- Touche Ross(TR)
- Big 8에 속하지 않는 2개의 회계법인

반구조화 - Arthur Andersen(AA)
- Arthur Young(AY)
- Ernst & Whinney(EW)
- Big 8에 속하지 않는 3개의 회계법인

비구조화 - Cooper & Lybrand(CL)
- Price Waterhouse(PW)
- Big 8에 속하지 않는 9개의 회계법인

이 연구에서 실시된 검정의 기초를 형성하는 것이 이 분류이다. 감사구조의 정도는 의뢰기업의 재무공시양상과 연관된 것으로 발견되고 있다. Morris · Nichols(1988)는 구조화법인이 회계원칙 일관성 예외의 처리에서 더욱 일관적이라는 것을 보여주고 있다. Williams · Dirsmith(1988)는 구조화법인이 의뢰기업 재무제표공시의 발표에서 적시성이 더 있다는 것을 보여주고 있다. 이 연구는 의뢰기업간에 이익을 증가/감소시키는 회계정책선택의 묵인정도에 관해 감사구조의 정도가 개별법인에 주는 영향을 검토함으로서 이 연구분야를 확대하고 있다. 이 논문은 감사구조가 의뢰기업의 재무제표가 진실하고 공정한지를 부정확하게 인증하는 위험인 감사위험의 인지를 통해 그러한 묵인정도에 영향을 준다고 주장한다.

Dirsmith · Haskins(1991)는 계획구성(planning construct)으로서 감사위험이 문헌에서 주목을 많이 받고 있으며(예를 들면, Fellingham · Newman, 1985), 높은 수준의 감사위험은 감사의견을 지지하기 위해 수집하는 증가된 증거와 연관되어 있다(예를 들면, Graham, 1985)고 주장하고 있다.

현대의 감사기준과 문헌(예를 들면, Graham, 1985; Dirsmith · Haskins, 1991)은

내부통제위험과 고유위험이 상호의존적이며, 원하는 적발위험을 결정하기 위해 감사를 계획할 때 함께 고려해야 한다는 점을 인식하고 있다. 감사구조가 고유위험의 평가에 영향을 줄 것이라고 주장되고 있는데, 이에 의해서 모든 중요한 계량적 변수에 관한 더욱 철저한 평가가 일관성있는 감사인판단을 생성할 것이다(예를 들면, Joyce · Libby, 1982). Sullivan(1984)은 재무보고요건이 너무 복잡해서 계량적인 척도만으로는 만족하게 표상될 수 없으며, 정통한(informed) 감사인의 판단이 항상 요구된다고 주장함으로서 반대의견을 개진하고 있다.

고유위험평가에 대한 접근방법의 애매성에 대한 회계법인의 반응은 구조에 의해서 변하는 회계법인이 그러한 평가에 다르게 적응할 것이라는 점을 시사한다(Dirsmith · Haskins, 1991, p.75). Dirsmith · Haskins은 연구자가 회계법인의 기본적인 세계관(root metaphor)[1]과 세계이론에 의해서 감사를 유용하게 연구할 수 있다는 결론을 내리고 있다. 이들의 연구는 "기계적 세계"가설과 "유기적 세계"가설을 이용하면서 감사위험의 평가와 관련있는 차이에 주로 초점을 두었다. 기계적 세계가설은 감사를 부분, 그 부분내에서 우선관계, 감사판단의 질적 요소에 대한 양적 요소의 지배를 강조하는 구조화된 과정으로 보고 있다. 이와는 달리, 유기적 세계가설은 감사를 판단과정의 부분을 형성하는 더 많은 질적 고려사항과의 전체론적 통합을 강조하는 판단과정으로 간주한다.

Dirsmith · Haskins는 다음을 가정하고 있다.

> 고유위험평가에 관한 감사인의 인지와 특정한 의뢰기업을 위해 이 평가를 서술하기 위해 감사인이 이용하는 언어는 각 회계법인이 채택하는 세계이론에 의해 영향을 받을 것이다(1991, p.75).

나아가, 그들은 기계적, 구조화된 회계법인이 본질적으로 질적이고 분석적 평가를 잘 받지 않는 감사분야에서 그들의 주안점을 무시하는 경향이 있을 것이라고 말한다. 따라

역주1) root metaphor is the underlying worldview that shapes an individual's understanding of a situation. 하나의 예를 들자면, 건강을 기계적 과정으로 이해하는 것이다.

서 이러한 법인은 '상대적으로 구조화되고, 프로그램가능하며, 구체적이고 친숙한' 그러한 감사부분에 주안점을 둘 가능성이 있을 것이다. 역으로, 구조화가 적은 회계법인은 증거의 양적인 형태와 질적인 형태에 더욱 균형잡힌 주안점을 둘 것으로 간주된다.

이러한 가설은 위험평가에 대한 태도와 기업구조 사이의 관계를 확증한다. 우리는 구조화된 회계법인의 감사인이 예를 들어, 세계적인 감사 접근방법에서 더 큰 전략적 주안점, 표본추출방법론, (양적인 비재무적 지표의 분석을 포함해서) 분석적 검토전략 등의 결과에 대한 그들의 상대적 정교함에 더 많이 의존한다고 생각한다. 그러므로 우리는 구조화된 회계법인이 감사를 계획하고 실시할 때 질적 및 양적 위험요소 평가의 상대적 중요성을 인식하고 있지만, 전략적 양적 분석을 이용하는 위험요소를 식별하는 것에 대한 이들의 의존성 때문에 질적 평가에 대한 강조를 감소시킬 수 있다는 것을 인식한다. 구조화된 회계법인은 감사분야참모(예를 들면, 산업통계, 일반적인 질적 산업위험평가와 프로그램, 현재의 기술현안논문, 전단지 등)가 이용하기 위한 고품질의 일반적인 연구와 기술적 자료를 생산하는 기술부문에 실질적인 자원을 배치한다는 것이 인식되어야 한다. 우리는 이러한 자료의 이용가능성이 의뢰기업에 연루된 전반적인 위험에 관한 구조화된 회계법인의 평가에서 중요하다고 인식한다. 이익'유연화'나 '조작'의 목적으로 감사의뢰기업에 의해 선택된 회계선택을 구조화된 회계법인이 더 묵인할 것이라는 명제를 유도하는 것이 이러한 의존성이다. 이러한 법인은 전반적인 감사위험에 관한 의사결정과 부적절한 감사의견을 제시하는 파생효과에 영향을 주는 자원을 가진다. 구조화된 회계법인의 기본적인 감사접근방법에 결함이 있다는 것을 주장하는 것이 아니라, 구조화된 회계법인의 주안점이 의뢰기업파산의 감사위험에 관한 장기적 관점과 이익조작에 관한 단기간의 묵인에 더 많이 있는 것 같다.[2)]

이러한 동일한 결론에 도달하기 위해, 비구조화된 회계법인은 더 큰 수준의 질적 평가를 요구하며, 더욱 신뢰가능한 질적 자료에 접근함으로써 이익조작을 묵인하지 않을 것

역주2) 여기서 우리는 회계방법의 차이가 기업의 효율적 계약수요를 반영하고, 기업환경의 차이의 함수이며, 미래영업이익을 감소시킬 회계변화를 하지 않을 기업의 욕구를 반영한다는 것을 시사하는 실증적 회계선택이론의 발전(예를 들면, Mian · Smith, 1990; Anderson · Zimmer, 1992a)을 따르고 있다.

이라고 주장된다. Cushing · Loebbecke(1986)은 고도로 구조화된 회계법인과 전문가 판단을 적용할 기회의 감소 사이의 상관관계를 확증하고 있다. 우리는 회계법인구조의 특징에 대한 더 큰 의존성이 질적 평가의 상대적 깊이를 좁게 하고 감사위험에 비위협적인 것으로 회계법인이 인식한 이익조정('이익유연화')에 대한 묵인정도를 넓히고 있다고 가정한다. 이 명제는 (Kinney, 1986에 의해 분류된) 8대 회계법인의 의뢰기업이 이익에 영향을 주는 회계정책선택을 실시하는 정도를 탐구함으로써 검정되고 있다. 어떤 회계법인이 어떤 회계정책상황과 관련있는 의뢰기업을 모으기 때문에, 이 실험에 의해 통제되지 않는 상황은 감사의뢰기업 포트폴리오의 본질이다.

2. 연구방법

회계정책변화의 발생을 결정하기 위해 서호주의 463개 공개기업 연례보고서가 1987년과 1988년에 기말이 되는 회계연도동안 검토되었다. 1987년 6월 30일 이후에 법인으로 되었거나, 1988년 6월 30일 이전에 파산하였거나 자료가 누락되어 1988년과 1987년에 이용할 수 있는 재무제표가 없는 96개 기업은 연구에서 제거되었다. 연구대상인 회계연도는 Kinney의 분류와 일치하였으며, 주요기업의 수를 감소시킨 일련의 합병 직전에 8대 회계법인의 활동을 조사할 기회를 제공하고 있다.

한 회계연도로부터 다음 회계연도까지 회계정책의 변화는 공시된 정책선택의 변화로 정의되었다.[3)] 강제적 변화가 식별되었지만, 재량적 변화의 효과만이 검토되었다. 이러한 변화는 감사인의 보고서와 재무제표에 대한 주석(및 특히 호주회계기준위원회의 AASB1001이 규정한 중요한 회계정책을 서술하는 주석)에 의해서 결정되었다.

관찰대상인 기업이 공시한 모든 회계변화는 독립적인 사례로 취급되었으며, 모든 변화에 관한 자료가 영향에 관계없이 수집되었다. 분석후에 변화는 다섯가지 집단으로 분류되었다.

역주3) 그렇게 하는데서, 우리는 회계기법은 기업환경에 의존하면서 매년 독자적으로 선택된다는 것을 주장하는 데서 Anderson · Zimmer(1992b, p.58)을 따르고 있다.

- 한정의견 감사보고서에 반응한 변화;
- 입법과 새로운/개정된 회계기준에 반응한 강제적 변화;
- (명확한 재무상태표영향이 분명할지라도) 비확정적인 소득효과를 가진 변화;
- 특별항목이 정상/비정상적인 것으로 상당히 포함되고 있었지만 특별항목으로 취급되고 있는 비용으로 된 변화와 정상적 및 비정상적 영업과 관련있는 변화를 포함한 이익증가변화;
- 법인세차감후이익이 감소하게 되는 이익감소변화.

조사자가 실시한 회계정책변화에 관한 독립적인 평가의 비교는 실질적인 분류합의로 되었다. 세 달 간격으로 조사자가 시도한 완전한 재분류는 변화의 4%만이 재분류되고 있었는데, 실질적으로 확정적이었다.

자료에서 모든 기업의 경우, 다음과 같은 정보도 수집되었다.

- (관찰이 모집단에서 제거된 기간에 감사인변경이 발생하였던) 감사인;
- (파산중인 것을 포함하여, 파산 또는 비파산으로 정의된) 생태;
- 자산합계로 측정된 규모;
- 산업집단.

표본결과에 대한 이러한 변수의 가능한 영향을 검정하기 위해 정보가 수집되었다. 회계정책에 대한 변화충당금이 감사인변경과 식별가능하게 연결되지 않거나, 표본추출되는 기업의 산업이나 재무조건, 규모 등에 의해 영향을 받지 않는다면, 가설적인 결과가 강화될 것이라는 점이 고려되었다.

3. 결과

완전한 자료를 이용할 수 있는 367개 기업의 모집단 분석으로 176개 기업이 회계정책변화를 하였으며, 전체 278개의 변화가 다음과 같이 되었다는 것이 드러났다.

감사한정사항에 대한 반응	9
강제적 변화	109
비확정적인 이익효과	52
이익증가	79
이익감소	29
	278

회계정책변화는 다음에 따라 기업간에 분포되었다.

〈도표1〉

회계정책변화 합계	기업의 수	강제적 변화	기업의 수	재량적 변화	기업의 수
0	191	0	276	0	249
1	105	1	73	1	77
2	48	2	18	2	32
3	17			3	8
4	4			4	1
5	2				
기업 합계	367	기업 합계	367	기업 합계	367
변화 합계	278	변화 합계	109	변화 합계	169

3개 이상의 재량적 회계정책변화를 가지는 9개의 기업 중에서, 7개의 기업이 8대회계법인의 감사를 받았는데, 5개의 기업은 추출산업에 속하고, 1개의 기업만이 대기업이었으며, 4개의 기업은 〈도표4〉에서 지적한 바와 같이 소기업이었다. 28개 변화 중에서 절반이 이익증가이었다.

〈도표2〉의 상세한 수치로 인해서 회계정책변화의 분포와 감사인선택의 연관성에 관해 많은 통계평가를 할 수 있다. 〈도표2a〉－〈도표2d〉에서 서술된 검정은 〈도표2〉에서 인용한 자료에 모두 기초하고 있다.

〈도표2〉 회계정책변화에 대한 감사인의 영향

	기업			회계정책변화						
감사인	기업 수	변화 수	정책 변화	강제	AQ에 대한 반응	중립	평균 이상 이익	평균 이하 증가	이익 감소	합계
(DHS) Deloittes	15	6	9	7	1	3	1	3	2	17
(PMH) Peat Marwick	18	9	9	3	0	3	2	3	2	13
(TR) Touch Ross	26	8	18	11	0	2	8	9	2	32
(AA) Arthur Andersen	43	18	25	11	4	5	9	4	5	38
(AY) Arthur Young	38	19	19	9	0	5	7	0	3	24
(EW) Ernst & Whinney	32	15	17	11	0	6	7	6	2	32
(CL) Coopers & Lybrand 25	13	12	11	1	2	1	0	1	16	
(PW)Price Waterhouse 18	9	9	8	0	4	0	0	1	13	
8대 회계법인	215	97	118	71	6	30	35	25	18	185
비8대 회계법인	152	94	58	38	3	22	8	11	11	93
합계	367	191	176	109	9	52	43	36	29	278

8대/비8대(Big8/Non-Big8) 회계법인의 분리는 회계정책변화의 발생을 결정하는데 중요한 요소이다. 〈도표2a〉는 모든 변화를 고려할 때 P〈0.002를 보여주는데 반하여, 〈도표2b〉는 강제적 변화가 제외될 때 P〈0.01을 보여준다.

8대 회계법인 중에서, Kinney의 분류는 회계정책변화와 관계가 있는 것 같다. 〈도표2c〉에서, 정책변화의 수는 8대 회계법인의 Kinney분류의 세 가지 수준 I, II, III에 대해 지수화되어 있다. Kinney분류 범주의 자연스러운 배열(ordering)을 고려할 때, 일반적인 χ^2검정은 유의적이지 않지만(χ^2=1.5), Kendall의 tau에 입각한 검정은 일치하는 관찰쌍과 불일치하는 관찰쌍의 수를 계산하면, z=−1.68과 P〈0.05을 가진다. Kendall의 tau 검정에 관해 상세한 것은 Brown(1988)을 참조하고, 서열범주를 가진 분할표를 검정하는 일반적인 주제는 Best · Rayner(1996), Beh · Davey(1999) 및 이들의 참고문헌을 참고하라.

강제적 회계변화를 제외한다면 〈도표2c〉의 결론은 상당히 강화된다. 〈도표2d〉는 명세표를 가지고 있다. 서열화된 Kinney범주를 고려하는 Kendall의 tau 검정은 z=2.295, P=0.011이지만, Kinney분류범주의 서열을 무시하는 일반검정도 $\chi^2{}_2$=7.84, P〈0.00을 가진나.

8대/비8대 범주화나 Kinney회계법인분류와 이익변화사건의 연관성을 조사하기 위해 〈도표2〉의 자료에 관해 추가분석을 실시할 수 있다. 복수의 이익변화사건(i.c.cs)은 단일법인과 연관될 수 있기 때문에, 상이한 통제검정형태가 요구된다.

그러나, 만약 이익변화사건의 발생에 표준Poisson모형이 적용된다면 간단한 분석이 나온다. 관찰된 칸(cell) 계산은 그 계산에 반영되는 기업의 수와 더불어 그 모수(parameters)가 기본적인 Poisson비율의 산물인 독립적인 Poisson무작위변수의 실현이다. 그리하여 **그 합계에 조건적인** Poisson변수 집합의 분포는 다항식(단지 두 개 변수의 경우에는 이항식)이라는 기본사실을 이용하여, 자료구조는 기대양상에 대해 관찰계산의 단일 열(row)을 검정하는 것으로 감소한다. 이러한 상황의 경우, 적합도(a goodness-of-fit)검정이 기본적이다.

예를 들면, 8대 대 비8대 회계법인 비교의 경우, 〈도표2〉의 자료는 다음과 같이 된다.

〈도표2a〉 정책변화의 발생과 회계법인 분류($\chi^2=9.98$, $P<0.00$)

	무변화	일부변화	합계
8대	97	118	215
비8대	94	58	152
합계	191	176	367

〈도표2b〉 회계법인분류와 정책변화의 발생. 강제적 변화는 제외($\chi^2=7.43$, $P<0.00$)

	무변화	일부변화	합계
8대	97	47	144
비8대	94	20	114
합계	191	67	258

	8대	비8대	합계
i.c.es의 수	78	30	108
회계법인의 수	215	152	367
기대수치	63.270	44.730	108

(관찰된 것(78.30)을 기대된 것(63.27, 44.73)와 비교하면 $\chi_1^2=8.27$, $P=0.00$)

〈도표2c〉 정책변화의 발생과 8대 회계법인의 Kinney분류(서열범주분할표의 Kendall의 tau 검정 $z=1.68$, $P<0.05$)

Kinney분류	무변화	일부변화	합계
I.(DHS, PMH, TR)	23	36	59
II.(AA, AY, EW)	52	61	113
III.(CL, PW)	22	21	43
합계	97	118	215

〈도표2d〉 8대 회계법인의 Kinney분류와 정책변화의 발생(강제적 변화를 생략)
(서열범주 분할표의 Kendall의 tau검정은 z=2.295, P=0.011)

Kinney분류	무변화	일부변화	합계
I	23	15	38
II	52	30	82
III	22	2	24
합계	97	47	144

〈도표3〉 1986년도 이익증가/감소변화의 분류

Kinney분류	I	II	III	합계
i.c.es의 수	32	43	3	78
기업의 수	59	113	43	215
기대수	21.405	40.995	15.600	78

Kinney 분류	이익증가		이익감소	변화합계	기업의 수
	평균이상	평균이하			
집단1	11	15	6	62	59
집단2	23	10	10	94	113
집단3	1	0	2	29	43
8대	35	25	18	185	215
비8대	8	11	11	93	152
합계	43	36	29	278	367

평균이상변화와 평균이하변화의 분석은 1986년 이후 특별항목개념에 변화를 고려하지 않고 있다. 특별항목으로서의 변화분류는 이제 비교적 드물다.

4. 논의

결과는 Kinney(1986)분류에서 판단으로 분류된 그러한 회계법인은 의뢰기업이 보고이익을 증가시키거나 감소시키는지의 여부에 관계없이, 회계정책선택을 보고하는 의뢰기업과 연관이 없다는 것을 명확하게 보여준다. 이 조사가 실시된 그 당시 8대 회계법인 내에서 Coopers & Lybrand와 Price Waterhouse는 동료감사인보다 회계정책변화를 통한 이익조작에 관대하지 않은 것 같다. 그러나, 여러 가지 다른 요소가 이 연구의 관찰결과에 기여하고 있을 것이며, 이들을 여기서 살펴본다.

많은 저자(예를 들면, Morse · Richardson, 1983)는 기업의 규모와 산업부문이 이익증가회계정책의 발생에 영향을 줄 것이라고 주장하였다. Eichensecher · Danos(1981)는 특정한 산업에서 감사인의 전문화를 언급하고 있다. 그러므로 회계정책변화는 감사인보다는 기업규모나 산업과 연관이 있을 것이다. 〈도표4〉는 감사인과 감사인집단간에 규모에 의한 기업의 분포를 보여주고 있다.

〈도표4〉 감사인과 의뢰기업의 규모

감사인규모	소 (TA〈1천만불)	중	대 (TA〉6천만불)	합계
Peat Marwick	11	4	3	18
Touche Ross	15	9	2	26
Deloittes	5	7	3	15
감사인 집단1	31	20	8	59
Arthur Andersen	26	13	4	43
Arthur Young	15	13	10	38
Ernst&Whinney	16	14	2	32
감사인 집단2	57	40	16	113
Coopers&Lybrand	10	7	8	25
Price Waterhouse	6	7	5	18
감사인 집단3	16	14	13	43
합계	104	74	37	215

8대 회계법인간에, Kinney집단과 의뢰기업의 규모 간에 연관성이 존재한다는 것을 시사하는 일부 증거가 약하지만 있다. 〈도표4a〉에서 전통적인 χ^2가 유의적이지 않지만, 두 분류가 서열적이고(말하자면, 의뢰기업규모와 Kinney분류)와 연관성에 대한 Kendall의 tau 검정은 z=1.546, P=0.06이라고 말할 수 있다. 이 p값은 유의성에 접근하며, Kinney분류가 의뢰기업의 규모와 연관되는 것을 통해 간접적으로 회계정책변화에 영향을 줄 것이라는 문제를 제기한다. 그러나 〈도표2a〉-〈도표2d〉에서 연관성의 강도는 〈도표4a〉에 있는 연관성보다 더 강하기 때문에, 이것은 오로지 제한된 설명효과를 가질 수 있다.

〈도표4a〉 감사인과 의뢰기업규모 합계

Kinney분류	규모			합계
	소	중	대	
I	31	20	8	59
II	57	40	16	113
III	16	14	13	43
합계	104	74	37	215

〈도표5〉 산업집단간에 감사인의 분포

감사인산업집단	집단1	집단2	집단3	합계
연구와 상담	7	11	2	20
소매와 유통	8	13	6	27
제조와 건설	5	16	1	22
금융과 투자	10	16	10	36
추출	27	45	19	91
여가	2	6	2	10
비은행금융기관	0	6	3	9
합계	59	113	43	215

이 표본에서 8대회계법인 간에 기업의 분포는 의뢰기업의 산업집단에 의해 영향을 받은 것 같지 않다. 기대값을 구하기 위해 여가와 비은행금융기관이라는 소 범주를 결합한 후에 〈도표5〉의 자료를 이용하면 $\chi^2_{10}=10.77$은 유의적이지 않다.

Cravens · Flagg · Glover(1994)는 Price Waterhouse와 Coopers & Lybrand 등과 같은 법인이 더 낮은 시장위험, 보다 큰 수익성, 더 낮은 부채비율 등과 연관이 있는 의뢰기업기반을 가진다고 주장한다. 그러므로 회계정책변화는 열등한 재무성과를 가진 산업 및 기업과 연관되어 있는 것 같다. Houghton · Smith(1991)에 기인하고, 구체적으로 서호주기업환경에 맞는 모형인 Z점수 재무파산척도는 감사인과 산업집단 간에 재무성과를 비교하기 위해 이용되었다. 〈도표6〉은 7개의 산업집단간에 평균재무성과의 차이를 상세히 보여주고 있다.

비은행금융기관과 추출부문은 분명히 최고의 성과자이지만, 금융과 투자부문은 최대의 재무파산(distress)을 보여주고 있다. 〈도표6〉의 자료는 산업집단간에 재무파산의 Z점수 차이를 검정하기 위해 ANOVA를 계산하는데 이용될 수 있다(〈도표6a〉를 참조).

〈도표6〉 산업집단과 재무성과

산업집단	기업의 수	Z점수	
		평균	표준편차
연구와 상담	20	0.730	2.279
소매와 유통	27	0.716	2.029
제조와 건설	22	0.202	2.721
금융과 투자	36	-0.314	2.777
추출	91	0.724	1.728
여가	10	-0.019	1.508
비은행금융기관	9	1.531	1.186
합계	215	0.482	2.141

〈도표6a〉 산업집단간에 재무파산의 차이를 검정하기 위한 ANOVA

		차이분석		
원천	자유도	SSQ	평균SQ	F
부문	6	44.947	7.49	1.66(p〉0.1)
오차	208	938.103	4.51	
합계	214	983.050		

그리하여 재무성과가 산업집단간에 차이가 있다는 것을 시사하는 증거는 없다. 또한 재무성과의 차이는 분명히 Kinney감사인분류간에 확대되지 않는다. 〈도표7〉은 감사인과 감사집단간에 평균재무성과의 차이를 보여주고 있다.

〈도표7〉의 자료는 Kinney감사인집단간에 재무파산의 평균Z점수의 차이를 검정하기 위해 ANOVA를 계산하는데 이용될 수 있다.

〈도표7〉 감사인과 의뢰기업 재무성과

감사인	기업의 수	Z 점수	
		평균	표준편차
Peat Marwick	18	0.784	1.590
Touche Ross	26	-0.130	1.349
Deloittes	15	0.749	1.156
감사인집단1	59	0.372	1.432
Arthur Andersen	43	-0.203	3.399
Arthur Young	38	0.018	1.746
Ernst & Whinney	32	0.790	1.621
감사인집단2	113	0.489	2.524
Coopers & Lybrand	25	0.784	1.935
Price Waterhouse	18	0.379	1.798
감사인집단3	43	0.615	1.868

〈도표7a〉의 분산분석(ANOVA)은 유의적이지 않다. 그러나 개선된 재무성과는 우리가 집단1로부터 집단2를 거쳐 집단3으로 나아감에 따라 분명하다. 그러나, 집단2의 변동가능성은 Z점수에서 집단내차이를 상대적으로 매우 크게 만들어서 집단간의 차이는 통계적으로 유의적이지 않다. 개별감사인 수준에서, 평균Z점수는 Arthur Young(집단2), Coopers & Lybrand(집단2), Deloittes(집단1)의 경우에 가장 높아서 의뢰기업의 재무성과와 Kinney의 감사구조분류 사이에 직접적인 상응성은 없다.

〈도표7a〉 Kinney감사인분류간에 재무파산의 평균수준차이를 검정하기 위한 ANOVA

		분산분석		
원천	자유도	SSQ	평균SQ	F
감사인집단간	2	7.012	3.506	〈1, 비유의적
기업간				
집단1내부	2	11.739	5.870	〈1
집단2내부	2	21.756	10.878	1.30 비유의적
집단3내부	1	1.717	1.717	〈1
오차	206	931.487	4.522	

이 연구의 결과는 8대회계법인이 여전히 보편적일 때인 1980년대 후반의 기간과 서호주에만 적용가능하다는 점에서 외적 타당성을 결하고 있다고 주장될 것이다. 두 현안은 아래에서 조사되고 있다.

Smith(1998)는 시가총액에 의해 208개의 대형 상장기업에 의해 시도된 12개의 회계조작기법과 감사인 사이의 연계를 결정하기 위해 Smith(1992)에 보고된 영국자료를 재평가하고 있다. Smith(1998)는 이러한 기법 중에서 7개가 분명한 이익효과를 가지는 것으로 식별하고 있으며, 그 당시 6대 회계법인과 연관된 185개 기업에 대해 회계법인과의 관계를 탐구하고 있다. 그는 KPMG가 평균이상으로 인수전상각(pre-acquisition write-down)의 채택과 연관되어 있으며, Price Waterhouse는 특별항목 및 이상항목과 평균이하로 연관되어 있다고 주장한다. 전반적으로, KPMG는 예상보다 유의적으로 더 많은 조작을 가지며, Coopers & Lybrand는 유의적으로 적다는 것이 분명하지만, 이와는 달리 감사인효과의 방향은 오늘날의 연구 결과보다 덜 명확하게 규정되어 있다. 확실히 1992년 영국 자료는 1987년 Kinney 분류를 선행연구보다 적게 지지하고 있다.

Smith · Kestel(1999)은 이 연구를 위해 자료를 제공한 동일한 서호주기업에 대해 1988년-1994년의 기간에 회계정책변화에 관한 시계열분석을 실시하였다. 그러나 단지 49개의 기업만이 전체기간동안 독자적으로 살아남았으며, 상대적으로 적은 수의 정책변화(전체 67개 이지만, 대형 회계법인 그룹의 경우 40개)을 하였다. 한정된 관찰수가 가능한 통계분석수준을 제한하지만, 1987년에 분명한 회계법인 차이는 이후의 기간에는 거의 그렇게 두드러지지 않았다. 집단3(비구조화) 회계법인인 Price Waterhouse와 Cooper & Lybrand는 예상보다 훨씬 더 적은 이익감소 회계정책변화를 가졌지만, 다른 측면에서 세 집단은 구별할 수 없다.

많은 연구가 회계법인의 복지에 대한 기업이미지의 중요성을 강조하고 있다. Scott · Van der Walt(1994)는 기업이미지가 의뢰기업에 의한 기업선택의 지침이 되는 가장 중요한 특징이라고 주장한다. Beattie · Fearnley(1995)는 명성/품질이 가장 중요한 특징이고, Armstrong · Smith(1996)는 직업정신(professionalism)이 6대 회계법인의 의뢰인에게 가장 중요한 서비스품질측면이라는 점을 발견하고 있다. 그러므로 이미지는 다양성과 제품차별화를 추구할 때 회계/회계법인의 중요한 요소이다. Moizer(1998)는 대형회계법인의 기업개성(personality)을 개발하기 위해 1987년과 1996년에 영국기업의 재무담당이사를 실태조사하였다. 그는 회계법인을 서술하기 위해 이용된 많은 구절을 조사하였으며, 이사가 각 서술과 연관된 정도를 측정하기 위해 의미론적 차이(semantic differential)를 채택하였다. 1987년에 기업간에 관찰된 다양성(이의 대부분은 Arthur Andersen, Deloittes, Haskins and Sells 등과 연관된 극단적인 예외에 기인한다)으로 기업을 기업이미지에 입각해서 네 개의 집단구조로 분류할 수 있었다

집단A(CL, PW, KPMG), 집단B(EW, AY), 집단C(DHS, TR), 집단D(AA)

이 집단분류는 1987년의 Kinney분류와 매우 일치한다.

상응하는 1996년의 실태조사는 Arthur Andersen이 그 경쟁법인과 가장 다른 기업으로 여전히 인식되고 있다는 것을 보여주고 있지만, 그 다양성의 대부분은 사라졌으며, 그리하여 개정된 분류가 더 적절하다는 것을 보여주고 있다.

집단A(CL, PW, KPMG), 집단B(EY, D&T), 집단C(AA)

Moizer연구에서 1987년-1996년, 세계의 회계법인간에 다양성의 감소는 상기의 회계정책변화에 관한 연구의 결론을 거울처럼 비추고 있다. 주요한 법인의 수가 8개에서 (현재) 5개[4)]로 감소하였으며, 동시에 생존기업의 경력도 함께 오고 있다. 모든 연구가 기업문화의 근접성을 시사하면서 (CL와 PW)와 (EW와 AY)로 분류하고 있다.

5. 결론

이 연구의 결과는 Kinney(1986)와 Moizer(1998)에 의해 식별된 것과 동일한 방식으로 상응하는 기간에 회계법인 집단화와 연관된 회계이익정책변화의 수준을 식별하고 있다. 식별된 많은 활동에 대한 집단내의 법인의 영업의 근접성은 그 당시 8대 회계법인간에 이후의 합병의 성공이나 실패를 설명하는 것을 도와줄 것이다.

최근의 경험적 증거는 대형회계법인간에 다양성의 정도가 이제는 더욱 널리 채택되고 있는 더욱 구조화된 접근방법으로 1980년대 후반부터 하락하고 있다는 것을 시사한다. 그러나 법인과 법인이 인지되는 방식 간에 차이가 지속하고 있다.

이러한 연구의 결과는 감사인간에 감사인의 선택, 감사인의 교체, 미래합병활동에 대해 시사점을 가지며, 전세계적으로 5대회계법인의 활동에 초점을 두는 추가연구를 보장한다.

역주4) 최근(2018)에는 대형회계법인이 Big4다.

6. 참고문헌

Anderson, D. and I. Zimmer(1992a), "Reactions to Regulation of Accounting for Goodwill", *Accounting and Finance*, 32(2), pp.27-50.

________________(1992b), "Time Series Analysis of Accounting Policy Choice: Reply", *Accounting and Finance*, 32(2), pp.57-60.

Amstrong, R.W. and M. Smith(1996), "Marketing Cues and Perceptions of Service Quality in the Selection of Accounting Firms", *Journal of Customer Service in Marketing and Management*, 2(2), pp.37-60.

Beattie, V.A. and S. Fearnley(1995), "The Importance of Audit Firm Characteristics and the Drivers of Auditor Change in UK Listed Companies", *Accounting and Business Research*, 25(100), pp.227-239.

Beh, E.J. and P.J. Davy(1999), "Partitioning Pearson's Chi-squared Statistic for a Partially Ordered Three-way Contingency Tables", *Australian and New Zealand Journal of Statistics*, 41(2), pp.233-246.

Best, D.J. and J.C.W. Rayner(1996), "Nonparametric Analysis for Doubly Ordered Two-way Contingency Tables", *Biometrics*, 52(3), pp.1153-1156.

Brown, B.M.(1988), "Kendall's tau and Contingency Tables", *Australian & New Zealand Journal of Statistics*, 30(3), pp.276-291.

Burns, T. and G.M. Stalker(1961), *The Management of Innovation*, London: Tavistock.

Cravens, K.S., J.C. Flagg and H.D. Glover(1994), "A Comparison of Client Characteristcis by Auditor Attributes: Implications for the Auditor Selection Process", *Managerial Auditing Journal*, 9(3), pp.27-36.

Cushing, B.E. and J.K. Loebbecke(1986), *Comparison of Audit Methdologies of Large Accounting Firms*, Studies in Accounting Research, No.26, American Accounting Association, Sarasota, Florida.

Dirsmith, M.W. and M.E. Haskins(1991), "Inherent Risk Assessment and Audit Firm Techonology: A Contrast in World Theories", *Accounting, Organizations and Society*, 16(1), pp.61-90.

________ and J.P. McAllister(1982), "The Organic vs The Mechanistic Audit", *Journal of*

Accounting, Auditing and Finance, 5(3), pp.214-228.

Eichenseher, J. and P. Danos(1981), "The Analysis of Industry Specific Auditor Concentration: Towards an Explanatory Model", *The Accounting Review*, 56(3), pp.479-492.

Fellingham, J.C. and D.P. Newman(1985), "Strategic Considerations in Auditing", *The Accounting Review*, 60(4), pp.634-650.

Graham, L.E.(1985), "Audit Risk-Part III", *CPA Journal*, 55(10), pp.36-43.

Joyce, E.J. and R. Libby(1982), "Behavioral Studies of Audit Decision Making", *Journal of Accounting Literature*, 1, pp.103-121.

Houghton, K.A. and M. Smith(1991), "Loan Risk and the Anticipation of Corporate Distress: West Australian Evidence", in K. Davis and Harper(eds), *Risk Management in Financial Institutions*, Sydney, NSW: Allen & Unwin, pp.61-74.

Kinney, W.(1984), "Discussants' Response to an Analysis of the Audit Framework Focusing on Inherent Risk and the Role of Statistical Sampling in Compliance Testing", in H.F. Stettler and N.A. Ford(eds), *Auditing Symposium VII*, University of Kansas, pp.127-132.

__________(1986), "Audit Technology and Preference for Auditing Standards", *Journal of Accounting and Economics*, 8(1), pp.73-89.

Mian, S.L. and C.W. Smith(1990), "Incentives for Unconsolidated Financial Reporting", *Journal of Accounting and Economics*, 12(1/3), pp.141-171.

Mintzberg, H.(1979), *The Structuring of Organizations*, Englewood Cliffs, NJ: Prentice Hall.

Moizer, P.(1998), "The Corporate Images of the 1996 Big Six and the 1987 Big Eight", *Conference of the European Accounting Association*, Antwerp, April.

Morris, M. and W. Nichols(1988), "Consistency Exceptions: Materiality Judgement and Audit Firm Structure", *The Accounting Review*, 63(2), pp.237-254.

Morse, D. and G. Richardson(1983), "The LIFO/FIFO Decision", *Journal of Accounting Research*, 21(1), pp.106-127.

Scott, D.R. and N.T. Van der Walt(1994), "Choice Criteria in the Selection of International Accounting Firms", *European Journal of Marketing*, 29(1), pp.27-39.

Smith, M.(1998), "Creative Accounting: The Auditor Effect", *Managerial Auditing Journal*, 13(3), pp.155-158.

________ and J. Kestel(1999), "A Time-Series Analysis of Accounting Policy Changes: West

Australian Evidence", *Schol of Accounting Seminar Series*, University of South Australia.

Smith, T.(1992), *Accounting for Growth*, London: Century Business.

Stringer, K.W.(1981), "Future Directions in Auditing Research", *The Auditor's Report*, Summer, pp.3-4.

Sullivan, J.D.(1984), "The Case for the Unstructured Audit Approach", in H.F. Stettler and N.A. Ford(eds), *Auditing Symposium Vll*, University of Kansas.

Williams, D.D. and M.W. Dirsmith(1988), "The Effects of Audit Technology on Auditor Efficiency: Auditing and the Timeliness of Client Earnings Announcements", *Accounting, Organizations and Society*, 13(5), pp.487-508.

참고문헌

Abdel-Khalik, A.R. and Ajinkya, B.B.(1979), *Empirical Research in Accounting: A Methodological Viewpoint*, American Accounting Association, Accounting Education Series, 4, Sarasota, FL.; 정명환 · 배후석 공역(2001), 회계학 실증연구 방법론, 학현사.

Abdolmohammadi, M. and Wright, A.(1987), "An Examination of the Effects of Experience and Task Complexity on Audit Judgements", *The Accounting Review*, 62(1), 1-13.

Abernethy, M.A., Chua, W.F., Luckett, P.F. and Selto, F.H.(1999), "Research in Managerial Accounting Learning from Others' Experiences", *Accounting and Finance*, 39(1), 1-27.

__________, Horne, M., Lillis, A.M., Malina, M.A. and Selto, F.H.(2005), "A Multi-method Approach to Building Causal Performance Maps from Expert Knowledge", *Management Accounting Research*, 16(2), 135-155.

Abrahamson, E. and Amir, E.(1996), "The Information Content of the President's Letter to Shareholders", *Journal of Business Finance and Accounting*, 23(8), 1157-1182.

__________, and Park, C.(1994), "Concealment of Negative Organizational Outcomes: An Agency Theory Perspective", *Academy of Management Journal*, 37(5), 1302-1334.

Aerts, W.(2005), "Picking up the Pieces: Impression Management in the Retrospective Attributional Framing of Accounting Outcomes", *Accounting, Organizations and Society*, 30(6), 493-517.

Agarwal, V. and Taffler, R.J.(2007), "Twenty-five Years of the Taffler Z-Score Model: Does It Really Have Predictive Value?", *Accounting and Business Research*, 37(4), 285-297.

Agnew, N.M. and Pike, S.W.(1994), *The Science Game: An Introduction to Research in the Social Sciences*, 6th edn, Englewood Cliffs, NJ: Prentice Hall.

Ahrens, T.(2008), "Overcoming the Subjective-Objective Divide in Interpretive Management Accounting Research", *Accounting, Organizations and Society*, 33(2/3), 292-297.

__________ and Chapman, C.(2006), "Doing Qualitative Field Research in Management Accounting: Positioning Data to Contribute to Theory", *Accounting, Organizations and Society*, 31(8), 819-841.

__________ and Dent, J.F.(1998), "Accounting and Organizations: Realizing the Richness of Field Research", *Journal of Management Accounting Research*, 10, 1-39.

Aiken, M. and Hage, J.(1968), "Organizational Interdependence and Intra-organizational Structure", *American Sociological Review*, 33(6), 912-930.

Alcouffe, S., Berland, N. and Levant, Y.(2008), "Actor-networks and the Diffusion of Managerial Accounting Innovations: A Comparative Study", *Management Accounting Research*, 19(1), 1-17.

Aljifri, K. and Hussainey, K.(2007), "The Determinants of Forward-looking Information in Annual Reports of UAE Companies", *Managerial Auditing Journal*, 21(5), 476-496.

Alison, P.D.(2009), *Fixed Effects Regression Models*, California: Sage Publications.

Altman, E.I.(1968), "Financial Ratios, Discriminant Analysis and the Prediction of Corporate Bankruptcy", *Journal of Finance*, 23(4), 580-609.

__________(1993), *Corporate Financial Distress and Bankruptcy: A Complete Guide to Predicting and Avoiding Distress and Profiting from Bankruptcy*, 2nd ed., New York: Wiley.

__________, Haldeman, R. and Narayanan, P.(1977), "Zeta Analysis: A New Model to Identify Bankruptcy Risk of Corporations", *Journal of Banking and Finance*, 1(1), 29-54.

__________, Marco, G. and Varetto, F.(1994), "Corporate Distress Diagnosis: Comparisons using Linear Discriminant Analysis and Neural Networks(the Italian Experience)", *Journal of Banking and Finance*, 18(3), 505-529.

Amernic, J.H. and Craig, R.(2000), *CEO Speak: The Language of Corporate Leadership*, Montreal, Ithaca: McGrill-Queen University Press.

__________________________(2008), "A Privatization Success Story: Accounting and Narrative Expression over Time", *Accounting, Auditing and Accountability Journal*, 21(8), 1085-1115.

Anderson, M.J.(1985), "Some Evidence on the Effects of Verbalization on Process: A Methodological Note", *Journal of Accounting Research*, 23(2), 843-853.

___________(1988), "A Comparative Analysis of Information Search and Evaluation Behavior of Professional and Non-Professional Financial Analysts", *Accounting, Organizations and Society*, 13(5), 431-446.

___________, and Potter, G.S.(1998), "On the Use of Regression and Verbal Protocol Analysis in Modeling Analysts' Behavior in an Unstructured Task Environment: A Methodological

Note", *Accounting, Organizations and Society*, 23(5/6), 435-450.

Anderson, T.W. and Rubin, H.(1949), "Estimation fo the Parameters of a Single Equation in a Complete System of Stochastic Equations", *Annals of Mathematics and Statistics*, 20, 46-63.

Andon, P., Baxter, J. and Chua, W.F.(2007), "Accounting Change as Relational Drifting: A Field Study of Experiments with Performance Measurement", *Management Accounting Research*, 18(2), 273-308.

Andrews, F.M.(1984), "Construct Validity and Error Components of Survey Methods: A Structural Modelling Approach", *Public Opinion Quarterly*, 48(2), 409-442.

Ansari, S. and Bell, J.(1991), "Symbolism, Collectivism and Rationality in Organizational Control", *Accounting, Auditing and Accountability Journal*, 4(2), 4-27.

__________ and Euske, K.J.(1987), "Rational, Rationalizing and Reifying Uses of Accounting Data in Organizations", *Accounting, Organizations and Society*, 12(6), 549-570.

Argenti, J.(1993), *Your Organization, What Is It For?* London: McGraw Hill.

Argyris, C.(1952), *The Impact of Budgets on People*, Ithaca, NY: Controllership Foundation Inc., Cornell University.

Armstrong, P.(1987), "The Rise of Accounting Controls in British Capitalist Enterprises", *Accounting, Organizations and Society*, 12(5), 415-436.

_____________(2008), "Calling Out For More: Comment on the Future of Interpretive Accounting Research", *Critical Perspectives on Accounting*, 19(6), 867-879.

Arrington, C.E. and Francis, J.R.(1989), "Letting the Chat out of the Bag: Deconstruction, Privilege and Accounting Research", *Accounting, Organizations and Society*, 14(1/2), 1-28.

______________ and Puxty, A.G.(1991), "Accounting, Interests and Rationality: A Communicative Relation", *Critical Perspectives on Accounting*, 2(1), 31-58.

Ashton, R.H.(1974), "An Experimental Study of Internal Control Judgement", *Journal of Accounting Research*, 12(1), 143-157.

___________(1983), *Research in Audit Decision-Making: Rationale, Evidence and Implications*, Vancouver: The Canadian General Accountants Research Foundation.

___________ and Ashton, A.H.(eds.)(1995), *Judgement and Decision-Making Research in Accounting and Auditing*, New York: Cambridge University Press.

___________ and Kramer, S.S.(1980), "Students as Surrogates in Behavioral Accounting

Research: Some Evidence", *Journal of Accounting Research*, 18(1), 1-15.

Askarany, D. and Smith, M.(2008), "The Diffusion of Management Accounting Innovation: A Longitudinal Study of PACIA", *Managerial Auditing Journal*, 23(9), 900-916.

Assal, H. and Keon, J.(1982), "Nonsampling vs. Sampling Error in Survey Research", *Journal of Marketing*, 46(2), 114-123.

Atkinson, A.A. and Shaffir, W.(1998), "Standards for Field Research in Management Accounting", *Journal of Management Accounting Research*, 10, 41-68.

Baddeley, M.C. and Barowclough, D.V.(2009), *Running Regressions: A Practical Guide to Quantitative Research in Economics, Finance and Development Studies*, New York: Cambridge University Press.

Bai, C.E., Liu, Q.L., Lu, J., Song, F.M. and Zhang, J.X.(2004), "Corporate Goverance and Market Valuation in China", *Journal of Comparative Economics*, 32(4), 599-616.

Bai, J. and Kao, C.(2006), "On the estimation and inference of a panel co-integration model with cross-sectional dependence", in B. Baltagi(ed.), *Contributions to Economic Analysis*, New York: John Wiley & Sons Inc., 3-30.

Baiman, S.(1982), "Agency Research in Managerial Accounting: A Survey", *Journal of Accounting Literature*, 1, 154-213.

__________(1990), "Agency Research in Managerial Accounting: A Second Look", *Accounting, Organizations and Society*, 15(4), 341-371.

Baines, A and Langfield-Smith, K.(2003), "Antecedents to Management Accounting Change: A Structural Equation Approach", *Accounting, Organizations and Society,* 28(7/8), 675-698.

Baker, C.R. and Bettner, M.S.(1997), "Interpretive and Critical Research in Accounting: A Commentary on its Absence from Mainstream Accounting Research", *Critical Perspectives on Accounting*, 18(4), 293-310.

Ball, R. and Brown, P.(1968), "An Empirical Evaluation of Accounting Income Numbers", *Journal of Accounting Research*, 6(2), 159-178.

______________________(2014), "Ball and Brown(1968): A Retrospective", *The Accounting Review*, 89(1), 1-26.

Baltagi, B.H.(2005), *Econometric Analysis of Panel Data*, Chichester: John Wiley.

Bandura, A.(1977), *Social Learning Theory*, Englewood Cliffs, NJ: Prentice Hall.

Barrett, M., Cooper, D.J. and Jamal, K.(2005), "Globalisation and the Co-ordination of Work in a Global Audit", *Accounting, Organizations and Society*, 25(2), 1-24.

Barrow, J.C.(1977), "The Variables of Leadership: A Review and Conceptual Framework", *Academy of Management Review*, 2(2), 231-51.

Baruch, Y.(1999), "Response Rates in Academic Studies – A Comparative Analysis", *Human Relations*, 52(4), 421-438.

Baskerville, R.L. and Wood-Harper, A.T.(1996), "A Critical Perspective on Action Research as a Method for Information Systems Research", *Journal of Information Technology*, 11(3), 235-246.

Bauman, M.P.(1996), "A Review of Fundamental Analysis Research in Accounting", *Journal of Accounting Literature*, 15, 1-33.

Bayne, C.K., Beauchamp, J.J., Kane, V.E. and McCabe, G.P.(1983), "Assessment of Fisher and Logistic Linear and Quadratic Discriminant Models", *Computational Statistics and Data Analysis*, 1(1), 257-273.

Beattie, V.A. and McInnes, B. and Fearnley, S.(2004), "A Methodology for Analyzing and Evaluating Narratives in Annual Reports: A Comprehensive Descriptive Profile and Metrics for Disclosure Quality Attributes", *Accounting Forum*, 28(3), 205-236.

__________ and Ryan, R.J.(1989), "Performance Indices and Related Measures of Journal Reputation in Accounting", *British Accounting Review*, 21(3), 267-278.

__________ and Thomson, S.(2007), "Lifting the Lid on the Use of Content Analysis to Investigate Intellectual Capital Disclosures in Corporate Annual Reports", *Accounting Forum*, 31(2), 129-163.

Beaver, W.H.(1966), "Financial Ratio as Predictors of Failure", *Empirical Research in Accounting*(supplement to *Journal of Accounting Research*), 4, 71-111.

Becker, S. and Green, D.(1962), "Budgeting and Employee Behaviour", *The Journal of Business*, 35(4), 392-402.

Bedford, N.M.(1965), *Income Determination Theory: An Accounting Framework*, London: Addison-Wesley.

Bem, D.J.(1972), "Self-Perception Theory", in L. Berkowitz(ed.), *Advances in Experimental Social Psychology*, 6, 1-62.

Beneish, M.D.(1997), "Detecting GAAP Violation: Implications for Assessing Earnings Management Among Firms with Extreme Financial Performance", *Journal of Accounting and Public Policy*, 16(3), 271-309.

__________(1999), "The Detection of Earning Management", *Financial Analysts Journal*, 5(5), 24-36.

Bennett, R.(1991), "How is Research Carried Out?", in N.C. Smith and P. Dainty(eds), *The Management Research Handbook*, London: Routledge, 87-103.

Berelson, B.(1952), *Content Analysis in Communication Research*, London: Free Press.

Berry, A.J., Capps, T., Cooper, D., Ferguson, P., Hopper, T. and Lowe, E.A.(1985), "Management Control in an Area of the NCB: Rationales of Accounting in a Public Enterprise", *Accounting, Organizations and Society*, 10(1), 3-28.

__________, Laughton, E. and Otley, D.T.(1991), "Control in a Financial Service Company(RIF): A Case Study", *Management Accounting Research*, 2(2), 109-139.

Bettman, J.R. and Weitz, B.A.(1983), "Attributions in the Boardroom: Causal Reasoning in Corporat Annual Reports", *Administrative Science Quarterly*, 28(2), 165-183.

Birnberg, J., Shields, M. and Young, S.(1990), "The Case For Multiple Methods in Empirical Research in Management Accounting(With an Illustration from Budgeting Setting", *Journal of Management Accounting Research*, 2, 33-66.

Bisbe, J., Batista-Fouget, J. and Chenhall, R.H.(2007), "Defining Management Accounting Constructs: A Methodological Note on the Risks of Conceptual Misspecification", *Accounting, Organizations and Society*, 32(7), 789-820.

Black, B.S., Jang, H. and Kim, W.(2006), "Does Corporate Governance Predict Firms' Market Value? Evidence from Korea", *Journal of Law, Economics and Organizations*, 22(2), 366-413.

Black, F. and Scholes, M.(1973), "The Pricing of Options and Corporate Liabilities", *Journal of Political Economy*, 81(3), 637-654.

Blau, P.M.(1964), *Exchange and Power in Social Life*, New York: Wiley.

Bloomfield, R. and O'Hara, M.(1999), "Market Transparency: Who wins and Who loses?", *Review of Financial Studies*, 12(1), 5-35.

Bloor, M.(1978), "On the Analysis of Observational Data: A Discussion of the Worth and Uses

Inductive Techniques and Respondent Validation", *Sociology*, 12(3), 542-554.

Blum, M.(1974), "Failing Company Discriminant Analysis", *Journal of Accounting Research*, 12(1), 1-25.

Bollen, K.A. and Long, J.S.(1993), "Introduction", in K.A. Bollen and J.S. Long(eds), *Testing Structural Equation Models*, Newbury Park, CA: Sage, 1-9.

Bonner, S.E. and Sprinkle, G.B.(2002), "The Effects of Monetary Incentives on Effort and Task Performance: Theories, Evidence and a Framework for Research", *Accounting, Organizations and Society*, 27(4/5), 303-345.

__________, Hesford, J.W., Van der Stede, W.A. and Young, S.M.(2006), "The Most Influential Journals in Academic Accounting", *Accounting, Organizations and Society*, 31(7), 663-685.

Bouwman, M.J.(1984), "Expert Versus Novice Decision Making in Accounting: A Summary", *Accounting, Organizations and Society*, 9(3), 325-327.

Bowman, E.H.(1984), "Content Analysis of Annual Reports for Corporate Strategy and Risk", *Interfaces*, 14(1), 61-71.

Boys, P.G. and Rutherford, B.A.(1984), "The Use of Accounting Information by Institutional Investors", in B. Carsberg and M. Page(eds), *Current Cost Accounting: The Benefits and the Costs*, Vol.2, London: Prentice Hall, 103-127.

Brannick, T. and Coghlan, D.(2007), "In Defence of Being Native: The Case for Insider Academic Research", *Organizational Research Methods*, 10(1), 59-74.

Brennan, N.M., Guilamon-Saorin, E. and Pierce, A.(2009), "Impression Management: Developing and Illustrating a Scheme of Analysis for Narrative Disclosures – a Methodological Note", *Accounting, Auditing and Accountability Journal*, 22(5), 789-832.

Briers, M. and Hirst, M.(1990), "The Role of Budgetary Information in Performance Evaluation", *The Accounting Review*, 15(4), 373-398.

Brignall, S. and Ballantine, J.(2004), "Strategic Enterprise Management Systems: New Directions for Research", *Management Accounting Research*, 15(2), 225-240.

Brinn, T., Jones, J. and Pendlebury, M.(1996), "UK Accountants' Perceptions of Research Journal Quality", *Accounting and Business Research*, 26(3), 265-278.

Broadbent, J.(1998), "The Gendered Nature of 'Accounting Logic': Pointers to an Accounting that Encompasses Multiple Values", *Critical Perspectives on Accounting*, 9(3), 267-297.

__________, Laughlin, R. and Read, S.(1991), "Recent Financial and Administrative Changes in the NHS: A Criticla Theory Analysis", *Critical Perspectives on Accounting*, 2(1), 1-29.

Brookfield, D. and Morris, R.(1992), "The Market Impact of UK Company News Announcements", *Journal of Business Finance and Accounting*, 9(4), 585-602.

Brown, B.M.(1988), "Kendall's tau and Contingency Tables", *Australian and New Zealand Journal of Statistics*, 30(3), 276-291.

Brown, C.E. and Solomon, I.(1983), "An Experimental Investigation of Explanations for Outcome Effects on Appraisals of Capital Budgeting Decisions", *Contemporary Accounting Research*, 10(1), 83-111.

Brown, D.A., Booth, P.J. and Giacobbs, F.(2004), "Technological and Organizational Influences, on the Adoption of Activity-based Costing in Australia", *Accounting and Finance*, 44(3), 329-356.

Brown, L.D.(1996), "Influential Accounting Articles, Individuals, PhD Granting Institutions and Faculties: A Citation Analysis", *Accounting, Organizations and Society*, 21(7/8), 723-754.

Brownell, P.(1981), "Participation in Budgeting, Locus of Control and Organizational Effectiveness", *The Accounting Review*, 56(4), 844-860.

__________(1982), "The Role of Accounting Data in Performance Evaluation, Budgetary Participation, and Organizational Effectiveness", *Journal of Accounting Research*, 20(1), 12-27.

__________(1995), *Research Methods in Management Accounting*, Coopers & Lybrand Accounting Research Methodology Monograph No.2, Melbourne: Coopers & Lybrand.

Bryer, R.A.(1999), "Marx and Accounting", *Critical Perspectives on Accounting*, 10(5), 683-709.

Bryman, A.(2001), *Social Research Methods*, Oxford: Oxford University Press.

Buchanan, D., Boddy, D. and McCalman, L.(1988), "Getting In, Getting On and Getting Out", in A. Bryman(ed.), *Doing Research in Organizations*, London: Routledge, 53-67.

Burgstahier, D. and Earnes, J.(2003), "Earnings Management to Avoid Earnings Decreases and Losses: Are Analysts Fooled?", *Contemporary Accounting Research*, 20(2), 253-294.

Burns, J. and Scapens, R.W.(2000), "Conceptualizing Management Accounting Changes: An Institutional Framework", *Management Accounting Research*, 11(1), 3-25.

Burns, R.P. and Burns, R.(2008), *Business Research Methods and Statistics Using SPSS*, London:

Sage.

Burns, T. and Stalker, G.M.(1961), *The Management of Innovation*, London: Tavistock.

Byrne, B.M.(2001), *Structural Equation Modelling with AMOS: Basic Concepts, Applications and Programming*, Mahwah, NJ: Lawrence Erlbaum.

Callon, M.(1986), "The Sociology of an Actor-Network: The Case of the Electric Vehicle", in M. Callon, J. Law and A. Rip(eds), *Mapping the Dynamics of Science and Technology*, London: MacMillan, 19-34.

Campbell, D.(1965), "Ethocentric and other altruistic moves", in D. Levine(ed.), *Symposium on Motivation*, Lincoln, NB: University of Nebraska Press, 283-311.

__________(2003), "Intra- and Intersectoral Effect in Environmental Disclosures: Evidence for Legitimacy Theory?", *Business Strategy and the Environment*", 12(6), 357-371.

__________(2006), "Protocol Analysis", in Z. Hoque(ed.), *Methodological Issues in Accounting Research: theories, methods and issues*, London: Spiramus Press, 399-409.

__________ and Fiske, D.W.(1959), "Convergent and Discriminant Validation by the Multitrait Multimethod Matrix", *Psychological Bulletins*, 56(2), 81-105.

__________ and Stanley, J.(1963), *Experimental and Quasi-Experimental Designs for Research*, Chicago, IL: Rand-McNally.

Campell, J.E.(1984), "An Application of Protocol Analysis to the 'Little GAAP' Controversy", *Accounting, Organizations and Society*, 9(3/4), 329-342.

Canning, J.B.(1929), *The Economics of Accountancy: A Critical Analysis of Accounting Theory*, New York: Ronald Press.

Carpenter, V.L. and Feroz, E.H.(2001), "Institutional Theory and Accounting Rule Choice: An Analysis of Four US State Governments' Decision to Adopt Generally Accepted Accounting Principles", *Accounting, Organizations and Society*, 26(7/8), 565-596.

Carruthers, B.G. and Espeland, W.(1991), "Accounting for Rationality: Double-Entry Bookkeeping and the Rhetoric of Economic Rationality", *The American Journal of Sociology*, 97(1), 31-69.

Casey, C.J.(1980), "Variation in Accounting Information Overload: The Effect on Loan Officers' Predictions of Bankruptcy", *The Accounting Review*, 55(1), 36-49.

Chapman, C.S.(1997), "Reflections on a Contingent View of Accounting", *Accounting,*

Organizations and Society, 22(2), 189-205.

____________(1998), "Accountants in Organizational Networks", *Accounting, Organizations and Society*, 23(8), 737-766.

Checkland, P.(1981), *Systems Thinking, Systems Practice*, Chichester: Wiley.

Chen, J., Patten, D.M. and Roberts, R.W.(2008), "Corporate Charitable Contributions: A Corporate Social Performance or Legitimacy Strategy?", *Journal of Business Ethics*, 82(1), 131-144.

Cheng, M.T.(2012), "The Joint Effect of Budgetary Participation and Broad-scope Management Accounting Systems on Management Performance", *Asian Review of Accounting*, 20(3), 184-197.

____________, Luckett, P.F. and Schulz, A.K.D.(2003), "The Effects of Cognitive Style Diversity on Decision Making Dyads: An Empirical Analysis in the Context of a Complex Task", *Behavioral Research in Accounting*, 15(1), 13-36.

Chenhall, R.H.(2003), "Management Control Systems Design Within Its Organizational Context: Findings from Contingency-Based Research and Directions for the Future", *Accounting, Organizations and Society*, 28(2/3), 127-168.

____________(2005), "Integrative Strategic Performance Measurement Systems: Strategy, Strategic Alignment of Manufacturing, Learning and Organizational Performance", *Accounting, Organizations and Society*, 30(5), 395-422.

____________ and Chapman, C.(2006), "Theorising and Testing Fit in Contingency Research on Management Control Systems", in Z. Hoque(ed.), *Methodological Issues in Accounting Research: theories, methods and issues*, London: Spiramus Press, 35-54.

____________ and Langfield-Smith, K.(1998), "The Relationship Between Strategic Priorities, Management Techniques and Management Accounting: An Empirical Investigation Using a Systems Approach", *Accounting, Organizations and Society*, 23(3), 243-264.

Chong, V.K. and Chong, K.M.(1997), "Strategic Choices, Environmental Uncertainty and SBU Performance: A Note on the Intervening Role of Managerial Accounting Systems", *Accounting and Business Research*, 27(4), 268-276.

____________ and Johnson, D.M.(2007), "Testing a Model of the Antecedents and Consequences of Budgetary Participation on Job Performance", *Accounting and Business Research*, 37(1),

3-16.

Christensen, L.B.(1994), *Experimental Methodology*, 6th ed., Boston, MA: Allyn & Bacon.

Chua, W.F.(1988), "Interpretive Sociology and Management Accounting Research-A Critical Review", *Accounting, Auditing and Accountability Journal*, 1(2), 59-79.

_________(1995), "Experts, Network, and Inscriptions in the Fabrication of Accounting Images: A Story of the Representation of Three Public Hospitals", *Accounting, Organizations and Society*, 20(2/3), 111-145.

_________(1996), "Issues in Substantive Areas of Research: Field Research in Accounting", in A.J. Richardson(ed.), *Research Methods in Accounting: Issues and Debates*, Vancouver: The Canadian General Accountants Research Foundation, 209-228.

_________ and Degeling, P.(1993), "Interrogating an Accounting-Based Intervention on Three Axes: Instrumental, Moral and Aesthetic", *Accounting, Organizations and Society*, 18(4), 291-318.

Clapham, S.E. and Schwenk, C.R.(1991), "Self-serving Attributions, Managerial Cognition and Company Performance", *Strategic Management Journal*, 12(3), 219-229.

Clatworthy, M. and Jones, M.J.(2001), "The Effect of Thematic Structure on the Va- riability of Annual Report Readability", *Accounting, Auditing and Accountability Journal*, 14(3), 311-326.

__________________________(2006), "Differential Patterns of Textual Characteristic and Company Pefformance in the Chairman's Statement", *Accounting, Auditing and Accountability Journal*, 19(4), 493-511.

Clor-Proell, S.M.(2009), "The Effects of Expected and Actual Accounting Choices on Judgements and Decisions", *The Accounting Review*, 84(5), 1465-1493.

Coad, A.F. and Glyptis, L.G.(2014), "The Structuration: A Position-Practice-Perspective and an Illustrative Study", *Critical Perspectives on Accounting*, 25(2), 142-161.

Coffey, A.(1999), *The Ethnographic Self: Fieldwork under the Representation of Reality*, London: Sage.

Cohen, J.R., Krishnamoorthy, K. and Wright, A.M.(2008), "Form Versus Substance: The Implications for Auditing Practice and Research of Alternative Perspectives on Corporate Governance", *Auditing: A Journal of Practice and Theory*, 27(2), 181-198.

Cole, C.J. and Jones, C.L.(2005), "Management Discussion and Analysis: A Review and Implications for Future Research", *Journal of Accounting Literature*, 24, 135-174.

Collier, P.M.(2001), "The Power of Accounting: A Field Study of Local Financial Management in a Police Force", *Management Accounting Research*, 12(4), 465-486.

Collins, F., Lowensohn, S.H., McCallum, M.H. and Newmark, R.I.(1995), "The Relationship between Budgetary Management Style and Organizational Commitment in a Not-for-Profit Organization", *Behavioral Research in Accounting*, 7, 65-79.

Colombo, R.(2000), "A Model for Diagnosing and Reducing Nonresponse Bias", *Journal of Advertising Research*, 40(1/2), 85-93.

Conrad, L.(2014), "Reflections on the Application of and Potential for Structuration Theory in Accounting Research", *Critical Perspectives on Accounting*, 25(2), 128-134.

Cook, T.D. and Campbell, D.T.(1979), *Quasi-Experimentation: Design and Analysis of Issues for Field Settings*, Boston: MA: Houghton Mifflin.

Cooper, D.C. and Emory, C.W.(1995), *Business Research Methods*, New York: Irwin.

Cooper, D.J. and Morgan, W.(2008), "Case Study Research in Accounting", *Accounting Horizons*, 22(2), 158-178.

__________ and Sherer, M.(1984), "The Value of Corporate Accounting Reports: Arguments for a Political Economy of Accounting", *Accounting, Organizations and Society*, 9(3/4), 207-232.

Cooper, R. and Kaplan, R.S(1991), "Profit Priorities From Activity-Based Costing", *Harvard Business Review*, 70(3), 130-135.

Coppage, R.E. and Baxendale, S.(2001), "A Synergistic Approach to an Accounting Educator's Primary Responsibilities", *Accounting Education: An International Journal*, 10(3), 239-246.

Covaleski, M.A. and Dirsmith, M.W.(1990), "Dialectic Tension, Double Reflexity and the Everyday Accounting Researcher: On Using Qualitative Methods", *Accounting, Organizations and Society*, 15(6), 543-573.

____________________ and Michelman, J.E.(1993), "An Institutional Theory Perspective on the DRG Framework, Case-Mix Accounting Systems and Healthcare Organizations", *Accounting, Organizations and Society*, 18(1), 65-80.

__________, Evans, Ill, J.H., Luft, J.L. and Shields, M.D.(2003), "Budgeting Research: Three

Theoretical Perspectives and Criteria For Selective Integration", *Journal of Management Accounting Research*, 15, 3-49.

Crichton, M.(1995), *The Lost World*, New York: Arrow Books.

Cushing, B.E. and Loebbecke, J.K.(1986), *Comparison of Audit Methdologies of Large Accounting Firms*, Studies in Accounting Research, No.26, American Accounting Association, Sarasota, Florida.

Cyert, R.M. and March, J.G.(1963), *A Behavioural Theory of the Firm*, Englewood Cliffs, NJ: Prentice Hall.

D'Aveni, R.A. and MacMillan, A.C.(1990), "Crisis and Content of Managerial Communications: A Study of the Focus of Attention of Top Managers in Surviving and Failing Companies", *Administrative Science Quarterly*, 35(4), 634-657.

Davila, T.(2000), "An Empirical Study on the Drivers of Management Control Systems' Design in New Product Development", *Accounting, Organizations and Society*, 25(4/5), 383-409.

Dechow, P.M. and Dichev, I.(2002), "The Quality of Accruals and Earnings: The Roles of Accrual Estimation Error", *The Accounting Review*, 77(s-1), 35-59.

____________, Hutton, A., Kim, J. and Sloan, R.(2012), "Detecting Earnings Management: A New Approach", *Journal of Accounting Research*, 50(2), 275-334.

____________, Sloan, R.G. and Sweeney, A.P.(1995), "Detecting Earnings Management", *The Accounting Review*, 70(2), 193-225.

Deegan, C.(2006), "Legitimacy Theory", in Z. Hoque(ed.), *Methodological Issues in Accounting Research: theories, methods and issues*, London: Spiramus Press, 161-181.

__________, Rankin, M. and Tobin, J.(2002), "An Examination of the Corporate Social and Environmental Disclosures of BHP From 1983-1997", *Accounting, Auditing and Accountability Journal*, 17(4), 312-343.

Defond, M. and Jiambaivo, J.(1994), "Debt Covenant Violation and Manipulation of Accruals", *Journal of Accounting and Economics*, 17(1/2), 145-176.

Deming, W.E.(1986), *Out of the Crisis: Quality, Productivity and Competitive Position*, Cambridge: Cambridge University Press.

Demski, J.S. and Feltham, G.A.(1976), *Cost determination: A Conceptual Approach*, Ames, IA: Iowa State University Press.

Dent, J.(1991), "Accounting and Organizational Cultures: A Field Study of the Emergence of a New Organizational Reality", *Accounting, Organizations and Society*, 16(8), 705-732.

Denzin, N.K.(1970), *The Research Act in Sociology*, London: Butterworth.

De Sanctis, G. and Poole, M.S.(1994), "Capturing the Complexity in Advanced Technology Use: Adaptive Structuration Theory", *Organization Science*, 5(2), 121-147.

Diamond, S.S.(2000), "Reference Guide on Survey Research", in *Reference Manual on Scientific Evidence*, 2nd ed., Washington, DC: The Federal Justice Center, 229-276.

Dikolli, S. and Smith, M.(1996), "Implementing ABC: An Australian Feasibility Study", *Australian Accounting Review*, 6(2), 45-55.

Dillard, J.F.(1991), "Accounting as a Critical Social Science", *Accounting, Auditing and Accountability Journal*, 4(1), 8-28.

Dillman, D.A.(1978), *Mail and Telephone Surveys: The Total Design Method*, New York: John Wiley.

___________(2007), *Mail Internet Surveys: The Tailored Design Method*, 2nd edn., Hoboken, NJ: Wiley.

DiMaggio, P.J. and Powell, W.W.(1983), "The Iron Cage Revisited: Institutional Isomorphism and Collective Rationality in Organizational Fields", *American Sociological Review*, 48(2), 147-160.

Dirsmith, M.W. and M.E. Haskins(1991), "Inherent Risk Assessment and Audit Firm Technology: A Contrast in World Theories", *Accounting, Organizations and Society*, 16(1), 61-90.

Ditton, J.(1977), *Part-time Crime: An Ethnography of Fiddling and Pilferage*, London : MacMillan.

Djajadikerta, H.G., Mat Roni, S. and Trireksani, T.(2015), "Dysfunctional Information System Behaviors Are Not All Created the Same: Challenges to the Generalizability of Security-based Research", *Information and Management*, 52(8), 1012-1024.

Donaldson, T. and Preston, L.E.(1995), "The Stakeholder Theory of the Corporation : Concepts, Evidence and Implications", *Academy of Management Review*, 20(1), 65-91.

Dooley, D.(1995), *Social Research Methods*, 3rd edn, Englewood Cliffs, NJ: Prentice Hall.

Dowd, K.(2004), "Qualitative Dimensions in Finance and Risk Management Research", in C. Humphrey and B. Lee(eds), *The Real Life Guide to Accounting Research*, London:

Elsevier, 509-524.

Drury, C.(2012), *Management and Cost Accounting*, 8th ed., London: Cengage Learning.

_________ and Tayles, M.E.(1995), "Issues Arising from Surveys of Management Accounting Practice", *Management Accounting Research*, 6(3), 267-280.

Dunk, A.S.(1993), "The Effect of Budget Emphasis and Information Asymmetry on the Relation between Budgetary Participation and Slack", *The Accounting Review*, 68(2), 400-410.

_________(1995), "The Joint Effect of Participative Budgeting and Managerial Interest in Innovation on Departmental Performance", *Scandinavian Journal of Management*, 11(1), 75-85.

_________ and Nouri, H.(1998), "Antecedents of Budgetary Slack: A Literature Review and Synthesis", *Journal of Accounting Literature*, 17, 72-96.

Dunlap, A.J.(1996), *Mean Business*, Singapore: Butterworth-Heinemann Asia.

Dwyer, P.D. and Roberts, R.W.(2004), "The Contemporary Gender Agenda of the US Public Accounting Profession: Embracing Feminism or Maintaining Empire", *Critical Perspecitves on Accounting*, 15(1), 159-177.

Easterby-Smith, M., Thorpe, R. and Jackson, P.R.(2008), *Management Research*, 3rd ed., London: Sage.

Edwards, R.S.(1938), "The Nature of Measurement of Income", *The Accountant*, 99, 22-26.

Edwards, S.P., Roberts, I., Clarke, M., Di Giuseppe, C., Prataps, S., Wentz, R. and Kwan, I.(2002), "Increasing Response Rates to Postal Questioinnaries: Systematic Review", *British Medical Journal*, 324, May, 1183-1191.

Eisenbeis, R.A.(1977), "Pitfalls in the Application of Discriminant Analysis in Business, Finance and Economics", *Journal of Finance*, 22(3), 875-890.

Eisenhardt, K.(1989), "Building Theories from Case Study Research", *The Academy of Management Review*, 14(4), 532-550.

___________(1991), "Better Stories and Better Constructs: The Case for Rigor and Comparative Logic", *Academy of Management Review*, 16(3), 620-727.

Elliott, W.B., Jackson, K.E. and Peecher, M.E.(2014), "The Unintended Effect of Social Responsibility Performance on Investors' Estimates of Fundamental Value", *The Accounting Review*, 89(1), 275-302.

Englund, H.. and Gerdin, J.(2014), "Structuration Theory in Accounting Research: Applications and Applicability", *Critical Perspectives on Accounting*, 25(2), 162-180.

Ericsson, K.A. and Simon, H.A.(1980), "Verbal Reports as Data", *Psychological Review*, 87(3), 215-251.

______________________(1993), *Protocol Analysis: Verbal Reports as Data*, Cambridge, MA: The MIT Press.

Ezzamel, M. and Bourn, M.(1990), "The Roles of Accounting Information Systems in an Organization Experiencing Financial Crisis", *Accounting, Organizations and Society*, 15(5), 399-424.

__________ and Willmott, H.(1992), "Accounting and Trust: Some Implications for Management Control", in T. Polesie and I.L. Johansson(eds), *Responsibility and Accounting: The Organizational Regulations of Boundary Conditions*, Lund: Studentlitteratur.

Fama, E.F.(1970), "Efficient Capital Markets: A Review of Theory and Empirical Work", *Journal of Finance*, 25(2 , 383-417.

Ferreira, L.D. and Merchant, K.A.(1992), "Field Research in Management Accouting and Control: A Review and Evaluation", *Accounting, Auditing and Accountability Journal*, 5(4), 3 34.

Ferris, K.R.(1977), "A Test of the Expectancy Theory of Motivation in an Accounting Environment", *The Accounting Review*, 52(3), 604-615.

Festinger, L.(1957), *A Theory of Cognitive Dissonance*, Stanford, CA: Stanford University Press.

Fielding, N.G. and Lee, R.M.(1998), *Using Computers in Qualitative Research*, London: Sage.

Finn, J.A.(2005), *Getting a PhD*, London: Routledge.

Fleischman, R.K. and Schuele, K.(2009), "Co-Authorship in Accounting History: Advantage and Pitfalls", *Accounting, Business and Financial History*, 19(3), 287-303.

Floyd, S.W., Schroeder, D.M. and Finn, D.M.(1994), "'Only if I'm the First Author': Conflict Over Creidt in Management Scholarship" *The Academy of Management Journal*, 37(3), 734-747.

Flyvbjerg, B.(2001), *Making Social Science Matter*, Cambridge: Cambridge University Press.

Fogarty, T.J.(2006), "Publishing in Academic Accounting: Practical Advice and Healthy Iconoclasm", in Z. Hoque(ed.), *Methodological Issues in Accounting Research: theories, methods and issues*, London: Spiramus Press, 515-534.

__________, Singh, J., Rhoads, G.K. and Moore, R.K.(2000), "Antecedents and Consequences of Burnout in Accounting: Beyond the Role Stress Model", *Behavioral Research in Accounting*, 12, 31-69.

Foster, G.(1986), *Financial Statement Analysis*, 2nd edn, Englewood Cliffs, NJ: Prentice Hall; 이정호・정혜영・주진규・김정본 공역(1993), 재무제표분석, 무역경영사.

________ and Young, S.M.(1997), "Frontiers of Management Accounting Research", *Journal of Management Accounting Research*, 9, 63-77.

Frazier, K.B., Ingram, R.W. and Tennyson, B.M.(1984), "A Methodology for the Analysis of Narrative Accounting Disclosures", *Journal of Accounting Research*, 22(1), 318-331.

Freeman, R.E.(1984), *Strategic Management: A Stakeholder Approach*, Boston, MA: Pitman.

Friedman, A.O. and Lyne, S.R.(2001), "The Beancounter Stereotype: Towards a General Model of Stereotype Generation", *Critical Perspectives on Accounting*, 12(4), 423-451.

Friedman, M.(1953), "The Methodology of Positive Economics", in *Essays in Positive Economics*, Chicago: University of Chicago Press, 3-46.

___________(1970), "The Social Responsibility of Business is to Increase its Profits", *New York Times Magazine*, 13 September.

Fryman, H.E., Altman, E.I. and Kao, D.L.(1985), "Introducing Recursive Partitioning for Financial Classification: The Case of Financial Distress", *Journal of Finance*, 40(1), 269-291.

Gallhofer, S.(1998), "The Silences of Mainstream Feminist Management", *Critical Perspectives on Accounting*, 9(3), 355-375.

Gerakos, J.(2012), "Discussion of Detecting Earnings Management: A New Approach", *Journal of Accounting Research*, 50(2), 335-347.

Gerdin, J. and Greve, J.(2004), "Forms of Contingency Fit in Managerial Accounting Research – A Critical Review", *Accounting, Organizations and Society*, 29(3/4), 303-326.

____________________(2008), "The Appropriateness of Statistical Method for Testing Contingency Hypotheses in Management Accounting Research", *Accounting, Organizations and Society*, 33(7/8), 995-1009.

Gibbert, M., Ruigrock, W. and Wicki, B.(2008), "What Passes as a Rigorous Case Study?", *Strategic Management Journal*, 29(13), 1465-1474.

Gibbins, M.(1992), "Deception: A Tricky issue for Behavioral Research in Accounting and Auditing", *Auditing: A Journal of Theory and Practice*, 11(2), 113-126.

__________ and Salterio, S.(1996), "Experimental Accounting Research: Current Methodological Issues and Debates", in A.J. Richardson(ed.), *Research Methods in Accounting: Issues and Debates*, Vancouver: The Canadian General Accountants Research Foundation, 9-24.

__________, Richardson, A. and Waterhouse, J.(1990), "The Management of Corporate Financial Disclosure: Opportunism, Ritualism, Policies and Processes", *Journal of Accounting Research*, 28(1), 121-143.

Giddens, A.(1984), *The Constitution of Society: Introduction to the Theory of Structuration*, Berkeley, CA: University of California Press; 황명주・정희태・권진현 옮김(1998), 사회구성론, 자작아카데미.

__________(1991), *Modernity and Self-Identity*, Cambridge: Polity; 권기돈 옮김(1997), 근대성과 자아정체성, 새물결.

Gill, J. and Johnson, P.(1997), *Research Methods for Managers*, 2nd edn. London: Sage.

____________________(2002), *Research Methods for Managers*, 3rd edn. London: Sage.

____________________(2010), *Research Methods for Managers*, 4th edn. London: Sage.

Glaser, B.G.(1978), *Advances in the Methodology of Grounded Theory: Theoretical Sensitivity*, Mill Valley, CA: The Sociology Press.

Glaser, B.G.(1992), *Basics of Grounded Theory Analysis*, Mill Valley, CA: The Sociology Press; 김인숙・장혜경 옮김(2014), 근거이론분석의 기초: 글레이저의 방법, 학지사.

__________ and Strauss, A.J.(1967), *The Discovery of Grounded Theory: Strategies for Qualitative Research*, New York: Aldine Publishing; 이병식・박상욱・김사훈 옮김(2011), 근거이론의 발견, 학지사.

Goddard, A.(2004), "Budgetary Practices and Accountability Habitus – A Grounded Theory", *Accounting, Auditing and Accountability Journal*, 17(4), 543-577.

Golafshani, N.(2003), "Understanding Reliability and Validity in Qualitative Research", *The Qualitative Report*, 8(4), 597-607.

Goldratt, E.M. and Cox, J.(1989), *The Goal*, Aldershot: Gower.

Gordon, M.J.(1964), "Postulates, Principles and Research in Accounting", *The Accounting Review*, 39(2), 251-263.

Graham, J.R., Harvey, C.R. and Rajgopal, S.(2005), "The Economic Implications of Corporate Financial Reporting", *Journal of Accounting and Economics*, 40(1/3), 3-73.

Gramling, A.A. and Stone, D.N.(2001), "Audit Firm Industry Expertise: A Review and Synthesis of the Archival Literature", *Journal of Accounting Literature*, 20, 1-29.

Gray, R.(1996), *Some Personal Reflections on Publication, Journal 'Quality' and Journal Ranking in the Academic Accounting Community*, University of Dundee Discussion Paper, Dundee.

_______, Adams, C. and Owen, D.(2014), *Accountability, Social Responsibility and Sustainability: Accounting for Society and the Environment*, London: Pearson.

_______, Dey, C., Owen, D, Evans, R. and Zadek, S.(1997), "Struggling with the Praxis of Social Accounting: Stakeholders, Accountability, Audits and Procedures", *Accounting, Auditing and Accountability Journal*, 10(3), 325-364.

_______, Owen, D. and Maunders, K.(1988), "Corporate Social Reporting: Emerging Trends in Accountability and the Social Contract", *Accounting, Auditing and Accountability Journal*, 1(1), 6-20.

Grey, M.(1996), "On Being a Professional in a 'Big Six' Firm", *Accounting, Organizations and Society*, 23(5/6), 569-587.

Griffith, E.E., Hammersley, J.S. and Kadous, K.(2015), "Audits of Complex Estimates as Verification of Management Numbers: How Institutional Pressures Shape Practice", *Contemporary Accounting Research*, 32(3), 833-863.

Griffiths, I.(1986), *Creative Accounting: How to Make Your Profits What you Want Them to Be*, London: Firethorn Press.

Guilding, C., Cravens, K.S. and Tayles, M.(2000), "An International Comparison of Strategic Management Accounting Practices", *Management Accounting Research*, 11(1), 113-135.

Gummerson, E.(2007), "Case Study Research and Network Theory: Birds of a Feather", *Qualitative Research in Organizations and Management*, 2(3), 226-248.

Gurd, B.G.(2008), "Remaining Consistent with Method? An Analysis of Grounded Theory Research in Accounting", *Qualitative Research in Accounting and Management*, 5(2), 122-138.

Guthrie, J., Gray, R. and Parker, L.D.(2002), "Rites of Passage and the Self-Immolation of Academic Accounting Labour: An Essay Exploring Exclusivity Versus Mutuality in Accounting Scholarship", *Accounting Forum*, 26(1), 1-30.

Hair, J.F., Anderson, R.E., Tatham, R.L. and Black, W.C.(1995), *Multivariate Data Analysis with*

Readings, 4th edn, Upper Saddle River, NJ: Prentice Hall.

________, Black, W.C., Babin, B.J., Anderson, R.E. and Tatham, R.L.(2006), *Multivariate Data Analysis*, 6th edn, Upper Saddle River, NJ: Pearson Prentice Hall.

________, Ringle, C.M. and Sarstedt, M.(2011), "PLS-SEM: Indeed a Silver Bullet", *Journal of Marketing Theory and Practice*, 19(2), 139-151.

________, Sarstedt, M., Hopkins, L. and Kuppelwieser, V.G.(2014), "Partial Least Squares Structural Equation Modelling(PLS-SEM)", *European Business Review*, 26(2), 106-121.

Hamer, M.(1983), "Failure Prediction: Sensitivity of Classification Accuracy to Alternative Statistical Methods and Variable Sets", *Journal of Accounting and Public Policy*, 2(4), 289-307.

Hamilton, D.L. and Troiler, T.K.(1986), "Stereotypes and Stereotyping: An Overview of the Cognitive Approach", in J.F. Dovidio and S.L. Gaertner(ed.), *Prejudice, Discrimination and Racism*, Orlando, FL: Academic Press, 127-158.

Hammersley, M. and Atkinson, P.(1983), *Ethnography: Principles in Practice*, London: Tavistock.

Hammond, T.(1997), "Culture and Gender in Accounting Research: Going Beyond Mynatt et al.", *Critical Perspectives on Accounting*, 8(6), 685-692.

__________ and Oakes, L.(1992), "Some Feminisms and their Implications for Accounting Practice", *Accounting, Auditing and Accountability Journal*, 3(3), 52 70.

Han, J.(2013), "A Literature Synthesis of Experimental Studies on Management Earnings Guidance", *Journal of Accounting Literature*, 31(1), 49-70.

Harte, J.M. and Koele, P.(1995), "A Comparison of Different Methods for the Elicitation of Attribute Weights: Structural Modeling, Process Tracing and Self Reports", *Organizational Behavior and Human Decision Processes*, 64(1), 49-64.

Hartmann, F.G.H. and Moers, F.(1999), "Testing Contingency Hypotheses in Budgetary Research: An Evaluation of the Use of Moderated Regression Analysis", *Accounting, Organizations and Society*, 24(4), 291-315.

Hartmann, L.(2000), "Ethics in Business Research: Some Issues", University of South Australian Working Paper Series, Adelaide.

Harvey-Jones, J.(1992), *Troubleshooter 2*, London: BBC Books.

___________ and Massey, A.(1990), *Troubleshooter*, London, BBC Books.

Hawking, S.(1988), *A Brief History of Time*, London: Bantam Press; 현정준 옮김(1990). 시간의 역사. 청림출판.

Healy, M. and Pery, C.(2000), "Comprehensive Criteria to Judge Validity and Reliability of Qualitative Research within the Realism Prardigm", *Qualitative Market Research*, 3(3), 118-126.

Healy, P.M.(1985), "The Effect of Bonus Schemes on Accounting Decisions", *Journal of Accounting and Economics*, 7(1/3), 85-107.

Heiman, V.(1990), "Auditors' Assessment of the Likelihood of Error Explanation in Analytical Review", *The Accounting Review*, 65(4), 875-890.

Henri, J.F.(2007), "A Quantitative Assessment of the Reporting of Structural Equation Modeling Information: The Case of Management Accounting Research", *Journal of Accounting Literature*, 26, 76-115.

Hepworth, S.R.(1953), "Smoothing Periodic Income", *The Accounting Review*, 28(1), 32-39.

Herzberg, F.(1966), *Work and the Nature of Man*, Cleveland, OH: World Publishing Co.

Hines, R.(1988), "Financial Accounting: In Communicating Reality We Construct Reality", *Accounting, Organizations and Society*, 13(3), 251-261.

________(1992), "Accounting: Filling the Negative Space", *Accounting, Organizations and Society*, 17(3/4), 313-341.

Hirst, M.K.(1983), "Reliance on Accounting Performance Measures, Task Uncertainty and Dysfunctional Behavior: Some Extensions", *Journal of Accounting Research*, 21(4), 595-605.

Höglund, H.(2012), "Detecting Earnings Management with Neutral Networks", *Expert Systems with Applications*, 39(10), 9564-9570.

Holsti, O.R.(1969), *Content Analysis for the Social Sciences and Humanities*, Reading, MA: Addison-Welsey.

Homans, G.C.(1961), *Social Behavior, Its Elementary Forms*, New York: Harcourt Brace Jovanovich.

Hopper, T. and Hoque, Z.(2006), "Triangulation Approaches to Accounting Research", in Z. Hoque(ed.), *Methodological Issues in Accounting Research: theories, methods and issues*, London: Spiramus Press, 477-486.

_________, Storey, J. and Willmott, H.(1987), "Accounting for Accounting: Towards the Development of a Dialectical View", *Accounting, Organizations and Society*, 12(5), 437-456.

Hopwood, A.G.(1974), *Accounting and Human Behaviour*, London: Accountancy Age.

___________(1983), "On Trying to Study Accounting in the Contexts in Which it Operates", *Accounting, Organizations and Society*, 8(2/3), 287-305.

___________(1987), "The Archaeology of Accounting Systems", *Accounting, Organizations and Society*, 12(3), 207-234.

Hoque, Z.(2006), *Methodological Issues in Accounting Research: theories, methods and issues*, London: Spiramus Press.

________ and Alam, M.(1999), "TQM Adoption, Institutionalism and Changes in Management Accounting Systems: A Case Study", *Accounting and Business Research*, 29(3), 199-210.

_________ and Hopper, T.(1997), "Political and Industrial Relations Turbulence, Competition and Budgeting in the Nationalized Jute Mills of Bangladesh", *Accounting and Business Research*, 27(2), 125-144.

Horngren, C.T., Datar, S.M. and Rajan, M.V.(2015), *Cost Accounting: A Managerial Emphasis*, 15th edn., Upper Saddle River, NJ: Pearson.

Hougton, K A (1987), "The Development of Meaning in Accounting: An Inter Temporal Study", *Accounting and Finance*, 27(2), 25-40.

___________(1988), "The Measurement of Meaning in Accounting: A Critical Analysis of the Principal Evidence", *Accounting, Organizations and Society*, 13(3), 263-280.

___________ and Smith, M.(1991), "Loan Risk and the Anticipation of Corporate Distress: West Australian Evidence", in K. Davis and I. Harper(eds), *Risk Management in Financial Institutions*, Sydney: Allen & Unwin, 61-74.

House, R.J.(1970), "Scientific Investigation in Management", *Management International Review*, 10(4/5), 139-150.

Howard, K. and Sharpe, J.A.(1983), *The Management of a Student Research Project*, Aldershot: Gower.

Hoyos, R.E.D. and Sarafidis, V.(2006), "Testing for Cross-Sectional Dependence in Panel-Data Models", *The Stata Journal*, 6(4), 482-496.

Hronsky, J.J.F. and Houghton, K.A.(2001), "The Meaning of a Defined Accounting Concept: Regulatory Changes and the Effect on Auditor Decision Making", *Accounting, Organizations and Society*, 26(2), 123-139.

Hsiao, C.(2003), *Analysis of Panel Data*, Cambridge: Cambridge University Press.

________(2007), "Panel Data Analysis – Advantages and Challenges", *Test*, 16(1), 1-22.

Hull, R.P. and Wright, F.B.(1990), "Faculty Perceptions of Journal Quality: An Update", *Accounting Horizons*, 4(1), 77-80.

Hult, G.T.M., Ketchen, D., Cui, A.S., Prudhomme, A.M., Seggie, S.H., Stanko, M.A., Xu, A.S. and Cavuseil, S.T.(2006), "An Assessment of the Use of Structural Equation Modelling in International Business Research", in D.J. Ketchen and D.D. Bergh(ed.), *Research Methodology in Strategy and Management*, 3, London: Emerald, 385-415.

Humphrey, C.(2005), "In the Aftermath of Crisis: Reflections on the Principles, Values and Significance of Academic Inquiry in Accounting", *European Accounting Review*, 14(2), 341-351.

____________(2008), "Auditing Research: A Review Across the Disciplinary Divide", *Accounting, Auditing and Accountability Journal*, 21(2), 170-203.

____________ and Lee, B.(2004), *The Real Life Guide to Accounting Research*, London: Elsevier.

Hussain, S.(2010), "Accounting Journals and the ABS Quality Rankings", *British Accounting Review*, 42(1), 1-16.

Hutchison, P.D., Fleischman, G.M. and Johnson, D.W.(1998), "E-mail versus Mail Surveys: A Comparative Study", *The Review of Accounting Information Systems*, 2(3), 43-56.

Inanga, E.L. and Schneider, W.B.(2005), "The Failure of Accounting Research to Improve Accounting Practice: A Problem of Theory and Lack of Communication", *Critical Perspectives on Accounting*, 16(3), 227-248.

Ingram, R.W. and Frazier, K.B.(1980), "Environment Performance and Corporate Disclosure", *Journal of Accounting Research*, 18(2), 614-622.

__________________________(1983), "Narrative Disclosures in Annual Reporting", *Journal of Business Research*, 11(1), 49-60.

Irvine, H. and Gaffikin, M.(2006), "Getting In, Getting On and Getting Out: Reflections on a

Qualitative Research Project", *Accounting, Auditing and Accountability Journal*, 19(1), 115-145.

Ittner, C.D and Larcker, D.F.(2001), "Assessing Empirical Research in Managerial Accounting: A Value-based Management Perspective", *Journal of Accounting and Economics*, 32(1/3), 349-410.

_________________________(2002), "Empirical Management Accounting Research: Are We Just Describing Management Consulting Practice?", *European Accounting Review*, 11(4), 787-794.

_________________________ and Meyer, M.W.(2003), "Subjectivity and the Weighting of Performance Measures: Evidence from the Balanced Scorecard", *The Accounting Review*, 78(2), 725-758.

_________________________ and Rajan, M.V.(1997), "The Choice of Performance Measures in Annual Bonus Contracts", *The Accounting Review*, 72(2), 231-255.

_________________________ and Randall, T.(2003), "Performance Implications of Strategic Performance Measurement in Financial Services Firms", *Accounting, Organizations and Society*, 28(7/8), 715-741.

Jack, L. and Kholief, A.(2007), "Introducing Strong Structuration Theory for Informing Qualitative Case Studies in Organization, Management and Accounting Research", *Qualitative Research in Organizations and Management*, 2(3), 208-225.

Jager, P.D.(2008), "Panel Data Techniques and Accounting Research", *Meditari Accountancy Research*, 16(2), 53-68.

Jankowicz, A.D.(2005), *Business Research Projects*, London: Thomson.

Jaworski, B.J. and Young, S.M.(1992), "Dysfunctional Behaviour and Management Control: An Empirical Study of Marketing Managers", *Accounting, Organizations and Society*, 17(1), 17-35.

Jayazeri, M. and Cuthbert, P.(2004), "Reserch in Management Accounting: What needs to be researched?", British Accounting Association Annual Conference, April, York.

Jensen, M.C. and Meckling, W.H.(1976), "Theory of the Firm: Managerial Behavior, Agency Costs and Ownership Structure", *Journal of Financial Economics*, 3(4), 305-360.

Johannson, I.L. and Baldvinsdottir, G.(2003), "Accounting for Trust: Some Empirical Evidence",

Management Accounting Research, 14(3), 219-234.

Jones, J.(1991), "Earnings Management During Import Relief Investigations", *Journal of Accounting Research*, 29(2), 193-228.

Jones, M.J. and Shoemaker, P.A.(1994), "Accounting Narratives: A Review of Empirical Studies of Content and Readability", *Journal of Accounting Literature*, 13, 142-184.

__________ and Smith, M.(2014), "Traditional and Alternative Methods for Measuring the Understandability of Accounting Narratives", *Accounting, Auditing and Accountability Journal*, 27(1), 183-208.

Jones, T.C. and Dugdale, D.A.(1994), "Academic and Practitioner Rationality: The Case of Investment Appraisal", *British Accounting Review*, 26(1), 3-25.

________________________(2002), "The ABC Bandwagon and the Juggernaut of Modernity", *Accounting, Organizations and Society*, 27(1/2), 121-163.

Jönsson, S.(1982), "Budgetary Behavior in Local Government - A Case Study over Three Years", *Accounting, Organizations and Society*, 7(3), 287-304.

_________ and MacIntosh, N.B.(1997), "Cats, Rats and Ears: Making the Case for Ethnographic Accounting Research", *Accounting, Organizations and Society*, 22(3/4), 367-386.

Jöreskog, K.G.(1969), "A General Approach to Confirmatory Maximum Likelihood Factor Analysis", *Psychometrika*, 34(2), 183-202.

Joyce, E.J. and Biddle, G.C.(1981), "Anchoring and Adjustment in Probabilistic Inference in Auditing", *Journal of Accounting Research*, 19(1), 120-145.

Kahneman, D. and Tversky, A.(1972), "Subjective Probability: A Judgement of Representativeness", *Cognitive Psychology*, 3(3), 430-454.

Kaplan, R.S.(1983), "Measuring Manufacturing Performance: A New Challenge for Managerial Accounting Research", *The Accounting Review*, 58(4), 686-705.

___________(1984), "The Evolution of Management Accounting", *The Accounting Review*, 59(3), 390-418.

___________(1998), "Innovation Action Research: Creating New Management Accounting Theory and Practice", *Journal of Management Accounting Research*, 10, 89-118.

___________ and Norton, D.P.(1992), "The Balanced Scorecard: Measures that Drive Performance", *Harvard Business Review*, 70(1), 71-79.

____________________(1993), "Putting the Balanced Scorecard to Work", *Harvard Business Review*, 71(5), 134-147.

____________________(2004), "Strategy Maps", *Strategic Finance*, March, 27-35.

Kelle, U.(1995), *Computer-Aided Qualitative Data Analysis: Theory, Methods and Practice*, London: Sage.

Kelley, H.H.(1972), "Attribution in Social Interaction", in E. Jones(ed.), *Attribution: Perceiving the Causes of Behavior*, Morristown, NJ: General Learning Press, 1-26.

Kelly, A., Morris, H., Rowlinson, M. and Harvey, C.(2009), *ABS Academic Journal Quality Guide*, London: Association of Business Schools.

Kelly, M. and Alam, M.(2008), "Management Accounting and the Stakeholder Value Model", *Journal of Applied Management Accounting Research*, 6(1), 75-86.

Kell-Newton, L.(1980), "A Sociological Investigation of the USA Mandate for Replacement Cost Disclosures", *Accounting, Organizations and Society*, 5(3), 311-321.

Kent, P. and Ung, K.(2003), "Voluntary Disclosure of Forward-looking Earnings Information in Australia", *Australian Journal of Management*, 28(3), 273-285.

Khlif, H. and Chalmers, K.(2015), "A Review of Meta-Analytic Research in Accounting", *Journal of Accounting Literature*, 35, 1-27.

Kidder, L.H. and Judd, C.L.(1986), *Research Methods in Social Relations*, London: Holt, Rinehart & Winston.

Kighir, A., Omar, N. and Norhayati, M.(2014), "Earnings Management Detection Modelling: A Methodological Review", *World Journal of Social Sciences*, 4(1), 18-32.

Kinney, W.(1986), "Audit Technology and Preference for Auditing Standards", *Journal of Accounting and Economics*, 8(1), 73-89.

Kirk, J. and Miller, M.L.(1986), *Reliability and Validity in Qualitative Research*, Newbury Park, CA: Sage.

Kline, R.B.(1998), *Principles and Practice of Structural Equation Modelling*, New York: Guilford Press.

Koh, H.C.(1991), "Model Predictions and Auditor Assessment of Going Concern Status", *Accounting and Business Research*, 21(4), 331-338.

Kolb, D.A., Rubin, I.M. and McIntyre, J.M.(1979), *Organizational Psychology: An Experimental*

Approach, London: Prentice Hall.

Kools, S., McCarthy, M., Durham, R. and Robrecht, L.(1996), "Diminishing Analysis: Broadening the Conception of Grounded Theory", *Qualitative Health Research*, 6(3), 312-330.

Krippendorff, K.H.(1980), *Content Analysis: An Introduction to its Methodology*, Beverley Hills, CA: Sage.

________________(2004), *Content Analysis: An Introduction to its Methodology*, 2nd edn, Thousand Oaks, CA: Sage.

Krumweide, K.R.(1998), "The Implementation Stages of Activity-based Costing and the Impact of Contextual and Organizational Factors", *Journal of Management Accounting Research*, 10, 239-277.

Kuhn, T.S.(1970), *The Structure of Scientific Revolutins*, 2nd edn, Chicago, IL: University of Chicago Press; 조 형 역(1980), 과학혁명의 구조, 이화여자대학교출판부.

Lachenbruch, P.A.(1967), "An Almost Unbiased Method of Obtaining Confidence Intervals for the Probability of Misclassification in Discriminant Analysis", *Biometrics*, 23(4), 639-645.

Lang, M.H., Lins, K.V. and Miller, D.P.(2003), "ADRs, Analysts and Accuracy: Does Cross Listing in the United States Improve a Firm's Information Environment and Increase Market Value", *Journal of Accounting Research*, 41(2), 317-345.

_________ and Lundholm, R.J.(1996), "Corporate Disclosure Policy and Analysts Behavior", *The Accounting Review*, 71(4), 467-492.

Langfield-Smith, K.(1997), "Management Control Systems and Strategy: A Critical Review", *Accounting, Organizations and Society*, 22(2), 207-232.

Lapsley, I.(2004), "Making Sense of Interactions in an Investigation of Organizational Practices and Processes", in C. Humphrey and B. Lee(eds), *The Real Life Guide to Accounting Research*, London: Elsevier, 175-190.

Larcker, D.F. and Lessig, V.P.(1983), "An Examination of the Linear and Retropective Process Tracing Approaches to Judgement Modeling", *The Accounting Review*, 58(1), 58-77.

Laswell, H.D.(1948), "The Structure and Function of Communications in Society", in L. Bryson(ed.), *The Communication of Ideas*, New York: Harper & Row, 32-35.

Latour, B.(1986), "The Powers of Association: Power Action and Belief. A New Sociology of Knowledge", in J. Law(ed.), *Sociological Review Monograph 32*, London: Routledge,

264-280.

Laughlin, R.C.(1987), "Accounting Systems in Organizational Contexts: A Case for Critical Theory", *Accounting, Organizations and Society*, 12(5), 479-502.

__________(1995), "Empirical Research in Accounting: Alternative Approaches and a Case for Middle-range Thinking", *Accounting, Auditing and Accountability Journal*, 8(1), 63-87.

__________(1999), "Critical Accounting: Nature, Progress and Prognosis", *Accounting, Auditing and Accountability Journal*, 12(1), 73-78.

Lawler, E.(1973), *Motivation in Organizations*, Monterey, CA: Brodis/Cole.

Leake, J.(2009), "Climate Change Data Dumped", *The Sunday Times*, 29 November.

LeClere, M.J.(2000), "The Occurrence and Timing of Events: Survival Analysis Applied to the Study of Financial Distress", *Journal of Accounting Literature*, 19, 158-189.

Lee, N. and Lings, J.(2008), *Doing Business Research: A Guide to Theory and Practice*, London: Sage.

Lee, T.A.(2004), "Accounting and Auditing Research in the United States", in C. Humphrey and B. Lee(eds), *The Real Life Guide to Accounting Research*, London: Elsevier, 57-62.

Lehman, G.(1999), "Disclosing New Worlds: Social and Environmental Accounting", *Accounting, Organizations and Society*, 24(3), 217-241.

Lennox, C.(1999), "Identifying Failing Companies: A Re-evaluation of the Logit, Probit and DA Approaches", *Journal of Economics and Business*, 51(4), 347-364.

Le Quesne, L.(1983), *The Bodyline Controversy*, London: Unwin.

Libby, R.(1981), *Accounting and Human Information Processing: Theory and Applications*, Englewood Cliffs, NJ: Prentice Hall; 정명환 역(1993), 회계와 인간정보처리, 경성대학교출판부.

________, Bloomfield, R. and Nelson, M.W.(2002), "Experimental Research in Financial Accounting", *Accounting, Organizations and Society*, 27(8), 775-810.

________ and Frederick, D.(1990), "Expertise and Ability to Explain Audit Findings", *Journal of Accounting Research*, 28(2), 348-367.

________ and Lipe, M.(1992), "Incentive Effects and the Cognitive Processes Involved in Accounting Judgment", *Journal of Accounting Research*, 30(2), 249-273.

________ and Luft, J.(1993), "Determinants of Judgment Performance in Accounting Settings:

Ability, Knowledge, Motivation and Environment", *Accounting, Organizations and Society*, 18(5), 425-450.

Lightbody, M.(2000), "Storing and Shielding: Financial Management Behavior in a Church Organization", *Accounting, Auditing and Accountability Journal*, 13(2), 156-174.

Lillis, A.M.(1999), "A Framework for the Analysis of Interview Data from Multiple Field research", *Accounting and Finance*, 39(1), 79-105.

__________(2006), "Reliability and Validity in Field Study Research", in Z. Hoque (ed.), *Methodological Issues in Accounting Research: theories, methods and issues*, London: Spiramus Press, 461-475.

__________(2008), "Qualitative Management Accounting Research: Rationale, Pitfalls and Potential", *Qualitative Research in Accounting and Management*, 5(3), 239-246.

__________ and Mundy, J.(2005), "Cross-Sectional Field Studies in Management Accounting Research – Closing the Gap Between Surveys and Case Studies", *Journal of Management Accounting Research*, 17(1), 119-141.

Liou, D.K. and Smith, M.(2007), "Financial Distress and Corporate Turnaround: A Review of the Literature and Agenda for Research", *Journal of Accounting, Accountability and Performance*, 13(1), 76-116.

Littleton, A.C.(1933), *Accounting Evolution to 1900*, New York: American Institute Publishing.

Lo, A.W.(1986), "Logit versus Discriminant Analysis", *Journal of Econometrics*, 31(2), 151-178.

Locke, E.A.(1968), "Toward a Theory of Task Motivation and Incentives", *Organizational Behaviour and Human Performance*, 3(2), 157-189.

Lowe, A.D. and Locke, J.(2005), "Perceptions of Journal Quality and Research Paradigm: Results of a Web-Based Survey of British Accounting Academics", *Accounting, Organizations and Society*, 30(1), 81-98.

Lowe, E.A. and Shaw, R.W.(1968), "An Analysis of Managerial Biasing: Evidence of a Company's Budgeting Process", *Journal of Management Studies*, 5(3), 304-315.

Luft, J.L. and Shields, M.D.(2003), "Mapping Management Accounting: Graphics and Guidelines for Theory Consistent Empirical Research", *Accounting, Organizations and Society*, 28(2/3), 169-249.

______________________(2014), "Subjectivity in Developing and Validating Causal

Explanatins in Positivist Accounting Research", *Accounting, Organizations and Society*, 39(7), 550-558.

Lukka, K.(2007), "Management Accounting Changes and Stability: Loose Coupled Rules and Routines in Action", *Management Accounting Research*, 18(1), 76-101.

________(2010), "The Roles and Effects of Paradigms in Accounting Research", *Management Accounting Research*, 21(2), 110-115.

________ and Kasanen, E.(1995), "The Problem of Generalizability: Anecdotes and Evidence in Accounting Research", *Accounting, Auditing and Accountability Journal*, 8(5), 71-90.

Lye, J., Perera, H. and Rahman, A.(2005), "The Evolution of Accrual-Based Crown (Government) Financial Statements in New Zealand", *Accounting, Auditing and Accountability Journal*, 18(6), 784-815.

________________________________(2006), "Grounded Theory: A Theory Discovery Method for Accounting Research", in Z. Hoque(ed.), *Methodological Issues in Accounting Research: theories, methods and issues*, London: Spiramus Press, 129-160.

Lynn, J. and Jay, A.(1987), *Yes, Prime Minister*, London: BBC Books.

Lys, T. and Vincent, L.(1995), "An Analysis of Value Destruction in AT&T Acquisition of NCR", *Journal of Financial Economics*, 39(2/3), 353-378.

MacDonald, A.P. Jr.(1970), "Revised Scale for Ambiguity Tolerance, Reliability and Validity", *Psychological Reports*, 26(3), 791-798.

MacIntosh, N.B.(1994), *Management Accounting and Control Systems: An Organizational and Behavioral Approach*, New York: John Wiley.

_____________ and Scapens, R.W.(1990), "Structuration Theory in Management Accounting", *Accounting, Organizations and Society*, 15(5), 455-477.

MacKay, D.B. and Villareal, A.(1987), "Performance Differences in the Use of Graphic and Tabular Displays of Multivariate Data", *Decision Science*, 18(4), 535-546.

Magenheim, E.B. and Mueller, D.C.(1988), "Are Acquiring Firm Shareholders Better off After an Acquisition?", in J.C. Coffee Jr., L. Lowenstein and S. Rose-Ackerman(eds), *Knights Raiders and Targets: The Impact of Hostile Takeovers*, New York: Oxford University Press, 171-193.

Magilke, M.J., Mayhew, B.W. and Pike, J.(2009), "Are Independent Audit-Committee Members

Objective?: Experimental Evidence", *The Accounting Review*, 84(6), 1959-1982.

Magness, V.(2008), "Who are the Stakeholders Now? An Empirical Examination of the Mitchell, Agle and Wood Theory of Stakeholder Salience", *Journal of Business Ethics*, 83(2), 177-192.

Mahoney, T.A., Jerdee, T.H. and Carroll, S.J.(1963), *Development of Managerial Performance: A Research Approach*, Cincinnati, OH: South-West Publishing.

Maines, L.A. and Wahlen, J.M.(2006), "The Nature of Accounting Information Reliability: Inferences from Archival and Experimental Research", *Accounting Horizons*, 20(4), 399-425.

Major, M. and Hopper, T.(2007), "Extending Institutional Analysis through Theoretical Triangulation: Regulation and Activity-Based Costing in Portuguese Telecommunications", *European Accounting Review*, 16(1), 59-97.

Malina, M.A. and Selto, F.H.(2001), "Communicating and Control Strategy: An Empirical Study of the Effectiveness of the Balanced Scorecard", *Journal of Management Accounting Research*, 13(1), 47-90.

____________________(2004), "Choice and Chan ge of Measures in Performance Measurement Models", *Management Accounting Research*, 15(4), 441-469.

__________, Norreklit, H.S.O. and Selton, F.H.(2007), "Relations Among Measures, Climate of Control and Performance Measurement Models", *Contemporary Accounting Research*, 24(3), 935-982.

______________________________(2011), "Lessons Learned: Advantages and Disadvantages of Mixed Method Research", *Qualitative Research in Accounting and Management*, 8(1), 59-71.

Malmi, T. and Granlund, M.(2009), "In Search of Management Accounting Theory", *European Accounting Review*, 18(3), 597-620.

Malsch, B. and Salterio, S.E.(2016), "Doing Good Field Research: Assessing the Quality of Audit Field Research", *Auditing: A Journal of Practice and Theory*, 35(1), 1-22.

Marginson, D.E.W. and Ogden, S.G.(2005), "Coping with Ambiguity through the Budget: The Positive Effects of Budgetary Targets on Managers' Budgeting Behaviours", *Accounting, Organizations and Society*, 30(5), 435-436.

Markowitz, H.(1952), "Portfolio Selection", *The Journal of Finance*, 7(1), 77-91.

Maruyama, G.M.(1998), *Basics of Structural Equation Modeling*, Thousand Oaks, CA: Sage.

Maslow, A.H.(1954), *Motivation and Personality*, New York: Harper & Row.

Mason, J.(1994), "Linking Qualitative and Quantitative Data Analysis", in A. Bryman and R.G. Burgess(eds), *Analysing Qualitative Data*, London: Routledge, 89-110.

Mayo, E.(1933), *The Human Problems of an Industrial Civilisation*, New York: MacMillan.

McClelland, D.C.(1967), *The Achieving Society*, New York: Free Press.

McConnell, D., Haslem, J.A. and Gibson, V.R.(1986), "The President's Letter to Stockholders: A New Look", *Financial Analysts Journal*, 42(5), 66-70.

McGowan, S., Lehman, G. and Smith, M.(2000), "Stakeholder Accountability and Corporate Environmental Perspectives", *Journal of Accounting, Accountability and Performance*, 6(2), 63-88.

McLeay, S.(1986), "Student's t and the Distribution of Financial Ratios", *Journal of Business, Finance and Accounting*, 13(2), 209-222.

Merchant, K.A.(1985), "Organizational Controls and Discretionary Program Decision Making: A Field Study", *Accounting, Organizations and Society*, 10(1), 67-85.

______(2010), "Paradigms in Accounting Research: A View From North America", *Management Accounting Research*, 21(2), 116-120.

______ and Manzoni, J.F.(1989), "The Achievability of Budget Targets in Profit Centers: A Field Study", *The Accounting Review*, 64(3), 539-558.

______ and Van der Stede, W.(2006), "Field-based Research in Accounting: Accomplishments and Prospects", *Behavioral Research in Accounting*, 18(1), 117-134.

Merkl-Davies, D.M. and Brennan, N.M.(2007), "Discretionary Disclosure Strategies in Corporate Narratives: Incremental Information or Impression Management", *Journal of Accounting Literature*, 26, 116-194.

Mia, L.(1989), "The Impact of Participation in Budgeting and Job Difficulty on Managerial Performance and Work Motivation", *Accounting, Organizations and Society*, 14(4), 347-357.

Milani, K.W.(1975), "The Relationship of Participation in Budget Setting to Industrial Supervisor Performance and Attitudes: A Field Study", *The Accounting Review*, 50(2), 274-284.

Miles, M.B. and Huberman, A.M.(1994), *Qualitative Data Analysis: An Expanded Sourcebook*, Thousand Oaks, CA: Sage.

Modell, S.(2005), "Triangulation Between Case Study and Survey Methods in Management Accounting Research: An Assessment of Validity Implications", *Management Accounting Research*, 16(2), 231-254.

Modigliani, F. and Miller, M.H.(1958), "The Cost of Capital, Corporation Finance and the Theory of Investment", *American Economic Review*, 48(3), 261-297.

Moizer, P.(1998), "The Corporate Images of the 1996 Big Six and the 1987 Big Eight", *Conference of the European Accounting Association*, April, Antwerp.

Moll, J., Major, M. and Hoque, Z.(2006), "The Qualitative Research Tradition", in Z. Hoque(ed.), *Methodological Issues in Accounting Research: theories, methods and issues*, London, Spiramus Press, 375-398.

Moore, D.J. and Tarnai, J.(2002), "Evaluating Nonresponse Errors in Mail Surveys", in R.M. Groves, D.A. Dillman, J.L. Eltinge and R.J.A. Little(eds), *Survey Non-response*, New York: Wiley, 197-211.

Morgan, S.J. and Symon, G.(2004), "Electronic Interviews in Organizational Research", in C. Cassell and G. Symon(eds), *Essential Guide to Qualitative Methods in Organizational Research*, London: Sage, 3-32.

Moses, I.(1985), "Supervising Postgraduates", Green Guide No.3, *Higher Education Research and Development Society of Australia(HERDSA)*, Canberra.

Mosteller, F. and Wallace, D.L.(1963), "Inference in an Authorship Problem", *Journal of American Statistical Association*, 58(302), 275-309.

Muhr, T.(1992), *ATLAS/ti User Manual Beta Version 0.94c*, Berlin: Berlin Technical University.

Mullins, G. and Kiley, M.(2002), "'It's a PhD, not a Nobel Prize': How Experienced Examiners Assess Research Theses", *Studies in Higher Education*, 27(4), 369-386.

Myers, C.S.(1924), *Industrial Psychology in Great Britain*, London: Jonathon Cape.

Myers, S.(1977), "Determinants of Corporate Borrowing", *Journal of Financial Economics*, 5(2), 147-175.

Nazari, J., Kline, T. and Herremans, I.(2006), "Conducting Survey Research in Management Accounting", in Z. Hoque(ed.), *Methodological Issues in Accounting Research: theories, methods and issues*, London: Spiramus Press, 427-459.

Nelson, R.R. and Winter, S.G.(1982), *An Evolutionary Theory of Economic Change, Cambridge*, MA: Belknap Press, Harvard University.

Newell, A. and Simon, H.A.(1972), *Human Problem Solving*, Englewood Cliffs, NJ: Prentice Hall.

NHMRC(National Health and Medical Research Council, Australia((2000), "Australian Health Ethics Committee", www.health.gov.au/nhmrc/inside/part3c.htm(accessed 12 November 2002).

Nisbett, R. and Ross, L.(1980), *Human Inference: Strategies and Shortcomings of Social Judgement*, Englewood Cliffs, NJ: Prentice Hall.

Norrecklit, H., Norreklit, L. and Mitchell, F.(2007), "Theoretical Conditions for Validity in Accounting Performance Measurement", in A. Neely(ed.), *Business Performance Measurement*, New York: Cambridge University Press, 179-217.

Northcott, D. and Linacre, S.(2010), "Producing Spaces for Academic Discourse: The Impact of Research Assessment Exercises and Journal Quality Rankings", *Australian Accounting Review*, 20(1), 63-79.

Nunnally, J.(1978), *Psychometric Theory*, New York: McGraw-Hill.

Oakes, L.S. and Hammond, T.A.(1995), "Biting the Epistemological Hand: Feminist Perspectives on Science and their Implications for Accounting Research", *Critical Perspectives on Accounting*, 6(1), 49-75.

O'Donovan, G.(2002), "Environmental Disclosures in the Annual Report: Extending the Applicability and Predictive Power of Legitimacy Theory", *Accounting Auditing and Accountability Journal*, 15(3), 344-371.

Ohlson, J.S.(1980), "Financial Ratios and the Probabilistic Prediction of Bankruptcy", *Journal of Accounting Research*, 18(1), 109-131.

Onsi, M.(1973), "Factor Analysis of Behavioral Variables Affecting Budgetary Slack", *The Accounting Review*, 48(3), 535-548.

Osgood, C.E. and Walker, E.G.(1959), "Motivation and Language Behavior: A Content Analysis of Suicide Notes", *Journal of Abnormal and Social Psychology*, 59(1), 58-67.

__________, Suci, G.J. and Tannenbaum, P.H.(1957), *The Measurement of Meaning*, Urban, IL: University of Illinois Press.

Otley, D.T.(1978), "Budget Use and Managerial Performance", *Journal of Accounting Research*, 16(1), 122-149.

_________(1980), "The Contingency Theory of Management Accounting: Achievement and Prognosis", *Accounting, Organizations and Society*, 5(4), 423-428.

_________(1984), "Management Accounting and Organization Theory", in R.W. Scapens, D.T. Otley and R.J. Lister(eds), *Management Accounting, Organization Theory and Capital Budgeting*, London: MacMillan, 96-164.

_________(2001), "Extending the Boundaries of Management Accounting Research: The Role of Case Study Methods", *British Accounting Review*, 33(3), 243-261.

Ouchi, W.G.(1977), "A Conceptual Framework for the Design of Organizational Control Mechanisms", *Management Science*, 25(9), 833-848.

Owens, D.L., Swift, T.A., Humphrey, C. and Bowerman, M.(2000), "The New Social Audits: Accountability, Managerial Capture or the Agenda of Social Champions?", *European Accounting Review*, 9(1), 81-98.

Parker, L.D.(1992), "Questioinnaires and Mail Surveys", School of Commerce Working Paper, Adelaide: Flinders University of South Australia.

__________(2001), "Reactive Planning in a Christian Bureaucracy", *Management Accounting Research*, 12(3), 321-356.

__________(2002), "Budgetary Incrementalism in a Christian Bureaucracy", *Management Accounting Research*, 13(1), 71-100.

__________(2003) "Qualitative Research in Accounting and Management: The Emerging Agenda", *Journal of Accounting and Finance*, 2, 15-30.

__________(2005), "Corporate Governance Crisis Down Under: Post-Enron Accounting Education and Research Inertia", *European Accounting Review,* 14(2), 383-394.

__________(2008), "The Interview Method", Qualitative Research Colloquium, Center for Accounting, Governance and Sustainability, Adelaide: University of South Australia, July.

__________(2012), "Qualitative Management Accounting Research: Assessing Deliverables and Relevance", *Critical Perspectives on Accounting*, 23(1), 54-70.

___________, Guthrie, J. and Gray, R.(1998), "Accounting and Management Research: Passwords from the Gatekeepers", *Accounting, Auditing and Accountability Journal*, 11(4),

371-402.

__________ and Roffey, B.H.(1997), "Back to the Drawing Board: Revisiting Grounded Theory and the Everyday Accountant's Reality", *Accounting, Auditing and Accountability Journal*, 10(2), 212-247.

Paton, W. and Littleton, A.C.(1940), *An Introduction to Corporate Accounting Standards*, American Accounting Association Monograph No.3, New York.

Patton, D.M.(1992), "Intra-Industry Environmental Disclosures in Response to the Alaskan Oil Spill: A Note on Legitimacy", *Accounting, Organizations and Society*, 15(5), 471-475.

Patton, M.Q.(2002), *Qualitative Research and Evaluation Methods*, Thousand Oaks, CA: Sage.

Peat, Marwick and Mitchell(1976), *Research Opportunities in Auditing*, New York: Peat, Marwick, Mitchell & Co.

Pedhazur, E.J.(1982), *Regressions in Behavioral Research: Explanation and Prediction*, 2nd edn, New York: Holt, Rhinehart and Winston.

Pelto, P.J. and Pelto, G.H.(1978), *Anthropological Research: The Structure of Inquiry*, Cambridge: Cambridge University Press.

Perrow, C.(1970), *Organizational Analysis: A Sociological View*, Belmont, CA: Wadsworth.

__________(1972), *Complex Organizations: A Critical Essay*, Glenview, IL: Scott, Foreman & Co.

Pesaran, H.M.(2003), "Estimation and Inference in Large Heterogeneous Panels with Cross Section Dependence", *Cambridge Working Papers in Economics*, Faculty of Economics, University of Cambridge.

Peters, T.J. and Waterman, R.H.(1982), *In Search of Excellence: Lessons from America's Best-run Companies*, New York: Harper & Row; 이동현 옮김(2005), 초우량기업의 조건, 더난출판사.

Phillips, E.M. and Pugh, D.S.(1994), *How to Get a PhD*, 2nd edn, Milton Keynes: Open University Press.

Popper, K.R.(1959), *The Logic of Scientific Discovery*, London: Hutchinson; 박우석 옮김(1994), 과학적 발견의 논리, 고려원.

Porter, M.E.(1980), *Competitive Strategy: Techniques for Analyzing Industries and Competitors*, New York: Free Press; 조동성 옮김(2008), 마이클 포터의 경쟁전략, 21세기북스.

__________(1985), *Competitive Advantage: Creating and Sustaining Superior Performance*, New

York: Free Press; 조동성 옮김(2008), 마이클 포터의 경쟁우위, 21세기북스.

Power, M. and Gendron, Y.(2015), "Qualitative Research in Auditing: A Methodological Roadmap", *Auditing: A Journal of Practice and Theory*, 34(2), 147-165.

__________ and Laughlin, R.C.(1996), "Habermas, Law and Accounting", *Accounting, Organizations and Society*, 21(5), 441-465.

______________________________ and Cooper, D.J.(2003), "Accounting and Critical Theory", in M. Alvesson and H. Wilmott(eds), *Studying Management Critically*, Londoon: Sage, 132-156.

Preston, A.M.(1986), "Interactions and Arrangements in the Process of Informing", *Accounting, Organizations and Society*, 11(6), 521-540.

____________(1989), "The Taxman Cometh: Some Observations on the Interrelationship Between Accounting and Inland Revenue Practice", *Accounting, Organizations and Society*, 15(5/6), 389-413.

____________, Chua, W.F. and Neu, D.(1997), "The Diagnostic-related Group Prospective Payment System and the Problem of Government Rationing of Health Care to the Elderly", *Accounting, Organizations and Society*, 22(2), 147-164.

____________, Cooper, D.J. and Coombs, R.W,(1992), "Fabricating Budgets: A Study of the Production of Management Budgeting in the National Health Service", *Accounting, Organizations and Society*, 17(6), 561-593.

Rahaman, A.S. and Lawrence, S.(2001), "Public Sector Accounting and Financial Management in a Developiing Country Organizational Context: A Three-Dimensional View", *Accounting Forum*, 25(2), 189-210.

Rapkin, D.P. and Braaten, D.(2009), "Conceptualising Hegemonic Legitimacy", *Review of International Studies*, 35(1), 113-149.

Rawls, J.(1971), *A Theory of Justice*, Cambridge, MA: Harvard University Press; 황경식 옮김(2003), 정의론, 이학사.

Richards, T., Richards, L., McGalliard, J. and Sharrock, B.(1992), *NUD*IST2.3 Users Manual*, Australia: Replee Pty, La Trobe University.

Robbins, S.P.(1995), *Organizational Behavior: Concepts, Controversies and Applications*, Englewood Cliffs, NJ: Prentice Hall.

Roberts, E.S.(1999), "In Defence of the Survey Method: An Illustration from a Study of User Information Satisfaction", *Accounting and Finance*, 39(1), 53-78.

Roberts, J.(2014), "Testing the Limits of Structuration Theory in Accounting Research", *Critical Perspectives on Accounting*, 25(2), 135-141.

Robinson, G.(2004), *I'll Show Them Whose Boss: The Six Secrets of Highly Successful Management*, London: BBC Active.

Rockness, H.O.(1977), "Expectancy Theory in a Budgetary Setting: An Experimental Examination", *The Accounting Review*, 52(4), 893-903.

Roethlisberger, F.J. and Dickson, W.J.(1939), *Management and the Worker*, Cambridge, MA: Harvard University Press.

Rogers, E.M.(1995), *Diffusion of Innovations*, New York: Free Press.

__________(2003), *Diffusion of Innovations*, 5th edn. New York: Free Press.

Ronen, J. and Livingstone, J.L.(1974), "An Expectancy Approach to the Motivational Impacts of Budgets", *The Accounting Review*, 50(4), 671-685.

Rosenhahn, D.L.(1982), "On Being Sane in Insane Places", in M. Bulmer(ed), *Social Research Ethics: An Examination of the Merits of Covert Participation Observation*, London: MacMillan, 42-56.

Rosenthal, R.(1996), *Experimenter Effects in Behavioral Research*, New York: Appleton Century Crofts.

Roslender, R.(2006), "Critical Theory", in Z. Hoque(ed), *Methodological Issues in Accounting Research: theories, methods and issues*, London: Spiramus Press, 247-270.

Ross, S.A.(1977), "The Determination of Financial Structure-The Incentive Signalling Approach", *Bell Journal of Economics*, 8(1), 23-40.

Rossman, G.B. and Wilson, B.L.(1984), "Numbers and Words: Combining Quantitative and Qualitative Methods in a Single Large-Scale Evaluation Study", *Evaluation Review*, 9(5), 627-643.

Rowlinson, M., Harvey, C., Kelly, A., Morris, H. and Todeva, E.(2015), "Accounting for Research Quality: Research Audits and the Journal Rankings Debate", *Critical Perspectives on Accounting*, 26(1), 2-22.

Roychowdhury, S.(2006), "Earnings Management Through Real Activities Manipulation", *Journal of Accounting and Economics*, 42(3), 335-370.

Ryan, R., Scapens, R.W. and Theobald, M.(2002), *Research Method and Methodology in Finance and Accounting*, 2nd edn, London: Thomson; 구치모・최종서・박기정 옮김(2006), 회계학과 재무론의 연구방법론, 신영사.

Salancik, G.R. and Meindl, J.R.(1984), "Corporate Attributions as Strategic Illusions of Management Control", *Administrative Science Quarterly*, 29(2), 238-254.

Sandelowski, M.(1986), "The Problems of Rigor in Qualitative Research", *Advances in Nursing Science*, 8(3), 27-37.

Sapsford, R.(2000), *Survey Research*, 2nd ed., London: Sage.

Saravanamuthu, K.(2013), "Enhancing Stakeholder Interaction Through Environmental Risk Accounts", *Critical Perspectives on Accounting*, 24(6), 410-437.

Saunders, M., Lewis, P. and Thornhill, A.(2009), *Research Methods for Business Students*, 5th edn, London: Prentice Hall.

Scapens, R.W.(1990), "Researching Management Accounting Practice: The Role of Case Study Methods", *British Accounting Review*, 22(3), 259-281.

____________(2004), "Doing Case Study Research", in C. Humphrey and B. Lee (eds), *The Real Life Guide to Accounting Research: A Behind-The-Scenes View of Using Qualitative Research Methods*, Amsterdam: Elsevier, 257-279.

____________ and Jazayeri, M.(2003), "ERP Systems and Management Accounting Change: Opportunities or Impact? A Research Note", *European Accounting Review*, 12(1), 201-233.

____________ and Roberts, J.(1993), "Accounting and Control: A Case Study of Resistance to Accounting and Change", *Management Accounting Research*, 4(1), 1-32.

Schepanski, A., Tubbs, R.M. and Grimlund, R.A.(1992), "Within-subjects and Between-subjects Designs in Behavioral Accounting Research: An Examination of Some Issues of Concern", *Journal of Accounting Literature*, 11, 121-150.

Schreck, P.(2013), "Non-financial Disclosure and Analyst Forecast Accuracy: International Evidence on Corporate Social Responsibility Disclosure", *Social and Environmental Accountability Journal*, 33(3), 180-181.

Schulz, A.K.D.(1999), "Experimental Research Method in a Management Accounting Context", *Accounting and Finance*, 39(1), 29-52.

Schumacker, R.E. and Lomax, R.G.(1996), *A Beginner's Guide to Structural Equation Modelling*, Mahwah, NJ: Lawrence Eribaum.

Scott, J.(1981), "The Probability of Bankruptcy: A Comparison of Empirical Predictions and Theoretical Models", *Journal of Banking and Finance*, 5(3), 317-344.

Searcy, D.L. and Mentzer, J.T.(2003), "A Framework for Conducting and Evaluating Research", *Journal of Accounting Literature*, 22, 130-167.

Shan, Y.G. and McIver, R.P.(2011), "Corporate Governance Mechanism and Financial Performance in China: Panel Data Evidence on Listed Non-Financial Companies", *Asia Pacific Business Review*, 17(3), 301-324.

Sharpe, W.(1964), "Capital Asset Prices: A Theory of Market Equilibrium under Conditions of Risk", *Journal of Finance*, 19(3), 425-442.

Shields, J.F. and Shields, M.D.(1998), "Antecedents of Participative Budgeting", *Accounting, Organizations and Society*, 23(1), 49-76.

Shields, M.D.(1997), "Research in Management Accounting by North Americans in the 1990s", *Journal of Management Accounting Research*, 9, 3-62.

Shumway, T.(2001), "Forcecasting Bankruptcy More Accurately: A Simple Hazard Model", *Journal of Business*, 74(1), 101-123.

Sikka, P.(2001), "Regulation of Accountancy and the Power of Capital", *Critical Perspectives on Accounting*, 12(2), 199-211.

_______ and Willmott, H.(1977), "Practising Critical Accounting", *Critical Perspectives on Accounting*, 8(1/2), 149-165.

Silverman, D.(1985), *Qualitative Methodology and Sociology*, Aldershot: Gower.

___________(1989), "Telling Convincing Stories: A Plan for Cautious Positivism in Case Studies", in B. Glassner and T.D. Moreno(eds), *The Qualitative-Quantitative Distinction in Social Sciences*, London: Kluwer Academic, 57-78.

___________(2005), *Doing Qualitative Research: A Practical Handbook*, London: Sage.

Simnett, R. and Trotman, K.T.(1992), "Identification of Key Financial Ratios for Going Concern Decisions", *Charter*, April, 39-41.

Simon, H.A.(1959), "Theories of Decision Making in Economics and Behavioral Science", *American Economic Review*, 49(3), 253-283.

___________(1976), "From Substantive to Procedural Rationality", in S. Latsis(ed.), *Method and Appraisal in Economics*, Cambridge: Cambridge University Press, 129-148.

Simons, R.(1987), "Accounting Control Systems and Business Strategy: An Empirical Analysis", *Accounting, Organizations and Society*, 12(4), 357-374.

_________(1990), "The Role of Management Control Systems in Creating Competitive Advantage: New Perspectives", *Accounting, Organizations and Society*, 15(1/2), 127-143.

Simsek, Z. and Veiga, J.F.(2001), "A Primer on Internet Organizational Surveys", *Organizational Research Methods*, 3(4), 218-235.

Slovic, P.(1969), "Analyzing the Expert Judge: A Descriptive Study of a, Decision Processes", *Journal of Applied Psychology*, 53(4), 255-263.

Smith, D. and Langfield-Smith, K.(2004), "Structural Equation Modelling in Management Accounting Research", *Journal of Accounting Literature*, 23, 49-86.

Smith, K.J., Everly, G.S. and Johns, T.R.(1993), "The Role of Stress Arousal in the Dynamics of the Stressor-to-Illness Process among Accountants", *Contemporary Accounting Research*, 9(2), 432-449.

Smith, M.(1992), "Quantification of the Trade-off Between the Desirable Characteristics of Accounting Disclosures", Conference of the Accounting Association of Australia and New Zealand, Palmerston, New Zealand, July.

_________(1993), "The Effect of Heuristics on Accounting Decision Making", *Accounting Research Journal*, 6(1), 38-47.

_________(1994a), "Improving Management Accounting Reporting Practices: A Total Quality Management Approach(Part 1)", *Journal of Cost Management*, 7(4), 50-57.

_________(1994b), "Improving Management Accounting Reporting Practices: A Total Quality Management Approach(Part 2)", *Journal of Cost Management*, 8(1), 49-56.

________(1994c), "Benchmarking in Practice: Some Australian Evidence", *Managerial Auditing Journal*, 9(3), 19-22.

_________(1996), "Qualitative Characteristics in Accounting Disclosures: A Desirability Trade-off", *Managerial Auditing Journal*, 11(3), 11-16.

_________(1997), *Strategic Management Accounting: Issues and Cases*, 2nd edn, London: Butterworth.

________(1998a), "Creative Accounting: The Auditor Effect", *Managerial Auditing Journal*, 13(3), 155-158.

________(1998b), "Conflicting Messages in Annual Reports", *Accountability and Performance*, 4(2), 43-60.

________(2003), *Research Methods in Accounting*, London: Sage.

________(2005), *Performance Measurement and Management*, London: Sage.

________(2006), "Alumina PLC: Post-audit of Capital Investment Expenditure", *Accounting Education: An International Journal*, 15(2), 217-226.

________(2011), *Research Methods in Accounting*, 2nd edn, London: Sage.

________ and Briggs, S.P.(1999), "From Bean Counter to Action Hero: Changing the Image of the Accountant", *Management Accounting*, 77(1), 28-30.

________ and Chang, C.(2009), "The Impact of Customer Related Strategies: A Review of the Literature and Agenda for Research" *Journal of Accounting, Accountability and Performance*, 15(2), 71-103.

________, Fiedler, B., Brown, B. and Kestel, J.(2001), "Structure versus Judgement in the Audit Process: A Test of Kinney's Classification", *Managerial Auditing Journal*, 16(1), 40-49.

________ and Graves, C.(2002), "Cunningham Construction: Bonus Schemes and Participant Behaviour", *Journal of Accounting Case Research*, 7(1), 1-6.

____________________(2005), "Corporate Turnaround and Financial Distress", *Managerial Auditing Journal*, 20(3), 304-320.

________ and Gurd, B.G.(2000), *Accounting, Organizations and Society*, Sydney: Prentice Hall.

________ and Kestel, J.(1999), "A Time-Series Analysis of Accounting Policy Changes: West Australian Evidence", *Schol of Accounting Seminar Series*, University of South Australia.

________ and Taffler, R.J.(1992), "The Chairman's Statement and Financial performance", *Accounting and Finance*, 32(2), 75-90.

____________________(1995), "The Incremental Effect of Narrative Accounting Information in Corporate Annual Reports", *Journal of Business Finance and Accounting*, 22(8), 1195-1210.

____________________(1996), "Improving the Communication of Accounting Information through Cartoon Graphics", *Accounting, Auditing & Accountability Journal*, 9(2), 70-87.

________________________(2000), "The Chairman's Statement: A Content Analysis of Discretionary Narrative Disclosures", *Accounting, Auditing and Accountability Journal*, 13(5), 624-646.

________ and Tucker, B.(2013), *Advanced Strategic Management Accounting: Theory and Practice*, Melbourne: Cengage.

Smith, T.(1992), *Accounting for Growth: Stripping the Camouflage from Company Accounts*, London: Random House.

So, S. and Smith, M.(2002), "Colour Graphics and Task Complexity in Multivariate Decision Making", *Accounting, Auditing and Accountability Journal*, 15(4), 565-593.

___________________(2004), "Multivariate Decision Accuracy and the Presentation of Accounting Information", *Accounting Forum*, 28(3), 283-306.

___________________(2009), "Value Relevance of IAS27(2003) Revision Presentation of Non-controlling Interests: Evidence from Hong Kong", *Journal of International Financial Management Accounting*, 20(2), 166-198.

Sobel, D.(1995), *Longitude*, London: Fourth Estate; 김진준 옮김(2012), 경도 이야기, 웅진지식하우스.

Soin, K.(1995), "Management Control in the Financial Service Sector", in A.J. Berry, P. Broadbent and D.T. Otley(eds), *Management Control-Theories, Issues and Practices*, Basingstoke: MacMillian, 283-298.

______, Seal, W. and Cullen, J.(2002), "ABC and Organizational Change: An Institutional Perspective", *Management Accounting Research*, 13(2), 249-271.

Southwood, K.E.(1978), "Substantive Theory and Statistical Interactions: Five Models", *American Journal of Sociology*, 83(5), 1154-1230.

Spence, M.(1973), "Job Market Signaling", *Quarterly Journal of Economics*, 87(3), 355-374.

Spice, B.H. and Ballew, V.(1983), "Management Accounting Systems and the Economics of Internal Organization", *Accounting, Organizations and Society*, 8(1), 73-96.

Staw, B.M.(1984), "Organizational Behavior: A Review and Reformulation of the Field's Outcome Variables", in M.R. Rosenzweig and L.W. Porter(eds), *Annual Review of Psychology*, 35, 627-666.

_________, McKechnie, P.I. and Puffer, S.M.(1983), "The Justification of Organizational

Performance", *Administrative Science Quarterly*, 28(4), 582-600.

Stock, D. and Watason, C.J.(1984), "Human Judgment Accuracy, Multimensional Graphics and Human versus Models", *Journal of Accounting Research*, 22(1), 192-206.

Stone, P.J. and Hunt, E.B.(1963), "Computer Approach to Content Analysis using the General Inquirer System", in E.C. Johnson(ed.), *Conference Proceedings of the American Federation of Information Processing Societies*(Baltimore, MD), Montvale, NJ: AFIPS, 241-256.

Strauss, A.(1987), *Qualitative Analysis for Social Scientists*, New York: Cambridge University Press.

Strauss, A. and Corbin, J.(1990), *Basics of Qualitative Research: Grounded Theory Procedures and Techniques*, Newbury Park, CA: Sage; 김수지・신경림 옮김(1996), 근거이론의 이해, 한울아카데미.

____________________(1998), *Basics of Qualitative Research: Techniques and Procedures for Developing Grounded Theory*, Thousand Oaks, CA: Sage; 신경림 역(2001), 근거이론의 단계, 현문사.

____________________(2008), *Basics of Qualitative Research: Techniques and Procedures for Developing Grounded Theory*, 3rd edn, Thousand Oaks, CA: Sage.

Stringer, C.(2007), "Empirical Performance Management Research: Observations From AOS and MAR", *Qualitative Research in Accounting and Management*, 4(2), 92-114.

Stuart, I., Shin, Y.C., Cram, D.P. and Karan, V.(2013), "Review of Choice-based Matched and Other Stratified Studies in Auditing Research", *Journal of Accounting Literature*, 32(1), 88-113.

Subramaniam, N.(2006), "Agency Theory and Accounting Research: An Overview of Some Conceptual and Empirical Issues", In Z. Hoque(ed.), *Methodological Issues in Accounting Research: theories, methods and issues*, London: Spiramus Press, 55-82.

Sullivan, J.D.(1984), "The Case for the Unstructured Audit Approach", in H.F. Stettler and N.A. Ford(eds), *Auditing Symposium VII*, Kansan City, KS: University of Kansas, 61-68.

Svenson, O.(1979), "Process Descriptions of Decision Making", *Organizational Behaviour and Human Performance*, 23(1), 86-112.

Swales, G.S.(1988), "Another Look at the President's Letter to Stockholders", *Financial Analysts*

Journal, 44(2), 71-73.

Symonds, E.(2011), "A Practical Application of SurveyMonkey as a Remote Usability – Testing Tool", *Library Hi Tech*, 29(3), 436-445.

Tabachnick, B.G. and Fidell, L.S.(2011), *Using Multivariate Statistics*, Boston, MA: Alyn and Bacon.

Taffler, R.J.(1983), "The Assessment of Company Solvency and Performance Using a Statistical Model: A Comparative UK-based Study", *Accounting and Business Research*, 15(5), 295-308.

__________(1995), "The Use of the Z-score Approach in Practice", Working Paper No.95/1, Centre for Empirical Research in Finance and Accounting, City University, London.

Tajfel, H. and Turner, J.(1985), "The Social Identity Theory of Intergroup Behavior", in S. Worchel and W. Austin(eds), *Psychology of Inter Group Relations*, Chicago, IL: Nelson-Hall, 276-293.

Tennyson, B.M., Ingram, R.W. and Dugan, M.T.(1990), "Assessing the Information Content of Narrative Disclosures in Explaining Bankruptcy", *Journal of Business Finance and Accounting*, 17(3), 390-410.

Thompson, J.D.(1969), *Organizations in Action*, New York: McGraw-Hill.

Tinker, T., 1980. "Towards a Political Economy of Accounting: An Empirical Illustration of the Cambridge Controversies", *Accounting, Organizations and Society*, 5(2), 147-160.

________, 1985. *Paper Prophets - A Social Critique of Accounting*, New York: Praeger.

________ and Neimark, M.D.(1987). "The Role of Annual Reports in Gender and Class Contradictions at General Motors: 1917-1976", *Accounting, Organizations and Society*, 12(1), 71-88.

________ and C. Lehman and M. Neimark, 1991. "Falling Down the Hole in the Middle of the Road: political quietism in corporate social reporting", *Accounting, Auditing and Accountability Journal*, 4(2), 28-54.

Tinkler, P. and Jackson, C.(2002), "In the Dark? Preparing for the PhD Viva", *Quality Assurance in Education*, 10(2), 86-97.

______________________(2004), *The Doctoral Examination Process: A Hand book for Students, Examiners and Supervisors*, Maidenhead: Open University.

Tomaksovic-Devey, D., Leiter, J. and Thompson, S.(1994), "Organizational Survey Nonresponse", *Administrative Science Quarterly*, 39(3), 439-457.

Tomkins, C. and Groves, R.(1983), "The Everyday Accountant and Researching his Reality", *Accounting, Organizations and Society*, 8(4), 361-374.

Trimbath, S.(2006), "Financial Ratios in Quantitative data Analysis: A Practical Guide", in Z. Hoque(ed.), *Methodological Issues in Accounting Research: theories, methods and issues*, London: Spiramus Press, 411-425.

Trotman, K.T.(1996), *Research Methods for Judgement and Decision-Making Studies in Auditing*, Coopers & Lybrand Accounting Research Methodology Monograph No.3, Melbourne: Coopers and Lybrand.

__________ and Wright, W.F.(1996), "Recency effects, Task Complexity, Decision Mode and Task Specific Experience", *Behavioral Research in Accounting*, 8, 175-198.

Trubik, E. and Smith, M.(2000), "Developing a Model of Custonmer Defection in the Australian Banking Industry", *Managerial Auditing Journal*, 15(5), 199-208.

Truscott, D.M., Swars, S., Smith, S., Thornton-Reid, F., Zhao, Y., Dooley, C., Willams, B., Hart, I. and Mattews, M.(2010), "A Cross-Disciplinary Examination of the Prevalence of Mixed-Methods in Educational Research: 1995-2005", *International Journal of Social Research Methodology*, 13(4), 317-328.

Tuan Maat, T.Z., Smith, M. and Djajadikerta, H.(2011), "Management Accounting and Organizational Change: An Exploratory Study in Malaysia", *Journal of Applied Management Accounting Research*, 9(2), 51-80.

Tucker, B.P. and Lowe, A.D.(2014), "Practitioners are from Mars: Academics are from Venus? An Investigation of the Research-Practice Gap in Management Accounting", *Accounting, Auditing and Accountability Journal*, 27(3), 394-425.

________ and Parker, L.D.(2014), "In Our Ivory Towers? The Research-Practice Gap in Management Accounting", *Accounting and Business Research*, 44(2), 104-143.

__________________ and Merchant, K.A.(2016), "With a Little Help From Our Friends:An Empirical Investigation of Co-authoring in Accounting Research", *The British Accounting Review*, 48(2), 185-205.

Tversky, A. and Kahneman, D.(1973), "Availbaility: A Heuristic for Judging Frequency and

Probability", *Cognitive Psychology*, 5(2), 677-695.

Van der Laan, G., Van Ees, H. and Van Witteslooostuijn, A.(2008), "Corporate Social and Financial Performance: An Extended Stakeholder Theory and Empirical Test with Accounting Measures", *Journal of Business Ethics*, 79(3), 299-310.

Van der Stede, W., Young, S.M. and Chen, C.X.(2005), "Assessing the Quality of Evidence in Empirical Management Accounting Research: The Case of Survey Studies", *Accounting, Organizations and Society*, 30(5), 655-684.

Vroom, V.H.(1964), *Work and Motivation*, New York: Jossey-Bass.

__________ and Yetton, P.W.(1973), *Leadership and Decision Making*, Pittsburgh, PA: University of Pittsburgh Press.

Walker, M. and Tsalta, A.(2001), *Corporate Financial Disclosure and Analyst Forecasting Activity: Preliminary Evidence for the UK*, London: Certified Accountants Educational Trust.

Wallace, W.A.(1991), *Accounting Research Methods: Do Facts Speak for Themselves?*, Homewood, IL: Irwin.

Watson, J.D.(1968), *The Double Helix*, New York: Penguin Books.

Watts, T. and McN air, C.J.(2008), "Trigger Points: Enhancing Generic Skills in Accounting Education Through Changes to Teaching Practice", *Australasian Accounting Business and Finance Journal*, 2(2), 34-51.

Watts, R. and Zimmerman, J.L.(1978), "Towards a Positive Theory of the Determination of Accounting Standards", *The Accounting Review*, 53(1), 112-134.

__________________________(1986), *Positive Accounting Theory*, Englewood Cliffs, NJ: Prentice Hall; 오용규 역(1987), 실증적 회계이론, 형설출판사.

Weber, R.P.(1985), *Basic Content Analysis*, Beverley Hills, CA: Sage.

__________(1990), *Basic Content Analysis*, 2nd edn, Newbury Park, CA: Sage.

Weber, S.J. and Cook, T.D.(1972), "Subject Effects in Laboratory Research: An Examination of Subject Roles, Demand Characteristics and Valid Inference", *Psychology Bulletin*, 77(4), 273-295.

Welsh, E.M.(2002), "Dealing with Data: Using NVivo in the Qualitative Data Analysis Process", *Forum Qualitative Social Research*, 3(2), 26-28.

Wilcox, J.(1971), "A Simple Theory of Financial Ratios as Predictors of Failure", *Journal of Accounting Research*, 9(2), 389-395.

Williamson, O.E.(1975), *Markets and Hierarchies: Analysis and Anti-Trust implications: A Study in the Economics of Internal Organization*, New York: Free Press.

_______________(1979), "Transaction-Cost Economics: The Governance of Contractual Relations", *Journal of Law and Economics*, 22(2), 233-261.

_______________(1985), *The Economic Institutions of Capitalism: Firms, Markets, Relational Contracting*, New York: Free Press.

Wilmott, H.(2008), "Listening, Interpreting, Commending: A Commentary on the Future of Interpretive Accounting Research", *Critical Perspectives on Accounting*, 19(6), 920-925.

Wold, H.(1985), "Partial Least Squares", in S. Kotz and N.L. Johnson(eds), *Encyclopedia of Statistical Sciences*, Volume 6, New York: Wiley, 581-591.

Woodward, J.(1965), *Industrial Organization: Theory and Practice*, Oxford: Oxford University Press.

Wooldridge, J.M.(2002), *Economic Analysis of Cross Section and Panel Data*, London: The MIT Press.

_____________(ed.)(2009), *Introductory Econometrics: A Modern Approach*, 4th edn., Mason, OH: South-Western Cengage Learning.

Xia, D.L. and Zhu, S.(2009), "Corporate Governance and Accounting Conservatism in China", *China Journal of Accounting Research*, 2(2), 81-107.

Yin, R.K.(1984), *Case Study Research: Design and Methods*, Beverley Hills, CA: Sage

________(2010), *Case Study Research: Design and Methods*, 4th edn, Thousand Oaks, CA: Sage; 신경식・서아영 옮김(2011), **사례연구방법**, 한경사.

________(2013), *Case Study Research: Design and Methods*, 5th edn, Thousand Oaks, CA: Sage.

Yoon, Y. and Swales, G.(1991), "Predictiing Stock Market Performance: A Neural Network Approach", *Proceedings of the IEEE 24th Annual International Conference of Systems Science* (January), Hawaii: IEEE Computer Society Press, 156-162.

Young, S.M.(1996), "Survey Research in Management Accounting: A Critical Assessment", in A.J. Richardson(ed.), *Research Methods in Accounting: Issues and Debates*, Vancouver: The Canadian General Accountants Research Foundation, 55-68.

__________ and Selto, F.H.(1993), "Explaining Cross-sectional Workgroup Performance Differences in a JIT Facility: A Critical Appraisal of a Field-based Study", *Journal of Management Accounting Research*, 5, 300-326.

Zavgren, C.V.(1985), "Assessing the Vulnerability of Failure of American Industrial Firms: A Logistic Analysis", *Journal of Business Finance and Accounting*, 12(1), 19-45.

Zimmerman, J.L.(2001), "Conjectures Regarding Empirical Managerial Accounting Research", *Journal of Accounting and Economics*, 32(1/3), 411-427.

Zimijewski, M.E.(1984), "Methodological Issues Related to the Estimation of Financial Distress Prediction Models", *Journal of Accounting Research*(Supplement), 22, 59-86.

찾아보기

〈인명〉

[A]

[B]

[C]

[D]

[E]

[F]

[G]

[H]

[J]

[K]

[L]

[M]

[N]

[O]

[P]

[R]

[S]

[T]

[U]

[V]

[W]

[X]

[Y]

[Z]

〈내용〉

[ㄱ]

[ㅅ]

[ㅈ]

[ㅊ]

[ㅋ]

[ㅌ]

[A]

[B]

[C]

[D]

[E]

[F]

[H]

[J]

[K]

[L]

역자소개

김석웅

부산대학교 상과대학 경영학과 졸업
서울대학교 대학원 경영학과 석사과정 수료, 경영학석사
부산대학교 대학원 회계학과 박사과정 수료, 경영학박사
호주 Monash University, 회계학과 Visiting Professor(1998년1월부터 1991년 1월).
한국학술진흥재단 대학교수 해외파견
미국 UC Berkeley, Haas School Visiting Scholar(2006년 8월부터 2007년 8월).

현재, 동의대학교 상경대학 회계학과 교수

〈저서〉
회계학의 해석적 방법론(교육과학사, 2017).
회계학의 비판적 방법론(교육과학사, 2014) 외 다수.

〈역서〉(호주의 회계학 책):
재무회계이론(대명, 2005).
자본시장회계론(신영사, 1997).
재무회계(석정, 1993).
재무회계이론: 본질과 발전(박영사, 1987; 석정, 1993) 외 다수.

회계학 연구방법

2018년 2월 20일 1판 1쇄 인쇄
2018년 2월 26일 1판 1쇄 발행

저 자 : Malcolm Smith
역 자 : 김 석 웅
발행자 : 한 정 주
발행처 : 교육과학사

경기도 파주시 광인사길 71
전화(031)955-6956~8/팩스(031)955-6037
Home-page: www.kyoyookbook.co.kr
E-mail: kyoyook@chol.com
등록: 1970년 5월 18일 제2-73호

낙장 · 파본은 교환해 드립니다.
Printed in Korea.

정가 22,000원
ISBN 978-89-254-1255-9